춤과 몸

춤과 몸

DANCE & BODY

김말복 지음

이화여자대학교출판부

머리말

오늘날 몸은 철학적, 학문적 그리고 사회적 담론의 최정점에 서 있다고 해도 과언이 아니다. 그러나 이러한 몸에 대한 새롭고도 열린 논의는 인간 신체에 대한 새로운 이미지가 형성된 1960년대 이후부터 활발하게 전개되었다고 볼 수 있다. 마치 오랜 서양 철학의 역사에서 인간 신체가 받아 왔던 정신적, 현실적 억압을 보상받으려는 듯 몸의 영향력은 오늘날 대단하고 기세등등하다. 이런 몸에 대한 새로운 시각은 니체로부터 비롯된 정신보다 몸을 우선시하는 관점에서 시작하여 현상학적 신체 인식으로, 그리고 몸에 관한 사회학적 담론을 거치면서 결국 탈근대 이후 몸 중심적인 사고로 인식의 방향을 바꾸게 되었다고 하겠다.

이 책은 이러한 몸에 대한 새로운 인식과 재평가와 관련하여 춤을 중심으로 몸의 현상과 그 의미를 설명하고 있다. 그러면 왜 춤과 몸인가? 춤은 모든 예술 중에도 유일하게 몸을 소재로 하고 있기 때문이다. 춤은 인간의 몸을 매체로 움직임을 형상화해 내는 예술이므로 몸을 통하지 않고 춤을 볼 수 없다. 그리고 인간의 존재를 바라보는 몸에 대한 관점은 인간의 가장 최초의 그리고 본능적인 활동인 춤에 가식 없이 담겨 있기 마련이고 그 결과 가장 원초적인 몸의 모습을 춤이 간직하고 있다고 말할 수 있는 것이다. 타학문 분야에서의 몸에 대한 개념적인 이해와 인식보다도 춤에서의 몸은 보다 더 직관적이고도 즉각적인 몸의 실제를 제공할 수 있으리라 생각한다. 그러므로 이 책은 몸과 춤을 하나의 연장선상에 놓고 철학, 예술론, 커뮤니케이션 이론, 사회 연구 등의 다양한 맥락에서 다루고 있다.

이 책은 동서양의 각기 다른 세계관이 즉, 자연과 인간에 관한 사상과 예술 이론, 그리고 커뮤니케이션 메커니즘과 사회상들이 춤과 몸에서 어떻게 나타나고 있는지를 논하고 있다. 다양한 이론적 관점 아래 춤으로 표현되는 몸의 다양한 모습과 의미 그리고 자연과 몸에 대한 인식의 차이가 초래한 동서양의 상이한 춤의 형태와 몸에 대한 문화적 인식 변화가 가져온 사회상의 변동들을 다루고 있다. 몸에 관한 거대한 담론들을 참조의 괄호 속에 넣고 일차적으로 춤 현상에서 발견되는 몸의 모습 또는 몸의 인식 차이에 따른 춤의 다른 모습에 집중하고 있다. 아울러 춤 속 새로운 몸의 모습이 초래한 사회적, 사상적, 문화적 변동과 파장 역시 다루고 있다.

이런 일련의 작업에서 하나의 중심적인 관심의 축은 동양과 서양 간의 비교인데 그 이유는 최근 서구의 후기 현대파적인 '살(flesh)'로서의 몸에 대한 생각들을 접하면서 그것이 동양의 전통적인 몸 또는 인간 인식과는 너무나 다르다는 생각에서 이 연구가 출발하였기 때문이다. 아마도 또 다른 이유는 20여 년 전 필자의 박사학위 논문 심사에서 받은 마지막 질문 때문인지도 모른다. 움직임의 의미에 관한 필자의 논문에 관한 마지막 질문은 "너는 동양인인데 논문이 매우 서구적인 사고방식을 보인다"는 것이었다. 그때 자존심 강한 어린 마음에 "내가 서양 철학을 적용하여 그렇지 동양사상으로 조명하면 매우 다를지도 모르니 그게 앞으로 나의 연구 방향"이라며 호기를 부렸다. 헌데 이 책을 계기로 이제까지의 본인의 연구를 되돌아보니 오랜 시간과 세부 주제의 차이에도 불구하고 동서양 비교의 축을 벗어나는 것이 별로 없다는 것을 깨닫게 되어 그 아둔할 정도의 고집스러움에 스스로 난감할 뿐이다.

철학적, 문화적으로 몸이 새롭게 주목되면서 신체문화의 형성과 춤의 유행 그리고 그 예술성에 대한 뒤늦은 해명 등이 모두 이 책의 구성에 담겨 있다. 예술로서의 춤이 현대와 후기 현대사회의 사상과 철학, 커뮤니케이션 그리고 미의식과 예술, 문화에서 차지하는 위상과 의미를 지적함으로써 무용 예술의 문화적, 학문적 가치를 설명하고자 하는 이 책의 내용은 다음과 같다.

제1장 「춤과 사상」에서는 동양과 서양의 세계관과 자연사상을 동서양의 각기 다른 이상적인 춤의 모습과 관점 그리고 이념과 함께 살펴본다. 동서양의 몸에 관한 이론들을 비교 정리하고 춤과 움직임 특성에 반영되어 나타나는 몸의 인식을 다룬다. 제2장 「춤과 예술」에서는 춤의 예술성과 정체에 관한 논의와 더불어 서양의 미개념과 예술 이론으로는 잘 드러나지 않는 한국 춤의 아름다움을 고유한 한국의 미의식과 예술 인식을 통해 조명한다. 제3장 「춤과 커뮤니케이션」에서는 동서양의 각기 다른 커뮤니케이션 사상과 소통 방식을 동서양 춤의 의미 구성 방식과 표현의 특성 속에서 설명하고 처용무에 나타나는 음양론적 의미의 구조를 한국적 움직임 커뮤니케이션 혹은 의미화 방식의 일례로 다룬다. 제4장 「춤과 사회」에서는 빅토리아 시대와 20세기 초의 서구 사회와 근대화 시기의 조선 사회에서 춤이 담당하였던 위상과 춤과 몸에 대한 인식을 살펴보고 춤과 몸에 반영되어 나타나는 사회상을 연구한다.

필자는 이 책이 춤 분야에서의 몸 이론을 대표하여 타학문과의 간학문적 연구의 기초를 제공하고 동반 발전을 도모하며 나아가 몸의 시대에 춤이 지니는 위상과 가치를 일반인과 무용 전공인들에게 널리 알려 춤의 중요성을 재인식시키는 데 조금이라도 기여하고자 하는 소망을 지니고 있다. 수업 시간에 초롱초롱한 눈빛으로 필자의 연구를 재촉해 준 대학원과 학부 수업을 거쳐 간 수많은 학생들에게 감사하며 이 책의 구성을 처음 제안하고 편집과 교정에 이르기까지 열심히 도와준 박사과정의 사랑하는 두 총명 제자 이지선·나일화 양에게도 깊은 감사의 맘을 전한다.

그리고 여러 가지로 부족한 이 책의 출간을 지원해 주신 이화여자대학교출판부와 편집부 여러분들께도 진심으로 감사드린다.

차례

제1장

춤과 사상

동양과 서양의 차이는 지리상으로 지구의 반대쪽에 각기 위치한 것처럼 누구나 그 차이를 당연한 것으로 상정하고 있다. 그러나 예술, 문화, 사상 그리고 사고방식 등에서 구체적으로 어떻게 다른지에 대한 비교 연구는 최근까지 활발히 이루어지지 못하고 있다. 그리고 이제까지는 예술과 학문에 대한 여러 논의에서 근대 이후 그 자리를 선점한 서구 사상을 중심으로 논의가 진행되어 왔으며, 그러한 서구의 예술 이론이나 사고방식이 가장 발전된 것 혹은 유일한 것으로 대접받아 왔다는 사실 역시 부인하기 어렵다.

동서양의 춤은 그 외형과 정신, 지향하는 미적 이상과 가치, 감상 방식과 존재 구조가 너무나도 다르고 그러한 상이함은 세계와 예술을 바라보는 동서양인들의 사고방식의 차이에 기인한다. 세계와 자연 그리고 인간과 예술에 관한 동서양의 이해 방식은 그들의 판이한 춤의 형태에 그대로 반영되어 있다. 그러나 동서양의 춤이 그 외형적 차이를 떠나 근본적으로 공유하고 있는 것은 이 세계 속 인간의 활동으로서 인간이 지니는 세계관의 영향을 벗어날 수 없다는 점이다. 최초로 이 세계에 던져졌을 때, 인간이 자연을 이해하고 자연에 대한 불안을 해소하고자 이용한 방편이 바로 춤이었기에 춤은 자연과 인간을 매개하는 가장 근원적이고 원초적인 인간 활동인 것이다. 그리고 자연에 대한 인간의 생각은 사람들의 생활 속에서 춤의 위상이나 역할에 영향을 미쳤을 것이다.

동서양을 막론하고 몸의 문제는 항시 마음의 문제와 함께 묶어서 생각해 왔고 그 속에서 몸과 마음은 구분되고 상호 대비되어 의미를 지녀왔다. 그러나 인간을 정신과 육체로 나누고 정신을 인간의 본질적인 요소로 논의해 온 서양 철학의 전통을 뒤로하고 1960년대 이후 급격히 대두되는 몸 담론의 홍수는 서양의 근대적 이성 중심주의적 사고를 탈근대 이후의 몸 중심적 사고로 바꿔 놓았다고 얘기할 수 있을 정도이다. 동양의 사상적 전통에서는 '몸[身]은 곧 나[我]'라고 해석될 정도로 인간은 육체와 정신이 분리되지 않은 몸 그 자체이다. 춤을 전공한 연구자의 입장에서는 인간 존재의 근원이자 생각의 뿌리인 몸을 떠나서는 한 인간의 형상이나 인성을 보는 것 자체가 불가능하다고 생각하기 때문에 이러한 몸의 재조명은 그간에 몸이 받아 왔던 부당한 소외를 보상받는 것이라 판단한다.

오랜 시간 동안 동서양에서 진행되어 온 몸에 대한 논의의 흐름을 현 시점에서 비교해 보자면 동양의 인간관이 상대적으로 시점의 흔들림이 없는 '바른 것'이었음을 증명하는 것이라 생각해 볼 수도 있다. 물론 최근 서양의 다양한 학문 분야에서 논의되는 몸의 관점은 정확하게 동양의 관점과는 차이가 있다. 구체적 내용에서 서양의 몸 담론들이 지니는 공통된 관점 중 하나는 물질로서의 몸을 자아와는 구분되는 '타자'로 상정하고 있다는 점이다. 그리고 사회학적인 몸 담론들이 주요 대상으로 삼는 것은 몸 자체라기보다는 몸이 내포하고 있는 함수로서의 욕망이다. 이렇듯 몸 담론의 홍수 속에서 이 책에서는 인간의 존재를 밝히는 몸에 대한 동서양의 일반적인 개념을 정리해 보고자 한다.

인간 존재를 바라보는 몸에 대한 관점은 인간의 가장 원초적인 활동 중의 하나인 춤에 그대로 반영되어 있다. 몸에 대한 방만한 논의 속에서 구체적으로 동서양 몸에 대한 비교가 아직 본격적으로 이루어지지 않았다는 인식하에 이를 춤과의 연관 속에서 설명해 보고자 한다. 춤은 그 나라의 가장 원형질인 문화적 감성과 민족적 기질 그리고 사상이 정제되지 않은 채 기록되어 있는 저장고이다. 한 나라의 문화는 그 나라 사람들의 몸짓과 리듬을 통해서만이 원초적인 이해가 가능하다. 허공으로 사라져 버리는 순간적인 몸짓 속에는 감출 수 없는 솔직한 인간의 정서와 삶이 스며 있다. 그러므로 한 문화권의 인간 이해의 지름길은 바로 춤을 통하는 것이다. 춤에는 그 나라 문화가 가장 적나라하게 드러나 있기 때문이다.

필자는 이 책에서 동서양의 각기 다른 몸과 춤의 인식으로부터 공통적으로 세계를 바라보는 기본적이고도 근원적인 시각 혹은 관점을 도출해 내고자 한다. 인간을 정신과 몸의 이원론적인 구조 속에서 바라본 서양의 사상적 틀 속에서는 '분리'나 '개체 중시'와 같은 개념은 그들이 세계를 바라보는 본질적인 시각이다. 이에 반해 인간과 자연의 관계를 도(道)의 개념으로, 인간과 인간의 관계를 인(仁)의 개념으로, 정신과 육체의 관계를 이기론(理氣論)으로 통합적으로 설명하는 동양의 사상 구조에서는 '조화'가 공통되는 가장 근본적인 개념이다. 이렇듯 몸과 춤에 대한 동서양의 개념에서 각기 지구의 다른 쪽에서 세계를 바라보는 기본 태도를 발견할 수 있다.

1960년대 이후 서구에서 제기되고 있는 몸에 대한 담론의 등장 배경에는 서양의 근대 철학 이후에 형성된 이성 중심주의와 객관주의, 그리고 보편성 추구에 대한 도전 의식이 자리잡고 있다. 데카르트(René Descartes)의 '몸이 결여된 이성'으로서의 인간 개념은 근대 자본주의 사회에서 쾌락과 소비의 도구로서의 몸이 되었다. 후기 자본주의 시대에 접어든 오늘날 인간은 '이성이 결여된 몸'으로 바뀌어 가고 있는 실정이다. 그리고 1970년대부터 급격히 대두된 인지과학의 발달 역시 객관주의와 정신주의로 일관해 온 지배적인 철학 전통에 대한 거부라는 점에서 탈근대적이다. 이 책에서는 근대에서 탈근대로 이어지는 몸 개념의 흐름과 변화를 진단한 뒤 탈근대 이후의 춤의 방향과 몸 그리고 예술의 의미를 이러한 사상적 동향과의 관련 속에서 설명하고, 21세기 동서양의 몸과 춤의 접점을 모색해 본다.

제1절 춤에 나타난 동서양의 사고

세계를 바라보는 동서양의 관점

동양과 서양에서 각기 문명이 형성되어갈 때 철학자들이 제기한 최초의 물음은 이 세계의 정체성에 대한 것이었다. 그러한 물음은 자연히 세계의 여러 현상을 결정짓는 것이 무엇인가 하는 본질적인 질문으로 이어졌으며 이를 바라보는 동서양의 시각은 물론이거니와 이런 논의를 전개해 가는 사유방식 역시 동서양이 상이했다.

먼저 세계가 지금의 모습을 지니도록 결정하는 것이 무엇인가 하는 문제에 있어서 동서양의 철학자들은 각기 도(道) · 천(天) · 무(無) · 이(理) · 기(氣) · 진여(眞如)와 Being(있음, 존재) · God(신) · idea(이념) · matter(물질) · substance(실체) · logos(로고스)라고 설명하고 있다. 그러나 이들 개념들을 모두 여기서 설명할 수는 없고 우주와 존재에 대한 서양과 동양의 시각 차이를 가장 잘 보여준다고 생각되는 유[Being]와 무의 개념을 뽑아내어 이에 대한 비교에서부터 시작하여 이러한 논의와 연관되어 나타나는 실체와 기, 형식과 정체공능(整體功能) 등의 개념들을 살펴보고자 한다. 그런 다음 이들 우주와 자연을 이루는 요소들의 작용 또는 발전 원리를 동양과 서양은 각기 음양론과 변증법이라는 상이한 방식으로 생각하고 있음을 지적함으로써 이들의 정신세계가 근원적으로 상이할 수밖에 없었던 이유를 설명하고자 한다. 마지막으로 예술 창자에 대한 여러 가지 다양한 시각들 중에서 가장 근본적으로 동서양의 차이를 증명해 주고 있는 자연 모방과 조화 본받기의 개념을 장파의 생각을 중심으로 소개함으로써 우주와 세계 그리고 예술에 관한 동서양 사상을 비교, 요약해 보고자 한다.

유와 무

'있는 것'과 '없는 것' 즉 유와 무라는 개념은 우주에 대한 서양과 동양의 시각 차이를 가장 잘 보여주는 핵심 사상이다. '유[Being]'는 '~이다', '있다'의 의미를 지니기도 하지만 흔히 '존재'로 번역되는데 이는 초기 서양 철학사에서부터 오늘날까지 모든 철학적 논의에서 빠질 수 없는 근본적인 개념이다. 존재를 우주의 본질로 간주하여 이 용어를 처음 사용한 파르메니데스(Parmenides)에 이어 아리스토텔레스(Aristoteles)는 철학이란 곧 "Being을 연구하는 학문이라고 생각하였다."[1] 이후 헤겔(G. W. Friedrich Hegel)과 실존주의에 이르기까지 존재란 서양 철학에서 중심적인 문제였다. 이에 비해 동양의 우주론에서는 형이상학 연구에 있어 핵심적인 개념은 바로 도(道)인데 이는 존재의 근원이자 우주의 근본 법칙을 의미한다. '도'는 "구체적이거나 결정적인 사물이나 특질로 드러나는 것은 아니지만 즉각적으로 경험될 수 있는 것" 이어서[2] 그러한 도의 근본적이고도 형이상학적 특징이 바로 무(無)이다. 즉 도란 있는 듯 없는 듯 희미하여 바로 무의 특성을 지닌다고 얘기할 수 있다.

---

1 장파, 유중하 외 역, 『동양과 서양, 그리고 미학』(푸른숲, 1994), p. 39.

2 F.S.C. Northrop, *The Meeting of East and West*(The Macmillan Company, 1946), p. 331.

동양에서는 모든 사물은 유에서 생기지만 그 유 역시 무에서 생긴다고 말한다. 따라서 서양이 세상에 대한 물음을 유한한 존재에 대한 것으로 시작하였다면 동양에서는 모든 사물의 근원이되 구체적인 실체로 드러나지 않는 무한한 것에서 출발하였다고 할 정도로 그 시각이 처음부터 정반대의 위치에 있었음을 알 수 있다.

실체와 기

파르메니데스가 세계에 대한 인식을 존재에 대한 인식으로 정초한 다음 아리스토텔레스는 그 존재의 문제를 실체(substance)의 문제로 이어갔는데 "실체란 물체의 성질을 결정하는 근본적이고 기본적인 어떤 것"[3]을 말한다. 그러므로 서구인들에게 우주는 실체의 세계이며 세계의 근원 역시 모두 실체성을 띤 것이다. 이렇듯 있는 것과 보이는 것에 대한 사고는 유한한 존재와 구체적인 실체가 드러나는 배경 혹은 그 대립되는 것으로서의 무와 허공을 상정하고 있지만 서구인들은 세계를 바라볼 때 이를 무시하고 유와 실체만을 중시하였다. 이들의 존재와 실체에 대한 인식은 허공으로부터 독립된 실체에 대한 깨달음이고 그 배경이 되는 허공은 알 수 없는 것으로 치부한 것이다. 그리고 허공과 알 수 없는 것[未知]이란 인간에게 두려움을 야기시키고 궁극적으로 정복해야 할 대상이 된다. 이로 인해 세계를 바라보는 데 있어 실체와 허공, 주체와 객체, 인간과 자연, 기지(旣知)와 미지(未知)의 대립을 만들어 내었고 여기서 서구인들은 객체와 실체에 대한 물음을 꾸준히 추구해 왔다.

그러나 무와 유는 상대가 없이는 각기 존재할 수 없는 개념이듯이 우주는 실체와 허공이 하나로 융합된 총체인 것이다. 서구인들은 이러한 총체로부터 객체를 분리시킬 수 있다고 생각하고 실체의 차원에서 세계

---

3 장파, 앞의 책, p. 41.

를 바라봄으로써 개체의 독특성을 극명하게 인식한 반면 총체와 허공의 허황됨을 더욱 강조해 왔다.

서구에서 세계의 문제를 존재에서 실체의 개념으로 이어갔다면 동양의 경우 무를 근본으로 하여 유에 대한 질문으로 나아가는데 여기서 드러나는 것이 '기(氣)'라는 개념이다. 기란 있는 듯 없는 듯한 도의 생성, 운행, 변화를 설명하는 것으로서 그 도의 내용에 해당된다. 실체와 허공을 확연히 대립시키는 서구의 이분법적 시각과 달리 유와 무 그리고 실체와 허공이 서로 상반상생한다는 동양의 총체적인 관점에서는 이들은 모두 기의 두 가지 양상일 따름이다. 무로 이해되는 우주 공간은 사실 기로 가득 차 있고 이 기가 흐르다가 만물을 파생시키는데, 기가 모이면 실체 즉 형을 이루고 기가 흩어지면 그 사물도 사라진다는 것이다. 따라서 중국의 우주관에서 무는 서구인이 이해하듯 실체가 차지하는 위치와 운동 장소로서의 허공을 뜻하지 않고 생성하고 변화하고 창조하는 작용으로 충만한 기를 말한다. 서양의 세계와 우주가 실체의 세계 그리고 실체가 자리잡은 우주라면 동양의 세계는 기의 세계요 기로 가득 찬 우주에 속하는 것이다. 이렇듯 유와 무라는 상이한 방식으로 세계를 바라본 동서양의 입장은 그 내용을 설명함에 있어 각기 실체와 기라는 또 다른 관점을 낳게 된 것이다.

형식과 정체공능

실체에 대한 서구인들의 본질 추구는 다시금 형식이라는 개념을 낳게 되었고 기에 대한 중국인들의 구체적인 연구는 '정체공능(整體功能)'이라는 개념을 이끌어 내었다. 실체에 대한 서구인들의 이성적이고도 분석적인 진리 추구 결과 이에 대한 객관화의 표현이 바로 '형식'이라는 개념이었다. 사물의 본질에 대한 객관적이고도 명료한 인식적 파악인 형식(form)이란 여러 의미를 내포하는 것이지만 우선 사물 각 부분의 배열과 관계를 지칭하기도 하며 단순히 사물의 외형을 뜻하기도 하고 나아가 사물의 개념적 본질을 의미하기까지에 이른다. 즉 외형이자 본질인 형식에 대한 몰두는 형식이 곧 본체라는 그리스 시대의 일반적인 생각을 낳게 하였고 형식은 당시 미와 예술의 본질로 이해되었다. 실체를 명료하고 구체적으로 파악하고자 한 형식이라는 개념은 서구인에게 있어 복잡한 현상이 질서를 갖추고 신비롭고 모호한 내용이 이성적으로 드러나며 혼돈의 자연이 이해될 수 있도록 하는 것이었다.

반면 기의 우주는 정체공능으로 구체화되는데 기에 대한 이론은 중국에서 끊임없이 음양오행론과 융합되어 논의되어 왔다. 실체와 허공을 넘나드는 기의 정체에 대한 논의가 전체적이고 유기적인 관계론적 성격을 띠게 되는 것은 당연하다 하겠다. 장파에 따르면 정체공능이란 더 이상 분할할 수 없는 유기적 전체로서 파악할 때 드러나는 총체와 부분의 관계를 지칭하는 것으로서 이러한 시각에서 바라볼 때 총체(정체)를 떠나 부분을 얘기할 수 없고 정체공능을 떠나 구조를 논의할 수 없다. 따라서 각 부분이 존재하는 이유는 "전적으로 정체적 존재에 의거하는 것이고 정체공능은 정체가 부분을 규정하는 것이지, 부분이 정체를 규정하는 것이 아니라"[4]는 것이다.

이러한 전체적이고 총체적인 시각은 총체로부터 분리된 부분은 원래의 본질을 상실했기 때문에 더 이상 정체의 부분이 아니라고 본다. 그리고 더욱 중요한 사실은 모든 사물의 정체성의 현현은 정체적인 기가 각 대상에 주입된 결과이며 여기서 각 부분의 실체적 구조는 상대적으로 부차적이라는 것이다. 이러한 정체공능적 상황은 개별 사물에만 국한되는 것이 아니라 우주 전체로 연장된다. 즉 구체적인 사물의 정체성[기]은 우주 전체[천지의 기]와 분리될 수 없고 인간과 자연 역시 예외일 수가 없

---

4 앞의 책, pp. 62-3.

다. 이렇듯 총체적이고 우주적 차원에서의 본질 연구는 개별 부분에 대한 분석적 해부와 실험을 거부하기 때문에 논의가 구체적이지 못하고 모호한 반면에 서양의 형식 구조나 법칙에 대한 실체적인 연구는 명료함을 그 특색으로 지닌다. 세계 존재에 대한 논의가 지극히 다른 관점에 이해 명료함과 모호한 특성을 지니지만 이러한 논의는 다시 변증법과 음양론이라는 다른 진행 방식을 지닌다.

변증법과 음양론

헤라클레이토스(Herakleitos)는 "모든 것은 흘러간다. 영원히 머무는 것은 없다"라고 얘기함으로써 서구 문화에서 최초로 변증법적 발전관을 제시하였다.[5] 이후 우주의 발전과 작용을 바라보는 서구인들의 시각은 다윈(Charles Darwin)과 헤겔에 이르기까지 대립물의 투쟁과 부정 그리고 새로운 것의 탄생이라는 투쟁과 부정을 통한 끊임없는 발전과 혁신을 추구하는 것이었다. 헤겔은 우주의 발전 법칙을 정 · 반 · 합, 즉 긍정과 부정 그리고 부정의 부정으로 생각하였다. 대립물의 투쟁이라는 구조로 우주의 작용을 설명하고자 하면 우선 실질적인 개체의 힘이 부각된다. 이 구조는 각 대립체의 실체에 따라 관계가 변화하게 마련이므로 각 대립물은 이러한 역사 발전의 주 동인이 된다.

반면에 기의 우주를 설명하는 동양의 이론은 음양론이다. 음양론은 우주와 천지만물이 변화하고 생성 · 소멸하는 이치를 상호작용으로 나타낸 이론인데 여기서 음(陰)과 양(陽)은 우주의 작용을 설명하는 두 가지 대립되는 개념이지만 실체적인 것이 아니라 작용을 나타낸다. 음과 양은 서로 대립되기도 하고 상호의존하기도 하는 상반상성(相反相成) 관계를 지니는 기본 요소들이지만 각자 독자적으로 존재할 수 없는 통일체이다.

5 앞의 책, p. 142.

이러한 구체적인 사물을 넘어선 논의는 전 우주가 보편적으로 연계되어 있음을 강조하고 우주를 하나의 유기적 전체로 파악하는 동양의 정체공능적 시각을 반영하고 있다.

따라서 동서양 모두 우주의 작용에 대해 공통적으로 대립적인 요소의 관계로 보지만 발전을 중시하며 대립물의 투쟁을 부정과 전진으로 보는 서구와는 달리 동양의 경우 '대립하되 서로 겨루지 않음'을 강조하여 서로 전화되는 음양간의 정체적 협력을 통한 보존과 안정을 중시한다.

이렇듯 상이한 우주관은 그 시각만큼이나 판이하게 다른 역사와 문화를 형성해 왔다. 개체와 투쟁을 통한 발전을 중시하는 서구 사회는 끊임없는 혁명적 변화를 겪어 온 혁신의 문화였던 반면에 총체와 협력을 통해 보존과 안정을 추구해 온 동양은 2천 년 간이나 변하지 않는 봉건사회를 유지해 올 수 있었다. 변증법과 음양론이라는 우주의 구조와 작용을 설명하는 서양과 동양의 판이한 사고방식은 각기 한편으로는 발전과 진보라는 결과를 낳았고 다른 한편으로는 정체와 순환이라는 굴레를 씌웠다라고 생각해 볼 수 있다.

자연 모방과 조화 본받기

마지막으로 예술에 대한 동서양의 시각을 비교해 보기 위해서 우선 예술에 대한 여러 가지 논의 중에서도 가장 근본적인 주제라 생각되는 창작론을 중심으로 한다. 동서양의 다른 우주관이나 세계관은 무용 활동을 비롯한 예술 인식에 그대로 반영되었다. 장파 역시도 인간이 자신과 주위 세계를 대하는 방식은 예술 작품 속에 선명하게 구현된다고 얘기하고 있다. 서양과 동양의 창작론에 대해 장파는 '자연 모방'과 '조화 본받기'로 정리하여 비교하고 있다. 동서양을 떠나 고대인들에게 있어 "자연을 본받는 것은 문화 창조의 법칙이자 예술 창조의 법칙이었다."[6] 그러나 자연을 본받는다고 할 때의 자연의 개념이나 모방 혹은 본받는 방식은 동서양이 판이하다. 예술 창작 활동을 인간의 모방 충동에 의한 자연의 모방으로 보는 서구의 모방론은 인간의 예술 활동을 설명하는 최초의 예술론으로 18세기까지 주도적인 이론이었고 따라서 서양의 예술 창작론의 기본적인 틀을 구성하였다고 해도 과언이 아니다. 이때 서구인들이 말하는 자연(nature)이라는 것은 글자 그대로 인위적이지 않은 자연스런 본성을 지칭하는 것으로 동물과 식물 그리고 인간까지를 포함하고 있다. 그리고 자연을 모방한다고 할 때 그 내용은 그리스의 풍부한 인체 조각과 인물화 그리고 인간의 행위를 모방한 극에서 알 수 있듯이 주로 인간과 인간의 활동을 모방하는 것을 뜻했다. 그러므로 서구의 자연의 개념에는 동물 · 식물 · 인간과 같은 실체가 대상이었다.

반면 동양의 창작론을 설명하는 '조화 본받기'에서 "조화란 인간을 포함하긴 하지만 주로 천지를 가리킨다."[7] 동양의 우주론은 처음에 우주가 하늘과 땅으로 나뉘고 우주만물은 이 천지의 결합으로 생겨났다고 한다. 따라서 조화를 본받는다고 할 때의 조화란 천지 자연을 뜻한다. 그러므로 동양의 예술 세계는 산수화나 화조도처럼 자연을 노래하고 그린 작품이 대부분이다. 마음으로 조화를 본받는다고 할 때 조화란 자연을 의미하고 있지만 그 자연은 우주와 통하는 것이기에 우주의 원리에 다름 아니다. 그러므로 실체를 우주 총체로부터 분리시키지 않는 동양의 정체공능적 시각에서 인식하는 조화와 실체적이고 정태적인 우주관을 지닌 서구의 자연관이 지니는 문화적 내용의 차이가 '조화 본받기'와 '자연 모방'의 근간을 이룬다.

서구의 모방(mimesis)이라는 개념은 원래 원시종교에서 제사장이 의식 절차로서 행하는 모방 행위에서 유래된 것이므로 굳이 따지자면 인간

---

6 앞의 책, p. 370.

7 앞의 책, p. 370.

의 춤 활동에서 파생된 개념이다. 고대 그리스인들의 생각에는 제사장이 모방하는 것이 바로 자연의 본질적인 어떤 것이라 생각했다. 이러한 모방에 관한 논의가 전개되면서 모방이 외부 세계를 충실하게 복제하는 것이라고 생각하여 자연 대상에의 충실함과 유사성을 중요시하였다. 나아가 외형의 유사함에 머무르지 않고 현실의 본질로 나아가 본질의 모방을 의미하기도 했다. 이러한 모방을 통한 본질 추구는 형식의 추구로 나아가기도 했고 다른 한편으로는 사회적, 정신적 본질의 추구를 좇기도 하였다. 따라서 서구의 자연 모방의 과정은 현실에서 출발하여 본질에 이르는 활동이라고 할 수 있다.

동양의 '마음으로 조화를 본받는 것'은 산수 자연의 조화를 표현해 내려는 것이다.[8] 즉 "조화와 더불고자 하는 것이며" 산천(山川)의 형신(形神)을 관통하여 산수의 정신을 예술 작품으로 옮겨 놓는 것이다. 그런데 중국의 우주는 실체적이지도 형식적이지도 않다. 따라서 서구의 모방 방식처럼 풍경을 마주하고 특정의 초점을 유지한 채 일관되게 사물의 비율과 관계를 확실하게 그려내는 초점투시(焦點透視)를 통한 것이 아니라 실컷 돌아다니며 경치의 면면을 살핀 뒤 그것이 가슴속에 역력히 새겨지는 경지를 추구한다. 이렇게 조화를 표현해내기 위해 산수의 정신을 본받는 방식은 산점투시(散点透視)를 하는 것인데 이는 예술가가 "실컷 돌아다니며 한껏 볼 때, 한 걸음 한 걸음 옮기면서 그 면면을 살피는" 방식을 얘기하는 것이고 그러할 때 화가는 올려다보고 내려다보고 멀리 봤다 가까이 봤다 하는 등 자유로이 관찰하는 것을 말한다. 그리하여 산수의 정신을 온전히 파악하였을 때, 즉 아름다운 산과 강이 '가슴속에 역력해지면' 예술가는 그것을 '우주적 차원에서 그려내는 것이다.' 그 때 표현되는 산수의 정신은 당연히 동양의 우주 정신과 일치되게 마련이다.

---

8 앞의 책, p. 374.

이처럼 동양과 서양은 우주와 자연 그리고 예술 창작에 대한 인식과 사고방식이 판이하게 다를 수밖에 없는 세계관을 지녔기 때문에 그들의 예술 활동의 결과도 매우 다르게 나타날 수밖에 없다.

춤에 나타난 동서양의 정신

춤에 나타난 동서양의 정신을 연구하고자 논의 대상으로 삼은 춤은 서양의 전통 춤인 발레와 우리의 전통 한국 춤이다. 이렇듯 전통적인 춤의 양식으로 논의 대상을 국한시킨 것은 현대 이후 동양 문화에 대한 서양의 영향을 부인할 수 없고 춤에 있어서도 동서양이 주고받은 상호작용을 간과할 수 없기 때문이다. 그러므로 동서양이 각기 그 정신의 정통성을 간직한 현대화 시기 이전의 춤에 논의를 국한시키고자 한다. 서양의 사고가 드러나는 춤의 형태로 발레를 택한 것은 발레가 서구에서 예술로서 유일한 춤의 형태였고 이로부터 다양한 춤의 유형이 파생되어 오늘날 전 세계에서 서구적인 춤의 상징이 되고 있기 때문이다. 한국의 전통 춤을 동양 사상을 살펴보는 춤으로 선택한 것은 우선 필자가 한국 춤의 경험을 가지고 있어 익히 그 구조와 정신에 친숙할 뿐 아니라 이 장에서 다루는 동양 사상이 유교 · 불교 · 도교 등 한국 · 중국 · 일본이 공유하고 있는 사상 체계로서 한국 춤이 동북아시아를 관통하는 춤의 근본적인 요소를 충분히 지니고 있다고 생각하기 때문이다.

기본 자세

세계관과 우주관 그리고 인간과 자연의 관계에 대한 우리의 생각은 예술 활동에 반영되게 마련이다. 또한 동서양 사고의 차이는 춤의 모습에 그대로 나타난다. 동서양의 춤에서 기본 자세는 동서양인들의 인간과 자연의 관계, 세계관과 우주관을 보여주는 근원적인 출발점이 된다. 발레의 기본자세는 우선 허리 아래에서부터 무릎·발목·발끝 등을 인위적으로 바깥을 향해 회전시킨 턴 아웃(turn-out) 자세에서부터 시작된다. 이러한 턴 아웃 자세는 신체가 앞을 향해 열린 자세를 만들어 주고 이 위에 발레의 모든 동작들이 디자인될 수 있게 한 기초라고 할 수 있다. 이렇게 극단적으로 양식화된 발 자세를 유지하기 위해서는 신체 내에 지속적으로 작용하는 힘이 필요하다. 그것은 결과적으로 무용수의 신체에 긴장감을 부여하고 확신에 찬 태도가 되도록 하며, 무대 위에서 신체가 더 크고 명료하게 보이게 한다. 턴 아웃된 다리는 다리가 더 높이 그리고 멀리 올라갈 수 있도록 움직임의 스케일을 증대시킬 뿐 아니라 무용수가 관객으로부터 얼굴과 몸을 돌리지 않고 모든 방향으로 빠르게 움직일 수 있도록 해준다.

턴 아웃된 자세는 공간상의 신체 디자인이 강력한 수직 축을 중심으로 대지 위에 뻗친 직선적인 모습을 만들어 준다. 그리고 수직 축의 하체를 유지하기 위해 쉽게 굽혀지지 않는 몸통과 함께 직선적인 디자인을 띠게 되고 그러한 자세는 위를 향하는 방향성을 가진다. 발레의 발끝으로 서서 추는 기교와 항상 위를 향하는 동작 디자인은 신체에 작용하는 지구 중력을 부정하고 천상으로 날아오르고 싶어하는 인간의 열망을 상징하는 것이다. 그리고 턴 아웃 자세는 끊임없이 지구 중력에 저항하여 무게 중심을 지속적으로 끌어올리고자 하는 무용수의 노력 없이는 불가능하다. 따라서 발레의 기본 자세는 대지에 대한 저항으로 곧추서 있는 위를 향한 직선의 디자인이며 이렇듯 쭉 뻗은 직선의 사지로 신체 주위 공간을 정복하며 나아가고 위로 들린 팔과 다리는 천상으로의 도약을 지향하고 있다. 이렇게 지구 중력에 도전하고 천상에 가까이 다가가기 위한 열망은 토슈즈(toeshoes)라고 하는 발레 슈즈에서도 발견된다.

반면 한국 무용의 기본 자세는 무릎을 구부리고 팔과 다리를 굽힌 상태이다. 이로부터 호흡을 들이쉬면서 구부러진 신체가 곡선의 형태로 완만하게 펼쳐진다. 이러한 사지의 펼침은 다시 오므려들기 위한 동작이 된다. 사지를 펼치는 순간에 무용수는 살포시 대지를 밟고 올라서면서 한쪽 발을 내딛는다. 이 때 대지를 밟고 올라서는 것은 다른 발의 내디딤을 준비하기 위한 것이지만 이 순간 우리가 보는 것은 다리가 만들어 내는 앞으로의 전진보다 어깨선에서 만들어지는 어깨춤의 리듬이다. 스텝에서도 대지를 벗어나기 위한 지지대로서 혹은 어느 방향으로의 이동을 위한 것으로 생각하기보다는 발과 대지의 어울림 즉 제자리걸음이나 발바닥과 지표 간의 유희나 어우르기 즉 교감을 중시한다. 한국 춤은 다리가 공간상에서 만들어내는 디자인에 열중하기보다 발이 대지와 접촉되는 방식과 관계에 주목한다. 호흡과 함께 사지와 몸통을 함께 폈다 구부렸다 하면서 신체는 보이지 않는 지구 중력에 고무줄처럼 강력하게 묶여 있는 듯하다. 이 때문에 한국 춤은 지면에 깊이 뿌리박고 추는 듯한 인상을 준다. 한국 춤에서의 도약은 발레의 경우처럼 더 멀리 더 높이 전진하기 위한 것이라기보다 다시 되돌아오기 위한 것이고 대지와 접촉할 방식에 더 많은 주의가 기울여진다.

이러한 한국 춤의 호흡과 에너지의 흐름 그리고 도약의 구조에서 발견할 수 있는 것은 이들이 모두 양방향성[9]을 지니고 있다는 것이다. 한국 춤에는 호흡을 들이쉬면서 신체 에너지가 몸 중심에서 바깥으로 뻗어 나가기 시작하여 그것이 완전히 신체 말단까지 도달하기 직전에 호흡을 내

9 신체 에너지와 호흡이 끊임없이 위로 끌어올려지고 공간적 방향성 역시 위로만 지향하는 것에 중점을 두는 발레와 달리 한국 춤의 경우 신체 에너지와 호흡 그리고 공간적 방향성에서 양방향의 진행이 모두 사용되고 있고 이들 양 측면이 동등하게 중시되고 있다. 즉 호흡의 들이쉼과 내쉼, 그리고 신체 에너지가 신체 중심에서부터 사지 말단으로 발산되다가 신체 중심으로 다시 끌어들여지고, 지구 중력을 수용하여 굴신하는 동시에 공간적으로 신체가 위축되어 사지를 구부리거나 여며 중력에 승복하는 아래로 향하는 국면과 그 반대로 신체가 공간상으로 펼쳐지며 위로 향하는 국면 모두의 양방향성을 춤의 구조와 진행 속에 가지고 있다고 할 수 있다.

쉬면서 안으로 끌어당기는 양방향의 에너지 흐름이 있다. 이때 기본 자세인 구부린 사지는 호흡의 들이쉼과 함께 펴지고 그것이 완전히 직선적으로 펴지기 전에 다시 안으로 들어온다. 도약 역시 최고의 높이에 이르기 전에 이미 내려올 내면의 에포트(effort)를 준비한다. 이는 발레의 위로 향한 일방적이고 단선적인 에너지나 동작의 진행과 다르다. 발레에서는 호흡과 에너지의 흐름이 끊임없이 아래로부터 위를 향한 연속적인 끌어당김[pull up]을 강조하고 점프 역시 쁠리에(plie)를 통해 힘과 에너지를 한껏 축적한 뒤 최대한 높이로 신체를 폭발적으로 추진시키고 그 정점에서 호흡을 정지시켜 도약의 최고 순간을 강조하는데, 한국 춤은 도약에서 발레의 위를 향한 일방적인 지향성과는 다르다.

위의 사실들에서 알 수 있는 것은 우선 우리 춤은 지구 중력을 수용하고 있으며 신체나 움직임이 처한 공간과 대지에 대하여 이를 대립적인 것이 아니라 협력의 대상으로 받아들여 조화로운 관계를 유지하거나 쌍방 소통의 통일감을 추구한다는 것이다. 한국 춤의 형태는 지표와의 완전한 접촉을 이룬 신체를 구부린 상태에서 대지와의 통일감과 안정감을 느끼고 완만하게 공간 속으로 순응해 나아가는 듯한 모습을 지녀 주위 공간과 함께 호흡하며 움직여 나간다고 할 수 있고, 공간과 대지와의 관계도 대립이 아닌 수용의 조화로운 상태를 지향하고 있다. 이는 인간의 기와 우주의 기가 상통한다는 사고방식이 춤에 나타난 결과라고 생각한다. 동양의 총체적 기우주론에 따라 실체인 무용수와 무용수를 둘러싼 허공은 기의 다른 모습일 뿐이다.

애초에 천지가 결합하여 만물이 파생하였으며 개인의 소우주는 이 세계 그리고 대우주와 분리되지 않은 것으로 보는 동양의 우주관에서는 무용수가 자신의 신체와 움직임이 처한 대지와 공간에 대해 적대적일 수 없다. 이는 나의 또 다른 모습으로서 국가와 세계 그리고 우주 속에서 내가 함께해야 할 조화의 대상인 것이다. 이런 관점에서는 신체에 작용되는 지구 중력이나 주위 공간을 극복하고 정복해야 할 대상이 아닌 수용과 협력의 대상으로 혹은 연속적으로 자신의 기를 발산하고 또 역으로 대지와 공간의 기를 받아들여 소통할 수 있는 대상으로 인식하게 된다.[10]

발레의 기본 자세는 공간상에 무용수의 실체성을 극도로 강조하는 방식이다. 이는 무용수가 인간의 자연스러운 자세를 포기하고 지구 중력에 대하여 끊임없이 저항함으로써 쟁취되는 것이다. 턴 아웃 자세로 인해 신체가 어떤 방향으로도 돌진할 수 있게끔 열려진 자유로움의 획득 역시 극단적으로 양식화된 소위 '발전적인' 자세를 취할 수 있도록 부단히 노력함으로써 가능하게 된다. 이러한 움직임의 방식은 개인을 중시하는 서양 근대 사상과 부정을 통한 전진이라는 진취적인 서구 문화의 특징을 잘 반영하고 있다. 이를 통해 무용수는 주위 공간을 직선적으로 찌르고 공격해 적대적인 공간을 정복하면서 허공을 '나'의 공간으로 만들어 간다.

이렇듯 나의 실체와 권리를 절대적으로 강조하면서 자신이 위치한 공간과 대지를 정복해 나가야 할 대상으로 인식하는 것은 마치 서양의 철

10 기본 움직임에서 발견되는 동서양에 따른 공간 감각과 우주관의 차이는 비단 무용 작품에서뿐만이 아니라 언어 표현에서도 발견할 수 있다. 서양의 경우 근본적으로 천상으로 도약하고자 열망하므로 그러한 상층으로의 전진 욕구가 좌절될 때 스트레스를 느낀다. 즉 서양인들의 경우 스트레스란 위에서 아래로 오는 방향성을 지닌다. 그래서 그들은 스트레스를 받는다고 할 때 'under the stress'라고 표현한다. 그러나 한국인의 경우 춤출 때 신체가 지니는 대지와의 관계에서 알 수 듯이 대지와의 조화와 접촉에서 안정을 느낀다. 한국인들은 자신의 처지가 편하지 못할 때 '가시방석'이라든가 '좌불안석(坐不安席)'이라는 표현을 씀으로써 스트레스가 아래에서 오는 것임을 지적하고 있다. 이러한 공간관과 우주관은 무용 작품에서도 흥미롭게 발견된다. 미국 후기 현대파 출신의 안무자 트윌라 타프(Twyla Tharp)와 한국의 무용가 임학선은 여성이 결혼과 가정을 이루어가는 과정을 주제로 각기 「캐서린 휠(The Catherine Wheel)」(1983)과 「마음꽃」(1992)이라는 작품을 만들었다. 이 작품에서 여성은 모두 상당한 어려움과 난관에 부딪치는데 그러한 갈등과 어려움을 표현하는 데 있어서 타프는 주인공이 위에서 내려오는 쓰레기더미에 깔리는 것으로 표현하였고, 임학선은 군무 무용수들이 손과 발로 만든 가시방석 위를 신부가 기어가는 모습으로 표현하였다.

학자들이 이 우주를 인식할 수 있는 실체와 인식할 수 없는 허공으로 상정하여 두려움을 야기시키는 허공이야말로 정복해야 할 대상으로 생각한 것과 같은 논리이다. 이것은 서양의 과학자들이 논리적이고 분석적인 이성으로 자연과 우주를 정복해 나간 것처럼 공간과 대지를 극복해야 할 대립적인 존재로 인식한 결과라 하겠다. 그리하여 대지 위에 우뚝 솟은 나의 개체성을 중시하고 나의 존재를 증명하기 위해 대립적인 대상 즉 주위 공간이나 지구 중력은 무시될 수밖에 없고 그들을 정복하지 않으면 나의 개체성이 위협받을 수밖에 없는 대상으로 인식한다. 주위 공간을 정복해 나감으로써 두려움을 야기시키는 허공을 실체의 공간으로 개척해 나간다.

무용수의 실루엣을 분명히하고 이를 확대시키는 자유로움을 구가하는 것을 이성적이고 진취적인 발전으로 생각하는 것은 "개인의 자유와 성취를 통한 개인적 발전을 중시하는 서양의 인본주의(renaissance humanism)적 성격"[11]을 반영하는 것이다. 그에 비해 동양의 인본 사상은 개인의 발전보다는 동료와 인간 간의 관계를 더 중요시하여 사회적 공감(social empathy)이 최우선적인 과제가 되는데, 이는 한국 춤에 있어서 신체의 기본 자세가 지니는 대지와 공간과의 공조적 관계에서 발견되는 특성이라고 볼 수 있다.

동작

모든 발레 동작들에서 스텝은 매우 중요하다. 발레는 근본적으로 발재주에서 시작한 무용이라 해도 과언이 아니다. 이는 발레가 기교적으로 유행하는 음악에 맞추어 기본 스텝을 연결하는 형태였던 르네상스 시대의 사교춤(court dance)에서 출발한 데 기인하기도 하지만 최초의 무용

11 Ray Billington, *Understanding Eastern Philosophy*(Routledge, 1997), p. 86.

학교인 프랑스왕립무용아카데미에서 팔과 다리의 기본 자세가 체계화되고 양식화될 때 매끄러운 스텝 연결에 주어진 강조점에 근거를 두고 있기도 하다. 아카데미에서 정비된 스텝과 자세의 연결이 수백 년간 다듬어지는 과정을 거쳐 양식화된 스텝들은 바로크 시대를 지나면서 팔과 다리의 장식적인 제스처로 발전되었고, 낭만발레 시기에 이르르면 토슈즈의 등장과 함께 정교하고도 복잡한 스텝과 아름다운 포즈의 연결은 발레 동작 구성에서 가장 중요한 본질이 되었다. 따라서 발레는 근본적으로 스텝과 스텝의 연결을 중시하면서 신체의 다른 부분들이 이를 장식하고 있는 구조를 지닌다. 신체 디자인에서 모든 움직임을 만들어내는 하체가 중요하고 그 위에 장식적인 상체가 곁들여진다. 동작의 연결도 개별 스텝들이 가장 우아하고 세련되게 이어지는 것을 중시한다.

한국 춤에서는 다리가 주로 신체 중심을 지탱하는 기능을 하고 있으며 전체적인 동작 디자인에서 특별히 다리나 발만의 움직임이 강조되는 경우가 거의 없다. 기본 자세에서 신체 사용도 하체가 대지와의 안정적인 관계를 유지하면서 상체와의 완벽한 조화와 안정 상태를 이루어 서양의 경우처럼 상체와 하체가 분리되어 움직이는 경우 역시 찾아보기 힘들다. 우리 춤은 호흡과 함께 몸 전체가 하나로 움직여야 한다. 발레와 한국 춤의 교습도 이러한 차이를 반영하고 있다. 발레 교습이 제일 먼저 정지 상태에서 발의 기본 위치와 개별 스텝을 숙지한 다음 상체 움직임과 이동 움직임으로 나아가는 데 비해 한국 춤은 처음부터 신체 전체가 하나로서 걷는 연습부터 시작한다. 한국 춤을 익히는 과정에서도 호흡과 상체 움직임 그리고 하체 움직임이 개별적으로 훈련될 수 없다. 이렇듯 동작의 구조에 있어서 상체와 하체의 조화를 도모하되 하체는 긴 치마로 가려져 보이지 않고 주로 주목할 만한 움직임이 상체에서 나오기 때문에 우리 춤은 상체를 강조하고 있다고 얘기할 수 있지만 이때 역시 상체만의 분리된 움직임이 아니라 신체 전체의 조화에서 나오는 디자인이라 하겠다.

서양인들이 사물의 배열과 관계에 주목하여 형식을 예술의 본질로 생각한 것처럼 발레에서도 동작의 본질을 바로 개별 신체 부위의 배치와 관계로 파악하여 아름다운 동작 형식의 완성을 추구한다. 실체와 개체적 존재를 중시하는 서구의 관점에서는 각 동작의 개별 부분과 신체 각 부위별 움직임을 동작 전체와 신체 전체로부터 떼어내어 분석해 보는 것이다. 그러나 동양의 정체공능적 세계관은 부분을 전체로부터 떼어낼 수 없을 뿐 아니라 정체를 떠나 구조를 얘기할 수도 없다. 그러므로 신체 디자인이나 동작 디자인에 있어서 정체공능적 시각을 유지한다면 신체 전체에서 특정 부위만을 떼어내어 보는 것은 불가능하다. 동작의 연습과 감상에 있어서도 강조되는 측면은 전체적인 동작과 신체가 연속적으로 만들어내는 움직임의 선과 흐름이다. 선이란 점의 연속이 만들어 내는 것이고 흐름은 전체로서 드러나는 것을 포착하는 것이다. 따라서 한국의 움직임은 동작이나 신체가 하나의 전체로서 받아들여질 것을 요구하고 있다. 발레의 경우 정지 상태의 아라베스크라는 개별 동작의 형식과 라인을 아름답다고 칭송하는 반면 한국 춤에서는 어느 특정 동작을 멋있다고 하는 법이 없고 한 동작에서 다른 동작으로의 흐름이 얼마나 멋들어지는지 전체 춤과의 조화와 진행 과정이 얼마나 어우러지는지를 중시한다.

한국 무용에 있어서 동작은 하나하나가 유연하게 연결되어 있어 어느 한 동작을 앞과 뒤의 연결 동작으로부터 구분해 내는 것이 쉽지 않지만 서양 무용의 경우 정지된 포즈 상태와 동적인 움직임 혹은 동작의 구분이 분명하게 떨어진다. 그러므로 한 동작의 시작과 끝 또는 움직임의 진행 상태와 정지 상태가 분명하게 구분되어 있어서 이들이 공존한다는 것은 생각해 볼 수가 없다. 서양인들에게 있어 정적인 것과 동적인 순간의 공존은 마치 유와 무, 실체와 허공이 공존하는 것처럼 모순되는 것으로 자신들의 실체적 우주관에 위배된다. 모든 것을 원인과 결과라는 방식으로 생각하고 개념적 택일에 익숙한 서양인들은 실체를 지닌 동작을 중심으로 무용 공간을 채워 나가고자 하며 동작의 정지는 곧 무의 상태인 것이다.

한국 무용은 움직임 자체가 곡선적인 디자인에서 비롯되기 때문에 부드럽다는 특성과 함께 유장하게 진행되어 정지되어 있으면서도 정중동(靜中動)의 순간으로 움직임이 이어진다. 정적인 것과 공적인 것이 유연하게 이어지고 공존하는 한국 무용에서는 하나의 동작이 앞과 뒤의 움직임과 밀접하게 연결되어 있어 어느 순간 정적인 특성을 지닌 움직임이 동시에 동적인 특성을 지니는 움직임으로 보일 수도 있다. 이는 마치 음양론의 이치에 따라 음과 양이 상호 전화하는 것처럼 동적인 것과 정적인 것 역시 전화될 수 있는 것이고, 움직이는 부분과 정지의 부분은 모두 같은 동작의 서로 다른 모습이라 볼 수 있는 것이다. 이는 유와 무, 동작과 정지 상태의 관계처럼 대립하되 서로 겨루지 않음을 중시하고 이들의 정체적 협력을 강조하는 동양 사상의 영향이라고 할 수 있다.

움직임의 관점

발레의 동작들은 턴 아웃된 발의 자세로 인해 신체가 주위 공간에 대하여 모든 방향으로 열려 있음에도 불구하고 주로 신체의 전면을 보게 되는 관객의 시점을 중시하는 디자인을 지닌다. 대부분의 동작들은 준비 동작과 과정 동작을 거쳐 마지막 완전한 포즈에 이르기까지 객석에서 바라볼 때의 특정 디자인을 유지하고 완성시키는 데 많은 주의를 기울인다. 즉 개별 동작의 형식과 완성도를 중요시한다고 할 수 있다. 이렇듯 전면을 중시하는 관점은 서양 춤이 극장 무대에서 추어지기 시작하면서 공연자와 관객 간의 구분이 분명해지고, 무용수의 동작이 집중적이고 객관적인 감상의 대상이 되는 공연 환경에서 오는 결과일 수도 있지만 실체를 중시하는 우주관과 형식을 미의 본질로 생각한 서구의 과학적이고도 분석적인 정신의 산물이기도 하다.

따라서 발레 동작에서는 어느 각도에서 봤을 때 가장 아름다운 신체 라인을 만들어 내느냐를 염두에 두고 움직임을 구성하고 훈련하는데, 그러기 위해 매 순간의 동작들을 정지된 순간에 초점을 맞추어 각 측면들의 질서와 안배를 위해 면밀하게 조사하는 방식을 쓰고 있다. 이렇듯 부분 동작들의 관계로부터 질서를 지닌 조화로운 형식을 만드는 것이 발레의 움직임 구성 원리라 할 수 있다. 개체에 대한 분석적인 태도가 심미적 차원에서 예술에 적용될 때 이는 예술 대상에 대한 초점 맞추기로 드러난다. 무용의 경우 어느 동작에 초점을 맞추어 보는 것은 그 동작을 보는 감상자인 인간과 그 대상인 움직임 모두가 고정된 것이라 상정할 때 그 순간의 형식을 파악하기 위한 초점 투시가 가능하게 된다. 고정된 순간의 최적의 시점을 찾아내어 움직임의 가장 아름다운 측면을 드러내고자 하고 그런 시점에서 움직임의 형상이 결정된다.

한국 춤에서의 구부린 신체는 근본적으로 신체 전면으로만 방향성을 지니기 때문에 움직임의 진행 방향은 무용수의 전면이 향하는 곳이 된다. 그러므로 춤의 진행 방향은 어느 정도 예측 가능하다. 우리의 전통 공연장은 원형으로 관객들이 빙 둘러앉아 어느 각도에서나 춤꾼을 볼 수 있도록 되어 있다. 객석과 무대의 구분도 서양 극장처럼 단절된 구조가 아니라 경계가 불분명하고 상호소통이 가능하게 열려 있다. 그러므로 춤꾼의 몸은 발레리나처럼 관객에게 보이는 정면만을 의식하는 디자인이 될 수 없다. 한국 춤은 관객의 시선이 닿지 않는 감출 수 있는 뒤쪽이 없고 전 방향으로 열려 있다. 발레리나의 몸에 꽂히는 시점이 정면의 아래쪽에서 오는 것이라면 한국 춤꾼은 사방에서 돌아가며 볼 수 있는 움직임 시점을 지녔다.

그러므로 한국 춤꾼은 전방위에 위치한 관객 모두를 향해 열린 움직임의 시점을 지녀야 한다. 그것은 춤꾼으로 하여금 어느 각도나 어느 한 관점의 동작 인식이 아니라 전체 동작에 대한 총체적 인식을 지니게 한다. 그것은 결과적으로 형태 중심이 아니라 에너지 중심 혹은 흐름 중심의 춤이 되게 만든다. 발레리나의 신체가 턴 아웃 자세로 열려져 있어서 어느 순간에 어느 방향으로 진행해 갈지 예측할 수 없음에 비해 우리 춤은 근본적으로 몸의 전면이 향하는 쪽으로 진행해 나가기 때문에 어느 정도 흐름이나 방향성을 예측할 수 있다. 또한 그런 구조 속에서 동작의 진행과 연결은 물 흐르듯 흐름이 잘 이어져야지 자연스러운 연결이나 흐름을 단절시키는 파격은 금물이다. 이때 관객은 이들 동작들이 만들어내는 선적인 흐름을 전체적으로 파악하게 된다. 우리 춤을 바라볼 때 개별 동작보다는 동작들의 관계와 흐름에 주목하고 있다는 주장은 흔히 한국 무용의 아름다움을 선의 멋이나 선적인 흐름으로 설명하고 있는 일반 이론들에서 그 타당성을 발견할 수 있다.

이렇듯 정지된 순간의 완전한 형식보다 동작들의 관계와 흐름 그리고 그들이 만들어 내는 선적인 진행을 중시하는 것 역시 동양의 정체적 우주관이 반영된 결과인데 이는 전 우주가 보편적으로 연결되어 있기 때문에 어느 한 사물에 대한 인식은 개별 사물에만 국한되지 않고 사물 자체를 넘어선 논의가 되는 것과 같은 논리이다. 따라서 개별 움직임에 관한 지적이나 설명은 단일 움직임에 국한되지 않고 유기적 전체로서의 움직임의 흐름 그리고 나아가 그 동작을 시행하는 무용수의 기운과 또 이와 소통하는 우주의 기로 시선이 이어지게 된다.

움직임의 관점 역시 함께 움직이기 마련인데 장파는 동양화에 대한 감상자의 시각을 '눈을 돌려보기'로 설명하고 있다. 그는 중국의 전형적인 미적 관조의 방식을 복희(伏羲)의 관조 방식으로 들면서 이를 "올려다보고 내려다보고 멀리로 가까이로 눈을 돌리는 방식으로 설명한다."[12] 눈을 돌려보는 데는 몸은 움직이지 않고 시선만 움직이는 경우도 있지만 이리저리 돌아다니면서 '면면을 살피는' 방식도 있다. 앞 장에서 이러한 관조 방식을 산점투시라고 언급한 바 있지만 이렇게 눈을 돌려 위로, 아래로, 멀리, 가까이 보는 것은 동양의 기의 우주론에서 하나의 사물의 인식은 그 사물에 국한된 것이 아니고 그와 관련된 사물들까지 살펴야 하기 때문이다. 이러한 시선 돌리기는 최종적으로 우주의 기와 연결되어야 한다. 그러므로 예술 대상을 바라볼 때 서구인이 최적의 시점을 찾아내어 그 사물의 가장 아름다운 측면을 드러내고자 한다면 동양인은 눈돌리기를 통해 객관 대상의 기운(氣韻)을 찾고자 한다.

동양 회화에 적용되어 온 이러한 관조 방식을 무용에 적용하면 우선 한국 춤의 움직임은 지속적으로 흐르기 때문에 개별 동작을 전체 흐름에서 떼어내어 정지된 것으로 살펴보는 것이 불가능하다. 그러므로 구석구석을 살피는 산점투시를 통해서 개별 동작뿐 아니라 눈을 돌려 동작들의 관계와 흐름 그리고 춤이 추어지는 방식 즉 절차와 예법 등과의 관계, 무용수의 인간적 도량과 기운, 나아가 무용수의 연륜과 예술 정신의 깊이까지를 읽는다. 단지 무용 움직임의 형상만을 시각적으로 주목하는 것이 아니라 형상으로는 이룰 수 없는 예술가의 신(神) · 정(情) · 기(氣) · 운(韻) 등을 맛보고 깨닫는 것이다. 이는 무용 움직임과 이를 시행하는 무용수의 예술 정신을 동일한 것으로 바라봄으로써 전체와 부분을 동시에 보는 방식이라 하겠다. 이러한 예는 '글은 그 사람과 같다'라는 동양의 문학관에서도 발견될 수 있지만 춤을 추는 사람의 인간적 도량과 연륜이 얼마나 넓고 깊으며 또한 그의 예술 정신이 얼마나 고양되어 있느냐에 따라 곰삭은 맛이 난다고 하는 한국 춤에 대한 평가에서 잘 드러나고 있다.

살풀이나 승무처럼 개인기가 중요하게 평가받는 흔치 않은 독무의 경우에도 중요한 예술적 가치 혹은 멋으로 여겨지는 것은 눈이 번쩍 뜨일 만큼의 고난도의 기교가 아니다. 이들 춤에서 우리가 중요하게 생각하는

12 장파, 앞의 책, p. 508.

것은 무용수의 연륜과 예술 정신의 깊이이고, 이럴 경우 춤은 단지 시각적으로 보여지는 대상이 아니라 읽혀지는 대상이며, 외형적인 아름다움보다는 춤추는 자의 내면에 내재되어 있는 예술 정신이나 인격에서 우러나는 멋을 주목하고 이를 읽어내고자 하는 것이다

요약하자면 서양의 발레가 최적의 시점을 찾아 움직임의 가장 아름다운 측면을 포착하기 위한 '보기'의 대상이라면 한국 춤은 눈 돌리기를 통해 예술 대상의 예술적 기운을 찾고자 하는 '읽기'의 대상임을 알 수 있다. 이러한 관점의 차이는 궁극적으로 춤의 방법론에도 영향을 미치게 된다.

춤의 방법론

움직임에 대한 관점의 차이는 결과적으로 춤과 무용수의 상이한 관계를 초래하고 움직임을 습득하고 실시하는 방식에도 커다란 차이를 가져온다. 발레와 한국 춤이 각기 '보기'와 '읽기'의 대상이라는 점은 각각의 춤이 실시될 때의 강조점이 달라질 수밖에 없는 상이한 춤과 무용수 그리고 관객의 관계를 암시하고 있다. 즉 춤을 추는 주체인 무용수가 움직임을 바라보고 받아들이는 것이 동서양이 서로 달라 춤의 방법론에 대한 접근도 상당히 다르다.

발레는 프랑스 무용아카데미에서 팔과 다리의 기본 자세들이 분류되고 체계화된 이후 각 동작들의 객관적인 실행 방식이 수백 년 동안 다듬어지고 발전되어 하나의 방법론으로 정립되었다. 그러므로 발레 동작은 마치 패턴에 따라 칼을 대고 잘라낸 종이처럼 객관적인 실행 방식을 분명하게 지니고 있다. 어느 한 스텝이나 포즈를 취할 때의 신체 각 부분들, 머리에서 발끝까지의 사지와 몸통 그리고 시선에 이르기까지 이들의 각도와 위치와 자세 그리고 각 부분들의 관계가 분명하게 분석되어 있는 것이다. 이는 서양의 과학자들이 논리적이고 분석적인 이성으로 자연을

정복하고 이에 대한 지식을 체계화하여 과학이라는 이론 체계를 만든 것과 같은 것이며, 발레의 경우도 움직임들의 구조가 분석되고 체계화되어 용어상으로나 방법론적으로 정리되어 수백 년 동안 이에 대한 지식이 전해져 내려온 결과다.

반면 한국의 궁중춤을 기록해 놓은 무용보를 보면, 각 춤의 전체적인 대형들이 그림으로 그려져 있고 몇몇 동작들의 명칭이 시적이고도 상징적인 한자로 표기되어 있다. 한국의 전통 무용보에는 의상과 장치의 형태를 그림으로 그려놓고 그 치수와 색채명 그리고 명칭을 상세하게 기록해 놓은 데 비해 스텝이나 동작의 실시 방법에 대해서는 구체적인 설명이 없고 그 동작을 지칭하는 문학적인 명칭들만 간혹 있을 뿐이다. 이러한 사실로부터 우리는 한국 무용이 개별 동작보다는 동작과 무용수 간의 관계를 지시하는 전체적인 대형을 더 중요시하고 있음을 알 수 있다. 동작을 지칭하는 명칭도 시적이라서 그 구조나 움직임을 기록한 것이 아니라 느낌을 기록하고 있다. 예를 들면 「춘앵전」의 대표적인 동작을 '화전태'(花煎態, 꽃 앞에 선 자태)라고 기록하는 방식이다. 화전태는 춤의 클라이맥스에 앞으로 나와 한 다리를 앞으로 꺾어 들고 양손을 등 뒤로 감아 붙인 채 미소짓는 동작이다. 이처럼 우리나라의 무용보에는 어느 동작의 의미나 인상을 기록하고 있지 서양처럼 동작의 구조를 기록하고 있지는 않다.

동작을 지칭하는 명칭도 한자어가 지니는 상형문자적 특성으로 인해 문법적 해석에 따라 다양한 의미 전달이 가능한 것처럼 같은 명칭을 지닌 동작도 다양한 스타일이나 해석이 가능하다. 우리나라의 대표적인 민속춤인 살풀이는 추는 지역에 따라 크게 세 가지 유파가 있는데 같은 이름이라고 해도 춤의 동작과 구성, 움직임 특질이 완전히 다르다. 이런 사실로 볼 때 우리 춤은 같은 동작도 개인의 개성적이고 자유로운 해석에 따라 다양한 스타일로 변화하는 것을 당연한 것으로 받아들인다고 할 수 있다.

이처럼 개별 동작의 실시 방법에 대한 기술(記述)이 없고 같은 이름의 춤이 다른 동작과 방식으로 추어져 다양한 방법을 용인하고 있는 한국 춤의 특성으로부터 개별 동작의 형식보다는 동작과 동작 그리고 무용수들이 관계를 더 중시하는 총체적인 한국 춤의 시각을 볼 수 있다. 한국 춤은 또한 무용 움직임을 용어상으로나 방법론적으로 하나의 공통된 기준으로 통일하고 객관적인 방식으로 체계화하려는 노력을 기울이기보다는 각자의 스타일을 더 중시한다고 할 수 있다. 그러므로 전통춤의 방법에서는 인간문화재라고 하는 춤의 대가들의 스타일에 따라 강조되는 특성이 다르고, 어느 것이 다른 것에 비해 옳다 그르다 할 수 없게 된다. 발레에서는 팔과 다리 등의 신체 부위별 동작들이 명칭과 함께 체계화되어 있음에 비해 한국 춤의 경우에는 계파별로 스승의 춤을 이어가고 있는 것이다.

이렇듯 한국 춤이 방법론적 구축을 경시하는 이유는 앞서 움직임의 관점에서 지적한 것처럼 작품을 '보기'의 대상이 아닌 '읽기'의 대상으로 여기는 예술 감상의 동양적 특성과 이로 인한 예술가들의 학습과 연마 방식에 차이가 있기 때문이다. 동양의 예술 감상에서는 '글은 그 사람과 같다'라는 말에서처럼 작품과 작가를 동일시하고, 예술 작품을 논할 때도 인체적 구조를 지닌 미적 대상으로 언급하는 경우가 많다. 춤을 바라볼 때도 단지 시각적으로 움직임의 형상을 포착하기보다는 우주의 기와 연계된 동작을 보고자 하고 또 춤을 통해 무용가의 예술 정신이나 인간미를 느끼고자 한다.

이런 총체적인 세계관에서는 작품과 예술가를 분리하는 것이 불가능하다. 춤의 기운이 우주의 기와 연결되어 있다고 생각하는 사고 속에서 무용가들은 춤의 움직임을 단지 그 형식의 파악으로 접근한다면 완숙한 춤의 경지에 이를 수 없다고 생각한다. 춤을 몸으로 깨닫고 마음으로 이해하고자 하며 마음을 맑게 하여 동작의 상(象)을 느끼고 맛보아야 한다. 여기서 형은 실체이고 상은 허체(虛體)이다. "하늘에서는 상을 이루고 땅에서는 형을 이룬다" 라는 『주역』의 글에서 알 수 있는 것처럼 중국인들은 실체의 식(式, form)은 중요하지 않고 '상'만이 우주의 기와 통할 수 있다고 생각하고 이를 중시하였다. 동작의 식이 아닌 상을 파악한 후에야 우주의 기와 연계된 무용가의 예술 정신을 전달할 수 있는 춤의 동작을 그려낼 수 있다고 생각한다. 춤의 상과 정신이 '가슴속에 역력해지면' 즉 춤의 형상과 정신이 가슴속에 가득 찰 때 비로소 춤추는 이의 예술 정신을 전달하는 춤을 출 수 있게 되며, 그러할 때 그 춤은 우주의 기와 소통하고 자연의 조화를 본받는 우주적 차원의 춤이 되는 것이다.

이러한 경지는 무용수가 춤과 하나가 되는 경지에서만 이룰 수 있는 것이고 그런 경우 춤의 동작뿐 아니라 그 춤을 추는 무용가 역시 예술적 대상이 된다. 춤의 동작과 무용수는 같은 예술적 표현체의 연속이며 동일한 정체의 분화물(differentiation)인 것이다. 필머 노스롭(F.S.C. Northrop)은 동양 예술에 나타난 도(tao)의 정신을 설명하면서 서구의 과학과 철학 이론에서 발견되는 주체와 객체의 이분법적 구분과 달리 "동양 예술의 경우 예술 대상(aesthetic object)과 예술 주체(aesthetic self)를 동일한 것으로 인식하고 이들이 동일한 정체의 다른 모습으로 인식한다는 점"을 지적하고 있다.[13] 그러므로 춤에 있어서 무용수는 동작을 객관적인 예술적 대상(aesthetic object)으로 인식하기보다는 그 자신이 춤과 하나가 되는 예술적 주체 혹은 자아(aesthetic self)가 되어야 한다. 따라서 동작의 시각적 형식만을 분석해 놓은 방법론은 온전한 춤의 방법론이 될 수가 없다. 춤과 하나가 되기 위해서는 동작을 객관적인 대상으로 생각하지 않는 것에 그치지 않고 춤에 대한 나의 인식마저 없는 사심 없는(selfless) 상태가 되어야 한다. 흔히 한국 춤에서 대가들이 '춤

---

13 Northrop, *Ibid.*, p. 331.

에 빠진다' 혹은 '춤에 젖어든다'라고 춤의 경지를 말하는데 이는 춤이 추어지는 대로 혹은 흘러가는 대로 빠져드는 상태를 지적하는 것이다.

한국 춤의 멋을 '신명' 또는 '흥'으로 얘기하는데 이는 춤추는 이가 자신을 의식하지 않고 춤과 혼연일체가 되어 춤의 흐름에 실려 춤의 '흥'[14]에 따라 움직일 때 나타나는 현상이다. 이와 같은 상태란 동작의 상을 내면으로부터 파악하고 난 뒤 춤을 출 때 비로소 예술적 감정이랄 수 있는 춤의 흥을 느끼는 경지에 도달하고, 이때 텅 비어 있으면서도 변화무쌍한 춤의 경지에 이르게 됨을 말한다. 따라서 발레 움직임이 미리 계획되고 인위적으로 다듬어지고 합리적인 형식을 갖춘 매끄러움을 우선시했다면, 한국의 춤은 계획되지 않은 우연을 끌어들여 감정이 흐르는 대로 신명에 따라 춤과 인간이 자연스럽게 하나 되는 상태를 추구하였다고 할 수 있다.

기(氣)와 형(形)의 동서양 춤의 정신

이제까지의 논의를 정리해 보면 동서양 춤의 정신은 각기 기와 형을 중시하는 것이라고 말할 수 있겠다.

한국 춤에서는 동작의 형태를 만들어내는 춤꾼의 기운이 몸의 중심에서 사지 말단으로 나갔다가 다시 중심으로 들어오고, 또한 위로 끌어올려졌던 기운은 다시 아래로 내려오는 등 자연스레 흐르는 것을 중시한다. 그 흐름은 항상 쌍으로 이루어져 모였다가 풀리고 풀린 다음에는 맺히고, 한번 성하면 한번 쇠하듯 음과 양의 국면이 상하 좌우 어느 한쪽으로도 치우치지 않는 양방향적이다. 이처럼 기운의 흐름이 자유자재로 이

14 홍이란 동양의 예술 창작에서 가장 중요한 요소이다. 홍은 일종의 내적 감정의 발동으로 홍이 있어야 예술이 있고 홍이 없으면 예술도 없다. 장파, 앞의 책, p. 407.

어지고 연결되는 춤을 대가의 경지에 이른 명무(名舞)라고 얘기한다.

이렇듯 기운생동의 흐름을 주목하면 동작의 형태는 상대적으로 잘 지각되지 않거나 주목의 대상이 되지 못한다. 이는 마치 유와 무, 실체와 허공이 기의 두 가지 양상인 것처럼 춤의 기운이 흘러가다 응축되어 한 순간 동작의 형을 이루었다가 다시금 풀어져 에너지로 자연스럽게 환원되는 상반상생의 방식이라 하겠다. 그러한 춤은 우리 눈에 동작의 형태가 아니라 춤의 기운이 춤꾼을 이끌어가고 소통시키는 듯한 상태로 지각되며 이는 다시 말해 인간과 우주가 기로 통한다는 동양적 세계관을 증명해 보이는 상태라 할 수 있다. 한국 춤의 대가인 김백봉 선생은 춤을 추다 보면 어느덧 "내가 춤이 되고 춤이 내가 될 때가 있어. 그 땐 온 우주가 다 내 것이야" 라고 이야기한다.

발레에서는 개별 스텝과 이들의 자연스러운 연결 그리고 형식을 중시하는 춤의 정신을 만나게 된다. 발레 기교의 출발은 아름다운 발과 팔의 자세들을 여러 유형으로 나누어 기본으로 만들고 거기에다 이들간의 적절한 조합과 연결 순서를 축적해 나간 것이라고 할 수 있다. 무용수의 신체와 스텝과 동작들은 각기 개체성이 존중되어 안무의 본질을 신체 부위와 여러 스텝, 포즈들의 배열과 이들간의 가장 완전하고 아름다운 조합의 결과인 완벽한 형식을 추구하는 것이다. 발레 동작들은 시작과 끝이 분명하여 정지 부분과 움직임 부분이 명료하게 나누어지는데 이는 개념적 택일에 익숙한 서구의 구체적이고 객관적인 사고를 반영한다.

신체의 전면에서 보는 관객의 시점을 중시하며 매 순간 각 동작을 가장 아름답게 보일 수 있는 최적의 시점을 염두에 두고 구성된 발레의 움직임 관점에서 알 수 있는 것은 서구의 실체를 중시하는 우주관의 영향뿐 아니라 사물을 객관적인 대상으로 상정하고 이를 분석적으로 관찰한 과학정신을 엿볼 수 있다. 즉 무용수가 움직임을 객관적인 대상으로 인식하고 그 동작의 가장 완전한 형식을 추구하기 위해 과학적인 분석의 시각을 취할 때 그 방식은 정지된 순간의 동작 형태에 대한 초점 맞추기로 나타난다.

이렇듯 자연과 우주 그리고 예술에 관한 동서양의 상이한 이해 방식은 춤이 기본 자세와 동작, 움직임의 관점 그리고 춤의 방법론에 각기 반영되어 있음을 알 수 있다. 그러나 동서양 춤의 외형적 차이를 떠나 이들이 근본적으로 공유하고 있는 것은 적어도 이 세계와 우주 속의 인간 활동인 무용 예술이 동양과 서양을 막론하고 인간이 지니는 세계관의 영향을 벗어날 수 없다는 점에서 춤이란 인간의 세계 인식을 움직임으로 표현하는 가장 인간적인 활동이라고 말할 수 있다.

제2절 자연, 인간, 춤에 대한 동서양의 인식

동서양을 막론하고 자연은 일찍부터 철학적 사색의 대상이요 중심적인 주제였다. 그러나 자연에 대한 철학적 사색은 단지 객관적인 자연 그대로의 모습이라기보다는 그것을 바라보는 인간이 느끼는 경외감과 그에 대한 해석의 노력이 가미된 것으로서 인간에 의해 주체적으로 파악된 결과이다. 따라서 자연에 대한 논의에서 우리는 어떤 형태로든 인간의 모습이 드러나고 있음을 알 수 있고, 자연과 인간의 문제는 신의 개념과 함께 맞물릴 수밖에 없다. 자연관은 인간의 삶을 통해서 인식되는 내용이므로 지역, 시대, 환경, 문화의 차이에 따라 변모하게 마련이다. 따라서 동양과 서양의 자연, 인간관은 사뭇 다를 수밖에 없다.

동양의 자연과 인간

중국 고대 철학에서 자연이라는 용어를 최초로 사용한 것은 노자(老子)와 장자(壯子)의 도가(道家)에서이며 "그 의미는 서양의 객관적이고도 실재적인 자연(nature)을 뜻하는 것이 아니었다."[15] 중국 고전에서 '자연(自然)'이란 글자 그대로 '스스로 그러함'을 뜻한다. '스스로 그러하다'란 사물의 존재나 생성 원인이 외부에 있는 것이 아니라 내부에 있음을 의미한다. 즉 자기 외의 타자 혹은 주재자(主宰者)의 힘에 의존하지 않고 자신의 작용력에 의해 그렇게 된다는 것이다. 그 외 자연은 인위적이지 않은 경우나 사리의 당연함을 나타내기도 하지만 오늘날 일반적으로는 우주를 비롯한 천지·만물을 가리킨다.

서양이 초자연을 설정하고 이를 자연보다 상위 개념으로 간주한 것과 달리 동양의 경우 자연 가운데 추측이나 인식 자체가 불가능한 영역이 있음을 인정하고 이를 자연관 속에서 신(神)이나 천(天)의 개념으로 논하였다. 신은 중국 철학에서 자연과 인간 이해의 가교가 되는 개념으로서 만물 변화의 주체이고 배후이며 신비하고 유기적인 존재이다. 신 개념은 자연과 인간 속에 깃든 예측 불가능한 힘이며 보이지 않는 실재로서 이러한 신에 의해 자연과 인간은 기능적으로 매개되며 생명력을 지니게 된다. 이것은 역학적 자연관에서 관건이 되는 개념이며 그 의미는 대략 세 가지로 나뉜다.

> 첫째, 다가올 일을 알거나 기미를 아는 오묘한 힘, 둘째, 자연의 변화를 일으키는 배후의 주체, 셋째, 통속적인 의미의 길흉화복을 주재하는 신령

15 안병주, 「유교의 자연관과 인간관」, 『동양철학의 자연과 인간』(아세아문화사, 1998), p. 3.

을 뜻하는 경우가 그것이다.[16]

신에 대한 개념은 중국의 오랜 역사를 거쳐오면서 많은 변화를 겪게 되는데 상고시대에는 상제와 동일한 생사와 화복의 주재자 개념이었다가 춘추시대에 이르러 천의 형이상학적인 이해가 나타나고, 전국시대에 이르러서는 예측하거나 이해하기 어려운 지극히 오묘한 자연 현상으로서 노장적 의미의 도(道)나 자연과 유사한 것이 되었다.

중국의 거의 모든 고대 철학과 종교 사상의 기본이 되는 『주역』에 나오는 천(天)은 푸른 하늘이나 높은 하늘 등의 형상의 하늘을 가리키는 경우도 없지 않지만 자연현상 배후에 있는 불가사의한 신성과 능력 또는 자연의 이법을 뜻하는 경우가 많다. 이 천은 지(地)와 대비되면서 상대적인 의미를 지니면서 천지가 함께 자연이라는 용어가 뜻하는 바를 의미하게 되었다.

> 유가철학에서의 천은 크게 세 가지 의미를 지니는데 첫째, 우주만물의 절대적 주재자 또는 창조자이며, 둘째, 자연의 섭리를 뜻하고 자연현상을 의미하는 자연법칙, 셋째, 도덕적 당위성을 의미하는 도덕 주체로서의 천이다. 따라서 유가에서 말하는 '천' 개념은 절대성과 자연성과 도덕적 당위성을 동시에 함축하는 의미체이다.[17]

도교에서는 만물 속에 있으면서 만물을 생성시키는 것을 '도'라고 하였다. 오늘날 서양 철학에서 '물질 · 정신 · 법칙' 등으로 해석되고 있는 도는 유형적인 물질도 아니고, 사려하는 '정신'도 아니며 아울러 이성적

16 곽신환, 「역학의 자연관」, 『주역의 현대적 조명』(범양사, 1992), p. 137.

17 최병철, 「맹자철학에 있어서 자연의 섭리와 정치체제의 변동」, 『동양철학의 자연과 인간』(아세아문화사, 1998), p. 27.

인 '법칙'도 아니다. 이는 일체를 형성하는 것으로서 형태도 없고 모양도 없으며 텅 비고 지극히 신령한 우주의 근본이다.

> 물질·정신·법칙 등은 모두 도의 파생물이다. 도는 지극히 간이(簡易)하고 지극히 정밀하며 지극히 현묘한 자연의 시초이며, 온갖 다른 것의 큰 근본으로서 우주만물을 조성하는 근원적 재료가 된다.[18]

그리고 자연의 모든 현상 즉 하늘과 땅에 존재하는 모든 사물과 사건은 우주의 원질이자 동력인 기(氣)의 작용과 변이이다. 이는 자연을 정지된 원자들의 기계적 결합으로 보는 서양과 달리 세계를 변화의 관점에서 즉 움직임[易]으로 파악하는 것이다. 역학에서 파악하는 자연의 대표적인 참모습은 바로 변화이며 역이라는 것은 곧 변화를 의미한다. 만물의 모든 형상은 잠깐 있다가 없어지는 것에 불과하고 기가 모이고 흩어짐에 기인하는 변화의 객형(客形: 한시적으로 확보하고 있는 우연적인 덩어리)이다. 그러므로 천지는 끊임없이 변화하면서 만물을 생성하는 힘을 지니고 있고 자연 전체가 커다란 '생기(生氣)' 덩어리다. 자연은 끊임없이 변화하고 만물은 서로 감응하여 광대한 조화를 이룬다. "만물은 한 몸이다." 그리고 "우주 안에 있는 만물은 마치 하나의 유기체와 같이 서로 근원적으로 동일한 기운에 의하여 생성되었으며 이는 실로 존재의 대 연속을 이루고 있다."[19] 대립되는 두 성질 음(陰)과 양(陽)은 기의 일차적 분화이면서 활동의 원리를 나타낸다. 음양은 자연의 생성과 변화를 이끌어 가는 양체(兩體)이나 실상은 하나[一物]이다.

그러므로 동양의 세계관은 일원론적이고 유기체적이며 생태론적이라

---

18 임법융, 금선학회 역, 『도덕경 석의』(여강출판사, 1999), pp. 19-20.

19 곽신환, 앞의 글, p. 139.

할 수 있다. 만물을 한 몸으로 보는 관점에서 인간 역시 자연으로부터 분리되어 논의될 수 없다. 인간의 문제는 '자연의 섭리'를 의미하는 '천'과 불가분의 관계를 지닌다. 이때의 천의 의미는 자연이자 절대이며 무위(無爲)이다. "자연이 영원한 질서는 하늘의 길이고, 그 길을 본받는 것"이 바로 인간의 길이라 여겨 자연의 눈으로 인간을 응시하고 궁극에는 인간이 천지와 함께 호흡하고자 한다. 즉 자연의 거역할 수 없는 신비로움을 받아들이고 자연과의 신비적인 합일을 이루는 것이다. 인간은 자연으로부터 생성되고 자연으로부터 생명 활동의 자양을 취하지만 인간이 인간다워지는 것은 대상적 자연과 내 안의 자연성을 바르게 이해하고 실천하는 일이다.

역학에서 인간은 천지와 3재(才) 3극(極)의 개념으로 이해되고 있다.

> 3재, 3극이란 우주 안에서 가장 귀한 세 가지로서 그것이 곧 천·지·인이라는 것이다.[20]

그러나 인간이 3재 가운데 하나로 나타나지만 그렇다고 아무나 그런 사람이 되는 것은 아니다. 3재가 된다는 것은 인간이 만물을 낳은 천지와 동격의 존재로 상승한다는 것이며 천지의 만물 화육에 참여하는 존재라는 뜻이다. 최고의 인격체로서 성덕(盛德)을 지닌 이런 사람을 역학에서는 군자, 대인이라고 한다. 이렇듯 동양의 자연관과 인간관에서는 이들에게 초월성 혹은 신성적 요소를 부여하고 있음을 알 수 있다. 이는 근본적으로 인간의 초월적 본질과 자연의 전체적인 통일성에 대한 믿음이 있기에 가능한 것이다.

우주와 만물을 일원적 기의 변이로 보는 자연주의적 설명에서 인간의

20 곽신환, 『주역의 이해』(서광사, 1990), p. 175.

생명은 다른 동식물의 생명과 동일한 기원을 갖는다. 만민 만물은 나와 같은 기운을 받고 태어난 존재로서 인간과 인간, 인간과 만물 사이의 화해를 꾀하는 이상적인 수단이 곧 인(仁)의 마음이다. 본래 인은 사람 본연의 마음, 본연의 상태를 가리키는 개념이었다. 그러다 사람과 사물에 대한 사랑으로 개념이 변용되었고 공자에 의해 인생의 지도(至道)가 되었다. 인이라는 말은 그 핵심에 있어서 사람이 참으로 자기 자신을 자각한 상태를 가리킨다. 그러므로 동양에서 이상적인 인간의 본질은 인이라고 하는 도덕적인 개념이 되고 있으며 이는 서양의 인간성이 이성이라는 지적인 개념으로 정의되었던 것과 좋은 대조를 보인다.

자연의 섭리 즉 하늘을 알고자 하는 목적은 인간의 자연성을 보다 더 잘 이해하기 위함이다. 이렇듯 유교와 도가에서는 인간의 천연성을 중시하고 있으며 자연을 인간의 이용 대상으로서가 아니라 인간 탐구를 위해 따르고자 한다. 인간의 본연을 되찾기 위해 철저히 인간 중심적 사고를 하면서도 서양과는 달리 인간이 자연의 밖이나 위에 놓여 있지 않다고 하는 점이 중요하다. 그러면서도 동시에 유교에서는 인간의 초월적 본질에 대한 믿음을 지니고 있는데 『중용』에 실린 다음의 글은 유학의 정신을 가장 잘 표방하고 있다.

> 인간의 본질은 초월적 근원을 갖고 있다(天命之謂性). 삶의 의미는 그 초월적 본질을 실현해 나가는 데 있다(率性之謂敎). 그 길을 닦아 나가자는 것이 교육과 수양이다(修道之謂敎).[21]

공자는 그러한 경지에 이른 자를 군자라 하였다. 그리고 공자와 맹자의 '천' 개념도 역시 인간 신성의 기원으로서 절대자의 개념에 해당된다.

---

21 한형조, 『왜 동양철학인가』(문학동네, 2001), p. 64.

이러한 도덕적이고 실천적인 인간에 관한 동양 사상에서 인간의 정신과 신체는 철학적으로 중요한 문제가 되지 못하였다. 만물이 하나의 유기체와 같이 근원적으로 동일한 기운에 의해 형성되었다고 생각하는 관점 아래 인간과 동식물의 생명은 동일한 기원을 지니며 생물과 무생물 간의 차이도 엄격하게 구분되지 않는다. 이는 단지 우주를 떠도는 기운이 줄어듦과 늘어남의 차이일 뿐이다. 죽음과 삶은 기를 매개로 서로 넘나드는 것이다.

이러한 관점에서는 신체와 영혼 또한 이원화되지 않는다. 이것은 독립된 의식 혹은 실체로서의 의식은 존재하지 않는다는 기(氣)의 생명관에 기초한다. 영혼이나 의식은 신체와 같은 기의 물질적 현상이며 단지 특성의 차이를 지닌 뿐이다. 신체가 무겁고 둔한 음(陰)인 데 비해 영혼은 가볍고 민감한 양(陽)으로서 더욱 엄밀하게는 음적인 성질이 강한 부분과 양적인 성질인 부분으로 나눌 수 있다. 이 두 부분은

> 자극에 반응하고 신체의 욕구를 구현하는 수동적 부분[陰]과 신체로부터 비교적 자유로운 정신의 적극적 능력[陽]인데, 전자를 백(魄), 후자를 혼(魂)이라 부른다.[22]

혼백은 죽음과 더불어 신체와 분리되어 무거운 백은 땅으로 돌아가고 가벼운 혼은 하늘로 뜬다. 혼은 천지에서 가장 순수하고 정련된 기의 집적이므로 백과는 달리 자아 혹은 정체성을 가지고 있다. 그러나 그것은 일정 기간 신체 없이 존재할 수 없기 때문에 한시적인 존재이고 궁극에는 태허(太虛)의 공간으로 돌아간다. 혼 역시도 다른 사물이나 현상과 마찬가지로 '모였다 흩어질' 뿐이다.

---

22 앞의 책, p. 152.

서양의 자연과 인간

서양에서 철학의 역사는 자연에 대한 철학적 사유와 함께 시작되었다. 고대 그리스에서 소크라테스 이전의 철학자들은 "자연이란 무엇인가"라는 물음을 제기하고 그로부터 세계가 만들어진 원소 혹은 실체(substance)로 답을 구하고자 하였다. 탈레스(Thales)는 이를 공기 · 불 · 물 · 흙이라고 하였고 아낙시만더(Anaximander)는 세계의 궁극적인 실체는 눈에 보이지 않고 확정할 수도 없는 '무한한 것(unlimited)'이라고 불렀다. 그러나 동일한 물음에 대하여 피타고라스(Pythagoras)는 "자연이 무엇으로 만들어졌느냐"가 아니라 "자연의 구조는 무엇인가"라는 질문으로 바꾸면서 이를 기하학적인 형식(geometrical form)의 문제로 변모시켰다. 플라톤(Plato)은 자연에 대한 지식의 가능성은 사물들이 모방하는 형식의 가해성(intelligibility)에 달려 있다고 생각하였다. 그는 『티마에오스(*Timaeus*)』에서 신과 형상을 항상 변화하는 자연과 구분지었다. 그리고 이 세계는 시간의 진행에 따라 변화할 수밖에 없는 불안정하고 불완전한 것이기에 필연적으로 결함을 지닌 것이라 생각하였다.

플라톤은 실재는 불변한다고 생각한 파르메니데스(Parmenides)의 생각과 끊임없는 변화라고 생각하는 헤라클레이토스(Heraclitus)를 이어 받아 각각 다른 실재의 성질로서 설명하였다. 그는 이 세계를 불변하고 신성한 이데아(idea)의 세계와 썩을 수밖에 없고 인간적이며 변화하는 감각 세계라고 하는 이원적 구성으로 보았다. 끊임없이 변화하는 자연 감각계는 불완전하므로 자연의 질서 원리는 그 자체에서 구해질 수 없는 것이다. 이런 이원적 구도를 구축한 플라톤의 『티마에오스』는 12세기까지 서양 우주론의 경전이라 생각될 만큼 권위를 지녔었다. 아리스토텔레스(Aristotle)는 불변의 이데아계와 보여지는 변화의 세계 간의 구분을 없앴다. 그에게 자연은 물질적인 사물에 있는 근원적인 어떤 것이다. 그는 "자연의 우선적인 의미는 자체 내에 운동의 원리를 지닌 사물의 본질이다"[23]라고 하였다.

이렇듯 그리스인들은 자연을 열등한 것으로 생각하고 그 위에 초자연을 설정하였으며 자연의 원리를 자연에서가 아니라 자연이 유래된 초자연에 대한 이성적 인식을 통해 파악하고자 하였다. 자연의 질서가 초자연적인 것이며 이성적인 것이라고 하는 것은 당대인들의 생각에서 중심적인 것이었다. 스토아학파들에게 자연은 이성으로 충만되어 있고 이성은 인간의 본성을 규정하는 것이었다. 사물의 질서와 자연 속의 인간의 위치에 대한 연구는 사물과 인간의 본질을 밝히는 것이었다. 이런 시각은 자연 속의 섭리를 직접적이고도 직관적으로 인식하고 자연에 대한 순응을 강조한 동양과는 매우 다르다. 이 당시만 해도 그리스인들의 사고에서 철학과 과학은 통합된 상태였고 원자론(atomic theory)을 살펴보면 현대 과학의 근거는 그리스 철학에 기초하고 있음을 알 수 있다. 하지만 이어지는 중세 기독교부들의 사상에서 자연은 창조자 신(God)의 피조물로 인식된다. 자연의 질서는 창조된 질서이고 이 신성한 질서에 의해 자연과 인간이 지배를 받지만 자연과 인간을 창조한 초월적인 창조주는 같은 기원을 지닌 인간에게 자연에 대한 지배권을 부여하였다.

따라서 신-인간-자연이라는 위계질서가 자리잡게 되었다. 그러나 "현대 과학의 발전을 이끈 것은 피타고라스와 플라톤 계열의 자연철학 사상이다."[24] 이때부터 서양의 자연은 탈성화가 되어 철저히 죽은 대상으로 전락하고 인간의 지배하에 들어가면서 도구적이고 기계론적 자연관이

---

23 Aristotle, *Metaphysics*, Book IV, P.P. Weiner, *Dictionary of History of Ideas I*, p. 128에서 재인용.

24 Paul Edwards(ed.), *The Encyclopedia of Philosophy*, vol. V(The Macmillan Company & The Free Press), p. 455.

자리잡게 된다. 즉 유대 유일신의 상징으로 인해 자연은 고대 그리스 시대의 살아 있고 신성이 충만했던 신성성을 상실하게 되고 신에 의해 창조된 피조물로서 인간보다 하위 개념이 되었으며 인간의 정복 대상이 되었다. 탈성화된 자연은 정신이 배제된 물질적인 자연을 뜻하며 인간이 자연에 대해 지배적인 위치에 있음을 의미한다. 그리고 신이 만물을 다스릴 권한을 허락하여 바야흐로 인간은 만물의 척도가 되어 도구적인 자연관의 성격이 자리잡게 된다. 르네상스에 접어들면서 기계론적 자연관이 형성되는데 이는 죽음의 철학을 낳게 한 장본인이며 동시에 변화된 자연관의 결과이다.

르네상스 시대의 특징은 사람들이 신으로부터 자연세계로 눈을 돌린 것과 자연에 대한 기하학적 사고의 승리라 할 수 있다. 케플러(Kepler)는 공개적으로 지동설을 지지한 천문학자인데 그의 연구 업적은 "현대적인 의미에서의 자연의 법칙을 수학적인 용어로 입증할 수 있는 진술로 전환한 점에 있다. 이후 수학적으로 측량될 수 없는 경험들은 세계의 양상으로 실재하는 것으로 받아들여질 수 없게" 되었다.[25] 따라서 측량될 수 있는 특성만이 일차적인 것이고 그 외의 것들은 이차적이라 생각하였다. 케플러는 중세로부터 과학 혁명의 시초가 되는 '새로운 철학'으로 넘어가는 과도기 시대를 열었다. 이후 17세기부터 20세기에 이르는 과학의 발전은 실험과 추론의 방법에 국한되고 점점 더 세밀한 사건의 서술로 이어졌으며 가능한 오차를 줄이고 완전한 객관성을 성취하는 것이 이상이었다. 그리하여 중세 이후 철학적 사고보다 수학적 이성이 각광을 받게 되었고 실험을 수단으로 수학적 질서를 탐구하기 시작하면서 자연의 질서는 초자연성을 잃게 되었다.

고대 그리스 우주론에서 생명과 지성의 혼합체로서 살아 있는 유기체

---

25 Paul Edwards(ed.), *Ibid.*, vol. 4, p. 329.

였던 우주는 17, 18세기에 이르러 순수한 기계로 전락하게 된다. 이와 더불어 『종의 기원』과 함께 형성되기 시작한 생물학적인 인간관으로의 변화는 자연관의 변화에 따른 인간에 대한 재평가의 결과로서 인간의 존엄성이 붕괴되는 결과를 낳았다. 자연을 탐구하는 방법이 인간에게도 적용되어 인간 역시 자연과 마찬가지로 관찰과 분석, 묘사의 대상이 된 것이다. 이는 천동설에서 지동설로의 변화 그리고 자연 관점의 변화로 인해 갈릴레이와 케플러 이후 신의 역할과 차원이 변화한 결과이며 자연관의 변화에 따른 신관의 변화가 인간관에 미친 영향이다.

고대 그리스 시대 인간관은 땅 위에 사는 죽을 수밖에 없는 인간(mortals)과 하늘에 사는 불멸의 신(immortals) 간의 극적인 대립 위에 기초하였다. 그와 동시에 인간이 소우주(microcosm)라는 생각은 그리스 시대의 일반적인 상식이었다. 소우주 사상은 인간을 우주(universe)와의 관계에서 살펴보는 것이면서 동시에 사물, 특히 살아 있는 사물의 부분이 그것이 속한 전체를 대변한다는 생각을 의미한다. 이는 세계 속의 모든 생명과 사고의 통일 혹은 유사성을 강조하는 관점이다. 소크라테스는 인간 신체의 요소는 우주의 요소와 동일하다고 하였다. 이런 전체적인 시각은 플라톤에 의해 단절되는데 "플라톤은 처음으로 인간의 신체와 정신을 분명하게 구분하고 정신은 신체에 거주하기 이전과 이후에도 존재할 수 있으며 신체에 거주하는 동안은 신체를 지배한다"[26]고 하였다. 그는 인간 생활의 정신적 측면을 신체로부터 완전히 분리시키고 그와 함께 신체에 대해 물질적 대상과 같은 저급한 평가를 내렸다. 플라톤에 따르면 정신은 신체의 감옥에 갇혀 해방되기를 기다리는 것으로 설명되었다.

그러나 아리스토텔레스는 질료(matter)와 형상(form)이 결합된다는 그의 생각에 따라 인간의 신체와 정신은 통합이 일어나는 좀더 가까운

26 Paul Edwards(ed.), *The Encyclopedia of Philosophy*, vol. 5(1975), p. 336.

관계로 보았고, 정신은 신체를 특성짓는(informing) 원리가 되는 것으로 생각했다. 데카르트는 신체와 정신의 관계에 대한 체계적인 이론을 처음으로 확립하여 신체로부터 철저하게 정신적이고 목적론적이고 정령적인 양상들을 제거하는 데 성공함으로써 물리학이라는 새로운 과학에 일치하는 사고에 도달하게 되었다. 그에 따르면 정신은 신체가 없이도 사고할 수 있고 신체는 기계에 불과하다는 것이다. 동물의 행동은 기계적으로 설명될 수 있는데 그것은 영혼이 없기 때문이라 생각하였다. 이렇듯 그는 신체에 대한 기계론적 설명을 제공하였는데 이러한 기계적 사고방식은 그 당시의 한 특징이기도 했다.

이처럼 동서양의 자연과 인간에 관한 사고는 근본적으로 관점과 접근방법 그리고 초자연성에 대한 입장 등을 비롯하여 여러 가지 측면에서 매우 다름을 알 수 있다. 동양과 서양의 차이는 첫째, 자연과 인간에 대한 세계관을 들 수 있다. 동양은 자연을 중심으로 삼는 반면 서양은 인간중심적인 세계관을 가지고 있고, 따라서 자연을 접근하는 데 있어서도 살아 있는 움직임과 정지된 관점의 상반된 양상을 보인다. 둘째, 자연과 인간의 관계 또한 일원론적인 것과 이원론적인 상반된 구도를 갖는다. 즉, 자연과 인간의 일체성을 중시하고 자연에의 순응과 조화를 강조하는 동양의 관점과 인간과 자연을 대립적인 것으로 상정하고 자연을 정복의 대상 혹은 도구적 수단으로 생각하는 서양의 시각을 발견할 수 있다. 셋째로 자연과 인간의 초월적 본질에 대한 수용과 거부라는 입장 차이를 생각해 볼 수 있으며, 마지막으로 인간의 심신 문제에 대해서 일원론적인 것과 이원론적인 위계질서를 지닌 구조를 들 수 있다.

이를 종합해 보면 동양의 경우 인간과 인간 사이 그리고 인간과 자연 사이의 화해를 중시하고 실천에 주력한 것에 비해 서양의 경우는 인간과 자연을 엄격히 구별하고 자연은 인간의 경험과 통찰을 통해서 이해되는 것으로 인식하여 물질에 대한 인간의 지배를 위해 도전적인 탐구 정신을 길러 왔으며 인간과 신의 화해에 몰두하였다. 그 외에도 일반적으로 동서양의 사고의 차이를 동양의 사유가 실천적 · 미학적 · 시적 · 다원적 · 비과학적 · 적용적임에 비해 서양은 이론적 · 분석적 · 획일적 · 과학적 · 정복적이라고 할 수 있다.

동양과 서양의 자연과 인간의 본성에 대한 사고방식 그리고 이들의 관계에 대한 사고 구조는 각 문화가 속했던 자연 환경과 우주에 대한 해석에 근거하고 있다. 따라서 개별적인 주제에 대한 강조는 별 의미를 지니지 못하며 지구의 반대쪽에서 살면서 동일한 우주와 그에 속한 사물들에 대한 이들의 사유를 보다 크게 철학 · 과학 · 종교 · 예술 · 삶의 방식 등 모든 분야에서 전체적으로 조망할 수 있는 안목이 요구된다.

춤에 대한 동서양의 시각

공자는 『악기(樂記)』에서 예술의 근본적인 문제들을 철학적으로 예(禮)의 개념과 함께 다루고 있는데, 여기에서 철학적이란 그의 예술론이 단지 예술에만 그치는 것이 아니라 올바른 인간성의 구현과 예술과 자연의 관계에 대한 논의가 포괄적으로 포함되어 있기 때문이다. 공자가 말하는 '악(樂)'이란 음악만을 뜻하는 것이 아니라 모든 다른 예술에 해당되는 것으로 악 · 가 · 무를 통합한 문제들을 다루고 있다. 대부분의 고대 문화에서 발견되는 예술 형태는 노래와 음악과 춤이 분화되지 않고 결합된 상태로 이루어졌고 공자가 논하고 있는 악의 구조 역시 그러한 것이다. 그러나 그의 악의 개념이 주로 음악으로 번역되고 있는 실정인데 필자는 이를 무용을 포함한 예술 활동으로 파악하고 악에 대한 논의를 무용에 대한 동양의 유일한 예술철학적 해명으로 여겨 이를 서양과 비교해 보고자 한다.

공자는 악의 성립 근원을 인간의 심성에 두면서 예술이 지향해야 할 바의 또 다른 본원을 천지자연에 두고 있다. 즉 천지자연의 원리를 본받아 악이 성립되고 악이 바르게 실현되면 능히 천지조화의 작용에 참여할 수 있다는 논리를 펴고 있다. 그는 "악이 외계(外界)로부터 어떤 느낌을 얻었을 때 사람의 마음에 생기고 그 느낌으로 마음이 움직이게 되고 그러한 마음의 움직임이 소리로 표현된다고 한다. 그러한 선율의 반향(反響)과 교향(交響)이 규칙적으로 이루어져 선율을 이루고, 이에 방패와 도끼를 사용하는 무인(武人)의 춤 혹은 깃털과 쇠꼬리로 된 깃발을 사용하는 문인(文人)의 춤이 결합하여 우리들의 즐거움을 위해서 음조(音調)가 조절되면 그것을 악"[27]이라고 한다. 여기서 중요한 것은 사람의 마음으로부터 악이 생겨 그것이 일정한 형식을 취하는 것으로, 음조를 형성하는 데 춤이 필수적이라는 것이다. 그 춤이 방패와 도끼, 깃털과 깃발을 들고 추는 유교의 의식무인 일무(佾舞)의 문무(文舞)와 무무(武舞)이다. 이는 예술적 음악의 형식을 취하는 데 있어서의 무용의 중요한 역할을 의미하며 여기서 공자가 일무를 춤의 예로 든 것은 예를 숭상하는 유교문화에서 그들이 중시하였던 조상신에게 제례를 드리는 춤이 가장 격조 높은 춤 혹은 하늘과 소통하는 춤으로 생각해서였다.

악의 본원이 되는 마음이란 유가(儒家)에서 흔히 '천명지성(天命之性), 성선지성(性善之性)'이라고 할 때의 '성(性)'의 개념이다. 인간의 본성(本性)은 외물의 자극을 받지 않았을 경우는 평정한 상태를 유지하고 있다가 사물을 느껴 움직이게 되면 감정과 인식 능력이 활동하기 시작하여 본성의 욕구로 드러나게 되는데 이 본성의 욕구가 바로 정(情: 性之欲)이다. 그리고 바깥 사물에 감응하여 나타나는 인간 감정은 본성적으로 구비된 혈기(血氣), 심지(心知)의 작용이다.

---

27 임어당, 민병산 역, 『공자의 사상』(현암사, 1972), p. 335.

『악기』의 악의 논의에서 기본이 되는 전제는 이 욕망을 이(理)로써 다스려 절제하여 천하의 안녕을 얻고자 하는 것이며 개인적으로는 악을 통해 사람의 욕망과 관계된 호악(好惡) 등의 감정을 바르게 이끌어 예의(禮義)에 부합되게 하는 데 있다.[28]

이렇듯 예술의 근원에서 인간을 포착하고 인간 마음의 조화를 예술로써 표현하고자 하는 것이 바로 중국의 예술 정신이다. 그리고 이런 생각은 예절에 대한 설명과 함께 논의되는데 "악은 내면에서 생기고, 예절은 외면에서 생긴다"고 하는 것이다. 예악의 성립의 근원을 천지자연의 조화와 질서라고 생각하여 "악은 우주의 조화를 그리고 예는 우주의 질서를 나타낸다. 그러므로 바른 예악을 갖기 위해서는 천지(天地)의 원리를 이해하지 않으면 안된다" 고 하였다.[29] 『악기』는 천지음양과 관련된 예악의 형이상학적 근거를 역(易)의 논리와 표현을 빌어 설명하고 있다. 악은 천연의 시동력(始動力)을 나타내고 예는 조화 작용이 만들어낸 모든 존재를 반영하고 있어 하늘은 한없는 운동의 원리를, 땅은 정지의 원리를 각기 대표한다. 따라서 예악은 동(動)과 정(靜)이 하늘과 땅 사이에 있는 모든 생명을 관통하고 있듯이 이들을 두 가지 원리로 가지고 있다.

이런 배경에는 예술이 단지 인간 개인의 활동이 아니라 천지와 만물·인간·예악 등이 하나의 원리로 통한다는 관점이 자리잡고 있다. 앞서 언급한 동양의 자연관에서 천지는 음양의 기를 가지고 있고 이것이 만물을 낳고 기른다고 하였다. 그리고 만물에 생명을 부여하기 때문에 이를 생기(生氣)라고 하였다.

28 이상은, 「『악기(樂記)』에 있어서의 인간과 예술 그리고 자연의 이해」, 『동양철학의 자연과 인간』(아세아문화사, 1998), p. 200.

29 임어당, 앞의 책, p. 344.

사람의 경우는 혈기심지지성(血氣心知之性)을 가지고 있는데 이중 혈기가 바로 사람이 가지고 있는 생기이며 인간 생명의 소재이다.[30]

이 기를 통하여 천지와 만물과 인간이 통일될 수 있다고 생각하며 그 소통의 수단으로 예술 활동으로서의 악이 논의되고 있다. 악 혹은 예악은 기로써 천과 인을 소통시키고 하늘과 인간이 서로 감응하여 만물을 변화시키고 사회에 영향을 미친다고 생각하는 천인합일 내지는 천인감응(天人感應) 사상을 보여주고 있다. 천지의 원리에 대한 이해에 도달한 성인은 예악을 통해서 천지의 도를 드러낼 수 있다. 그러므로 참다운 예술은 인간의 성정을 순화하고 풍속을 선도하여 이상적인 사회를 구현할 수 있다고 하는 것이 이들의 예술 정신이다.

공자는 "어떤 나라의 춤을 보면 그 나라의 품격이 어떤 것인지를 알 수가 있다"[31]고 하였다. 여기서 품격이란 그 사람의 바탕과 타고난 성품을 뜻한다. 한 나라의 춤을 통해 그 민족이 어떠한 성정과 품격을 지녔는지를 알 수 있다는 말이다.

시는 사람의 마음에 표현을 주고, 노래는 사람의 소리에 표현을 주며, 춤은 사람의 동작에 표현을 준다. 이 세 가지 예술은 원래 사람의 마음에서 나온다.

그러므로 참다운 예술은 마음의 순수한 감동을 표현해야 한다는 것이 중국 예술 정신의 중요한 흐름이다. 진정한 춤은 자신의 마음과 품격을 갈고 닦아 격을 높이고 천지의 원리를 표현하는 경지에 이르른 춤이요,

30 이상은, 앞의 글, p. 210.
31 임어당, 앞의 책, p. 346.

위대한 악은 곡조가 단순하다는 특징을 지닌다. 따라서 이런 춤은 정중동(靜中動)의 원리 아래 유장하게 흐르며 천지의 조화에 참여하고 인간의 초월적 본질을 구현하는 수단이 되게 하는 것이다. 그리고 역으로 이런 춤의 형태는 외형적이고 시각적인 관찰의 대상이 아니라 내면과 마음의 품격 혹은 정신성이 중시되는 주목의 대상임을 알 수 있다. 여기에서 '예술가가 되기 이전에 먼저 인간이 되라'는 말의 뜻이 비로소 이해될 수 있다.

흔히 한국 춤의 정신이나 멋을 '신명'이라고 얘기하는데, 신명이라 하는 것은 주역 사상에 따르면 자연계의 대원리를 파악한 상태를 지칭한다. 역에서 말하는 지극한 신 혹은 성인의 경지에 다다른 자는 신명의 경지에 도달함으로써 미래의 일을 안다고 하는데 이는 달리 말하면 천지의 원리를 이해하여 다가올 일을 아는 것을 뜻한다. 그러므로 신명의 경지에 도달한 춤이란 천지만물의 원리에 대한 이해를 동작을 통해 표현해낸 것을 의미한다. 그리고 그러한 춤을 추기 위해서는 신체를 갈고 닦기보다는 마음을 수양해야 하는 것이다. 이러한 시각은 당시의 춤이 인간의 다른 인식 활동이나 사회 활동과 완전히 분리된 것이 아니었기에 가능한 것이다. 물론 이러한 춤의 이상을 오늘날에는 강요할 수 없을지도 모른다. 오늘날 우리는 서양의 예술 춤의 형태를 들여와 이들의 개념적 틀에서 작업을 하고 있기 때문이다. 하지만 고대 동양사회에서 무용 예술의 이상적인 형태와 기능이 그러하였다는 점을 알고 오늘날까지 이어지는 이러한 전통적 인식의 영향을 확인한다면 동양 춤의 사상적 배경을 이해하는 데 도움이 될 것이다.

서양의 예술에 대한 논의는 시대와 철학자에 따라 다양하고 이에 대해서는 많은 연구가 이루어져 일반적으로 잘 알려져 있다고 생각한다. 따라서 여기에서는 서양의 춤의 개념을 살펴보기 위해 예술 정신까지 소급해 가기보다는 서양 무용사에서 두드러지는 몇몇 철학자와 무용가들의 춤에 대해 서술하고, 발레와 현대무용의 형식을 중심으로 자연과 인간 간의 관계를 다루어 볼 것이다. 인간을 우월한 정신과 열등한 신체를 지닌 위계질서적 구조로 파악한 플라톤은 자신의 이론에 따라 이 열등한 신체의 성격 때문에 무용을 예술로 인정할 수 없었다. 그는 춤이 사람을 이성이 결여된 상태로 만든다고 생각하였다. 춤의 매체인 움직임은 신체와 정신의 요소를 지니는데 움직임 예술이 지니는 이 신체적 수단이 사람을 신체적 상태로 만든다고 플라톤은 생각한 것이다. 그에게 있어서 신체는 물질과 다름없고 그 속성은 열정이나 본능 · 충동 · 감정에 의해서 작용하는 절제력이 없는 동물과 다름없다. 따라서 인간의 신체적 상태가 플라톤의 입장에서 보면 바람직하지 못하고 또한 인간 이성의 활동으로 예술을 정의한 모방론적 입장에서 보아도 무용은 냉철한 이성의 작업이라기보다는 뮤즈 신에게 홀려 제정신이 아닌 영감의 상태에서 이루어지므로 예술로 인정하기 어려웠던 것이다. 그는 신체적 매체에 대한 불신과 무용이 결여하고 있다고 판단한 인식적 가치의 부재 때문에 무용을 예술로 인정하지 않았다.

그러나 그의 제자 아리스토텔레스는 무용을 모방예술이라고 설명하면서 "무용은 스텝을 통해 인간의 유형을 재현할 뿐 아니라 행위와 감정을 재현한다"라고 정의하였다. 무용에 대한 아리스토텔레스의 생각은 플라톤보다는 훨씬 긍정적이었다. 각 예술의 매체와 방법을 중심으로 예술을 분류한 그의 정의에서 서양 춤의 본질적인 속성들이 이미 정초되었음을 알 수 있다. 그는 서양의 춤이 스텝을 통한 발의 움직임을 중시하는 춤임을 명시하였다. 스텝이란 이동 수단으로서의 특성이 크며 정지된 상태보다는 동적인 상태의 전진이라는 결과를 낳는다. 그리고 인간의 유형과 행위, 감정을 재현함으로써 무용을 인식적 가치를 지닌 것으로 파악하였다. 동양의 경우처럼 하늘의 원리를 습득하고 실천하여 인격의 완성을 이루는 수단으로서의 춤이 아니라 인간에 대한 지식을 전달하기 위한 수단으로서의 움직임이라는 것을 분명히 하고 있다. 그리고 이때의 스텝은 단지 다양한 여러 매체 중의 하나로서 꼭 춤만이 재현할 수 있는 것은 아니다.

이들 두 그리스 철학자의 진술에서 알 수 있는 것처럼 서양의 무용 활동은 동양의 경우처럼 하늘과의 소통 수단으로 생각될 만큼 초월적 성격을 지니지 못하고 순전히 인간 신체에 국한된 활동으로 생각되었다. 그리고 인간 활동으로서의 춤에 대하여 플라톤은 인간 신체의 초월적 본성 혹은 정령적 요소의 특성보다는 인간 신체의 살 혹은 동물적 본성에 더 주목하고 이를 경계하였음을 알 수 있다. 즉 이들은 이 세계를 이데아계와 감각계라는 이원론적 구조에서 바라보았듯이 인간 역시 정신과 신체의 이원적 구조로 논하면서 두 요소간의 소통이나 통합의 여지를 완전히 없애 버렸을 뿐만 아니라 춤을 인간 신체의 활동으로 국한하여 논의한 것이다. 우월한 정신과 열등한 신체라는 심신이원론의 틀 속에서 신체 활동으로서의 춤은 그 정신적 가치를 인정받지 못하였던 것이다. 무용에 대해 좀더 호의적인 아리스토텔레스의 생각도 서구 사회에서 강력하게 뿌리 내린 심신이원론의 장벽을 뛰어넘지 못하였다.

서양 무용사에서 최초의 발레라고 불리는 「왕비의 코믹 발레」의 안무가이자 총 지휘자인 발타사르 드 보조외(Balthasar de Beaujoyeulx)는 발레를 "몇 사람이 함께 추는 기하학적 결합"이라 정의하였다. 그런 최초의 발레 형태에서 춤의 내용을 이룬 것은 당시 귀족들의 사교 생활에서 중심적인 활동이 되는 사교 무용이었다. 보조외의 발레 정의를 보면 춤에서 정신적인 요소는 완전히 배제되고 단지 무용 형식의 기계적인 구성에 치우쳐 있음을 알 수 있다. 당시 발레 안무자들이 몰두한 것은 무용 행진 뒤 마루에 남는 궤적의 패턴 만들기였다. 그러한 기하학적인 디자인 위에서 추는 춤은 근본적으로 개인과 개인 간의 만남을 위한 사교를 위한 것이었다. 따라서 춤의 제일차적 목적은 자신을 매력적이고 우아하게 표현하기 위한 자태와 포즈의 과시였다. 그렇게 시각적으로 매끄럽고 아름답게 다듬어진 기본 자세와 스텝의 연결이 바로 오늘날의 발레 테크닉의 기본인 것이다.

이러한 발레 움직임의 형성 시기부터 이미 움직임을 무용수로부터 객관화시켜 그 형식과 디자인을 시각적으로 다듬고 인위적으로 이상적인 선을 만들어낸 것이 발레 움직임의 정신이다. 움직임의 구성을 객관적으로 분석하여 방법론을 체계적으로 발전시켜 오늘날 고난도의 테크닉에까지 이르게 된 이러한 정밀한 움직임은 기계적인 반복 훈련에 의해 습득되며 이는 무용수로 하여금 정신적인 의미를 추구하는 것으로부터 더욱더 멀어지게 만든다.

그러나 동양의 춤의 정신에 따르면 움직임은 무용수로부터 분리될 수 없다. 춤은 오히려 춤추는 자의 내면 즉 성정과 품격에서 나오는 것이다. 여기에서 춤 움직임은 주목의 대상이 아니라 단지 무용수의 정신을 표현하기 위한 매체에 불과하다. 이는 달을 가리키는 손가락 즉 도구를 보지 말고 달을 보라고 하는 동양적 인식과 같은 방식이다. 춤의 본질이 바로 춤추는 자의 내면을 만나는 데 있으므로 서양 춤의 경우처럼 시각적인 외형에 전적으로 매달리지 않는다. 이런 움직임과 인간 간의 관계에서는 움직임의 외형이나 방법론은 무용수의 인간적 깊이나 품격보다 그리 중요하지 않다.

20세기 들어 서양의 현대적 춤의 정신을 대변한다고 생각되는 현대무용은 예술 표현론의 틀 위에 형성되었다. 표현론은 예술을 인간 내면의 감정 표현으로 설명하는 입장이다. 모방론이 모방 대상과의 유사성을 획득하는 것을 제일의 기준으로 삼았다면 표현론은 예술가 개인의 개성적인 표현과 색다른 것(novelty)을 모토로 삼았다. 유사성의 기준에서 보면 예술가들의 우월은 테크닉의 우월로 판가름될 수 있었다. 그러나 개성이라는 기준에서는 각 예술가들은 모두 남이 하지 않은 것을 찾아 더욱 더 '나'에 빠져들게 되었다. 따라서 현대 무용가들도 나만의 목소리를 찾기에 열중하여 자신만의 움직임 언어를 개발하고자 하였다. 무용 움직임은 이러한 개성 표현의 도구로 전락하게 되었다. 언어는 공적인 것이어야지 개인적인 것일 수가 없으므로 이런 개별적이고 개성적인 움직임 언어와 문법은 현대무용을 난해한 것으로 만들어 버렸다. 무용계에 나타난 이러한 개인주의적 경향은 후기 현대파에 이르러 완전히 예술가 개인의 문제의식에 빠져들면서 관객과의 소통의 줄을 끊어 버리게 된다. 전달(communication)이라는 예술의 표현주의의 기능마저 무시하고 이들은 노골적으로 관객의 존재를 배제시켜 버린다. 이는 "나는 생각한다. 고로 존재한다"라는 사상 아래 인간을 만물의 척도로 생각하고, 정신과 물질을 완전히 이원화하여 세계의 존재를 개인의 관점에서 파악하려고 하는 문화의 산물이다.

동양의 사상이나 춤의 경우 '나'라고 하는 에고(ego) 의식을 찾아보기 힘들다. 우선 인간은 자연과 한 몸이라고 생각하고 이상적인 인간상을 바로 천인합일의 상태에서 찾는데 불교에서는 적극적으로 나를 비우기 위해 노력한다. 앞서 예로 든 데카르트의 진술에 대하여 석가는 다음과 같이 응대할 것이다: "나는 생각하지 않는다. 그러므로 존재하지 않는다." 그 이유는 자아가 있는 한 인간은 결코 행복해질 수 없다고 생각하기 때문이다. 하늘에 순응해 살고자 할 때에도 나의 관점에서 혹은 인간의 관점에서 보는 것이 아니라 자연의 눈으로 바라본다. 자연의 눈으로 춤을 바라볼 때 움직임은 단지 인간의 몸을 스쳐 지나가는 기의 덩어리일 따름이다. 그것은 유동적이고 동시에 전체적인 것이어서 하나의 움직임을 전체 흐름으로부터 떼어내어 정지된 상태에서 분석한다는 것은 춤의 참된 본질을 훼손시키는 결과를 낳는다. 움직임에 대한 접근 방식도 자연을 보는 관점과 같이 이루어진다. 물론 이와 같은 동양춤의 정신은 우리나라에 서양의 춤이 수입되기 이전까지에 해당되는 것이라 할 수 있겠다.

20세기 중반 현대화 과정을 거치면서 우리나라를 비롯한 동양 사회는 돌이킬 수 없을 정도로 서구화되어 버렸다. 그 결과 예술로서의 춤은 서양춤의 본령인 극장춤이 되고 있고 근대화 이전 마당에서 추었던 우리 춤도 오늘날 극장 무대에서 창작되고 있다. 공연 장소뿐 아니라 예술과 창작 개념 역시 서구의 이론과 패러다임 속에 이루어지고 있다. 그러므로 오늘날 우리에게는 동양의 춤의 정신을 현실에서 어떻게 되살릴 수 있을까 하는 것이 문제로 다가오고 있다. 동양의 춤의 정신은 초월적이며, 형이상학적이고, 인격의 완성을 돕는 실천이며, 천지자연의 이법을 통해 사회적, 국가적 영향력을 지니고 있었다. 이는 더 이상 바랄 바가 없을 정도로 이상적인 춤에 대한 인식이다. 그토록 훌륭한 동양 정신의 현대적 계승은 오늘날 동서양의 경계를 넘어 지구촌 춤의 발전을 위해서라도 시급히 요청되고 있다. 현재와 같은 서구적으로 획일화된 예술춤 창작 환경에서 동양 춤 사상의 부활은 한 차원 높은 단계로 춤이 발전할 수 있는 비법임이 분명하다.

제3절 몸과 춤

몸은 크게 두 가지 관점에서 다루어질 수 있는데 하나는 몸을 객체로 보는 것이고 다른 하나는 몸을 주체로 보는 것이다. 자연 현상을 객체와 주체, 몸과 마음으로 나누어 이분법적으로 사고하는 서양 철학이나 의학의 경우 전자의 시점을 가진다. 몸을 객관적으로 관찰한 대표적인 철학자들로는 플라톤과 데카르트가 있다. 또 한 가지 관점은 몸을 주체로 보는 것 즉 그 안쪽에서 보는 관점이다. "동양에서 몸을 보는 전통은 항상 주체적 몸을 기본 관점으로 보아왔다."[32]

이러한 동서양 사고방식의 차이는 세계를 바라보는 서양의 시각이 물질적 자연에 주목하여 자연을 관찰(theoria)의 대상으로 보았음에 비해 동양에서는 물리적 자연보다도 생명적 자연에 주목하는 경향에 기인한다. 자연을 살아 있는 것으로 느끼고 그 속에서 인간이 생겨나고 자라온 만물의 어머니로 보았기 때문에 내면을 들여다보는 관점이 생겨난 것이다. 따라서 동양의 지적 전통에서는 몸과 마음, 물질과 정신을 존재론적으로 분리하거나 차별하지 않는다. 그러므로 동양사상에서 몸의 논의는 마음의 문제와 상호 관련하여 다루어진다.

동양의 몸 개념

정인재는 몸을 '몸'이란 글자에서 나왔다고 한다. 이는 몸이란 글자의 한국어 어원으로 생각해 볼 수 있는데 이런 이유로 몸은 맘(마음)과 떨어질 수 없는 관련을 지닌 말임을 알 수 있다. 한자로 몸은 '신(身)'이라고 표기되지만 한자 문화권의 지적 전통에서 몸과 마음의 문제를 거론할 때 흔히 몸을 지칭하는 용어로 쓰이는 것은 '형(形)'이다. 신은 뱃속에 아이를 잉태한 여자의 모습을 본뜬 글자로서 이 글자 앞에 어떤 단어가 붙느냐에 따라 엄밀하게는 다른 의미를 지닌다.

> 자신(自身)·신분(身分)·수신(修身) 등으로 쓰일 경우는 도덕적이며 사회적인 주체를 나타내는 사회적인 몸을 가리키며, 육신(肉身)·신검(身檢)·신역(身役)으로 쓰일 때의 신은 물리적인 몸을 가리킨다.[33]

형(形)은 물리적인 몸을 가리키나 신(神)또는 영(靈)과 반대되는 용어

---

32 유아사 야스오, 이정배 외 역, 『몸과 우주』(지식산업사, 1994), p. 97.

33 정인재, 「몸」, 이동철 외 편, 『21세기의 동양철학』(을유문화사, 2005), p. 322.

로 사용되며 몸과 마음을 각기 형(形)과 신(神)이라는 개념으로 묶어 쓴다. 이러한 설명에서 알 수 있듯이 동양의 몸과 마음은 서로 영향을 주고받는 관계로 이해되어 왔다.

유가와 도가 그리고 한의학에 이르기까지 몸은 생명력[氣]을 담고 있는 그릇으로 본다. 즉 우리의 몸은 보이지 않는 힘인 기로 가득 차 있다. 기는 힘인 동시에 생명을 유지시키는 숨을 뜻하기도 한다. 기는 몸과 마음의 공통적 근원이다. '기'가 모여서 몸[形]의 질료적 측면을 구성하고 생명체 내부의 범주화(categorization)의 능력과 반성적 사고의 능력을 마음[神]이라 불러 왔다. 이런 점에서 "동양의 마음은 몸과 대립하여 존재하기보다는 생명력의 활동에 수반된 기능으로 간주되어 왔다."[34]

동양철학에서 정신과 물질은 대립적이지 않다. 서양의 이원론적 철학이 정신과 물질을 존재론적 실재 즉 형이상학적 실체로 보는 데 반해 동양 사상은 몸과 마음을 현상의 수준에서 구분하되 본체의 수준에서는 구분하지 않았다. 따라서 인간의 언어나 동작, 나아가 사유나 감정·의지 등의 모든 심리작용이나 정신작용은 모두 '기'의 작용인 것이다. 달리 말하면 인간의 정신과 의식은 몸 속을 흐르는 기가 드러나는 '현상'으로 이해되었고 마음은 '실체[體]'라기보다 기능[用]으로 간주되었다. 따라서 동양철학과 한의학에서는 몸과 마음을 기의 모임[形]과 그 활동[神]이라고 본다.

몸의 현상으로서 인간의 지적 능력을 설명하는 이기론에 따르면 인간에게서 발견되는 정신 현상은 이(理)이고 그 밑받침이 되는 에너지의 원천은 기(氣)라고 생각한다. 맹자가 인간의 본성으로 들었던 사단(四端)은 이에서 나오며 인간의 기본 감정인 칠정(七情)은 기에서 나오는 것이

34 이승환, 「몸, 신체, 육체」, 우리사상연구소 편, 『우리말 철학사전』(지식산업사, 2002), p. 8.

다. 사단은 인의예지(仁義禮智)를 말하는데 이는 사람에게 부여된 직분 즉 도의에 대한 판단이다. 즉 부자관계에서의 인(仁), 군신관계에서의 의(義), 빈주관계에서의 예(禮), 현자에서의 지(智)처럼 이치에 대한 파악인데 이는 도덕적 감정이면서 동시에 이성적 판단이다. 인간이 기본 감정인 기쁨 · 노함 · 슬픔 · 두려움 · 사랑 · 증오 · 욕망[喜怒哀懼愛惡慾]의 칠정은 감정이면서 동시에 판단의 형태들이다. 동양의 지적 사고에서 정이란 인간의 감정적인 측면만이 아니라 외부 세계에 몸과 마음이 통합적으로 반응하는 인지 능력이다.

그러므로 동양 사상에서 인간의 지적 능력은 언제나 살아 움직이는 몸에 기초하여 설명되었다. 인간의 모든 정신적 능력은 생명력[氣]이 발현하여 몸에서 드러나는 현상인 것이다.

> 위진시대의 범진(范縝)은 '정신[神]은 육체[形]와 분리될 수 없는 한 가지 것으로 촛농이 다하면 불꽃도 사라지듯 육체가 시들면 정신도 함께 사라지게 된다'고 말했다.[35]

따라서 동양에서는 몸 없이 마음을 생각할 수 없었고 영혼의 불멸은 있을 수 없으며, 몸이 살아가는 현세의 삶과 그 즐거움을 논할 뿐 죽음에 대해 굳이 물으려 하지 않았다.

그에 반해 서양 사상의 두 축이랄 수 있는 플라톤과 기독교 사상의 출발은 플라톤의 스승 소크라테스와 예수의 죽음의 의미를 묻는 것에서 비롯되었다. 플라톤은 억울한 스승의 죽음 앞에서 영혼의 불멸을 얘기하고 있으며 예수의 처형과 부활은 기독교 신앙의 출발이자 사후의 영원성을 믿게 하는 증거였다. 그러할 때 죽음을 몸과는 별개의 차원으로 생각할

35 앞의 글, p. 11에서 재인용.

수밖에 없다. 이것이 바로 몸과 맘에 대한 이원론적 사고 구조를 형성케 된 원인이며 이로부터 서양인들에게 몸은 물질로 전락한 것이다. 동양에서도 죽음을 생각하지 않는 것은 아니지만 그것은 영원한 생명의 흐름 속에서 '삶과 죽음은 하나(生死一如)'라는 방식으로 다루어졌다. 동양의 신체관은 곧 인간관이며 '나'의 정체는 바로 몸을 통해 드러나고 실현된다.

> 동양의 가장 오래된 사전인 『이아(爾雅)』 석고(釋詁) 편에서는 '몸[身]을 곧 나[我]'라고 풀이한다.[36]

형신의 두 요소로 구성된 인간은 기에 의해 설명된다. 기가 모여 형을 이루면 형에 적합한 작용이나 기능을 발휘하는데 이것이 신이다. 정인재는 고대 중국의 대표적인 신체관을 세 가지로 나누었다. 그것은 "도덕적 마음이 몸을 통해 실천된다는 맹자의 천형관(踐形觀)과 몸이 사회규범[禮]과 분리될 수 없다는 순자의 예의관(禮義觀), 그리고 우주 대자연에 흐르는 기가 우리 몸에서 운행한다는 기화관(氣化觀)"[37]인데 이는 각기 성리학과 한의학의 몸 이론이라 하겠다.

유교에서 몸과 마음은 불가분의 관계에 있다. 몸이 없으면 마음이 실현될 수가 없고 마음이 없으면 몸이 행할 바를 알지 못한다. 공자에게 몸은 살아 움직이면서 사회적으로 의미 있는 메시지를 표현하는 본체이다. 전통 중국 사회에서 인간의 사회적 규범은 바로 예(禮)다. 예란 단지 사회적 절차에만 한정되는 것이 아니라 인간이 인간다워지기 위해서 반드시 가야 할 길[道]로 규정된다. 따라서 개인적인 사욕에서 벗어나는 극기(克

---

36 이승환, 「몸의 기호학적 고찰」, 『삶과 기호』(기호학연구 3집, 1997), p. 47.

37 정인재, 앞의 글, p. 325.

己)를 통해 행위가 천리에 들어맞는 '극기복례(克己復禮)'에 이르르면 몸과 맘이 천리와 합쳐져 '마음이 하고자 하는 바를 좇아도 법도(法度)에 넘지 않는' 공자가 최고의 인격 단계라 생각하는 수준에 이르게 된다. 그리고 예가 내면화되어서 인간 각자의 본질적인 능력[德]으로 형성된다.

> 덕이란 도(道)를 바른[直] 마음[心]으로 행해서 얻음[得]에 있는 것이다.[38]

몸이 사회의 객관적 규범에 종속됨으로써 비로소 사회적으로 의미 있는 주체로 형성되기 시작한다는 점을 강조하는 점에서 공자와 맹자는 동일한 입장이다. 그러므로 인간은 사회적으로나 도덕적으로 이상적인 행동방식이나 언행을 후천적인 학습을 통해 자신의 몸에 익힘으로써 비로소 도덕적인 주체 또는 인간적인 몸이 된다. 바로 이런 과정이 공자가 얘기하는 공부이다.

> 공자에 있어서 도덕적 주체를 단련하는 과정은 학(學)이다. 학은 어떤 본보기를 몸에 배게 하는 것이다.[39]

인간이 본받아야 할 객관적인 규범에 따라 자신의 몸을 만들어가는 과정이 바로 학이다. 객관적 규범을 익혀서 자기 몸을 틀지어 가면 그 몸은 아름다워진다. 순자는 다음과 같이 말하였다.

> 도덕적으로 탁월한 인간의 학문은 (타인의 언어를) 귀로 들어서 마음에

38 박석준, 「한의학의 몸」, 『몸』(산해, 2001), p. 18.
39 김성태, 「몸」, 『철학』(한국철학회지 43집, 1995), p. 41.

새기고 온몸에 두루 퍼지게 함으로써 모든 행위에 드러나게 한다. 사소한 언어와 미세한 동작 하나하나가 모두 인간의 본보기(틀)가 된다. …… 도덕적으로 탁월한 인간의 배움은 자신의 몸을 아름답게 하는 것이다. 이에 비해 도덕적으로 열등한 인간의 배움은 동물적 욕구의 충족에 머문다.[40]

객관적 사회 규범의 정수는 성인(聖人)이다. 성인은 객관적 규범과 주관적 의식이 혼연일체가 되어 있는 자이다. 따라서 순자에게 있어서 인간이 몸을 아름답게 하기 위해서 본받아야 할 전형은 곧 성인이다. 순자는 "예(禮)는 몸[身]을 바르게 하는 소이이며 …… 스승은 몸으로 의표를 삼는다"[41]라고 하였다. 그러므로 정신과 육체의 통일체로서 몸을 생각하는 유가 전통에서 몸은 곧 의식의 드러남이다. 의식은 몸을 통하여 자신을 드러내며 이때 몸은 예의 주체이자 도덕적 주체이다.

이렇듯 동양에서 몸을 보는 전통은 항상 주체적 몸을 기본 관점으로 하였다. 그리고 육체와 정신의 통합체로서의 몸이라는 전제 아래 몸을 통한 인간 단련의 방법을 공통적으로 생각해 왔다. 유교의 수신(修身), 도교의 수련(修鍊), 불교의 수행(修行) 등의 전통은 몸과 마음에 대한 훈련과 실천을 통해 양자 사이의 이상적인 조화와 균형을 찾으려고 노력한 결과이다. 수양의 목적은 몸과 마음의 단련을 통해 세속적 자아를 변혁시켜 이상적 자아를 성취하려는 것이다. 유교에서는 심신의 조화 내지 합일을 수행의 중요한 목표로 삼았다. 공자는 몸을 바르게 하는 방법으로 경(敬)을 말하였다. 경으로 몸가짐을 정제하고 엄숙하게 함으로써 마음(감정과 의지)도 전일하게 되고 마음을 전일하게 함으로써 용모나 의표도 단정하게 드러나게 된다고 한다. 따라서 유가에서는 사람의 안과

40 『순자(荀子)』, 「권학(勸學)」, 김성태, 앞의 글, p. 43 재인용.

41 이승환, 앞의 글, p. 48 재인용.

밖을 이어주는 매개가 바로 몸이라고 보는 것이다. 유가 전통에서는 수신을 강조한다. 수신이란 '몸[身]을 닦는다[修]'는 뜻으로 유가에서 몸을 닦는다는 것은 관계의 망 속에 놓여 있는 자신의 역할을 잘 해나간다는 의미이다. 봉건시대의 인간은 사회구조 속의 특수한 신분의 담지자 즉 인격화된 신분이다. 봉건시대의 생활 방식이자 소통 원칙인 신분을 자신의 몸을 통해 재생산함으로써만이 인간이라 할 수 있다. 따라서 인간의 '내면[質]과 외면[文]이 고루 빛나는 상태[文質彬彬]'에 이르는 공부를 수신으로 여겼다. 이러한 내면과 외면의 일치를 공자는 "표현과 바탕의 일치(文質彬彬)"라는 말로 표현하였다. 이는 한 사람이 사회적 신분에 어울리는 옷을 입었을 때는 반드시 거기에 합당한 덕을 내면에 갖추어야 한다는 것이다.

따라서 동양철학에서 강조되는 수양·수행·공부의 전통은 몸을 닦음으로써 마음에 영향을 주고 마음을 닦음으로써 몸에 영향을 주는 상호연관성을 전제하고 있는 셈이다. 그리고 수련을 통해 도덕의식은 몸과 기를 통해 나타나게 된다. 성인(聖人)이나 군자의 몸은 일종의 정신화된 신체이어서 도덕적인 빛을 발하고 있다. 호연지기(浩然之氣)는 바로 이러한 정신화된 몸에서 나오는 도덕적인 힘[氣]이다. 수신으로 다져진 군자의 몸은 사회적 질서의 지표이자 기호이며 그 자신 예(禮)의 체현이다. 순자의 "예로써 몸을 다스린다"는 말은 인간의 자연적인 몸을 사회적 규범에 맞추어 사회화된 몸으로 만든다는 뜻이다.

또한 도교나 한의학에서 공통적으로 발견되는 인간 신체에 대한 시각은 순환하며 살아서 움직이는 것으로서의 신체를 본질로 본다는 것이다. 이 살아 움직이는 유체로서의 인간의 몸은 천지만물과 마찬가지로 하늘과 땅의 기를 합하여 만들어졌다. 따라서 인간의 몸은 하나의 기로 통한다는 점에서 우주의 일부이지만 또한 우주의 운동을 본받기 때문에 소우주가 된다. 인간이 소우주라 불리어도 자연에 대하여 대상적인 것은 아니다. 오히려 "대우주로서의 자연과 소우주로서의 사람이 일대일의 대응관계에 있다는 사고방식은 중국에서는 극히 보편적인 것이다."[42]

『회남자』의 「정신훈」에서는 다음과 같이 자연과 인간의 모습을 대응적으로 서술하고 있다.

> 머리가 둥근 것은 하늘을 본받고 발이 네모난 것은 땅을 본받았다. 하늘에는 사계, 오행, 아홉 영역(여덟 방위와 중앙), 360일의 날짜가 있으며 사람에도 또한 사지, 오장, 아홉 개의 구멍, 360의 관절이 있다. 하늘에는 풍우, 한서가 있으며 사람에게도 취여(取與), 희로(喜怒)가 있다.

자연에 24절기(節氣)가 있듯이 신체의 상·중·하 세 부분에 여덟 신(神)씩 합계 24신(二十四眞이라고도 한다)이 있다. 24절기가 하늘의 기 순환의 단락을 나타내고 있듯이 신체의 24신도 자연의 기에서 생겨난 것이다. 그러므로 기 덩어리인 몸은 자연의 음양의 흐름을 본받아야 한다.

> 음양은 하늘과 땅의 법칙이자 모든 것이 작용하는 크고 작은 원칙이며 모든 변화의 근원이며 살리고 죽이는 근원이다.[43]

자연과 인간의 몸을 모두 아우르는 운동 법칙으로서의 음양은 자연현상을 가리키는 의미에서 몸과 연관되어 사용되었다. 유체로서의 신체는 자기 안에 마음을 내재시키고 있다. 기를 타고 출입하는 신들은 '흐르는 마음'이다. 도교의 사상에 따르면 본질적인 신체로서의 유체란 신체라는 집합을 구성하는 신들이다. 이 신들은 원래 대자연의 정

---

42 이시다 히데미, 이동철 역, 『기 흐르는 신체』(열린 책들, 1996), p. 150.
43 박석준, 앞의 글, p. 16.

기(精氣)에서 유래한 것이라고 한다. 오행에 따른 색채를 지니고 사계의 기에 따라 성쇠하는 이 신들은 사람이나 만물을 순간의 집합으로 구성한다.

> 남자의 양과 여자의 음이라는 두 가지 정기가 서로 결합하면 신(神)이 생긴다. 신을 따라 왕래하는 것을 혼(魂)이라고 한다. 정(精)을 따라 출입하는 것을 백(魄)이라고 한다.
>
> —『영추』「본신편」[44]

정·신·혼·백을 음·양의 성격에 따라 분류하자면, 정(精)과 백(魄)은 음의 기운으로 형성된 것이고 신(神)과 혼(魂)은 양의 기운으로 천의 기를 받은 것이다. 백은 형(形) 즉 장으로서의 신체의 영(靈)이 되고 혼은 기(氣) 즉 유체로서의 신체의 영이 된다. 혼과 백은 일반적으로 대표적인 마음으로 총칭되는 신에 비해 보다 영혼적이라 할 수 있다.

한의학에서 병은 외부의 바이러스 같은 것이 몸 안에 들어와서 생기는 것이 아니라 음양의 법칙을 따르지 않고 마음을 다스리지 못한 결과라 본다. 즉 사람의 기의 흐름이 고르지 못할 경우 음과 양의 불균형으로 인해 질병이 생긴다는 것이다. 『내경』에 따르면 바람이 모든 병의 근원이라고 말한다. 그리고 외부의 원인이 병이 되고 안 되고는 전적으로 내 몸에 달렸다고 한다. 즉 외부의 원인은 내 몸의 내부 조건을 통해서 작용하는 것이다. 이렇듯 한의학에서는 병이 외부의 원인에 의해 생기는 것이 아니기 때문에 병이 들기 전에 병을 고치는 것을 좋은 건강법이라고 한다. 몸의 기가 균형을 찾고 몸 속 자연 치유 능력을 활성화시킴으로써 저절로 건강하게 되는 것을 지향한다. 따라서 "뜻을 한가롭게 하고 욕심을

44 이시다 히데미, 앞의 책, p. 97.

줄이고 마음을 안정하여 두려움이 없고 일을 하되 피곤하게 하지 않을 수 있다면 기가 잘 돌아서 각자가 하고자 하는 대로 그 모두를 얻을 수 있다."[45]

인간은 기를 매개로 자연과 일체화된 자신의 존재를 깨닫고 자연의 법칙에 맞추어 자신을 변화시켜 나감으로써 자신의 몸을 온전하게 갖추도록 노력해야 한다. 병이 들지 않게 하는 가장 좋은 방법은 양생의 법칙을 지키는 것이며 한의학에서 말하는 구체적인 양생의 법칙은 도이다. 결과적으로 한의학에서 가장 중요시하는 것은 외부의 물질이 아니라 그것에 의해 초래된 내 몸의 상태이다. 도교에서 몸은 정기신(精氣神)의 세 가지 보물로 이루어졌다고 생각하여 이를 잘 보존하는 것이 가장 중요하다고 했다. 내 몸의 정기신을 잘 지키려면 외부와 조화를 이루어야 하며 무엇보다도 마음가짐이 중요하다. 그러할 때 올바른 길로 접어들어 이상적이고 자연스러운 상태인 도의 수준에 다다를 수 있는 것이다.

한의학과 도교의 몸의 개념은 구체적인 신체 기관이나 장의 서술보다는 인체 내 유체의 관계를 중시하여 기술되고 있다. 인간 신체를 살아 있는 유기체로 받아들이고자 할 때 몸의 기술은 필연적으로 기능과 다양한 관계성에 대한 기술이 된다. 한의학의 해부도에서는 인체 내 유체의 관계도를 싣고 있다. 고정적인 오장육부를 중시하는 것이 아니라 신체 내 기혈의 사이클과 경맥의 네트워크를 지시하고 있다. 경락(經絡)이란 몸을 순환하는 기의 에너지가 흐르는 큰 줄기를 말한다. 몸 전체는 하나의 기의 덩어리로서 기는 몸 전체에 스며들어 있다. 따라서 한의학에서는 몸의 기본 구조를 경락의 분포로 보는 것이다. 경락은 수로에 비유되며 이 통로의 흐름이 막히면 몸과 맘에 이상이 생긴다. 침과 뜸은 경락에 있는 경혈(經穴)을 자극하여 기의 흐름을 순조롭게 하는 것이다. 오장육부

45 박석준, 앞의 글, p. 19.

의 장기들은 몸속의 기가 흘러가는 한 지점에 불과하며 경락은 기의 변화가 일어나는 통로이다.

따라서 한의학에서는 장기 자체가 연구의 대상이 아니라 각 장기가 지니는 기적(氣的)인 특성이 주된 관심의 대상이 된다. 경락은 살아 있는 몸에서만 나타나고 경락에 흐르는 기는 심리작용과 생리작용을 결합하는 역할을 한다. 인간의 감정이나 정서는 몸의 특정 부위와 바로 연관되어 있어서 화내는 것은 간, 기쁜 것은 심장, 골똘히 생각하는 것은 소화기, 근심하는 것은 폐, 두려워하는 것은 신장에 작용하여 몸과 마음이 긴밀한 관계를 맺고 있다고 생각한다.

신체의 장생불로(長生不老)를 추구하는 도교에서도 몸은 매우 중요하다. 신체의 영원성을 위해 이들은 몸 안의 기(氣)의 순환에 주목하여 호흡법을 중시하는 수행 방식이 발달하였다. 이들 명상법은 존사(存思)나 도인(導引) 또는 내단(內丹) 등으로 불리는 심신훈련법이다.

> 존사는 사념(思念, 의식)을 집중하여 계속 지탱해 나간다는 뜻인데 구체적으로 말하면 이미지 훈련을 하는 것이다.[46]

도교의 명상 수행 방식은 수당시대(7세기 이후)에 이르르면 내단이라고 불리는데 도인이란 오늘날 기공(氣功)이라고 총칭되는 중국 전통 심신 훈련 수행법이다. 이러한 수행법은 중국에 불교가 수용되는 기폭제가 되고 차츰 유가의 중심에까지 파고들었다. 인도 불교에서 명상의 수행을 통해 저절로 얻어지는 능력인 신통(神通) 개념에 초기의 중국 불교도가 특히 관심을 가졌으며 이는 불교가 중국으로 이식되는 데 큰 영향을 끼쳤다. 2세기 중엽 초기 불교의 경전인 『안반수의경(安般守意經)』은 호

46 유아사 야스오, 앞의 책, p. 125.

흡법에 따른 명상 훈련을 설명한 것이다. 이에 따르면 호흡의 조화에 따라 사람이 6가지의 신통력을 얻는다고 한다. 이러한 불교의 수행법은 후한 시대에 유교와 도교의 수행법과 같은 성격을 지닌 것으로 받아들여져 호흡법과 존사법이 크게 성행하였다. 수행은 몸의 측면에서 보면 사람의 몸에 존재하고 있는 자연 치유력을 활성화시키고 강화시켜 나가는 효과를 가지고 있다. 그리고 마음의 측면에서는 자아가 세속적인 경험을 넘어선 성스러운 차원과 결합됨을 뜻한다.

앞서 언급한 내용들을 종합해 보자면 동양의 주요 사상들이 공통적으로 지니고 있는 특성은 몸을 바탕으로 한 기술적 관점에서 세계를 바라보고 있다는 것이다. 그 이유는 기를 근본으로 하는 동양 문명의 세계관은 몸에 대한 이해를 통해 가장 구체적으로 드러나기 때문이다. 그리고 이때 역(易)은 살아 있는 유체로서의 몸에 관한 동양적 사고의 출발을 설명해 주는 근원이다. 이렇듯 몸은 천지만물의 근본이기에 유가의 경전인 대학의 수신(修身)이 덕을 닦는 데 몸을 가장 중요한 것으로 내세운 이유가 여기에 있다. 수신과 수련, 수행의 전통이 있어 왔던 것은 몸과 마음이 분명하게 분리된 것이 아니라 상호영향을 주고받는 관계라는 전제하에 가능하다. 수행을 통해 정신과 육체의 상호 균형을 추구하고 그 결과 자기변혁을 이루고자 하는 노력은 심신 수양을 통한 자기 변혁의 가능성에 대한 확신이 있었기에 가능했다.

한국 춤의 몸

몇 년 전 세계적으로 유명한 뉴욕의 무용 전용 극장 조이스 시어터의 예술감독을 초청하여 우리의 전통춤인 살풀이를 보여준 적이 있다. 한동안 인내심을 갖고 춤을 감상하던 그는 살풀이춤에서 무엇을 보아야 하는지 모르겠다는 심정을 "문화마다 민족적인 감성(national aesthetic)이 너무 달라서……"라고 완곡하게 표현하였다. 그 공연은 각 장르에서 선별된 작품들을 선보이는 자리였고 발레, 현대무용과 함께 한국 춤이 공연되는 자리였기 때문에 필자는 그가 왜 그런 느낌을 갖는지 짐작할 수가 있었다. 발레와 현대춤에서 강조하고 있는 몸매가 완전히 드러난 유연하고 단련 있는 신체의 노출과 스펙터클한 고난도의 기교가 넘쳐나는 서양의 춤 양식을 보다가 한국 춤을 접했을 때 적극적으로 전시되는 몸의 부재와 스피디한 기교의 실종이 문화적 충격으로 다가와 그러한 반응을 낳았던 것이라 생각한다. 그는 한국 춤이 무엇을 보여주고자 하는지 그 예술 정신을 이해하기가 쉽지 않았던 것이다.

전통 한국 춤에서는 몸이 잘 드러나지 않는다. 물론 무용수의 몸을 통해 춤이 형상화되기 때문에 몸을 보지 않고서 춤의 현상을 볼 수는 없지만 무용수의 몸이 춤의 최전선에 부각되지는 않는다는 말이다. 이는 서양 춤과 비교하여 볼 때 상대적으로 그러한데 흔히 서양 춤을 볼 때 즉각적으로 시선을 사로잡는 몸의 존재감이 한국 춤에서는 희박하기 때문이다. 이것은 무용에서 무엇을 보느냐 하는 무용의 본질과도 직결된다. 한국의 전통 춤에서는 풍성한 의상으로 몸이 가려져 몸통의 실루엣이 상대적으로 명확히 드러나지 않는다. 이러한 인상을 자아내는 첫 번째 이유로 의상을 들 수 있다. 우리의 한복은 몸을 가리는 데 뛰어나다. 우리 한복은 외부와 신체 사이에 공간을 만들어 신체의 온기를 유지할 뿐 아니라 개인적인 체취가 직접적으로 공공의 공간으로 침투하지 못하도록 공간과 공간 사이의 경계 역할을 한다.

이에 반해 서양의 춤 의상은 몸을 가리되 더욱 더 드러내는 방식으로 작용한다. 루이 15세의 법령에 의해 발레리나의 하체를 가리기 위해 고안된 타이츠는 다리를 가리되 몸에 착 달라붙음으로써 각선미를 더욱 강조하는 결과를 낳았다. 그리고 겹겹의 망사 치마 역시 회전 동작에 의해 휘날리고 조명에 의해 하체가 숨김없이 드러남으로써 오히려 다리에 시선을 집중시키는 결과를 초래하였다. 이와같이 서양 춤에서처럼 무대에서 관객의 주의를 끄는 몸의 표현 방식이 한국 춤에서는 찾아보기 힘들다.

한국 춤에서는 몸을 마음과의 연관 속에서 보았다. 따라서 몸과 마음이 구분이 없고 춤과 춤추는 자 사이에도 구분이 없을 정도로 상호 긴밀한 관계를 지니는 것을 높이 평가한다. 또한 무용수의 의식과 몸 그리고 동작 사이에 분명한 경계가 없이 넘나들 때 그것을 이상적으로 생각한다. 이런 상태란 무용수가 동작을 무용수의 일부로 온전히 받아들여 일체감을 이루고자 할 때 가능하다. 한국 춤에서는 춤과 춤추는 자가 하나 되는 혼연일치의 경지를 높이 평가하고 그런 사람을 명인이라고 한다. 김백봉은 "춤이 내가 되고 내가 춤이 되는 때가 있어. 그 땐 온 우주가 다 내 것이야"[47]라고 이상적인 춤의 순간을 토로한다. 명인일수록 춤과 하나 되는 경지에서 춤추는 경우가 많고 이런 혼연일체의 상태일 때 관객은 춤꾼의 개성이 오롯이 스며 나오는 그만의 몸짓과 만날 수 있게 된다. 바로 이런 이유로 우리 춤의 즉흥성을 설명할 수 있겠다.

몸을 마음의 관점에서, 그리고 춤을 춤추는 사람의 관점에서 얘기하는 대가들의 진술은 많다. 송범은 2006년도 한국무용예술학회 학술발표회에서 우리 춤의 아름다움이 어디에 있는가라는 질문에 우리 춤은 마음으로 추어야 한다고 말하였다.

> 손짓보다 역시 마음에서 우러나오는 데 뭐가 있는 거 아니겠어요? 우리나라 춤이 참 좋은 게 기쁜 마음 좋은 마음으로 하면 된다는 거. 억지로 짜지 마세요. 영감이 풀리는 대로 풀어져야죠.[48]

물론 서양 춤의 경우도 '마음(heart)이 춤추어야 한다'는 얘기를 한

---

47 2005년 3월 김백봉연구소에서 필자와의 인터뷰.

48 송범, 「마음으로 추는 우리 춤」, 『무용예술학연구』(한국무용예술학회지 19집, 2006), p. 162.

다. 그러나 이 경우는 춤의 흐름에 맞춰 마음이 함께 움직여야 한다는 의미라고 해석할 수 있다. 한국 춤에서 '마음으로 추는 춤'이란 춤의 격조가 그 사람의 인격이 드러남을 뜻하고 따라서 내가 곧 몸이자 춤이라는 의미라고 할 수 있다. 이러한 생각의 배경에는 동양의 몸이 사회적인 의미체 내지는 표현체로서 읽히는 전통이 자리하고 있다. 사회적 표현체로서 무용수는 춤을 통해 구체적인 동작의 의미를 표현한다기보다 자신의 예도(藝道)와 격 그리고 기를 표출하는 것이다.

이 세계를 살아 있는 것으로 파악하고 자연의 생명력에 주목하는 동양사상의 핵심은 춤에서 주체적인 몸의 관점으로 나타난다. 무용수가 춤을 출 때 중요한 감상의 대상은 몸짓이 만들어내는 동작의 형(形)이 아니라 무용수라는 것이다. 그리고 주체로서의 무용수는 몸의 라인이 만들어내는 형에 주목하는 것이 아니라 몸에 흐르는 생명력 즉 기에 주목한다. 기는 힘인 동시에 생명을 유지시켜 주는 숨이다. 무용수의 몸과 마음은 기로 통하고 춤과 춤추는 이도 기로 통한다. 따라서 이들간에 기의 흐름이 중단 없이 이어져야 하고 이런 흐름이 작품 속에 살아 있으면 '기운생동(氣運生動)'이라 하여 수준 높은 춤이라고 말한다. 따라서 한국 춤에서 숨은 생명력 즉 생기의 증거이며 이런 기가 살아 있을 때 '표현이 살아 있다'라고 한다. 기 덩어리인 몸이 자연의 음양의 흐름의 변화를 본받듯이 춤의 진행 역시 그러하다.

한순간 양인가 하면 다음 순간 음으로 전화하듯이 우리 춤의 동작은 맺은 다음 반드시 풀고, 감은 다음엔 역시 풀고, 한번 강하고 크게 하면 이어서 반드시 약하고 적게[大杉小杉] 해야 한다.

> 대삼소삼은 이매방이 전통춤을 가르칠 때 처음부터 끝까지 강조하는 개념이며 …… 그가 가장 중요하게 생각하는 춤의 정신이라 할 수 있다.[49]

따라서 한국 춤에는 서양 춤에서처럼 직선적인 한 방향만으로의 반복적인 강조법이 없다. 마리우스 프티파(Marius Petipa)는 똑같은 동작을 직선 진행으로 세 번 반복하여 동작 형식을 강조한 다음 네 번째 베리에이션으로 마무리하는 동작구를 만들어 서양 춤에서 강조법의 전통을 세웠다. 마사 그래함(Martha Graham)은 똑같은 점프를 세 번 연속적으로 하면서 점차 크게 해가는 크레센도형 동작의 연결을 애용하였는데 이는 근육의 수축과 함께 정지 상태를 결합함으로써 강조와 액센트를 만들어 내는 표현법과 함께 그녀의 대표적인 강조법 테크닉이 되었다. 프티파나 그래함의 표현법은 동작 구성에서 점점 더 강하게 혹은 강, 강, 강으로 이어지는 구조인데 이러한 구조는 우리 춤에서는 찾아보기 힘들다. 우리 춤에서는 '대삼소삼'의 경우처럼 한 번 강하면 이어서 약한 것으로 짝을 이루어야 한다.

정중동(精中動)의 개념도 한국 전통예술 전반에 나타나는 음양의 조화를 중시하는 특성으로 설명할 수 있다. 정지한 듯한 순간에도 끊임없이 움직임이 이루어지고 동적인 순간에도 고요함을 느낄 수 있는 상태가 바로 움직임과 정지된 순간이 기로써 소통하고 조화를 이룬 상태라 하겠다. 양극단의 순간에도 서로를 부정하지 않은 채 공존하는 정과 동, 음과 양의 조화를 이룬 상태가 바로 우리 춤의 이상적인 상태인 것이다. 서양 발레에서는 이러한 정지 순간과 동적인 순간의 공존을 상상할 수 없고 그들의 이분법적인 세계관에서는 모순일 수밖에 없다. 서양의 춤에서는 정지 순간과 동적인 순간이 완전하게 분리되어 있다. 모든 동작은 정지 상태의 준비 자세에서 출발하여 움직이는 과정 동작을 거쳐 완성된 마지막 포즈의 정지 순간으로 구성되고, 초기 발레의 기교로 각광받았던 발

49 김명숙, 「이매방의 예술세계」, 『무용예술학연구』(한국무용예술학회지 13집, 2004), p. 16.

롱(ballon)이나 엘레바시옹(elevation)은 모두 높이 뜬 상태에서 숨을 멈추어 최대한 강조의 순간을 연장시키고자 하는 노력에서 나온 것이다. 서양의 춤은 최정점의 동적인 순간을 강조하고 있다. 이런 구성은 "우리 춤은 자연이다"[50]라고 말하는 이매방의 생각과는 완전히 다르다고 할 수 있다. 양우선(兩雨線) 역시 정중동과 함께 우리 춤에서 동작의 흐름이 음양의 흐름에 따라야 함을 지칭하는 개념이다.

> 손, 발의 모든 동작은 양우선의 원리에 의해 움직여지는데 머리가 있으면 끝이 있다는 원리를 내포한다. 다시 말해 발은 뒤꿈치부터 앞부분으로 옮겨가며, 팔은 엎으면 뒤집어지고, 뿌리가 내려오면 끝이 올라가고, 끝이 처지면 뿌리가 올라가는 등 자연스러운 팔동작[51]을 뜻한다.

기의 흐름으로서의 춤은 동작 구성에 있어서 동작의 흐름에 주목하고 이를 중시한다. 한 동작과 다음 동작의 연결이 구분이 되지 않을 정도로 자연스럽게 이어지고 음양의 변화처럼 조화롭게 연결되는 것을 중요하게 생각하는 것이다. 이는 서양 춤에서 하나의 완성된 포즈를 강조하기 위해 오랫동안 밸런스를 유지하거나 공중에서 정지 순간을 연장하는 것과 같은 강조법과는 다른 것이다. 한국 춤에서는 그런 스타카토식 정지 순간은 자연스러운 흐름을 막는 것이므로 경계해야 할 부분이다. 이런 흐름에 주목하는 경향은 대표적으로 살풀이춤에서 춤추는 사람의 팔과 손에 들려 있는 수건의 흐름을 하나의 연장선상으로 보고 허공 속으로 휘날리는 수건을 무용수의 기의 흐름의 연장이라 여기는 것에서도 발견

---

50 이매방, 「우리 춤은 자연이다」, 『무용예술학연구』(한국무용예술학회지 14집, 2004), p. 331.

51 성경린, 「한국무용의 맥락: 천자의 명무 · 이매방」, 『무용한국』(1991년 봄호), 김명숙, 앞의 책, p. 17에서 재인용.

할 수 있다. 허공 속에서의 수건의 흐름에 주목하고 이를 예술적으로 승화시킨 춤은 동북아 세 나라의 수건 춤 중 우리나라가 유일하다 하겠다.

그 결과 동작들이 감기면 풀리고 굽히면 펴지면서 자연스럽게 이어져서 동작 구성을 전체적인 맥락에서 바라볼 수 있게 하는 것이다. 서양 춤이 개별 동작이나 아름다운 포즈를 강조하기 위해 구성된 것이라면 우리 춤은 개별 동작보다는 동작간의 조화와 흐름을 중시한다고 할 수 있다. 그래서 전체적인 춤이 하나의 흐름 안에 포착되기 때문에 우리 춤에서 개별 동작의 의미는 전체적인 춤의 맥락에서 떼어서 논할 수 없다. 다시 말해 살풀이춤을 죽은 사람의 넋을 위로하고 액을 풀어 주는 춤이라는 전체적인 의미에서 바라보아야지 하나의 손짓이나 발짓이 각기 무슨 의미를 지녔는지 논하지 않는다. 이는 공자가 『악기』에서 일무에 대해 논할 때 춤의 발생에서 어느 동작의 의미를 해석해내지 그 동작의 구체적인 형식에서 그 뜻을 설명하지 않는 전통에서 유래한다고 하겠다.

춤을 실시함에 있어서도 상체와 하체가 조화롭게 이어져야 하며 상체의 움직임이 하체의 진행과 따로 떼어져서 실시되지 않는다. 춤을 반주하는 음악과의 관계에서도 마찬가지로 몸은 음악을 타야 하고 음악 역시 춤에 스며들어야 훌륭한 공연이라고 생각한다. 우리의 춤은 궁중 춤이건 민속춤이건 현장에서 악사를 대동하고 추어졌다. 궁중에서는 무동들에게 장단 교육부터 먼저 가르쳤으며 음악을 모르고는 춤을 출 수 없었다. 따라서 음악에 대한 이해가 높아 악사와 장단을 주거니 받거니 하면서 음악과 춤이 넘나들어 하나 되는 춤을 명인의 경지라고 하는 것이다.

이는 전통적인 우리 춤에서는 음악이 뗄래야 뗄 수 없는 부분이고 춤과 음악이 하나의 흐름으로 유기적인 관계를 지녔음을 뜻한다. 이러한 춤과 음악 사이의 유기체적 관계 즉 기의 흐름의 연결과 조화를 중시하는 생각은 음악과 춤 간의 일체감에 그치지 않고 관객과의 관계에도 적용된다. 춤꾼의 기운생동한 춤은 관객에게 전달되어 춤꾼과 관객이 일체감을 느낄 때 그것을 신명나는 춤판이라고 이야기한다. 신명이란 정신에 의해 기가 외부적으로 드러난 상태이다. 따라서 관객과 무대가 엄격하게 분리되어 있는 서구의 춤과는 달리 관객과 춤꾼이 하나의 기로 흐르고 소통되는 경지를 최고의 공연으로 여기는 것이다.

우리 춤이 주로 체간 운동이라는 점도 동작의 고정된 선형보다 흐름을 중시하게 된 원인이라 할 수 있다. 체간 운동이란 몸의 본체를 움직이고 말단의 움직임은 흘러가도록 두는 것이다. 사지 말단의 정확한 위치나 라인을 중시하는 서구 춤에 비해 체간 운동은 몸의 중심에서 움직임을 추동하되 그로부터 나오는 흐름과 세부적인 동작은 각자의 성정이 반영되도록 열어두는 것이라고 하겠다. 예를 들면 우리 춤에서는 상체의 힘을 팔목까지 보내고 사지의 말단인 손끝에 이르기 전에 기운을 다시 거두어들인다. 그 순간에 사지 말단의 흐름은 각 춤의 개성을 드러내며 매우 다르게 형상화되어 나타나고, 이것이 같은 살풀이라고 해도 이매방 · 김숙자 · 한영숙의 살풀이가 각기 다른 이유이다. 따라서 춤은 그 사람의 성정을 드러내고 사람 됨됨이를 반영하는 것이다.

서예에서도 각 서체가 다른 것은 하나의 획을 시작하여 그 마무리를 어떻게 하느냐에 따른 것이며, 그 과정이 전체적인 서체의 형상에 미치는 영향을 생각해 보면 이것이 개성적인 스타일을 형성하는 주된 원인이 됨을 알 수 있다. 우리 춤에서 상체의 힘이 팔목에서 그치게 된 원인은 고대의 여러 기록에서 찾아볼 수 있다. 즉 긴 소매 복장으로 춤을 추던 것이 궁중 춤에서만 긴 소매를 손목에다 끼는 무구(舞具)로 양식화시켜서 그런 팔 동작이 형성된 것이 아닌가 추론해 본다. 즉 긴 한삼소매를 뿌릴 때 손끝보다는 팔목에서 뿌리는 동작이 중시되는 구조로 고정된 것이 아닌가 한다.

동양 사상의 전통에서 보자면 춤은 살아 있는 유기체로 그리고 순환하는 유체로서의 몸의 기를 타고 '흐르는 마음'의 춤이다. 이는 우리 춤을 마음으로 추는 춤이라고 말하는 대가들의 언급대로 우리 춤이 몸을 통해 살아 움직이는 마음의 몸짓임을 의미한다. 그러므로 우리 춤의 몸은 춤추는 사람의 존재를 드러내는 실체라고 할 수 있겠다. 이것은 미국의 무용철학자 맥신 쉬츠-존스톤(Maxine Sheets-johnstone)이 자신의 현상학적 이상에 맞는 춤의 상태로 설명한 '움직임으로 생각하기(thinking in movement)'에 적합한 춤이다. 여기에서 생각하는 몸은 춤 속에서 개별 동작의 기교를 과시하는 수단이 아니라 자신의 생각을 담아내고 자신의 마음을 전달하는 수단이 된다.

우리 춤에서는 극중 역할이나 표현성과는 별도로 무용수들의 존재감이 유독 두드러진다. 전통 춤이 본래 개별 동작의 표현성이 극히 희박하고, 또 생각하면서 움직여 나가는 즉흥성이 강한 특성 때문인지는 몰라도 우리나라에는 작품의 안무가 전승되는 것이 아니라 무용가의 명성이 이어진다. '명인명무'에 관한 책과 글들을 보면 모두 그들의 춤과 안무에 대한 얘기보다는 그 사람이 어떤 사람이었냐에 대하여 주로 언급하고 있다. 이는 서양 발레에서 개별 안무자의 동작 구성이 각 버전으로 오늘날까지 전수되고 있는 것과는 큰 차이가 있다.

흔히 유명한 명인들의 춤에 대해 '신기가 들었다'라고 얘기한다. 이때의 신(神)이란 정신과 생명[氣]이 어우러진 경지의 동작 즉 춤이라고 할 수 있다. 그러면 정신과 생명력이 결합된 춤이란 어떤 것일까? 만물의 근본 원리로서의 이(理)는 천하의 모든 사물이 그렇게 된 원인과 그렇게 해야 하는 법칙을 말한다. 주자의 이기론에 따르면 이가 있으면 반드시 기가 있으니 이와 기는 분리되어 논할 수 없다. 이는 형이상의 도이며 사물을 낳는 근본이고 기라는 것은 형이하의 기(器)이며 사물을 낳는 바탕이 된다. 이를 춤에 적용하여 보면 이란 춤이 그래야 할 원리로서의 예술정신이라 할 수 있고 기는 그 예술 정신이 구현되는 실제적인 동작이라 해석할 수 있다. 따라서 명인의 반열에 접어든 춤꾼은 춤의 이치를 깨달은 이후 즉 격물(格物)을 성취한 다음 아는 것과 행하는 것이 일치되는 그러한 즉흥적인 춤의 이상을 펼치는 것이다. 그러할 때의 춤은 정신[神]과 생명[氣]이 어우러지고 춤과 춤꾼이 하나 되고 천지만물과 일체를 이루는 상태에 도달한다. 이는 성리학에서 성즉리(性卽理)가 추구하는 "아는 것과 행하는 것이 일치되는 것이야말로 천하만물과 일체를 이루는 길"이라는 이상에 부합되는 춤이다.

사회적 표현체로서의 몸을 소재로 하는 춤 역시 사회적 규범인 예에서 벗어날 수 없다. 우리 춤은 구체적인 춤동작의 실시보다 춤을 출 때의 예법을 중시한다. 춤의 시작과 끝에 절을 하고 시작하는 것도 그 표현이지만 무엇보다도 춤을 추는 동안 시종일관 무용수에게 요구되는 태도 혹은 자세가 바로 공손한 경(敬)의 자세이다. 필자는 다른 연구에서 유교 사회의 예법에 따라 몸과 마음을 가다듬는 올바른 몸가짐법인 구용구사(九容九思)의 구용(容: 태도, 아홉 가지 태도)의 특징이 우리의 궁중 춤에서 발견되는 이상적인 몸 관리법과 유사하다고 지적한 바가 있다.[52]

'심즉리'와 '성즉리'의 차원에서 추어지는 춤은 안과 밖이 일치하는, 즉 바탕과 표현이 일체를 이룬 상태의 춤이기에 춤꾼이 먼저 문질빈빈(文質彬彬)의 수준에 이르는 것이 전제된다. 표현과 바탕이 일치를 이루기 위해서는 먼저 춤꾼의 인격이 훌륭해야 그의 춤이 훌륭할 수 있다는 의미이다. 춤꾼은 예술가이기 이전에 먼저 인간다워야 하는데 유교 사회에서 인간다운 인간이란 도덕적 인간이다. 그러므로 정신을 닦아 그것이 아름답게 드러날 수 있도록 몸가짐을 엄숙하게 함으로써 마음도 전일하게 되고 그 결과 밖으로 드러나는 용모도 단정하고 덕성스러워질 수 있는 것이다. 우리 춤은 근본적으로 남을 공경하고 사랑하는[仁] 자세를 지

52 김말복, 「춤을 통해 본 한국적 움직임 커뮤니케이션의 특성」, 『무용예술학연구』(한국무용예술학회지 18집, 2006), p. 17.

닌 도덕적인 인간의 정신적인 표현이므로 세속적이거나 성적(性的)인 춤이 될 수 없고 성스러운 차원과 연관되어 있다. 정신이 아름다운 사람의 춤은 인위적인 감정의 표현이나 과장을 할 필요가 없다. 따라서 "춤꾼이기 전에 먼저 인간이 되어라"라는 말의 뜻을 이해할 수 있는 것이다.

이제까지의 우리 춤에 대한 설명은 예술이 인격 수양을 위한 교육의 한 방편이었던 시절에 형성된 춤의 개념이었음을 명심해야 할 것이다. 그 당시의 춤은 자신의 인격이나 예술 감각을 드러내는 것으로서 서구식의 현란한 기교나 젊고 매력적인 몸을 과시하며 아름다운 동작을 전시하는 것과는 상당한 차이가 있다. 신체 내부의 기를 타고 흐르는 마음을 표현하는 우리 춤은 시각적으로는 긴 소매의 곡선적인 흐름으로 나타난다. 그것을 드러나는 몸의 관점이 아니라 마음과의 관련 속에 읽어내면서 이상적인 춤의 전통을 어떻게 현대화하여 되살려낼 것인가가 오늘날의 우리에게 부과된 사명이다.

서양의 몸 개념

서양 문화에서는 소크라테스 이후 헤겔에 이르기까지 대다수의 철학자들이 몸과 마음을 이원론적으로 생각해 왔으며 이들의 관계를 갈등과 대립의 구조로 생각하였다. 서양 철학에서 이원적인 세계관은 피타고라스 때부터 확립되었는데 피타고라스학파는 모든 사물들이 유한과 무한, 홀수와 짝수, 오른쪽과 왼쪽, 여성적인 것과 남성적인 것, 직선과 곡선 등 대조적인 것들로 구성되었다고 가르쳤다. 피타고라스는 이 세계의 근거(arke)를 보이는 세계 밖에서 구해 철학 연구에서 저편의 것에 대한 갈망을 도입한 사람이다. 그는 영혼이 죽지 않는 세계를 동경하였으며 이 죽지 않는 것에 관여하기 위해 그리고 영혼을 정화(katharsis)하기 위한 수행의 일환으로서 수학을 연구했다.

피타고라스는 육체를 일종의 감옥이라 생각하였으며, 카타르시스란 신체라는 감옥을 탈출하여 영원한 세계와 합일하는 것을 뜻했다. 그는 현세 사람들은 영혼이 죄를 지어 신체라고 하는 사슬에 묶여 있다고 하면서 '영혼은 윤회한다'라고 생각하였다. 여기에서 이미 신체와 영혼, 물질과 정신 간의 대비가 극명하게 드러나고 있으며 이런 기초 위에 유럽 철학사에서 정신은 신체의 불순함으로부터 해방된 순수한 것으로 여겨졌다. 영원한 것에 대한 피타고라스의 동경과 육체로부터 영혼이 이탈한다는 사상은 소크라테스와 플라톤으로 이어졌다.

소크라테스에 이르면 신체는 죽을 수밖에 없고 잠시도 동일성을 가질 수 없으므로 진리를 인식하기 위해서는 육체에 구애받지 않는 것이 바람직하다고 생각되었다. 그 이유는 진리 인식에 접근할 수 있는 인간 영혼의 가장 순수한 상태는 육체로부터 떨어진 상태라고 생각하였기 때문이다. 철학자의 임무는 이 육체라는 사슬로부터 우리들의 영혼을 해방시키는 일 즉, 죽음에 대한 연습이었다. 그러나 정신(mind)과 신체(body) 간의 분명한 구분을 지은 사람은 플라톤이었다. 플라톤 역시 이 세계를 둘로 나누어 지각하였는데 그것은 우리의 불완전한 오관을 통해 인식하는 감각 세계(world of senses)와 지성에 의해 알 수 있는 이데아의 세계(intelligible world)였다. 감각 세계에는 영속하는 것이 없고 그저 생겼다 사라져 가는 많은 사물들이 있을 뿐이며 이에 대해 우리가 알 수 있는 것도 불완전한 지식밖에 없다. 그에 비해 영원하고 변하지 않는 이데아의 세계에서는 이성을 이용하여 확실한 지식을 얻을 수 있다. 플라톤은 인간 존재를 둘로 나누어 변화하는 육체와 불멸의 영혼으로 보았으며 이때 영혼이 자리잡는 곳은 바로 정신이다. 그에게 있어서 감각계나 신체는 진정으로 존재하지 않는 것이고 이성으로 지각될 수 있는 이데아가 참존재(true Being)를 이룬다. 이러한 플라톤의 사상은 철학과 기독교를 비롯한 서양 사고에 지속적인 영향을 미쳤다.

플라톤은 영혼은 신체에 깃들기 이전과 신체를 떠난 이후에도 독립적으로 존재하며 신체에 머무는 동안은 신체를 지배한다고 얘기함으로써 서양 철학에서 신체와 영혼 사이에 첨예한 존재론적 차이를 처음으로 분명히 하였다. 영혼과 신체는 다른 실체이며 영혼의 목적은 신체로부터 떨어져 나가 순수해지는 것이다. "영혼은 생각하고 이성적인 성격을 지닌 반면에 이와 정반대의 열정(passions)과 쾌락(pleasures) · 감각(sensations) 등은 신체와 관련되는 성격"[53]이라 생각하였다. 그는 인간이란 육체와 영혼이 매우 느슨하게 결합되어 있다고 보았다. 그리고 참된 인간성의 본질은 죽지 않는 존재로서의 영혼에 있다고 생각하였다. 육체란 사람들에게 그림자처럼 붙어 다니는 것에 불과하며 영혼을 가두고 있는 감옥이자 무거운 짐이며 영혼을 운반하는 수레에 지나지 않는다.

> 인간이 신체 안에 사로잡혀 있고 우리들의 영혼이 악으로 뒤덮여 있는 한 우리들은 절대로 우리들이 얻으려고 애쓰고 있는 것 즉 진리에 도달할 수 없을 것이다.[54]

또한 플라톤은 "인간이 저지르는 모든 도덕적인 죄악은 신체와의 결합에 의해 비롯되는 영혼의 무지"[55]에 기인한다고 하였다. 신체에 머무는 동안 영혼은 신체를 살아 움직이게 한다고 말하지만 플라톤은 정확하게 어떻게 영혼이 신체에 작용하는지에 대하여는 설명하지 않고 있다.

플라톤이 생각하는 신체의 속성은 물질이며, 이런 신체는 "영양을 섭

---

53 Philip P. Wiener(eds.), *Dictionary of the History of Ideas*, vol. IV(Charles Scribner's Sons, 1978), p. 3.

54 플라톤, 『파이돈』 66b. 요하네스 힐쉬베르거, 강성위 역, 『서양철학사 상』(이문출판사, 1991), p. 150에서 재인용.

55 Philip P. Wiener(eds.), *Dictionary of the History of Ideas*, vol, II(Charles Scribner's Sons, 1978), p. 41.

취해야 한다는 필연적인 근심을 통해, 인간에게 수천가지 동요를 불러일으키고 더 나아가서 여러 가지 애욕, 욕심, 불안 및 여러 가지 공상과 쓸데없는 것 등으로 가득 채운다. 그리하여 신체는 우리로 하여금 깊이 생각해 볼 수 없는 그런 상대로 몰아넣는다."[56] 신체의 욕망은 인간의 모든 전쟁과 폭동, 싸움의 원인이다. 플라톤에게 영혼이 결여된 신체는 자연이나 물질과 다름없다. 신체의 속성은 열정(passion)과 감정(feeling) · 본능(instinct) · 충동(impulse) 등으로서 이런 속성에만 충실하다면 인간은 동물과 다름없는 상태로 전락하게 된다. 그러므로 인간은 육체의 본성에만 충실해서는 안 되며 육체에서 해방될 때까지 최대한 순수해져야 한다고 플라톤은 요구한다.

플라톤 생각의 핵심은 신체로부터 독립적으로 존재하는 영혼은 이 세상을 넘어선 실체로서 영원히 죽지 않는다는 것이다. 그는 또한 정신세계(intelligible world)가 감각으로 지각된 세계(world of senses)로부터 독립적으로 존재한다고 생각하여 세계를 정신과 물질이라는 이원론으로 보는 관점을 확립하였다.

인간에 대한 논의에서 신체와 영혼의 이원적 대립을 주장하는 심신이원론적 시각은 피타고라스로부터 플라톤과 칸트를 거쳐 데카르트에 이르면 그 논의의 정점에 다다랐기 때문에 철학적으로 이원론자란 데카르트학파(Cartesianism)를 지칭한다고 할 수 있다. 물질과 다름없는 열등한 신체와 불멸성을 지닌 정신의 구조로 인간을 설명하는 심신이원론은 기원전 6세기부터 시작된 서양철학사의 근간에 자리잡고 있으면서 신체를 매개로 하는 무용이 철학적으로 해석되지 못한 결정적인 이유가 된다. 이러한 심신이원론적 논의는 '아름다운 신체 안에 아름다운 영혼'이라는 그리스 사람들이 추구한 이상적인 인간상에 대한 논의에서부터 출

56 요하네스 휠쉬베르거, 앞의 책, p. 151.

발하였다고 할 수 있다. 그리스인에게 훌륭한 신체와 훌륭한 영혼의 상관관계는 필연적인 것이었고 이들은 육체와 영혼 간의 균형과 조화를 이루고자 노력하였다.

그러나 그리스인들이 진정으로 목표로 한 것은 아름다운 영혼이었다. "아름다운 영혼이 곧 그리스인의 행복(well-being) 개념"[57]이었기 때문이다. 신체란 아름다운 영혼이 그 아름다움을 반영시키는 수단일 뿐이다. 그러나 신체와 영혼을 하나의 단일적 전체로 파악하고, 신체의 결함은 영혼의 결함을 드러내기 마련이며 신체는 분명히 영혼을 포함하고 있다고 생각하기도 하였다. 따라서 어떤 의미에서 신체의 단련이 곧 영혼의 단련이라 생각하였으나 동시에 플라톤은 단순한 신체 노역이나 활동은 "육체의 균형을 깨뜨리며 정신을 훼손하여 쇠약하게 한다" 고도 하였다.

플라톤의 신체에 대한 이러한 생각은 르네상스 시기에 플라톤주의가 부활하면서 17세기 데카르트에 의해 체계적으로 신체와 정신의 상관관계 이론이 확립되게 하였다. 데카르트에게 있어 육체와 영혼의 관계는 우리가 무엇을 알 수 있는가라는 인식의 확실성에 관한 문제와 함께 그의 두 가지 중심적인 연구 과제였다. 17세기 이전까지는 영혼을 모든 생물체에 흐르고 있는 일종의 '생명의 정기'로 생각하였는데 점차 유물론적 자연관의 득세로 인해 17세기에 들어 처음으로 정신과 신체를 철저히 분리해서 동물이나 인간의 신체를 포함한 모든 물리적 대상을 기계적 과정으로 설명하였다. 데카르트도 플라톤처럼 정신과 물질 사이에 명확한 경계가 있다고 확신하였으며 나아가 정신은 생각하는 실체임에 반해 신체는 사고 능력이 없는 연장된 실체(extended substance)라고 생각하였다.

---

57 G. L. 디킨슨, 박만준 외 역, 『그리스인의 이상과 현실』(서광사, 1961), p. 138.

데카르트에게 있어서 합리적 사고 능력은 인간을 인간답게 만들어 주는 특징적인 본성으로서 본질적으로 탈신체적이며 의식적이다. 따라서 마음의 본성을 이해하기 위해서 몸에 관한 것 즉 상상력과 감정 · 지각 · 생물학적 몸의 본성 등에 대해 알아야 할 필요성이 없는 것이다.

> 데카르트는 신체로부터 정신적, 정령적, 목적적 측면을 완전히 제거하는 데 성공하였다.[58]

데카르트는 체계적으로 신체와 정신의 상관관계의 이론을 확립하였는데 물질계의 모든 사실들은 기하학, 기계학에 의해서만 설명될 수 있다는 그의 생각에 따라 신체는 정신의 지배를 받는 기계로 전락하였다.

데카르트는 인간을 신체와 영혼이라는 두 가지 매우 다른 성질을 지닌 요소의 결합이라고 생각하여 이를 '실체의 연합(substantial union)'이라고 말하였다. 인간을 구성하는 신체와 영혼은 뇌의 한 곳을 통해 서로 상호작용한다. 원래 신체의 모든 부분과 연결되어 있는 영혼은 특히 뇌의 꼭대기 부분에 위치한 '송과선(pineal gland)'에서 "어느 곳보다 활발히" 기능한다. 영혼은 송과선에서 '삶의 힘'이 움직이는 방향에 영향을 미치며 신체를 지배하는 힘을 얻게 된다. 데카르트 철학의 특징인 기계론에 따르면 인간도 그 신체에 관해서만 볼 때 하나의 기계다.

> 전체적인 삶의 움직임이 우주의 움직임의 한 부분이며 따라서 밖으로부터 나온다. 살아 있는 신체는 태엽이 감겨져 있는 시계와 같다. 그래서 몸이 움직이게 된다. 살아 있는 몸의 움직임 하나하나는 소위 생명의 힘

---

58 Paul Edwards(ed.), *The Encyclopedia of Philosophy*, vol. V(The Macmillan Company & The Free Press, 1975), p. 337.

에 말미암은 것이다. 그런데 이 생명의 힘도 역시 몸(물체)이다.[59]

데카르트는 자신의 『정념론』에서 신체의 운동 하나하나는 "심장의 열에 의해 불러일으켜지고, 시계가 태엽의 힘과 톱니바퀴의 모양에 따라 움직이는 것처럼 저절로 뇌와 신경과 근육 안에서도 행해지게 된다"고 하였다. 이렇듯 데카르트는 기계론적 몸의 설명을 도입하고 있음에도 불구하고 몸의 움직임이 마음의 움직임과 깊이 연결되어 있음을 부인할 수 없었다.

인간과 세계에 대한 이원론적 사고는 플라톤주의와 데카르트주의 그리고 칸트주의에 이르기까지 확고하게 계승되었다. 그러나 아리스토텔레스와 같은 일원론자들의 반박도 만만치 않았는데 이 외에 스토아학파와 에피쿠로스학파가 있고 근대에는 대표적인 철학자로 스피노자(B. de Spinoza)가 있다. 스피노자는 정신과 육체는 하나이며 동일한 것이라고 하면서 정신과 육체가 때로는 생각이라는 속성으로 때로는 실체라는 속성으로 파악된다고 하였다. 육체와 정신의 합일성을 주장한 스피노자의 사상은 볼테르(Valtaire) · 괴테(Johann W. von Goethe) · 레싱(G. E. Lessing) 등 소수에만 이해되었을 뿐 주류에 끼지는 못하였다. 서양인들에게 정신과 육체의 분리는 당연한 것이었고 이것은 곧 자연에 대한 정신의 우위를 뜻하는 것으로서 신이 이를 보장하고 있었던 것이다. 마음과 몸을 이분법적으로 나누어 맘에 더 높은 가치를 두고 몸을 열등한 것으로 치부한 서양의 근대 철학의 사유 구조는 자연스럽게 이성과 감성, 인간과 자연, 남성과 여성 그리고 문명과 야만 등의 이분법들을 양산하였다.

데카르트의 의식이 결여된 '물질적 대상'으로서의 몸 개념에 대하여

59 요하네스 휠쉬베르거, 강성위 역, 『서양철학사 하』(이문출판사, 1999), p. 156.

'주관으로서의 몸(the subjective body)'과 '촉각-운동의 주체로서의 몸(tactile-kinesthetic body)'을 주장한 사람은 19세기 프랑스 철학자 멘드 비랑(Maine de Biran)이었다. 또한 니체(Friedrich W. Nietzsche)는 "나의 몸은 나의 전부다. 나는 몸 이외에 아무것도 아니다. 영혼이란 몸의 한 측면을 말해 주는 양태에 불과하다"고 선언하였다. 데카르트의 몸에 대한 시각은 객관적 관찰의 대상으로서 과학적인 연구의 길을 열어 놓았지만 지각하고 느끼는 주체로서의 몸 그리고 실천하고 사회화하는 몸의 측면에 대하여는 간과하였다.

이러한 서양의 철저한 정신주의와 이성 중심주의에 대한 저항은 1960년대를 전후하여 보다 다양하게 전개되었다. 먼저 1960년대 프랑스의 메를로 퐁티(Maurice Merleau-Ponty)를 필두로 한 현상학적 연구와 푸코(Michel Foucault) 등의 구조주의 연구 그리고 미국에서 일어난 '체험주의(experientialism)'라 불리는 철학적 흐름은 모두 몸과 마음의 이원론에 대한 전면적인 거부를 표명하고 몸의 우선성과 중심성에 대한 강조를 통해 몸의 복권을 시도하였다.

현상학자나 구조주의자들은 한결같이 '정신이 결여된 육체'나 '육체가 결여된 정신' 혹은 '탈신체화된 인간 이성'이란 존재하지 않는다고 주장한다. 메를로 퐁티는 탈신체화된 이성이 아니라 '의식신체(consciousnessbody)'와 같은 몸적 이성을 이야기하고 이성적 주체 대신에 '몸적 주체' 또는 '신체적 주관'을 설명한다. 즉 이성 중심주의적 사고에서 주장하는 것처럼 사유나 인식은 인간의 의식이 전담하는 것이 아니라 몸의 지각을 통해 이루어진다고 함으로써 사유나 인지 능력의 근원으로서 몸을 내세운다. 메를로 퐁티는 인간이 온 몸으로 만나고 체험하는 구체적인 세계를 가장 중요한 철학적 탐구 영역으로 정식화하면서 정신 능력에 의해 이론적으로 구성된 세계를 절대화하는 서양의 전통 철학에 대해 비판을 제기하였다. 그리고 몸을 단지 물리적이고 기계적인 반응체가 아니라 "인간과 인간 사이에 의사소통을 가능케 하는 의미 전달의 매개체라고 파악한다. 인식의 뿌리가 되는 지각은 몸 안에서 일어나며 의사소통의 근간이 되는 상호주관성은 몸을 매개로 하여 형성된다" 고 하였다.[60] 그리하여 몸은 바야흐로 모든 사유의 출발점이자 의사소통의 매개체가 되며 이것은 서양에서 몸 중심적 사유의 출발이라고 볼 수 있다.

최근 미국을 중심으로 형성되어 가고 있는 '체험주의'는 인지과학의 발견점들을 철학에 도입하여 몸과 마음의 문제를 경험적 증거들에 근거하여 진술함으로써 '경험적으로 책임 있는(empirically responsible) 철학' 을 표방하고 있는 유파이다. 이 이론의 주창자인 레이코프(G. Lakoff)와 존슨(M. Johnson)은 서양의 전통 철학이 기초하고 있는 객관주의(objectivism)와 이원론을 정면으로 거부하면서 인간의 모든 의미와 개념 그리고 이성이 모두 신체화(embodied)되어 있으며 상상적임을 인지과학의 발견점들을 통해 논증하고 있다. 즉 인간의 정신 능력은 모두 유기체인 몸에 근거를 두고 있을 뿐 아니라 몸에 의해 제약받고 있다는 것이다.

이성은 서양에서 2천년이 넘도록 인간을 정의하는 특성으로 간주되어 왔다. 이에 대해 레이코프와 존슨은 "이성은 탈신체화된 것이 아니라 우리의 두뇌, 몸 그리고 신체적 경험의 본성에서 유래한다"[61]고 주장한다. 그리고 이성은 완전히 의식적인 것이 아니라 무의식적이며, 문자적인 것이 아니라 은유적이며 상상적이고, 냉정하지 않으며 감정적으로 활동한다고 한다. 그러므로 단순히 자기반성에 의해 자신의 마음에 관해 모든 것을 알 수 있는 데카르트 철학에서의 이원론적 인간은 없다는 것이다. 나아가 우리의 개념 체계 역시 우리의 몸에서 비롯되기 때문에 의미는

60 이승환, 앞의 글, p. 11.

61 G. 레이코프, M. 존슨, 임지룡 외 역, 『몸의 철학』(박이정, 2002), p. 26.

우리의 몸에 근거하고 우리의 몸을 통해 학습된다고 한다. 그러므로 "실제 사람들은 그 개념 체계가 살아 있는 인간의 몸으로부터 발생하고 인간의 몸에 의해 형성되며 몸을 통해 의미를 부여받는 신체화된 마음을 갖고 있다"[62]고 주장하였다.

이들이 기초하고 있는 인지과학은 개념 체계를 연구하는 과학이며 1970년대에 창시된 비교적 새로운 학문이다. 인지과학의 세 가지 주요한 발견점은 첫째, 마음은 본유적으로 신체화되어 있다는 것, 둘째, 사고는 대부분 무의식적이라는 것, 셋째, 추상적 개념들은 대체로 은유적이라는 것이다. 이들의 발견은 서양철학이 기본으로 하고 있는 핵심적인 토대를 무너뜨리는 것이었다. 마음과 몸, 이성과 감정, 영혼과 육체, 정신과 신체 등의 서양철학의 이원론적 전통과 사변 철학은 이들에 의해 완전히 끝이 났으며 더 이상 설 자리가 없게 되었다. 체험주의 철학 이전에 몸의 중심성을 강조했던 메를로 퐁티나 니체 그리고 듀이의 이론과 달리 체험주의의 몸 중심적 담론은 자신들의 말대로 매우 과학적인 증거에 근거하고 있다는 점이 다르다. 레이코프와 존슨에 의한 몸의 복권은 "특정한 몇몇 철학적 문제들의 수정이 아니라 거의 모든 철학적 논의에 전면적인 시각 변화를 예고하며 또 요구한다"[63]는 점에서 간과할 수가 없다. 최근 서양에서 일어나는 이러한 몸의 중심성을 깨달아가는 사유 경향은 동양 사상의 영향을 받았다고 볼 수도 있지만 바로 이런 과학적인 근거는 그들이 동양인과 기질적으로 매우 다름을 새삼 느끼게 하는 것이다.

그러나 이들의 입장은 매우 최근에 등장하고 있는 이론들이고 인간의 몸을 '정신이 결여된 기계'로 보고 정신이나 이성은 몸과 독립해서 존재한다고 보는 데카르트의 이원적 사유체계는 서양의 근대적 사고의 중추

62 앞의 책, p. 30.

63 노양진, 「몸의 철학적 담론」, 『철학연구』(고려대학교 철학연구소 논문집 27집, 2004), p. 33.

를 형성하고 있다. 이러한 이성 중심주의적 서양 근대 사상에 대한 서구인들의 자성과 새로운 성찰의 움직임은 20세기 후반에 들어 다양한 분야에서 일어났다. 데카르트적 전통의 초기 사회학의 논의에서 주변적인 관심사에 불과했던 몸이 후기 자본주의 시대에 접어들면서 개인의 정체성과 가치를 표현하는 수단으로 부각되자 사회학은 몸을 중심적인 주제로 삼았다. 전통 사회학에서 표면화되지 않았던 몸의 중요성을 분명히 하고 몸을 사회적 관계에서 발생하는 다양한 의미를 표현하는 매개로서 바라보게 된 것이다. 그리하여 사회적 의미나 사회적 상징을 담고 있는 의사소통의 장으로서 몸을 설명한다. 문화적 과정과 사회적 관계들에 의해 몸이 형성된다는 엘리아스(Norbhert Elias)의 '문명화된 몸(civilized body)'의 개념이나 사회적 가치의 담지체로서의 몸을 설명하는 부르디외(Pierre Bourdieu)의 '육체 자본(physical capital)' 개념들은 모두 몸의 개발과 사람들의 사회적 위치 사이에 상호연관성이 있음을 지적하고 있다. 그리고 몸을 생성 과정에 있는 실체라는 인식 위에 쉴링(Chris Shilling)은 몸을 프로젝트로 개념화한다. 현대 사회에서 몸은 자아 정체성의 일부로서 수행되어야 할 일종의 프로젝트라는 것이다.

푸코는 몸을 사회적으로 구성된 현상으로 파악하고 사회적 권력이 어떻게 몸에 투입하여 개인을 통제하는가에 관심을 가졌다. 그에게 있어 몸은 담론에 의해 의미가 부여되고 전적으로 담론에 의해서 구성된다는 것이다.

> 몸은 단순히 담론의 초점이 아니라 일상의 관습들과 대규모 권력 조직의 연결고리 그 자체이다.[64]

64 크리스 쉴링, 임인숙 역, 『몸의 사회학』(나남출판, 1999), p. 116.

그는 다양한 권력의 형식들이 투여될 수 있는 고도로 순응성 있는 현상으로 몸을 다루었다. 몸은 문화적으로 배치되어 있는 것이지 순수하게 혹은 코드화되지 않은 상태로 존재하는 일은 없다고 단언한다. 전통 사회에서 근대 사회로 접어들면서 개인에게 작용하는 담론의 성격의 변화를 지적하면서 푸코는 근대 자본주의 사회에서 개인의 통제 수단의 변동을 얘기한다.

> 억압을 통한 통제가 감소하고 욕망을 자극함으로써 통제를 유지하는 데 초점이 맞춰졌다. 푸코는 자본주의의 발전과 함께 이러한 현상이 점점 뚜렷해졌다고 주장한다.[65]

푸코의 이러한 지적은 20세기 소비문화 속의 몸을 묘사하고 있다. 자본주의 사회에서 몸은 쾌락과 소비의 도구로서 새로운 투자의 대상이다.

> 자본주의 체제에서 몸과 성(sexuality) 그리고 감성은 경제적 생산과 유통 그리고 소비의 과정을 촉진시키는 주요한 계기로 작동한다.[66]

근대 시기의 데카르트가 이성의 이름으로 감성을 억압하고 육체를 홀대하였다면 포스트모더니즘의 탈근대 자본주의 시대에는 과도한 감성의 분출과 육체의 해방으로 이성과 정신은 실종되었다. 자본주의 체제가 확립되어 가면서 이성은 경제와 자본의 논리로 타락하고 결국에는 이성의 죽음으로 그 모습을 드러내게 되었다. 그리하여 데카르트의 몸이 결여된 이성은 후기 자본주의 시대에 접어들어 '이성이 결여된 몸'으로 대체되었고, 그 결과 오늘날 감성적이고 성적인 몸이 서구 문화 속에서 넘쳐나고 있다.

---

65 앞의 책, p. 119.
66 이승환, 앞의 글, p. 21.

서양 춤의 몸

인간에 대한 서구의 이분법적인 시각은 자연과 인간 그리고 몸과 마음 간에 분명한 구분을 두는 것이고 이러한 시각은 춤에도 적용된다. 대지와 공간에 대하여 공격적이고 지배적인 춤의 태도와 물질적이고 기계적인 몸의 모습은 서양 춤의 특징적인 인상이 되는 것이다. 서구 예술로서의 춤은 발레로부터 비롯되었다. 발레는 서양 춤의 근간이라고 할 수 있는데 이는 17세기 르네상스 귀족 사회에서 성공과 출세를 위한 계급투쟁의 도구로서의 중요성에서 비롯되었다. 그 당시 귀족들의 3대 의무 중의 하나이자 귀족들의 유일한 여흥이며 왕실 내 계급 서열이 가시화되는 기회였던 발레에 참가하는 것은 새롭게 형성되어 가는 귀족 사회의 사회적 규범에 자신이 얼마나 적합한지를 몸으로 증명하는 시험대였다. 사회학자 엘리아스는 루이 14세의 궁정 사회에서 몸이 사회적 가치의 담지체로 기능하면서 귀족들의 행동 규범과 감정 표현을 양식화하였음을 지적한 바 있다.

발레의 기본 자세나 포즈는 하층 계급과는 차별되는 정중하고, 세련되고, 교양 있는 귀족사회의 신체 이미지를 반영하는 이상적인 귀족적 몸의 전형이었다. 따라서 발레의 우아하고 귀족적인 신체 이미지와 행동 방식은 서민 계층과의 차별화 전략과 다른 귀족과의 투쟁 전략의 하나로 상대보다 우월한 지위를 고수하기 위한 도구였다. 훌륭한 춤 솜씨는 궁중 내 여론 메이커였던 귀족 부인들 사회에서 자신에 대한 호의적인 분위기를 형성하는 데 중요했으며 뛰어난 춤 솜씨는 실질적으로 출세의 지름길이 되었다. 이와 같이 서양의 춤 정신의 근간에는 나를 타자와 완전하게 분리하고, 주체로서의 무용수와 호의적 반응을 이끌어내기 위한 대상으로서의 관객이란 이분법적인 구조가 자리하고 있다.

서양 춤 정신의 근간에 자리한 이런 이분법적 구조와 깊이 연관되어 있는 또 다른 사상은 나를 중심으로 생각하는 개인주의 정신이다. 서구의 근대 사회는 타자와 다름을 주장하는 차이와 개별성 그리고 개인성에 기초하고 있다. 서구의 개인주의 정신을 의미하는 에고라는 단어는 신 앞에 홀로 선다는 청교도적 의미를 가진 라틴어에서 기원하였다. 이러한 뜻은 자연스레 신과 인간을 나누고 인간과 자연을, 자기와 타자를 나누는 사상적 틀을 제공하였다. 서양의 사고방식은 자기를 또 신체로부터 위계적으로 나누었다. 이러한 서구사상의 뿌리에 기초한 개인주의 정신은 서양 춤의 정신과 역사, 기교와 안무 그리고 무용단의 구조에서 중심축을 이룬다. 서양 춤은 근본적으로 개인적인 춤이다. 발레는 귀족 사회의 사교춤에서 출발하였다. 그런데 사교춤은 개인을 보다 매력적으로 돋보이게 하기 위해 즉 나를 사회적 가치에 적합하게 포장하고 표현하는 수단이다. 발레에 참여한 귀족이 사교춤을 추는 목적은 우선적으로 '나'를 과시하기 위한 것이었다. 나의 춤 솜씨와 춤을 추는 순서, 의상 그리고 매너 등이 한 개인의 시각적 정체성을 구성하는 것들이었다.

기교 발전의 역사인 발레 역사는 수많은 개인 스타 무용수들의 역사이기도 하다. 역사적으로 유명한 무용수들은 모두 남보다 뛰어난 자신만의 가치와 중요성을 증명해 보이기 위해 남보다 나은 기교 수준을 성취하고자 노력한 결과 역사에 이름을 남기게 된 것이다. 유명한 발레의 하일라이트만을 모아 공연하는 스타 갈라공연에서 볼 수 있듯이 발레의 정수는 최고 기량의 솔로 춤을 보는 것이다. 그러므로 춤과 몸을 통해 개인의 정체성과 차이를 드러내고자 하는 서양 춤의 정신은 한국 춤에서처럼 춤이 내가 되고 내가 춤이 되어 서로 하나 되는 즉 춤과 춤꾼이 그리고 춤꾼과 관객이 상호 소통되고자 하는 소망과는 정반대되는 생각이다.

자신이 서민이나 다른 귀족보다 우월하고 뛰어나다는 다름과 차이를 증명하는 척도가 바로 몸을 통해 실시되는 춤 테크닉이었으므로 서양 춤의 역사는 테크닉 발전의 역사라고 말할 수 있다. 중단 없는 발전과 진화에 대한 서구 근대의 믿음을 반영하듯 서양 춤의 역사는 보다 기교적이고 보다 전문적인 혹은 보다 정신적으로 충만한 춤의 기교에 대한 끊임없는 탐구와 진화의 역사였다고 할 수 있다. 그러므로 서구 춤에서 훌륭한 무용수란 고난도의 기교를 예술적으로 구사할 수 있는 자이고 발레의 안무 방식은 기교적으로 가장 뛰어난 프리마 발레리나 개인을 집중 조명하기 위한 구성과 전개 방식 그리고 무대 디자인을 지닌다.

프리마 발레리나는 무대의 정중앙에 자리잡고 그 뒤에 대칭적인 병풍 모양으로 위치한 군무진들은 관객의 시선을 가운데로 모아주는 역할을 한다. 발레의 전개에 있어서도 전막 발레의 마지막에 위치하는 남녀 주인공의 대 이인무(grand pas de deux)를 향하여 기교적으로 난이도가 상승되면서 점차 절정에 이르게 하는 구조를 지니고 있다. 발레단 내에서도 무용수들간의 계급과 서열은 기교 수준에 따라 나누어지며 이에 대한 예술적, 사회적, 경제적 가치가 매겨진다. 이런 생존 구조 속에서 발레리나들은 타 무용수들과의 기교 경쟁을 통해 나의 개인적 가치를 향상시키고자 고난도의 기교 습득에 기계적으로 몰두하게 된다. 이러한 기교 경쟁은 점차 발레리나의 몸을 정신성이 결여된 테크닉의 도구로 몰고 가 비인간화된 자동인형과 유사하게 만들었다.

현대 발레를 완성한 발란신(George Balanchine)에 이르면 발레리나의 몸은 테크닉적으로 어려운 기교 즉, 추상적인 동작을 마치 기름이 잘 쳐진 기계처럼 완벽하게 실시하는 몸을 이상으로 갖게 된다. 발란신은 발레가 본질적으로 지녔던 극적인 구조 즉 이야기를 배제함으로써 추상 발레라는 새로운 양식을 완성했는데, 이 추상이라는 예술적 경향이 상징하고 있는 것은 곧 몸에 있어서의 정신의 종말과도 같다 하겠다. 그리하여 고전 발레에서 볼 수 있었던 환상적인 이야기 상징으로서의 몸 대신에 경이로운 테크닉의 도구로서 기하학적이고 기계적인 몸이 자리잡게 되었다.

이제까지의 내용에서 어느 귀족의 포즈가 교양 있는지, 혹은 문명화되었는지의 여부는 '시각적'으로 파악되는 것이다. 어느 동작이 귀족으로서 취해야 할 사회적 규범에 일치하는가의 기준은 소위 귀족적인 형태나 태도에 대한 양식화가 완성되어 있고 이런 정형화된 형식과의 일치 여부를 시각적으로 가리는 것이다. 발레의 팔과 다리의 기본 스텝을 체계화하도록 무용 교사 보샹(Pierre Beauchamp)에게 지시한 루이 14세는 그 자신이 곧 귀족들의 이상적인 신체 이미지와 몸 관리의 표준이자 법칙이었다. 그의 우아하고 위엄 있는 태도와 매너는 모든 귀족들의 선망의 대상이었으며 실제 그리 아름답다고 할 수 없는 루이 14세의 본래 모습에도 불구하고 그를 프랑스에서 가장 아름다운 자로 칭송받도록 하는 원인이자 이상적이고 모범적인 귀족적 자아가 공연될 때 그 본질을 이루는 것이었다. 루이 14세의 초상에서 그가 취하고 있는 발의 4번 자세는 당시 가장 신사적이고 완성된 자세로 생각되었으며 4번 자세에서 앞의 발뒤꿈치를 그대로 뒤쪽 발뒤꿈치 앞쪽에 끌어다 붙여 3번 자세를 취하면 좀더 겸손하고 호의적인 인상을 주는 것으로 생각하였다. 서민 출신의 나폴레옹의 초상화 역시 루이 14세의 자세를 따라 4번 발의 자세와 한 손을 외투에다 가볍게 올려놓음으로써 위엄 있는 귀족적인 포즈를 취하고 있는데, 이는 공화정하에서 또 다른 황제가 되고자 한 자신의 열망을 드러내는 것이었다.

이러한 포즈는 관객이 위치한 정면을 향해 시각적으로 배열되어 있다. 이는 타자에 대한 자아라고 하는 대각적 구조 위에서 디자인된 것이다. 발레 테크닉은 당시의 이상적인 귀족의 몸을 시각적으로 전시하고 있었으므로 타자인 감상자와의 사이에 거리를 두고 있었다. 따라서 발레가 프로시니엄 무대 위로 올라가고 액자틀의 테두리 안에 전시되기 시작하면서 보다 완벽한 원근법적 구조를 지니게 되었다. 이로부터 발레는 예술로서의 양식화에 성공하게 된다.

유클리드기하학에 기초한 원근법이 회화 분야에 도입되기 시작한 것은 15세기부터이지만 무용에서 원근법적 구도를 지니게 된 것은 루이 14세에 의해 발레가 무대에서 공연되면서부터라 할 수 있다. 미술에서의 원근법적 구도나 시각은 실제 그 자리에 없는 대상을 마치 그곳에 있는 것처럼 보이게 하는 일종의 환상 수법이다. 발레에서의 원근법적 구도는 이차원적 환영인 회화보다 삼차원적인 규모로 확대되어 우주를 날아다니는 큐피드와 제우스의 환상을 창조했으며 낭만발레 시기에는 날아다니는 요정으로 바뀌었다. 원근법적 구상에서 발레 안무는 무대 앞 건너편 정중앙에 초점을 둔 삼각형의 피라미드 구조를 형성하였는데 그 꼭지점에 전지전능한 시선을 상정해 놓고 있다. 원근법적 공간은 그 초점에서 보았을 때 혹은 그 초점을 향한 통일되고 안정된 시각적 재현 시스템이다. 피라미드 형식의 원근법적 구성은 절대자 루이 14세를 중심으로 형성되어 있는 절대군주제의 정치 구조를 무대 위에 재현하는 방식이었으며 합리적 이성을 위한 환상적인 이야기의 비사실적인 재현 방식이기도 하였다.

절대 시선의 자리에 위치한 루이 14세나 신 혹은 관객과 그 건너편에 위치한 발레리나 간의 관계는 신과 인간 간의 위계질서처럼 엄격하게 분리되어 뛰어넘을 수 없는 거리감이 존재한다 하겠다. 이런 거리감은 마치 서구 사상에서 주체와 객체, 개인과 타자 사이의 분리처럼 뛰어넘을 수 없는 벽이다. 그리고 객석에 위치한 전능한 시선은 자신이 보고자 하는 것을 무대 위에서 일어나도록 주문을 건다. 실질적으로 발레의 기본 자세는 루이 14세의 명에 의해 정형화되었으며 당대의 이상적인 몸의 모습은 그에 의해 양식화되었다고 해도 과언이 아니다. 루이 14세가 정형화의 기초를 닦은 일련의 귀족적인 포즈들의 예술적인 양식화가 바로 발레인 것이다.

사회적으로 유행하고 요청되는 몸의 이상을 무대 위에서 재현하는 전통은 낭만발레와 현대발레에까지 이어졌다고 할 수 있다. 따라서 발레 역사에 나타나는 몸은 당대의 사회적 취향 혹은 이상적인 여성성의 전형을 반영하고 있다고 할 수 있다. 무대의 건너편에 위치한 전체를 투시하는 전지전능한 시선에 자신의 몸이 어떻게 보일까를 의식하는 것은 발레 테크닉을 구성하고 실시하기에 앞서 우선적으로 요구되는 전제조건이다. 그리고 이렇듯 관객과 무대 사이에 존재하는 넘지 못할 거리감은 요정과 같은 발레리나의 환영이나 환상적인 마법의 세계를 창조하는 것을 용이하게 하였다. 따라서 본질적으로 관조의 대상인 서양 춤의 몸은 사교춤의 경우나 발레의 경우 모두 허상의 창조를 위해 인위적으로 그 실체를 가리고 포장함으로써 가능하였다고 할 수 있다.

이상주의적 절대를 향해 끝없이 앞으로 나아가는 서구 모더니즘의 정신처럼 발레는 고난도의 기교가 절정에 이른 고전발레 시기를 지나 20세기 중반에 접어들어 현대화되면서 절대적인 완벽한 신체에 대한 이상을 가지게 되었다. 발란신은 현대발레를 완성한 안무가로 'Mr. B의 발레리나'라 불린 발레 역사상 유례없는 새로운 발레리나의 몸의 전형을 확립하였다. 그는 발레리나의 몸에 대한 구체적인 조건을 분명히 하고 이를 발레의 또 다른 본질적인 요소로 만들었는데 이는 발레 역사에서 처음 있는 일이었다. 이전까지의 발레에서는 발레리나의 어려운 테크닉을 실시할 수 있는 능력과 동작을 실시할 때의 스타일이나 매너 그리고 해석상의 이미지가 그녀의 신체 이미지보다 더 중요했다. 따라서 마리 탈리오니(Marie Taglioni)처럼 얼굴이 예쁘지 않거나 통통한 여성 발레리나들도 많았다.

발란신은 여성의 몸을 하나의 아름다운 시각적 형식으로 보고 이를 최적으로 보이게 하기 위해 여성 몸의 굴곡을 가리는 발레 튀튀를 벗게 하였다. 고전발레에서 전통적으로 시선을 사로잡는 중요한 요소였던 대단한 장치와 번쩍이던 의상 없이 무대 위에 선 발레리나의 몸은 여성적인 S자 커브를 지녔지만 인간미를 느끼기 힘든 발란신의 기하학적인 디자인의 일부로서 작용하였다. 그는 자신의 추상적인 동작들의 형식미가 잘 드러날 수 있도록 무용수들이 전신의 뼈대가 분명히 드러날 만큼 마른 몸을 최적의 조건으로 요구하였다. 동작들의 형태가 강한 임팩트를 지닐 수 있도록 긴 팔과 긴 다리를 선호한 반면에 동작 형태를 누르거나 약화시키지 않을 정도의 단정하고 아름다운 두상을 이상적인 여성의 몸으로 조합하였다.

이러한 신체 조건은 발레리나의 테크닉보다 더 중요한 것이었다. 그는 무용수들을 앞서 열거한 자신의 이상적인 신체 조건에 적합한지의 여부를 보고 뽑았다. 그리하여 발란신이 새롭게 조형하고 뉴욕 시민들에 의해 열광적으로 'Mr. B의 발레리나'들로 사랑받은 현대적인 발레리나의 몸은 하나의 문화가 되었다. 움직임의 순수한 기하학적 형식과 빠르고 격렬한 기교를 정확하게 실시하기 위해 무용수들의 바싹 마른 몸과 예쁜 얼굴은 여성들의 문화적 아이콘이 되었다. 발란신의 형식주의에서 진화한 이런 바싹 마른 현대적인 몸은 오늘날 바비인형으로부터 패션계, 일반 여성은 물론 포스트모던 시대에 이르기까지 이상적인 여성 몸의 형태가 되었다. 여성들이 아름다움을 위해 이렇게 굶주림을 강요당하고 있는 현실은 오늘날의 풍족한 생활 수준을 생각할 때 아이러니가 아닐 수 없다. 이는 발란신이 마치 기름이 잘 쳐진 기계처럼 실수가 없는 무용수를 원하였던 사실에서 알 수 있듯이 서구 춤이 기교의 발전과 더불어 무용수의 인간성보다 기계적인 기능에 더 주목함으로써 비인간화되어 간 결과라 할 수 있다. 이런 경향은 여성을 그 내면보다는 외형적으로 드러나는 모습으로 판단하는 서구의 시각적인 문화의 성격을 반증하는 한 예라 할 수 있다.

발란신 이전의 서양 춤 역사에서도 여성의 정신성보다는 몸을 상품화하고 여성성을 주제로 삼아 성공한 사례는 많다. 낭만발레의 폭발적인 인기는 '여성 발레'라는 별칭에서 알 수 있듯이 낭만발레의 존재 이유

(raison d'etre)였던 여성 발레리나의 여성성의 상품화 과정 없이는 불가능했다. 낭만발레의 특성 중의 하나로 지적되는 '요염하게 교태를 부리는 것(coquettish)'과 같은 동작은 낭만발레 시기의 감독들이 "관객이 오늘밤 너와 데이트를 하고 싶어 하도록 춤을 추라" 고 훈련시킨 것에 일부 기인한다고 할 수 있다. 마리 탈리오니의 아버지 필리포 탈리오니(Fillipo Taglioni)는 예외적으로 딸에게 "어린 소녀나 점잖은 부인들이 얼굴을 붉히지 않고 너의 춤을 볼 수 있도록" 정숙하게 추도록 함으로써 대부분의 낭만발레리나들과 차별화하였고, 마리는 다른 발레리나와는 달리 다리가 너무 높이 들려 아래가 보이지 않도록 블루머와 같은 속옷을 입고 무대 위에서 춤을 추어 자신의 정숙함을 과시하였다.

이런 분위기는 당시 낭만발레가 성에 대해 대단히 억압적이었던 빅토리아 시대에 그 존재조차 부인하고 사회적으로 공공연한 논의가 금기시된 여성의 다리나 몸에 대해 예술이란 이름 아래 얘기할 수 있고 볼 수 있는 유일한 사회적 해방구였던 데 기인하기도 한다. 발레의 낭만적인 상징으로서 극중에서 완벽한 여성을 상징하며 결코 손에 잡히지 않고 날아다니는 환상적인 요정 발레리나는 현실에서는 부유한 후원자들에 의해 소유될 수 있고, '소유된 여성(kept woman)'이었으며 일반 대중들에게는 '핀업 걸'과 같은 존재였다. 로맨틱 뛰뛰(romantic tutu)라고 하는 겹겹의 망사로 만든 발레 치마는 무대 뒤쪽에서 비쳐지는 조명에 의해 적나라하게 다리의 선을 드러내는 것이었으며 발끝으로 빙글빙글 도는 동작을 실시할 때면 여지없이 객석 앞자리에서는 탄성이 터져나왔다. 전형적인 낭만발레의 2막에서 하얀색 발레 치마를 입은 여성 발레리나들로 가득 찬 '발레블랑(ballet blan)'의 무대는 그야말로 여성성의 전시장이었다. 발레 무대에서 여성성만을 보고자 하는 관객들의 욕구는 남성 무용수에 대한 혐오로 이어졌고 1840년대 말에는 남성 역할마저도 남장한 여성 발레리나들이 맡음으로써 남성들을 완전히 무대 위에서 몰아냈다. 그리하여 무대를 향한 남성들의 성적인 시선들(male gaze)은 방해꾼없이 자유로워졌다. 낭만발레에서 발견되는 성적인 몸은 오히려 남성 발레 감독과 발레 마스터들에 의해 객석에 위치한 전능한 시선의 명령을 받아들인 것이다. 실질적으로 이 당시 발레 무대를 여성의 전시장으로 만든 총 지휘자는 왕실이나 정부의 재정적 지원 없이 독립 재정 기구로서 초대 오페라극장장이 된 베롱(Veron) 박사였다. 당시 부르주아 후원자들은 공연의 성패를 좌우하는 티켓 구매력을 지녔고 베롱은 그들의 취향을 간파하여 대단한 수익을 거뒀다.

그러나 현대 춤에 있어서 여성의 몸의 상품화는 여성 선구자들에 의해 정신성을 표방하며 전개되었다. 발레의 정신성이 배제된 무의미함과 기계적인 신체 단련에 낙담하여 자신의 고유한 춤의 이상을 전개한 이사도라 덩컨(Isadora Duncan)은 자신의 춤을 미래의 정신적이고도 이상적인 여성의 춤으로 만들고자 하였다.

> 그녀는 미래의 무용가는 요정이나 아름다운 여성 혹은 요부로서가 아니라 순수하고 훌륭한 표현체로서의 여성으로 춤추어야 한다고 얘기하였다.[67]

그러나 그녀가 얘기하는 정신성은 감정의 표현을 얘기하는 것이었으며 그녀의 작품에 나타나는 여성은 당대에 유행하는 전형적인 여성성의 모습을 보인다. 코르셋과 토슈즈와 발레 치마를 벗어 던지고 맨살에 흘러내리는 헐렁한 그리스 튜닉 차림과 맨발로 몸통과 사지를 구부리며 추는 춤은 살을 드러내는 신체의 충격이었다. '맨발의 춤'이라는 별명에서 느낄 수 있듯이 이것은 운동적이고 촉각적인 신체의 새로운 경험이었다.

67 김말복, 『무용예술의 이해』(이화여자대학교출판부, 2003), p. 167.

초기 현대무용의 선구자 중 동양 여성과 여신 그리고 이국성 등을 주제로 대표적인 작품을 안무한 루스 세인트 데니스(Ruth St. Denis)는 당시 동양적인 것에 관한 서구 사회의 관심에 편승하여 자신의 아름다운 여성적인 몸매를 이국적으로 과시하며 동양 여성에 대한 성적 호기심을 적극 활용하였다.

이어지는 20세기 중반의 여러 현대 춤에서의 몸의 노출은 더 이상 신비감을 말할 수 없는 살의 드러남이었다. 그러한 몸의 노출은 안무자의 마음의 표현이나 정신성과 이어지지 못한 형이하학적 감각일 뿐이었다. 이러한 정신적인 몸의 실종은 맥신 쉬츠-존스톤이 자신의 현상학적 관점에서 철학적으로 춤을 설명하고자 할 때 이에 적합한 무용가를 찾을 수 없었던 이유였다. 쉬츠-존스톤은 퐁티가 세잔느를 자신의 예술론에 적합한 화가라고 설명했듯이 무용에서 현상학적 이상에 맞는 철학적이고 지적인 무용가의 춤을 설명하고 싶었으나 미국에서는 적합한 모델을 찾을 수가 없었다. 그가 자신의 「움직임으로 생각하기(thinking in movement)」라는 논문에서 그러한 정신적인 몸의 예로 든 것은 장난감을 가지고 노는 말을 배우기 전의 어린아이와 먹잇감을 쫓는 사자였다. 동양의 춤이 내가 되고 내가 춤이 되는 경지의 춤이라면 쉬츠-존스톤의 정신적인 춤의 상태에 적합한 것으로 설명될 수 있지 않을까 생각해 본다.

동서양의 몸과 춤의 응시점

동서양의 몸과 춤에 대한 내용에서 드러나는 점은 몸에 대한 관점이 그대로 춤의 현상이나 정신에 반영되어 있다는 것이다. 그리고 이들이 각기 일관된 공통적 시각이나 관점을 지니고 있음이 드러난다. 따라서 동서양의 몸과 춤의 차이는 근본적으로 몸과 춤을 바라보는 자세 즉 응시 태도에 있다라는 전제하에 이를 정리해 보면 이는 동서양 문화와 사상의 본질에 해당하는 것이다. 우선 동양과 서양의 몸에 대한 관점이 각기 몸의 안과 밖에서 바라보는 관점임을 지적한 바가 있다. 몸을 안쪽에서 보는 관점은 몸을 주체로 보는 것을 뜻한다. 몸을 밖에서 바라보는 관점은 몸을 물리적 대상으로서 객관적으로 관찰하는 객체로 보는 것이다.

이러한 몸에 대한 동서양의 각기 다른 시점은 춤에도 적용된다고 하겠다. 주체적인 몸의 관점과 춤추는 사람의 존재를 드러내어 마음으로 추는 한국 춤의 정신은 바로 안에서 춤을 바라보는 시각이라 할 수 있다. 주체적인 몸의 관점이란 무용수가 춤을 출 때 주요 감상의 대상이 동작의 외피로 드러나는 형(形)이 아니라 무용수라는 것이다. 주체로서의 무용수는 무용수의 의식과 몸 그리고 몸과 동작 사이에 경계가 없이 일체감을 이룬 상태에서 춤을 추며 무용수가 동작을 춤의 주체와 분리하지 않는다. 이때 관객들의 주된 감상 대상은 춤의 외형이 아니라 그 안에서 흐르는 바를 주목하는 것이다. 무용수의 몸과 마음, 그리고 춤과 춤추는 이 사이에 흐르는 일체감의 증거인 생명력, 즉 춤 안에서 중단 없이 이어지는 기의 흐름과 작용을 보고자 하는 것이다. 따라서 기의 흐름이 작품 속에 살아 있으면 '기운생동'의 생명력을 지녔다고 생각하여 높이 평가한다. 동작이 만들어내는 아름다운 형상에 주목하는 것이 아니라 춤이 사람의 됨됨이를 반영하는 것으로 여겨 춤꾼의 마음을 읽고자 하는 감상 방식 역시 춤의 안을 응시하는 자세라 하겠다.

반면에 서양의 춤에 대한 응시는 동작의 외피 즉 동작 형식을 객체로서 주목한다고 하겠다. 무용수는 아름다운 동작의 포즈나 스텝들의 양식을 귀족사회의 사회적 규범 혹은 완벽한 발레의 형식으로 받아들여 이를 자신의 몸에 정형화한다. 발레 초기의 귀족사회의 문명화된 신체 이미지를 반영하는 이상적인 몸의 전형이나 테크닉의 도구로서 비인간화된 자동인형과 같은 신체 이미지는 모두 발레를 구경하는 사람들을 위해 시각적으로 배열된 것이다. 이는 춤이나 춤추는 몸의 내면과는 상관없이 바

같에서 바라보는 시점을 겨냥하여 디자인되고 배치되는 것이다. 객석에 위치한 전지전능한 시선에 대하여 객체로서의 무용수의 존재 인식은 모든 서양 춤의 구성과 실시에 있어서 전제조건이 된다.

시각적 관조의 대상으로서 서양 춤의 몸은 완벽한 몸의 이상 혹은 아름다운 동작의 전형이라는 환영의 창조를 위해 무용수의 자연적인 몸과 마음의 실체를 가리고 있다. 발레리나 내면의 모습보다는 발레극 속의 이미지에 우선적으로 주목하는 것이다. 더구나 발레에서는 감정 표현까지 양식화되어 있어서 무용수의 마음의 흐름보다는 극중 캐릭터의 환영에 적합한 연기를 얼마나 잘 공연하는지에 관심을 갖는다. 발레리나는 자신의 생각이나 사람 됨됨이를 드러내기보다는 극중 배역에 얼마나 잘 들어맞는지 아니면 얼마나 뛰어난 기계적인 기능을 가지고 있는지를 드러냄으로써 자신의 가치를 인정받는다. 나아가 현대발레에 이르면 무용수의 신체 비율이나 조건마저도 시각적으로 완벽한 이상형의 틀에 맞추고 조립되어야 하는 지경에 이르렀다. 이때 춤에서 전시되는 무용수의 몸과 동작의 아름다움에 감탄하는 관객들은 시각적으로 춤에 반응하는 것이라 하겠다. 이때 이들이 중시하는 것은 춤추는 현상의 내면이나 구조보다는 밖으로 드러나는 바의 찬란함에 대한 즐거움과 탄성이다.

이렇듯 몸과 춤을 안과 밖에서 혹은 주체와 객체로 바라보는 기본 관점은 동서양의 사상과 문화 현상 전체를 관통하고 있는 가장 중요한 응시 태도이며 세상을 바라볼 때의 주목의 대상 혹은 주요 관심사가 어디에 있느냐를 알 수 있게 하는 것이다. 몸과 춤을 내부에서 바라보는 동양의 경우 자연을 주목의 대상으로 보고 살아 있는 생명으로 느낀다. 따라서 춤에서 생명의 증거인 움직임의 흐름과 기운에 주목하여 춤을 살아 있는 생물로 본다. 살아 움직이는 유기체란 어느 한 부분도 전체로부터 분리되어 생각할 수 없으며, 미세한 부분조차 덜하거나 더해서도 안 되는 유기적인 관계를 지닌다. 이런 생명체가 유지되는 비법은 여러 요소들간의 균형과 조화에 있다.

한국 춤에서는 어느 특정한 동작이 외형적으로 아름다운 형태이거나 기교적으로 고난도의 기교를 지녔거나 간에 다른 동작과의 조화와 어울림을 해칠 정도의 강조나 집중은 일어날 수가 없다. 전체적인 조화를 중요하게 생각하기에 개별 동작의 강조나 주목보다는 앞뒤로 이어지는 동작이나 춤 전체의 맥락에서 크게 두드러지지 않는 균형과 안정감을 중요하게 생각하는 것이다. 이매방은 요즘의 한국 창작춤이 모두 동적인 것뿐이고 정(靜)적인 춤이 없다고 지적하면서 정중동의 조화를 지킬 것을 당부하였다.

> 그(최승희) 춤에는 정(靜)자가 없고 전부 동(動)자뿐이야. 발레나 현대무용에도 정중동이 없고. 정중동이 있는 것은 세계에서 한국 춤하고 일본 춤밖에 없어. 정(靜)자는 여자고, 밤이고, 요염하고 아름답지. 동(動)자는 남자고, 낮이고, 그 속에 음양이 있지. 고리를 맺었다가 풀고, 음양의 조화를 이루면서 정중동의 조화가 담겨져 있는 것이 한국 춤이지.[68]

그러므로 우리 춤에는 어느 하나로의 극단적인 치우침이나 강조가 일어날 수 없고 음양간, 정동간의 균형과 조화를 추구한다고 하겠다. 춤과 몸의 소통, 춤추는 자의 정신과 몸의 융합이 강조되고, 상체와 하체의 조화와 어울림을 중요하게 생각하여 춤사위들간의 경계를 느낄 수 없을 정도로 유연한 이어짐과 관계를 중시하는 것이다. 반주하는 음악과의 경우도 상호 자유로우면서도 소통하는 관계이다. 그러므로 이런 응시 구조 속에서는 조화와 관계, 균형과 화합, 중용과 종합, 연대감과 안정 등이 주요한 가치로 떠오르게 된다.

---

68 이매방, 앞의 글, p. 332.

동양에서는 도(道)가 인간과 자연을 조화시키고 있는 반면에 서양에서는 기독교적 신이 인간과 자연을 분리시키고 있다. 서양인들은 신약과 구약에 적힌 대로 인간은 자연과 분리되는 특별한 존재이며 자연을 정복하고 지배할 사명과 권리를 가지고 태어난 것으로 믿는다. 서양인은 스스로를 "하나님의 형상을 본떠서 만들어진 인간"으로서 "바다의 물고기와 공중의 새와 땅위에 기는 모든 것과 대지 전체를 지배"하도록 선택받은 존재라고 스스로를 생각했다. 그들은 투쟁을 통한 진보를 달성하기 위해 모든 현실을 철저히 왜곡하고 자연과 자연적 가치를 모두 거부해 왔다. 이러한 정신은 극단적으로 양식화된 발레의 인위적인 포즈와 자세에서도 발견된다. 그들은 신체에 작용하는 대지의 자연적인 힘을 거부하고 자연의 곡선적인 선을 거부한 채 기계적이고 기하학적인 직선의 신체 디자인에서 아름다움을 발견하였다. 서양인들의 이상적인 인간상의 진보에 대한 믿음은 발란신의 형식주의에 이르면 시각적으로 규정된 형태 속에 인간을 기계적으로 조형해 넣는 지경에까지 이르른다.

동양에서는 인간을 자연의 일부로 생각하였기에 근본적으로 자연과 인간 간의 조화, 정신과 육체의 조화 그리고 인간과 인간 사이의 조화를 중요하게 생각하였고, '나라'는 개인의식보다는 '우리'라는 인간관계를 중시하는 기본적인 응시 태도를 지닌다. 동양 문화는 개척과 진보, 투쟁보다는 안정과 균형, 화합과 중용을 추구하며 그 바탕에는 정적이며 관조적인 시각을 바탕으로 깔고 있다. 최영진은 『동양과 서양』에서 우리 문화가 지니고 있는 정적이며 관조적인 분위기를 우리 사회가 전통적으로 표의문자를 쓰는 농경 사회였기 때문인 것으로 설명하고 있는데 매우 뛰어난 통찰이라 생각한다.

농경 사회의 사람들은 자연의 거대한 힘을 깨닫고 이에 대항하고 투쟁하기보다는 자연으로부터 지혜를 얻으려 하는 경향이 있다. 매년 되풀이 되는 농사에서 사람들은 과거 작황이 가장 좋았던 때처럼 자연 조건이

좋기를 희망한다. 따라서 이런 농사와 예가 완전하였던 과거를 되돌아보면서 오늘을 비교하는 중국인들의 시선이 "농경 민족은 과거지향적일 수박에 없고 끊임없이 과거에서 지혜를 찾고 의미를 찾으려고 한다"[69]는 주장의 근거라 하겠다.

근본적으로 농경 사회였던 동양은 개척이나 모험, 투쟁보다는 안정과 평화, 조화의 입장을 취하였다. 그리고 자연 속에서 자연의 일부로서 살아가는 농경 사회의 사람들이 만들어낸 언어가 자연의 모습을 본떠 만든 표의문자인 것은 당연하다고 할 수 있다.

> 매일 똑같은 자연을 보고 변함없는 대상 속에서 의미를 찾아내고 그것을 서로 사이의 의사소통 수단으로 삼는 경우, 매일 보는 변함없는 대상물체의 형태가 문자화될 수박에 없다. 그리고 이러한 문자는 그 문화에 의식, 무의식적으로 정적 관조적인 기본 바탕을 깔아 놓을 수박에 없는 것이다.[70]

우리 춤뿐만이 아니라 동양 예술 전반이 지니고 있는 정적이고 관조적인 분위기는 이런 농경 사회의 표의문자 문화에 그 근원을 두는 것이라 생각한다. 그리고 이런 정적이고 관조적인 분위기는 우리 춤의 근원적인 성격과 방향을 규정한 매우 중요한 응시 태도이다. 이런 관점과 감상 태도를 갖추지 못하는 현대 한국인들은 우리의 전통춤을 비롯하여 동양 예술의 진정한 느낌을 이해하기 힘들 것이다. 표의문자로부터 의미를 파악하려면 인내심을 가지고 자연을 바라보듯 그 형상과 앞뒤 문자의 관계를 관조하는 태도가 필요하다.

---

69 최영진, 『동양과 서양』(지식산업사, 1993), p. 43.

70 앞의 책.

몸과 춤에 대한 동서양의 응시 태도들을 관통하고 있는 일관된 특성은 바로 동서양의 사고방식과 인식 경향에서 비롯되고 있다. 춤과 몸에 대한 응시 태도와 감상 방식에서 동양이 직관적이며 감성적 인식 경향을 보인다면 서양은 추상적이고 정신적인 사고에 치우친다 하겠다. 우리 춤을 바라볼 때 조화와 관계를 생각하고 균형과 어울림과 중용을 생각하는 태도는 이성적인 분별력만으로 성취되는 것이 아니다. 중(中)이란 어느 한편으로 치우치거나 기울지 않고 넘치거나 모자라지 않는 것을 뜻하며 용(庸)이란 특별하지 아니한 예사로운 것을 뜻한다. 따라서 동양이 삶과 예술의 목표로 삼는 중용이라는 상태도 감성적이고 직관적인 판단이지 이성으로 판단될 수 있는 것이 아니다. 어느 것이 극단적이고 요란한지는 상대적인 것으로서 중용의 상태를 판단하자면 전체적이고 종합적인 분별력을 요구한다. 조화나 균형의 상태에 대한 판단 역시 그러하다.

서양인들은 정신과 육체를 분리한 뒤 정신의 절대성을 추구하고 절대 진리를 추구함으로써 인간의 총체성을 파괴하였다. 그리고 육체에 대한 멸시는 육체와 관련된 인간 능력으로 생각되는 본능과 감각에 대한 경시를 초래하였다. 이처럼 정신과 육체가 분리되면서 아폴로적인 것과 디오니소스적인 것의 분리가 일어났으며 플라톤은 지식만이 가치 있는 것이라 주장함으로써 아폴로적인 것을 절대화하고 디오니소스적인 것을 파괴해 버렸다. 정신이라는 눈에 보이지 않는 인간 영역에서 나오는 능력을 절대화하면서 이들의 사유는 더욱 더 추상성을 띠게 되었다. 기독교에서 '신의 이미지를 만들지 말라'는 금기는 그들의 사고를 더욱 추상적으로 즉 정신적으로 이끌어 간 원인이 되었다. 신의 형상을 만들지 말고 눈에 보이지 않는 신을 숭배하라는 기독교의 명령은 인간의 감각 능력에 대한 정신의 승리라는 결과를 가져왔다. 표의문자의 형상에서 감각적으로 의미를 파악하는 동양인과는 달리 표음문자의 추상적인 알파벳 상징에서 의미를 해석해내는 서양인들은 그들의 신에 대한 사고를 통해 추상적인 사고 훈련을 익힌 셈이다. 그리하여 서구에서는 감각적인 인식의 경향은 후퇴하고 추상적인 사고와 정신에 대한 절대화가 자리잡았다고 할 수 있다.

이렇듯 우리의 춤과 몸에 대한 생각은 동양과 서양이 각기 인간과 자연 그리고 삶에서 무엇을 응시하고 있는지에 따라 대강의 윤곽이 그려지며 어떻게 이 세계를 인식하는가 하는 사고 경향에 의해 그 성격이 결정됨을 알 수 있다.

탈근대와 융합의 장

이 글에서의 동서양의 논의는 서구의 근대 시기까지에 해당하는 문화와 사상에 대한 것이었다. 그러나 탈근대의 시기로 접어든 지 이미 과반 세기가 지나가는 요즈음 동양과 서양은 서로 만나고 있으며 그 방향은 서양이 동양적 사상의 주요 개념들을 차용하여 자신들의 이론적 딜레마를 풀어나가는 방식으로 전개되고 있다. 데카르트적 합리주의 전통에 연결된 모더니즘 사회는 너와 나의 다름 즉 개별성과 개인성에 기초하고 있으며 그 근저에 기독교주의와 함께 진보에 대한 믿음인 절대적인 이데올로기가 떠받치고 있다. 서구의 근대 정신은 이상적 절대를 향해 끝없이 나아가는 것이며 발전이나 변화를 가치 있게 생각하고 독창적이고 새로운 것을 추구하는 정신이다. 진보에 대한 믿음은 전통에 대한 절대적인 긍정 위에 기반하고 있으며 이로부터 더욱 향상된 미래에 대한 지표가 만들어지게 된다. 그런데 서양 문화에서 그러한 믿음이 흔들리게 되었다.

20세기 초 니체가 '신은 죽었다'라고 선언하면서 서양 전통 철학의 종말이 예고되었다. 형이상학의 쇠퇴는 철학적 이원론의 쇠퇴를 가져왔다. 즉 서구적 인식의 구조를 제공한 보이는 것과 보이지 않는 것, 참된 것과 거짓된 것, 좋은 것과 나쁜 것이라는 상대적 의미를 만들어 주는 대립 개념이 사라졌다. 이원론적 사상의 구조는 서양의 철학과 예술뿐 아니라 종교와 과학에 관한 생각들의 토대로서 이런 이원 체계의 무너짐은 먼저 과학 이론에서부터 일어났다. 서양 과학의 오랜 고민이었던 빛의 본질에 대하여 그것이 파동과 입자라는 두 가지 성질을 가진다는 모순을 자신들의 이원론적 사고 구조에서는 설명할 수 없었다. 그들은 수십 년간을 망설인 끝에 동양의 조화와 상대성, 불가지론 등의 개념을 빌어 우주 현상과 양자역학을 설명하는 상대성이론과 양자론 그리고 상보성의 원리, 불확정성의 원리 등으로 이를 설명해낼 수 있게 되었다. 이 이론은 아인슈타인(Albert Einstein)과 하이젠베르크(W. K. Heisenberg) · 보어(N. H. D. Bohr)에 의해 주도되었으며 이로써 인과율과 절대적 확신에 입각한 유클리드와 갈릴레이 · 뉴턴으로 이어지는 서양의 과학 체계를 흔들어 놓았다. 그리고 이와 때를 맞추어 정신과 육체도 결국 같은 것이라는 주장이 20세기 중반에 등장하게 되는 것이다.

동양의 우주에 대한 생각은 서양 과학처럼 분석적인 것이 아니라 전체적이고 종합적인 것으로서 이는 오늘날까지 변함없이 이어지고 있다.

> 서양의 학문은 분석적이다. 서양은 한 현상을 연구하기 위해 조심스럽게 이를 주위 환경으로부터 격리한다. 반면 동양의 학문은 종합적이다. 동양은 단번에 모든 것을 포착하고 주위 환경과의 관계를 읽도록 가르친다.[71]

20세기 들어 아인슈타인이 직선이 굽는다는 사실을 과학적으로 증명하여 유클리드기하학의 한계를 밝힌 것을 노자는 기원전 6세기에 이미

---

71 Yi King, 앞의 책, p. 46에서 재인용.

'큰 직선은 굽는다'고 말하였다. 노자의 생각은 자연에 대한 충실한 관찰과 자연 전체를 하나의 현상으로 보고 이를 직관적으로 파악한 결과이다. 이와 같이 동양의 지혜는 직관에 의한 자연법칙의 파악이며, 서양의 지식은 개별 현상에 대한 분석을 통해 자연법칙을 단정적으로 설명하는 것이라 할 수 있다. 결과적으로 서구의 과학자들이 그들의 기계적이고 절대적인 기초 개념들을 포기하면서 자연에 대한 동양의 사유방식과 개념을 수용한 것을 보면 동양의 사고방식이 탈근대까지도 변함없는 진리로서의 영향력을 보장받고 있는 것이라 말할 수 있다.

이처럼 합리적이고 과학적인 기초 개념들을 앞세운 서구의 '근대의 기획'이 막다른 골목으로 접어들면서 탈근대의 시대가 펼쳐지게 된다. 탈근대의 정신은 이성 개념에 대한 비판을 모색하며 동시에 '근대에 대한 영원한 비판'을 특징으로 한다.

> 탈근대의 사유는 진보, 역사, 전체와 이성을 거부하고 그 대신에 정지 상태와 보전, 순간과 반복, 복수성과 이질성, 지각과 감각을 옹호한다.[72]

탈근대에 접어들면서 이제까지의 모든 이성 담론들과 오류들이 비판받게 되자 분명해진 공감대는 개념들에 의해서는 현실을 포착할 수 없다는 것이다. 그러므로 탈근대 시대에 요청되는 새로운 사유 방식은 감성이 살아 있는 직관적이고 지각(감각적 인식)을 지향하는 사유이다.

> 근대주의 사유의 명백하게 드러난 기본적 직관은 개념들에 의해서는 현실을 포착할 수도 나타낼 수도 없다는 것이다. 니체와 하이데거가 그 대변자이다. …… 니체와 하이데거와 더불어 서구의 형이상학은 무덤으

72 베르너 융, 장희창 역, 『미메시스에서 시뮬라시옹까지』(경성대출판부, 2006), p. 280.

로 들어갔으며 몸과 실존을 길잡이로 하는 새롭고도 다른 사유가 시작되었다.[73]

그것은 이성 중심적 사유에서 미학적 사유로의 이동이다. 탈근대가 지향하는 미적이고 예술적인 지각 방식은 틀을 달리하지만 이천오백년 전 동양에서 이미 존재했던 삶을 지각하는 관점이었다. 서구의 탈근대가 이상적인 사유로 설명하는 미학적 사유는 예술적인 인간과 예술적인 삶을 지향하는 동양에서는 이미 오랜 전통이었다. 따라서 탈근대 시대의 동서양은 적어도 시대적으로 요청되는 이상적인 사유방식에 있어서는 상호간의 만남이 이루어지고 있으며 어느 정도 공감대가 형성되어 가고 있는 듯하다.

미학적인 사유는 인간의 활동 중 가장 감각적이고 감성적인 예술 활동을 통해 첨예하게 드러나며 그중에서도 인간의 몸이라는 표현 매체를 통해 가장 극명하게 드러나리라 생각한다. 동양의 감각적이고 직관적인 인식의 전통을 되살려 존재의 사유를 감각적인 몸으로 표현하는 춤판을 통하는 것이 탈근대를 뛰어넘는 동서양의 마음이 어울리는 융합의 지름길이 아닌가 생각한다. 언어의 개입 없이 직관으로 판단하는 춤의 세계에서는 사람들이 동서양의 경계를 초월하여 가장 솔직한 근원적인 모습으로 만날 수 있기 때문이다. 탈근대의 미학적 사유의 총아로 춤이 태어나기 위해서는 먼저 무용인들이 동양의 전통적인 사유방식을 몸에 익혀 자신의 존재를 드러내는 데 익숙해져야 한다.

73 앞의 책, p. 281.

제2장

춤과 예술

예술로서의 춤을 설명하자면 먼저 춤의 본질이 무엇인가 하는 정체성의 문제에서 출발하여 춤 현상을 기술하고 설명하는 단계를 거쳐 궁극에는 그런 현상이 인간에게 제공하는 예술적 가치라고 하는 미의 문제로 귀결되는 것이 일반 예술 이론의 구조라 할 수 있다. 이 장에서는 춤의 정체에 대한 여러 학자들의 논의와 한국 춤의 아름다움이라는 문제를 차례로 짚어 보고자 한다.

인류 최초의 예술 활동이자 모든 예술의 모태가 되는 춤의 예술성에 대한 인정은 20세기에 등장한 신생 예술인 영화보다도 늦었다. 그 원인은 춤의 매체로서의 몸에 대한 서양 철학의 부정적인 인식에 있었다. 그러나 20세기 전반 현상학의 등장으로 심신이원론적 몸 사상이 크게 흔들리자 이후 몇몇 서구의 철학자들이 그동안 간과되어 왔던 춤의 예술성에 대한 논의를 시작하였다. 인류 역사에서 춤은 사회적, 문화적으로 무시 못할 정도로 큰 비중을 차지한 시기가 많았으며 실질적으로 춤이 중심이 되었던 시대도 있었다. 단지 춤의 영향력과 힘을 경계한 종교계와 철학자들의 공공연한 억압과 무시로 춤의 역사적 증거들이 기록되지 못하고 그 예술적 가치가 평가절하되어 왔을 뿐이다. 그런데 20세기 들어 철학자들이 춤이 무엇이냐 하는 질문을 시작하면서 춤에 대한 정체성의 위기(identity crisis)에 직면하게 된다. 이유는 그 전 세기에 신의 죽음이 사회적으로 선포되고 육체의 부활을 알리는 디오니소스의 시대가 시작되었기 때문이다. 몸의 시대가 시작됨을 알리는 종소리와 함께 등장한 20세기 초의 혁신적인 현대무용가들은 예술 사조나 이론들의 관념적인 구속으로부터 자유로운 사람들이었기에 거침없이 예술적 실험의 선두가 되었다. 그 결과 무용 예술에는 이후 어떤 예술 분야보다도 급격한 양식상의 혁신이 일어났고 새로운 예술 실험의 중심이 되어 미래 예술의 총아로서 카멜레온 같은 변신을 보여주었다.

무용이 무엇이냐 하는 질문은 인간의 무용 활동이 시작된 고대로부터 오늘날까지 많은 무용수, 무용 교사, 비평가, 학자, 철학자들에 의해 논의되어 왔다. 무용에 대한 주요 학자들의 논의를 보면 순수한 철학적 고찰보다는 예술의 대중화 시대에서 그 매체가 난해한 무용을 어떻게 기록하느냐 하는 문제를 직·간접적으로 다룬 내용을 많이 볼 수 있다. 이들의 논의는 무용 현상을 안무(구조)와 움직임의 질(특질)로 크게 나누어 그 본질을 살피고 있다. 이들의 관심은 무용 현상 혹은 춤 이미지가 참으로 있는 것인지 혹은 객관적으로 존재하는 것인지에 몰두하는 철학자들의 전형적인 사고 경향을 보이며 '춤의 본질이나 의미로서의 X'를 찾고 있다. 그러나 춤의 신체성이나 움직임은 기록하기 힘들다는 측면 때문에 이들 학자들에게는 추상적으로 보일지 모르지만 창작 단계가 곧 작품이기 때문에 현상의 직접성이 있다.

오랫동안 서양 예술 이론을 접해 오면서 필자는 서양의 예술 개념이 우리가 전통적으로 행해 온 예술 활동의 성격이나 구조와 매우 다른 것이라 생각해 왔고, 그러한 개념들이 해방 이후 무비판적으로 수입되면서 전통적인 우리 예술의 맥이 잘 이어지지 못하고 있음을 느꼈다. 그 이유는 우리나라 예술가들이 한국 사상이나 한국의 예술 정신을 제대로 이해하기도 전에 서양식 예술 창작의 패러다임에 정복당하여 서양인들이 아름답다 혹은 예술이다라고 생각하는 기준 아래 작업을 해 왔기 때문이다. 그 형상은 오척단신의 몸에 땅에 질질 끌리는 연미복을 입은 모습과 같다. 한국 춤을 서양 예술을 설명하는 개념 체계나 기준으로 조명하였을 때 우리는 한국 예술 정신의 초점을 흐리게 되고 특성을 간과할 수밖에 없다.

한국 춤을 바라볼 때 우리가 느끼는 아름다움은 무엇일까? 모든 예술 현상을 올바르게 이해하기 위해서는 그것을 잉태한 문화권의 사상이나 철학에 대한 이해가 선행되어야 한다. 흔히들 한국 예술의 특성을 한(恨)·소박함·자연스러움·무기교의 기교 등으로 얘기하고 있고 연구자에 따라 기교가 없는 자연스러움, 구수한 맛, 정제성의 부족(고유섭), 완벽에 대한 무관심, 자연성(김원용), 조작이 없는 자연성(Seckel), 무작위의 미감(최병식) 등으로 설명하고 있는데 종합하자면 단순함과 소박함을 특성으로 하는 무기교 혹은 원초성을 중시한다는 것으로 정리될 수 있다. 그러나 적어도 한국의 춤이 이웃 동북아시아 나라들의 춤보다 리듬이나 구성, 기교의 수준과 예술성에서 월등하게 우수함을 확신하는 필자로서는 앞선 논의들이 다분히 식민사관의 영향을 크게 받고 있다는 인상을 지울 수 없었다.

한국 예술 정신의 철학적 배경을 알아보기 위해 유가와 도가사상에서 논의되는 예술과 미의식의 관점에서 우리춤을 조명했을 때 한국 예술의 특징으로 언급된 요소들이 한 차원 높은 철학적 의미를 지닌 것으로 해석될 근거를 가지고 있음을 발견하였다. 앞선 연구자들이 한국 예술에 나타나는 예술 현상의 외형적, 형태적 특성에만 지엽적으로 주목하였기에 기교적으로 완성도가 떨어지는, 따라서 예술적 수준도 미완에 그치는 무위의 예술이라는 오해를 불러일으킬 수 있는 것이다. 하지만 시각적 표현성을 중시하는 서양의 예술 정신과는 근본적으로 다른 예술에 대한 개념과 아름다움에 대한 시각에서 조명되었을 때 동일한 현상적 특성들이 아주 다른 차원의 예술 행위의 결과임을 알게 된다.

제1절 무용 예술의 정체성

인간의 활동으로서의 무용의 역사는 그 어느 예술보다도 오래된 것이지만 그것이 진지한 이론적 해명의 대상이 된 것은 극히 최근의 일이다. 여러 예술 논의에서 중심적인 모델은 시나 회화였고 무용은 주목받지 못하였다. 무용에 대한 철학적 혹은 예술적 해석의 결여는 무용에 대한 가치절하를 초래하였다.

그러나 먼저 무용에 대한 예술적 논의를 하고자 할 때 부딪히는 문제는 프란시스 스파샷(Francis Sparshott)이 지적했듯 무용에 대한 공통 경험의 틀이 부족하다는 것이다.[1] 즉 무용 논의에 있어 상호이해를 통한 논의가 가능할 수 있는 공통의 기초 지식이나 배경이 결여되어 있다는 것이다. 그 이유로는 먼저 최근까지도 무용에 대한 이론적 전거가 없었다는 점, 이론적 참조의 대상이 될 만한 과거의 무용을 알지 못한다는 점, 논의 대상이 될 친숙한 레퍼토리가 결여된 점 등을 들 수 있다. 부연하자면 손쉽고 용이한 무용보가 없어 과거 무용이 제대로 전해져 오지 않고 또 고대 무용에 대한 과거의 언급들이 바람직하지 못하다는 것이다. 따라서 다른 예술을 논할 때는 많은 독자들이 그 작품을 익히 알고 있으리라는 가정하에 논의를 전개할 수 있으나 무용의 경우 그렇지가 못한 것이 문제다.

---

1 Francis Sparshott, *Off the Ground*(Princeton University Press, 1988), p. 11.

이러한 무용 논의의 어려움 외에 몇몇 무용학자나 비평가는 무용 논의가 간과되는 이유로 무용이 여성 예술이라는 성격을 지적한다. 주로 여성들이 하는 활동이라 가부장적 사회구조 속에서 그 중요성이 주목받지 못했다는 주장이다. 그러나 무용을 여성만의 활동으로 제한시키는 것은 설득력이 없고 역사적으로나 문화적으로 무용은 모든 인류가 참여하는 활동이라 할 수 있으며 여성이 남성보다도 신체적이라 무용을 잘한다는 주장 역시 받아들이기 어렵다. 무용이 독립적인 예술일 수 있음을 세계에 알린 이사도라 덩컨은 자신의 무용이 여성성의 표방이라 얘기한 바 있고 결과적으로 자율적인 예술로서의 무용은 처음에 여성의 예술로 인식되기도 하였다. 그러나 이사도라가 진정으로 말하고 싶었던 것은 자신의 무용이 성적 시각으로부터 해방된 여성의 정신적 활동이라는 것을 주장한 것이다. 따라서 가부장적 가치가 지배하는 사회 속에서 여성이 하는 활동이라 하찮은 것으로 생각되어 가치 절하되었다는 이유는 설득력이 없다.

그 외에 무용 논의에 크게 영향을 끼친 역사적, 예술적 사실은 종교계의 비난과 무용의 매체가 지니는 신체성을 들 수 있다. 중세 시기 무용에 대한 기독교의 태도는 무용의 암흑기를 초래하였다. 신교에서는 사후의 영혼 구제를 위하여 세속적인 쾌락을 절제하고 금욕하자는 신념이 있었고, 따라서 공연 예술을 비롯하여 무용에 대해 특히 적대적이어서 끊임없이 무용 금지령을 내렸다. 이러한 기독교의 비난은 무용을 터부시하여 무용의 주요 의미를 의식(ritual)에 두고 공연 예술로서의 무용을 배제하는 효과를 가져왔고, 공연 무용에 종사하는 이들을 사회의 하층 계급으로 국한시키는 결과를 초래하였다. 그러나 기독교의 비난은 세속적이고 이교도적인 무용에 대한 것이지 무용 이론에 대한 것은 아니었고 이들의 비난이 르네상스와 근대에 이르기까지의 무용 논의에 직접적인 영향을 끼쳤으리라 생각하기는 어렵다.

기독교 교부들이 무용을 속되고 야만적이며 심지어 음란하다고까지 생각한 것은 신체를 채용하는 무용의 방법에 있었다. 무용에서 드러나는 신체를 구현된 인간(embodied person)으로서의 신체가 아닌 눈요깃감으로 노출되는 감각적인 대상으로 보고 그러한 감각적이고 자극적인 신체를 살(flesh)이나 악마로 보는 것이다. 이러한 시각의 저변에는 교회의 신체 노출이나 육체성에 대한 두려움이 자리잡고 있지만 아울러 정신이 포함되지 않은 신체만의 활동을 하찮은 것으로 생각하는 서양 문화의 관습적 사고가 있다. 이러한 서양 사상사를 관통하는 심신이원적 사고는 플라톤에 의해 무용이 모방예술로 설명되지 못한 원인이었다.

무용의 매체가 지니는 신체성에 대한 비난은 무용에 관한 역사적 논의에서 끊임없이 그 예술성을 의심케 하는 요소로 생각되어져 왔다. 무용에 대해 언급하였던 몇몇 철학자들도 신체성과 그 외 관련된 이유를 들어 무용에서의 지적 가치나 예술적 가치에 대하여 부정적인 태도를 취하였다. 따라서 여기에서는 고대로부터 근대적인 예술 개념이 확립될 때까지 철학자들이 왜 그들의 예술 논의에서 무용을 소외시켰는가 하는 이유를 플라톤과 헤겔의 무용에 관한 생각들을 통해 살펴보고자 한다.

무용의 예술성

플라톤의 무용에 대한 견해를 소개하기에 앞서 당시 그리스인들이 지녔던 무용과 관련된 개념들을 이해할 필요가 있다. 그리스인들은 두 종류의 예술을 가지고 있었는데 시·음악·무용의 합성물인 표현적 예술(expressive art)과 건축·조각·회화의 합성물인 구성적 예술(constructive art)이 그것이다. 무용은 표현적 예술의 중심으로서 시어들과 음악이 반주를 하는 형태였다. 그러나 사실 그리스인들은 무용을 지칭하는 코레이아(choreia)와 오케시스(orchesis)라는 두 가지 용어를 쓰고 있었다. 두 단어는 당시 그리스에서 혼용되어 쓰였고 두 개념간의 관계도 불분명하지만 오케시스가 코레이아보다 많이 쓰이지 않았다. 부연하자면 코레이아는 플라톤이 자신의 무용 논의에서 주로 사용한 단어이고 오케시스는 루시앙(Lucian)[2]의 단어이다.

무용 형태에 있어서 코레이아는 관중이 참여하는 형태의 무용으로 근본적으로 원무(round dance)였다. 이는 디오니소스신을 숭상하는 종교 축제에서 추어지던 것으로 단순한 스텝으로 이루어지는 행진의 궤적을 중시하는 합창 무용이다. 이에 비해 오케시스는 기계체조 같은 기교를 과시하는 것으로 도약 등의 수직면을 강조하는 전문성(professionalism)과 전시(display)가 중시되는 보이기 위한 무용이었다. 신성한 의식과 관련된 코레이아와는 달리 오케시스가 시민 생활에서 추어질 때는 전쟁과 관련된 것이었다. 언어 사용에 있어서 오케시스는 주로 무용의 움직임을 지칭하는 경향이 있었고 코레이아는 참여하는 무용의 형태(figures)나 참여하는 행위(act)를 지칭하였다. 여기에서 지적해야 할 것은 그리스 시대에 이미 이러한 무용 형태의 분리가 있었다는 사실이다. 역사의 흐름을 볼 때 무용은 원시인들의 제의에서 제사장이나 참가자들이 모두 함께 추는 참여 형태의 춤으로부터 시작되어 점차 전시라는 2차적인 목적에 자리를 내어줌으로써 오늘날 예술 형태인 전시 형태의 춤으로 나아갔다고 볼 수 있다. 이러한 무용 형태의 차이는 무용의 가치나 예술성 논의에서 중요한 영향을 미쳐왔다.

플라톤의 무용에 대한 견해에서도 이러한 무용 형태의 차이는 중요한 영향을 미친다. 플라톤의 코레이아 형태의 춤에 관련된 생각들은 『대화편(*Ion*, *Phaedrus*)』에서 발견할 수 있는데 그는 자신의 형이상학에 입

---

2 루시앙은 2세기의 그리스 수사학자이자 풍자가로 춤(orchesis)에 대해 칭송한 'On Dancing'이라는 글을 남겨 플라톤의 춤(choreia)에 대한 부정적인 견해와 대조된다. 위트와 풍자가 살아 있는 그의 글은 당시 매우 인기가 있었다고 한다.

각하여 움직임을 매체로 하는 무용이 지니는 신체적 수단이 인간을 동물적인 상태로 만든다고 비난하였다. 인간성을 이성으로 규정하는 당시의 지적 배경 속에서 플라톤은 신체를 물질로 보고 무용이라는 신체적 수단이 사람을 감정이나 열정, 충동, 본능에 따라 움직이는 동물과 다름없이 사리를 구별하지 못하는 상태로 만든다는 것이다. 일반적으로 플라톤은 『공화국(*Republic*)』에서 예술을 비난하였다고 얘기되지만 사실은 그 반대이다. 플라톤은 젊은이의 교육을 위해 교육과정이나 방법 등에 있어서 미적인 교육을 권장하였고 예술이 그 주요 부분을 차지하였다. 이러한 주장의 근거는 당시 그리스 젊은이들의 교육과정에서 주요한 요소가 바로 춤추는 자신들이 주요 관객인 합창 무용(choric dance)이었던 것에서 찾아볼 수 있다. 플라톤은 『법률(*Laws*)』에서 무용을 시민 활동의 상징적 중심에다 놓고 이를 전문적인 과시용의 무용과 분리하고 있다.

그의 여러 저서에서 나타나는 이렇듯 일견 모순되는 무용에 대한 생각들을 종합해 볼 때 플라톤은 전문성이나 전시를 목적으로 하는 무용의 오케시스적 측면을 비난한 것이라 볼 수 있으며, 『법률』에서는 코레이아 형태와 관련된 교육적, 문화적 가치를 인정한 것이라 볼 수 있다. 따라서 플라톤은 사람들이 직접 추면서 즐기는 코레이아와 같은 참여 형태의 춤은 그 사회적, 문화적 가치를 높이 인정하면서 전문적인 과시용의 무용에 대해서는 비난하는 태도를 취하였던 것이다. 그러나 문제는 무용에 있어서 전문성과 전시라는 의도를 지닌 오케시스적 성격이 오늘날의 순수예술 개념에 더욱 부합된다는 점이다. 그러므로 플라톤의 이러한 생각의 저변에는 무용 형태가 코레이아든 오케시스적이든 간에 감각적인 대상으로 드러나 전시되는 신체에 대한 우려가 있었음을 짐작할 수 있다. 또한 무용 활동을 통해 인간이 감각적이고 감정적인 신체의 지배하에 놓이게 되는 점 역시 경계한 것이라고 생각해 볼 수 있다.

플라톤의 예술에 대한 최초의 해명에서 무용이 모방예술로 설명되지 못한 뒤 18세기 중엽 이후 예술 개념이 근대적인 성격을 띠게 될 때까지 무용 예술에도 다른 예술과 같은 지위를 부여해 주기 위해 플루타르크(Plutarch)로부터 아담 스미스(Adam Smith)까지 노력한 몇몇 사람들이 있었다. 그러나 이들의 노력 중 어느 것도 널리 받아들여지지 못하였다. 그리고 예술의 분류 체계(fine arts system) 작업이 이루어질 때 무용은 여기에서 소외되었다. 근대적인 순수예술 개념은 상징들의 상상적인 조작을 통해 아름다운 자연을 재현하는 기능을 갖는 것으로 문명화된 삶에서 중요한 부분을 차지하는 인간 활동이었다. 순수예술 체계의 중심은 시와 회화였으며 이들은 각각 귀와 눈에 아름다운 자연을 재현해 준다고 한다. 그러나 이러한 순수예술 체계가 확립되어 갈 시기는 프랑스 궁정 발레가 사회적으로나 문화적으로 중심적인 위치를 차지하면서 활발히 공연되던 때이므로 이들이 예술 논의에서 제외된 것은 이상하다 하겠다. 따라서 그 원인을 헤겔의 무용에 관한 생각에서 찾아보기로 하자.

헤겔은 문명의 발전에 비추어 예술의 역사적 발전을 설명하면서 그 단계를 각각 상징 예술과 고전 예술, 낭만 예술로 나누면서 상징 예술의 패러다임을 건축으로, 고전 예술의 패러다임을 조각으로, 그리고 낭만 예술의 패러다임을 회화 · 음악 · 시로 보았다. 그리고 이 다섯 가지 외에 불완전한 예술로 무용과 정원술을 꼽았다. 그러나 그는 무용과 정원술이 왜 불완전한지에 대한 구체적인 언급은 하지 않았다. 따라서 무용에 대한 그의 생각들을 통한 추론만이 가능하겠다.

헤겔은 "발레란 매력적이고 때론 아름답기까지 하지만 그것이 불안정한 것"이라고 하였다.[3] 즉 발레가 발레의 예술적 특성에 충실하면서 동시에 예술적으로 표현적인 형식을 유지할 수 없다는 점에서 불안정하다는 것이다. 헤겔은 당시의 발레가 하찮은 딴 세상 얘기나 하는 쾌락을 위

3 Francis Sparshott, *Ibid.*, p. 36.

한 사치품이라 생각하였고, 발레에 대해 뭔가 안다고 하는 자들도 다리의 유연함이나 기교에 사로잡혀 있다고 판단하였다. 그리고 그러한 "발레의 단순한 기교의 과시가 당시의 극심한 무감각과 지적 황폐화를 초래하였다"고 생각하였다.[4] 헤겔에게 기교적 과시의 무용은 단지 볼거리(spectacle)에 불과할 뿐 예술은 아니었다.

무용에 대한 헤겔의 생각들을 통해 진정한 무용 예술 형태가 지금까지 있어 본 적이 없다고 판단하는 그의 심중을 읽을 수 있다. 이러한 생각들은 물론 그가 살았던 시기의 무용 현상에 입각한 판단이라고 할 수 있다. 헤겔이 살았던 시기는 무용 예술이 어떤 중요성도 부여받지 못하던 시기였다. 그 시기는 프랑스왕립무용아카데미의 설립 이후 발레가 점차 고도의 테크닉의 개발과 기교의 과시에 열중하던 시기였고, 노베르(J. G. Noverre)가 이러한 기교 중시의 형식주의에 대항하여 표현성을 도입하고자 주장하였던 극적인 발레(ballet d'action) 개념도 가시적인 영향을 끼치지 못하던 때였다. 노베르의 정신을 이어받아 거의 무용 움직임을 찾아볼 수 없을 정도의 판토마임식 무용을 펼쳤던 비가노(Salvatore Vigano)의 코레오드라미(choreodrammi)마저도 헤겔에게는 그 표현 방법이나 명료성에 있어 시 예술의 매체인 언어와 비교할 수 없는 매우 열등한 것으로 생각되었다. 판토마임이나 무용의 매체인 움직임은 의미의 수단으로서 안정되고 만족할 만한 것이 되지 못한다는 것이다. 그러한 불완전성에 무용의 수단인 신체가 큰 요인으로 작용하고 있었으며, 그것이 바로 예술 형태에 대한 설명에서 무용이 포함될 수 없었던 주된 이유였던 것이다.

상징 예술이 되기에는 신체가 너무나 인간적 표현력을 지니고 있고, 고전 예술이 되기에는 너무나 사회적, 언어적 의미에 포화되어 있고, 낭

4 *Ibid.*, p. 34.

만 예술이 되기엔 너무나 결정적인 형태를 지니고 있었기 때문이다. 헤겔은 자신의 예술 체계에 속하는 다섯 가지 예술 중 시가 가장 정신적이고 발전된 것이라 생각하였는데 그것은 시가 표현의 명료성이나 심오함에 있어 그 어떤 예술보다 뛰어나다고 보았기 때문이다. 그러나 우리는 여기서 헤겔이 신체의 표현과 언어적 표현의 차이를 간과하고 있다는 사실을 알 수 있다. 헤겔은 단어로 표현할 수 없거나 설명하기 힘든 의미에 대해서는 흥미가 없었고 진정으로 무용에서 일어나는 표현 방법과 의미에 대해 주의깊게 살펴보지 않았다고 얘기할 수 있다.

결과적으로 플라톤이 무용의 매체인 신체가 지니는 영향력을 경계하여 감상 대상으로서의 전시적인 춤에 부정적인 태도를 취하였다면 헤겔은 표현체로서의 신체의 문제점들 때문에 무용을 자신의 예술 체계에서 설명할 수 없었고, 현실적으로 당시의 무용들이 볼거리 이상의 어떤 의미체로 볼 수 없다고 판단하였다. 모방예술을 유사성의 창출로 보고 무용을 모방예술로 설명하고자 한다면 움직임을 제3의 기초적인 재현 방식으로 보는 것은 논리적으로 쉽다. 플라톤이나 헤겔은 무용에도 '그 이상의 무엇(more than that)'이 있음을 증명할 것을 요구하였지만 그들은 무용에서 지식의 전거 혹은 진지한 숙고의 대상이 될 만한 의미체나 지적 가치를 발견할 수 없었다.

그러나 과연 무용은 인간의 지적인 활동이 될 수 없는가. 아니면 표현적인 움직임이란 이해할 수 없는 미숙한 언어인가. 그보다는 앞서 언급한 바 있듯이 예술을 분류하는 전통적인 체계가 무용을 쉽게 수용하지 못하는 구조를 지녔다고 생각해 볼 수 있다. 즉 이들은 시나 회화를 설명하기 위해 고안한 언어적 방식으로 무용 예술을 설명하려고 한 것이다. 움직임을 통한 전달과 언어적 전달은 정반대의 메커니즘을 지녔고 그 특성은 상호보완적인 기능을 갖는다. 헌데 이들 초기 이론가들은 무용 현상의 본질에 대한 진정한 이해에 도달하지 못한 채 언어적 틀로 비언어 예술을 조명하고자 하는 실수를 저지른 것이다. 그리고 그것의 문제점조차 인식하지 못한 채 무용의 특성을 이해하려는 노력을 기울이지 않았다.

무용 언어가 이해하기 힘든 또 다른 이유는 헤겔이 지적한 바 있듯이 고정되지 않고 순간에 지나가 버리고 마는 불안정성에 있는데 이 때문에 무용 예술의 미적, 상징적 성격을 규명하고 그것의 자율성을 주장하는 데 어려움이 있다. 이것은 우리가 아직 무용 현상을 이론적으로 완전하게 설명해내지 못하고 있다는 것을 의미한다. 20세기 초엽 일부 무용 비평가와 학자에 의해 예술 표현론의 구조 위에 무용이 설명될 때 그것은 주로 새로운 무용 양식인 현대무용을 소개하기 위한 개괄적인 시도였다. 이제까지 무용 현상에 대한 본격적인 철학적 해명이 없었고, 극히 최근의 논의들에서도 무용의 아름다움이나 표현 · 상징 등의 의미 구조에 대한 설명이 완전하지 못하였다. 이러한 문제들은 순간적인 무용 현상이 기록 가능한가 하는 문제와 함께 무용의 정체성 문제와 관련된 것이다. 무용 현상의 정체에 대한 인식 위에 비로소 우리는 무용의 아름다움이나 의미 · 가치 등을 논할 수 있다. 이어지는 글에서는 여러 학자들의 무용 논의를 무용 정체성과 관련지어 논의한다.

다양한 무용 정체성 논의

무용학자들은 일반적으로 무용이 예술성을 획득한 시점을 20세기 초로 보고 있다. 그러나 무용이 예술의 분류에 들어갈 수 있었던 이유 중에서 무용의 예술성을 뒷받침해 주는 철학적 논의를 최우선으로 꼽기는 힘들다. 그 당시에도 헤겔처럼 무용을 자신의 예술 체계에서 제외시킨 철학적 편견이 해소된 것은 아니기 때문이다. 무용은 주요 예술 형태 중 유일하게 철학적 논의가 결여된 상태에서 그 예술성이 인정받게 되었다고 해도 과언이 아니다. 철학자들이 무용을 구체적인 논의의 대상으로 삼은 것은 금세기 중반 이후에 와서야 이루어지기 시작했고 그 이후의 전개 역시 그리 활발하지 못한 편이다.

무용이 예술성을 획득하게 된 요인 중에는 우선 20세기 초반의 사회와 문화 전반에 일고 있었던 엄청난 변화를 들 수가 있다. 20세기에는 예술의 대중화, 다양화, 그리고 결합 현상이 두드러진다. 우선 매체의 발달로 예술의 대중화는 대중 예술(popular arts)이라는 새로운 개념을 초래하였다. 이 용어는 이전의 엄격한 예술의 의미에서 탈피하여 순전히 오락용이라고 볼 수 있는 활동을 포함하여 일반인들이 보편적으로 접할 수 있는 많은 분야에 광범위하게 적용되었다. 기술의 혁신으로 영화 같은 새로운 표현 형태와 녹음 음악 같은 기존의 예술 형태와는 다른 다양한 형식이 생기면서 예술이라는 용어가 보다 폭넓게 사용되기 시작하였다. 또한 예술의 순수한 창작 의도보다는 행위 자체에 판단 기준을 두게 되는 경향도 생겨났다.

또 하나의 추세는 여러 가지 예술 형태를 결합해 보려는 시도가 늘어난 것이다. 이런 시도는 어떤 '완전한' 예술 형태를 찾아보려는 이전의 시도와는 성격이 틀린 것으로서, 오히려 결합 그 자체에서 새로운 표현 방법을 모색하려는 의도가 주를 이루었다. 각종 예술의 경계가 무너지고 또한 장르간의 구분이 흐려지면서 이전의 예술 체계에서 입지가 불확실했던 무용이 당연히 예술로서 인정받게 되었다. 여기서 주목할 것은 무용이 학문적으로 예술적 당위성을 인정받지 못하고 시대적인 흐름에 따라 예술이라는 개념의 보편화, 일상화로 인해 예술의 대열에 합류하게 된 측면이 없지 않다는 것이다. 따라서 무용의 예술성에 대해서는 당연시하면서도 여전히 철학적 논의는 실종된 상태가 바로 오늘날의 무용학의 실정이다. 물론 이것은 무용이 근본적으로 예술성이 부족함을 시사하는 것은 아니지만 이런 시대적, 사회적 상황이 무용에 대한 역사적 편견을 극복하는 데 결정적인 장애가 되었다는 점도 부인하기 힘들다.

무용 분야에서도 현대무용이라는 파격적인 장르가 생겨난 것은 우연치 않게 20세기 초반의 일이다. 현대무용은 발레의 인위적인 기법과 무용 이념에 대한 도전이었으며, 그 근본에는 움직임과 표현성의 결합과 안무자의 자율적인 욕구가 자리잡고 있었다. 현대무용의 선구자들은 이런 시도를 통해서 판에 박힌 발레와는 다른 무용 형태를 제시하고 새로운 예술성을 보여주고자 했다. 특히 현대무용 초기에 활발한 활동이 일어난 미국에서는 이 새로운 무용 형태가 발레보다 '민주주의적이고 지성화된(intellectualized)' 형태로 인식되어 특히 지식인들 사이에서 큰 호응을 얻었다. 그러나 이런 의도와는 상반되게 현대무용은 오늘날 1930~40년대의 열광적인 인기와는 달리 발레만큼이나 폭넓은 관객층을 확보하지 못하고 있고, 오히려 대중화라는 시대적 흐름에 역행하는 결과를 낳았다. 현대무용이 무용의 예술성 획득에 기여했다는 것은 소수의 지식인들이 그것을 고차원의 예술(high art)로 생각했다는 측면에서만 유효하다.

19세기 말 예술 표현론의 등장과 더불어 이사도라 덩컨은 자신의 새로운 춤을 설명하는 데 톨스토이(Lev N. Tolstoy)의 개념과 논리를 차용하기 시작하였고, 20세기 초 듀블러(Margaret H'Doubler)와 무용 비평가 마틴(John Martin)은 현대무용을 설명할 때 듀이(John Dewey)의 주요 개념들과 표현론의 기본 전제들을 사용하였다. 따라서 현대무용의 등장은 새로운 예술론의 구조에 들어맞는 새로운 무용 양식이었다. 새로운 예술 이론 속에서 무용은 유례없이 철학자의 호의적인 주목을 받기도 하였다. 랭거(Susanne Langer)와 같은 여성 철학자에 의해서는 그녀의 예술 이론을 증명하기 위한 대표적인 예술로서 상세하게 설명되었고, 이것은 철학자들에게 무용이라는 예술에 대한 기억을 환기시켜 주는 데 기여했으리라 생각된다. 그 증거로 스파샷과 같은 철학자로 하여금 무용 예술에 대한 철학적 해명이 실종된 것을 괴이하게 여겨 무용 예술에 관한 방대한 책을 쓰도록 하였다.

철학 분야에서는 현상학적 움직임이 일고 있었다. 현상학은 존재에 대한 새로운 인식 방법으로 그 대상이 인간일 경우 어쩔 수 없이 신체성을 강조해야 했다. 지구 내에 던져진 인간은 자신과 지구를 연결짓는 고리로서 신체를 이용해야 하는 것이다. 무용은 가장 뚜렷하게 인간의 신체성(corporeality)을 강조하는 예술로서 신체는 객관적인 세계를 주관적인 자신과 상호연관지어 주는 도구가 되는 것이다. 사르트르(J. P. Sartre)나 메를로-퐁티가 구체적으로 무용을 지칭하지 않았다는 것이 이상할 정도로 무용은 현상학적 접근 방법과 밀접한 관계가 있다. 시기적으로는 현상학자들이 1930~40년대에 크게 활약했고, 그 이후에 비로소 무용에 대한 논의가 활기를 띤 것도 이들의 영향이 크다고 할 수 있다.

예술에서 정체성의 문제는 워낙 그 내용이 광범위하여 다양한 각도에서 접근할 수 있겠는데 결국은 X라는 예술 형태를 놓고 볼 때 'X는 무엇인가?' 혹은 '무엇이 X인가?' 하는 식의 질문에 도달하게 된다. 이런 두 가지의 질문은 영어에서 'be'동사의 서술적(predicative) 용법과 재귀적(reflexive) 용법을 각각 반영하고 있다. 무용의 논의에서도 이런 두 갈래의 결말은 예외가 아니지만, 무용 매체의 난해함 때문에 정의적 성격을 띤 전자와 같은 결론은 거의 없다. 랭거는 "무용은 감정의 상징적 형태(symbolic form of feeling)이다" 라고 일찍이 말했지만 대부분의 학자들은 이보다 더 정확한 정의를 내리지 못하면서도 이를 거부하고 있고 오히려 무용의 본질보다는 외적으로 혹은 시각적으로 드러나는 요소들을 지적해 왔다. 여기서는 무용 예술을 보다 근본적인 차원에서 다룬 몇몇 학자들의 정체성 문제에 대한 접근 방법을 소개한다.

제랄드 마이어스(Gerald Myers)

제랄드 마이어스는 "무용 예술의 본질이 무엇인가?" 라는 문제를 움직임의 특질(quality of movement)이라는 개념으로 풀고자 했다. 이 개념에 대한 논의는 무용 분야에서 널리 인정받고 있다. 무용에서의 대부분의 미학적인 특성들이 일상적인 것들과는 달리 다양하여 포착하기 힘들다는 것을 인정한다면, 마이어스는 움직임의 질이 비평가와 같은 전문가들이 무용을 감상할 때 가장 본질적이고 중요한 요소가 되는 것으로 본다. 이러한 움직임의 특질들은 "성격, 키, 체중, 매너리즘, 노력, 감수성, 신체의 전체 혹은 부분 등의 종합적인 결과"이다.[5] 이와 연관지어 그는 자신의 논문에서 비평가들 사이에 존재하는 견해의 차이, 그리고 일반 무용 애호가들이 과연 비평가들이 보는 것을 볼 수 있는지 여부를 집중적으로 다루었다. 마이어스는 이 논문에서 무용이라는 대상을 접하는 사람들의 시각의 차이와는 별도로 이런 움직임의 질을 무용 움직임의 주관적이거나 객관적인 요소로 단정짓는 것에 대해서 경고한다.

움직임의 특질이 객관적인 것이라면, 그것은 단지 입신의 경지에 오른 비평가만이 볼 수 있는 매우 미세한 요소라고 할 수 있다. 이럴 경우 수준급 비평가들 사이에서 벌어지는 의견의 불일치는 통찰력상의 차이로 설명할 수 있을 것이다. 이와 반대로 대다수의 무용가들이 생각하듯이 움직임의 질이 주관적인 것이라면 그것은 이런 논의에 있어서 별다른 방향 제시를 해주지 못할 것이고 무용 비평가들과 나아가서 무용가 자신들의 신뢰도나 지위를 떨어트리기만 할 것이다. 그렇기 때문에 무용 예술의 정체성 문제의 상당 부분은 거기에 관여하는 이들이 이러한 주관적인 관점을 고수하는 데에 있다. 예를 들어 어떤 비평가가 자신의 평을 듣고 동료들로부터 "우리는 그렇게 안 보았는데……" 하는 식의 비웃음을 받았다고 가정해 보자. 그때 그에게는 "단지 내가 받은 인상이 그랬다"하

5 G. Fancher & G. Myers(ed.), *Philosophical Essays on Dance*(Dance Horizons, 1981), p. 37.

는 식의 변명이 자신의 체면을 구해 줄 수 있는 탈출구가 되는 것이다.

그러나 그보다 더 문제가 되는 것은 안무가나 무용가들의 보편적인 태도이다. 그들은 작품 속에서 자신이 발견하는 미적인 특질이 확실히 존재한다고 가정하면서도, 어떤 작품에 대해서 자신이 의도한 바와 다른 방향의 평을 받았을 경우, "비평가마다 보는 눈이 다르니까……" 하는 식으로 무마해 버리는 것이다. 즉 비평가들에 의한 이러한 요소의 발견을 단지 개인적인 반응에 불과하다고 그 의미를 축소시키는 것이다. 그럼에도 명백히 보는 이로 하여금 무언가를 느끼게 하는 것이 보는 이 자신의 감정이 아니고 그런 느낌을 유발시키는 대상인 춤이기에 주관주의는 근본적으로 설득력이 없다. 춤은 객관적인 요소만으로 이루어지는 것이 아니다. 어떤 움직임을 가볍거나, 무겁거나, 빠르거나, 느리거나 하는 식으로 보는 데에는 웬만한 사람도 관찰할 수 있는 객관적인 요소가 있다.

무용에서의 움직임은 의미 형성 방법이나 표현상의 차이로 일상적인 움직임과 구분된다. 그러므로 마이어스가 "무용의 본질은 움직임의 질이다" 혹은 "무용은 움직임의 질의 창조다" 라고 할 때 그런 요소는 분명히 있는 것이다. 안무가나 무용수는 자신들이 무엇을 의도하고 있는지를 아는 것이고 그런 것에 대한 확신을 가지고 있어야 한다. 한편 비평가들을 포함하여 공연 환경에서 무용 예술을 제대로 감상하려는 이들은 무용의 테크닉, 안무적 전통, 그리고 타 작품들과의 연관성 등에 대한 지식이나 경험을 가지고 있어야 하는데, 특히 무용에서는 그렇지 않은 경우가 많다. 결국 마이어스가 주장하는 것은 단순히 신체적인 특성 이상을 인식하고 거기에서 파생되는 질을 구별할 줄 알 때 무용 감상도 제대로 이루어지고 진정한 무용 현상의 정체를 파악하게 된다는 것이다.

데이빗 베스트(David Best)

베스트는 무용을 철학적 숙고의 대상으로 삼은 몇 안 되는 철학자 중 한 사람으로서 표현론 분야에서 널리 인정받고 있다. 베스트는 무용에서 빠질 수 없는 요소인 움직임을 연구 대상으로 삼았는데 주로 움직임 표현과 의미의 관계를 조사함에 있어 존재론적인 차원에서는 일상적인 움직임과 무용 움직임 간에 차이가 없다는 전제하에서 논의를 진행시켰다. 이런 논의를 이해하고 무용에 적용하는 데는 그가 지적하는 의미론과 행동주의, 그리고 전통 이론 등 주요 철학 이론의 모순, 그리고 이런 모순을 극복할 수 있는 판단 기준이라는 개념에 대한 이해가 필요하다. 그러나 이런 내용을 구체적으로 설명하려면 상당한 지면이 필요한 관계로 여기서는 기존 이론들이 갖는 결정적 약점과 움직임의 실체에 대한 베스트의 논의의 핵심인 판단 기준이 갖는 의미만을 제시하겠다.

의미론의 모순의 근본에는 상대가 없으면 잘 설명되지 않는 두 개의 연관된 오해가 있다. 어떤 대상의 의미가 ① 그것을 지칭하거나 상징하는 것이라는 가정과 ② 지칭되는 그 대상이 제대로 사용되는 여러 경우의 공통된 특징이라는 가정 등이 그것이다. 이런 오해를 통한 해석에서는 대상의 의미는 불필요하게 제한되어 표현력을 잃게 된다. 특히 베스트는 "X란 무엇인가?" 하는 식의 정의적인 질문의 함정을 지적한다. 이런 질문은 일종의 유도심문으로서 X를 반드시 무엇으로 규명해야 하는 어려움과 제약이 따르는 것은 물론, 서술어에 해당되지 않는 모든 대상들은 X가 될 수 없다는 모순도 생겨난다. 의미론에 있어서 논리는 반드시 이렇게 정확하게만 성립되는 것이 아니다.

전통 심신론의 오류는 감정과 행동 간의 관계를 인과적으로 설명하려는 데 있다. 고통을 느끼는 사람의 경우를 놓고 볼 때 그런 감각은 정신적으로도 느껴지지만 소리를 지른다든지 대굴대굴 구른다든지 하는 행동(움직임)으로도 나타나는 것이다. 그럼에도 그런 외적인 감각의 표현은 정신이 어떤 '지시'를 내려서 이루어지는 것이 아니라는 점이 명백하다. 이와 반대로 행동주의는 정신을 거부하고 인식의 토대가 되는 경험을 과학적 증거로 간주하면서도, 그런 경험이 결국은 누군가(어떤 정신체)가 겪는 것이라는 사실을 간과한다. 여기서 논리적 오류의 핵심은 당사자는 자신의 경험에 대해서는 관찰의 도움 없이도 그것이 벌어지고 있다는 것을 '직감적으로' 발견하지만, 다른 사람들의 경험에 대해서는 관찰을 통해서만 배울 수 있다는 모순이다. 결국 이런 주요 이론들의 약점들을 종합해 볼 때 신체적 행동과 정신적 경험 간의 관계를 규명해 줄 수 있는 논리적 연결고리가 필요하고, 그런 연결고리를 염두에 두고 신체적 행동의 의미를 파악해야 하는 것이다.

베스트가 제시하는 그 연결고리가 판단 기준이다.

> A가 B의 판단 기준이 된다는 것은 A의 현존함이 B의 현존함에 대해서 필연적인 이유가 된다는 것을 의미한다.[6]

도로 위에 피를 흘리면서 뒹굴고 있는 사람을 보고 그 사람이 연기를 하고 있다고 의심할 만한 이유가 없다면, 그것만으로도 그 사람은 고통을 겪고 있다는 것을 알 수 있다. 그러나 나뒹구는 동작이 고통의 유일한 판단 기준도 아니고 나뒹구는 사람이 반드시 고통을 느끼지 않을 수도 있기 때문에 어떤 사람이 도로에서 나뒹구는 것은 고통의 유일하거나 충분한 조건이 되지 못한다. 그럼에도 그런 사람의 동작이 무엇을 의미하는지는 알 수 있고 그 범위도 비교적 제한되어 있다. 그렇기 때문에 판단 기준이란 해석상의 융통성을 부여하지만 비논리적인 결론은 결코 용납하지 않는 것이다.

---

6 D. 베스트, 김말복 역, 『움직임과 예술에 있어서의 표현』(현대미학사, 1995), p. 108.

그렇다면 어떤 무용 작품에서의 움직임에 대한 여러 사람들의 해석적 추론은 반드시 동일한 해석을 낳지는 않겠지만, 적어도 그중 논리적이라고 판단되는 것들 간의 차이점은 내용보다는 정도의 차이로 나타날 것이다. 즉 어떤 움직임을 보고 한 사람은 그것이 행복을, 다른 사람은 그것이 슬픔을 나타낸다고 한다면 거의 확신을 갖고 둘 중 한 사람은 틀렸다고 할 수 있을 것이다. 대부분의 무용 작품들 역시 사회·문화·역사적 배경에 의해서 크게 영향을 받을 수 있으나 그렇다고 해서 어떤 해석도 가능하다는 것은 결코 아니다. 무용 예술에서의 미적 의미가 감정적 느낌이 아닌 움직임 혹은 운동 감각적 느낌이라는 주장도 역시 전통론의 변형에 불과한 것이며, 예술가만이 자신이 의도한 바를 알거나 제일 잘 알고 있다고 주장하는 일부 무용가들은 무용의 의미에 대한 논리적인 사고가 결여된 사람들이다. 베스트의 판단 기준이란 "무용의 의미는 무엇인가?" 라는 질문에 대한 해석 기준으로 생각해 볼 수 있겠다. 베스트의 이러한 무용 현상에서 의미의 추구는 여러 철학자들에 의해 번번히 무용에서 결여되어 왔다고 지적되는 무용 상징의 의미나 구조를 밝히고자 하는 언어적 지각 작업이라 볼 수 있다.

넬슨 굿맨(Nelson Goodman)

넬슨 굿맨은 어떤 작품이 무엇이냐 하는 물음에 대해 먼저 어떤 작품이나 예술이 대필적(allographic)이냐 자필적(autographic)이냐 하는 문제를 다루었다. 어떤 작품이나 예술이 대필적이라는 것은 근본적으로는 기록(recording, 혹은 notation)이 가능해야 하며 그 기록에 따른 작품의 재현(recreation)이 가능해야 한다. 대필적인 예술의 전형으로는 악보가 있는 음악을 거론할 수가 있겠는데, 한 단계 더 나아가면 어떤 악보에 대한 '진품' 혹은 '원본' 공연은 없다고 볼 수 있다. 연주자는 악보를 해석하는 데 있어서 같은 악기로도 다양한 음을 만들어 낼 수는 있겠지만, 악보에 의해서 제한을 받는 한 연주 결과는 어떤 범위 내에서는 서로 비슷할 수밖에 없고 그 범위 내에서는 모조품이란 없는 것이다. 물론 음악에서도 작곡이라는 대필적이지 않은 요소가 있으나, 연주 그 자체는 악보라는 기록이 있는 경우에는 완전히 대필적일 수가 있다. 그러나 재즈 연주에서처럼 소음이 아니면서 예술로 여겨지는 즉흥적(improvisational)이고 자필적인 음악 연주도 있다.

원본(original)과 모조품(forgery) 간의 차이점이 중요하여 "아무리 원본과 똑같은 모조품도 진품(authentic)으로 고려될 수 없는 예술 형태를 자필적이라고 한다."[7] 그러나 자필적이라는 것은 동시에 진품이 하나밖에 없음을 의미하지 않는다는 것이 특이하다. 예를 들어 판화의 경우에는 동일한 판으로 찍어낸 판화들은 모두 진품이겠지만 비슷한 판을 만들어 찍어낸 판화들은 물론 모조품이 되는 것이다. 여기서 판화와 무용예술 간의 유사성에 주의해야 할 것이다. 판화란 판을 만들고 또 판화를 찍는 2가지 단계가 있으므로 판을 만드는 작업은 자필적이어도 결과물인 판화를 찍는 작업은 (동일한 판화를 사용하는 한) 대필적일 수가 있다. 그러나 안무와 실제 춤의 두 가지 단계가 있는 대부분의 무용 공연에서는 안무가 기록에 의해 완전하게 재현되지 않는다고 볼 경우 동일한 안무만으로 같은 춤을 계속 '찍어낼 수는' 없다.

그렇다면 무용은 반드시 자필적인 분류에 들어가는 것인가? 어떤 무용 작품의 기록이 가능하다면 결국 무용은 대필적일 수도 있다. 그럼에도 무용은 3차원적인 인간 신체의 즉각성에서 비롯되는 매체의 특수성 때문에 다른 예술 형태들과 비교를 할 수 없다. 무용은 가장 뚜렷하게 자필적인 예술 형태 중 하나인 회화처럼 시각적이지만, 기록 체계를 지니고

7 Nelson Goodman, *The Role of Notation, What is Dance*(Oxford University Press, 1983), p. 400.

있는 음악 연주처럼 일시적으로 일어나는 현상이다.

그러나 무용이 꼭 기록이 불가능하다고 하는 것도 반론의 여지가 있다. 현재 사용되고 있는 무용보도 경우에 따라서는 '충분한' 기록 체계로 볼 수 있다. 어떤 기록 체계라는 것은 기본적으로 지켜져야 할 요소들을 표기해 놓은 것이지 모든 요소들을 표기하는 것은 아니다. 예를 들어 음악의 악보에서 '피아니시모'의 표기가 정확히 어느 데시벨 정도로 연주하라는 암시를 해주지는 않는다. 물론 한 음악가가 같은 작품을 두 번 연주하는 것은 무용수가 같은 춤을 두 번 추는 것과는 차이가 있다. 무용수의 신체라는 매체는 음악가가 사용하는 악기보다 그 변화의 가능성이 무궁무진하기 때문이다. 그럼에도 무용수나 음악가 모두 나름대로 작품에 자신의 '서명'을 하게 되는 것이고 굿맨이 말하듯이 모든 예술은 궁극적으로 자필적인 요소가 있는 것이다. 이런 의미에서의 자필성은 실행의 정확성이나 기록 가능성 같은 표면적인 요소들로 평가하는 것이 아니다. 마이어스의 특질 개념과 함께 이러한 논의가 무용의 정체성 문제와 관련될 때 그것은 무용을 크게 구조와 특질로 대별해서 어느 것을 무용의 정체적 요소로 충분하다고 볼 것인가 하는 문제로 귀결된다.

프란시스 스파샷(Francis Sparshott)

프란시스 스파샷은 굿맨과 비슷한 측면에서 무용의 정체성에 접근하였다. 스파샷은 캐나다 철학자로 자신의 방대한 철학적 기초 위에 해박한 무용 지식을 모아 최근 2권의 매우 유용한 저서를 출간하였다. 논의 대상이나 그 내용이 워낙 방대하기 때문에 여기서는 본 논의와 연관성이 있는 일부분만 소개한다. 스파샷의 무용의 정체성에 대한 논의는 「백조의 호수」의 수천가지 해석의 동일성을 주제로 삼고 있다. 예를 들어 현대적인 발레단이 공연하는 현대적(modern) 해석의 「백조의 호수」와 '원조(classical)'「백조의 호수」 간에는 실행하는 움직임의 수나 난이도에 있어서 현저한 차이가 있을 수 있다. 그럼에도 두 공연을 보는 관객들은 자신들이 「백조의 호수」를 보고 있다는 것을 의심하지 않는다. 이것은 굿맨의 논의의 측면에서 보면 모순적이다.

스파샷은 원본이나 진품이나 모조품의 문제를 논하는 것이 아니라 "x가 y와 동일한 작품인가?" 라는 질문을 하고 있는 것이다. 여기서 스파샷은 외형상 서로 매우 다른 2개의 작품들이 동일한 정체성을 지닐 수 있다고 주장한다. 물론 동일한 정체성(sameness 혹은 same identity)을 지니고 있다는 것은 동일하다는 것(identical)과 차이가 있다. 스파샷에 의하면 x와 y를 비교할 때는 질문 그 자체에서 x와 y를 구분함으로써 두 개가 별개라는 것을 이미 인정하고 있다는 것이다. 동일성과는 별개로 동일한 정체성의 문제에 대해서 스파샷은 이상주의와 현실주의, 물질주의와 형식주의, 그리고 역사적 정통성 등 여러 가지 판단 기준을 고려해야 한다고 말한다.

> 이미 공연된 무용 작품을 재현하려면 이상주의와 현실주의의 대립은 해결할 수 없는 문제를 야기한다.[8]

특히 오래된 작품의 스텝을 정확하게 반복하게 되면, 그것이 낳는 효과는 원래의 안무가가 의도한 것과 매우 다를 것이다. 반대로 원래의 효과를 목표로 삼는다면, 앞선 작품의 인식할 수 있는 정체성을 희생할 수밖에 없다. 원칙적으로는 「백조의 호수」를 완전히 새롭게 해석한 작품, 마지막 한 스텝까지 똑같이 본딴 작품, 그리고 새롭게 해석한 작품을 본딴 작품들은 제각기 틀린 것이다. 그러나 실용적인 측면에서는 중요하지 않은 문제다. 결국 어디다 중점을 두느냐 하는 것이 관건이다. '실제로

8 F. Sparshott, *A Measured Pace*(University of Toronto Press, 1995), p. 414.

있었던' 「백조의 호수」를 보고 싶은 사람은 그런 해석을 보러 가면 되는 것이고, '무언가 새로운' 「백조의 호수」를 보고 싶은 사람은 새로운 해석을 보면 되는 것이다. 두 개는 같은 해석은 아니겠지만, 분명히 둘 다 「백조의 호수」인 것이다.

이런 문제를 형식주의와 물질주의의 문제에 적용해 볼 때 또 다른 대립을 볼 수 있다. 어떤 작품의 모든 무용수들을 갈아치워도 작품은 남아 있다. 그 형식은 살아 있는 것이다. 반대로 어떤 작품의 공연이 중단되고 무용수들이 뿔뿔이 흩어지더라도 그들이 작품 내에서의 자신들의 역할을 머릿속으로 기억하고 실행할 능력이 되는 한 작품은 항상 재현될 수 있다. 이것은 사람들이 무용 작품에 대해서 어떻게 생각하느냐에 따라 보는 시각이 틀려지고, 또한 전자의 경우에서 교체해 들어간 무용수와 후자의 경우에서 흩어진 무용수도 서로 상반되는 해석을 할 수도 있다. 그렇기 때문에 작품이란 그것이 존재하는 시대적 혹은 역사적 배경에 우선권을 두게 되는 것인지도 모른다. 단지 무용에서의 역사란 이전과 똑같은 내용을 반복하는 것이 아니라 공연을 통해 작품을 '재창조'하고 '새로운 역사'를 만드는 작업인 것이다.

맥신 쉬츠(Maxine Sheets-Johnstone)

맥신 쉬츠는 잘 알려진 무용학자 중 처음으로 무용에 대한 철학적인 접근을 시도한 선구자적인 존재다. 무용에 대한 그녀의 현상학적 접근은 무용과 철학 분야에서 최초의 시도였고, 주요 저서인 『무용의 현상학』은 무용 분야에서 필독서로 자리잡고 있다. 이 저서에서 그녀는 무용의 지각이라는 구체적인 활동에 현상학이라는 철학적 접근 방법을 적용시킴으로써 "무용에서 무엇을 어떻게 보아야 할 것인가?" 에 대한 주제를 깊이 있게 다루고 있다. 쉬츠는 무용이 복합적인 요소들을 내재하고 있기에 정확한 기록이 가능하지 않고 그렇기에 다분히 자필적인 면이 있다고 본다. 무용 예술의 실체는 공간과 힘이 작용하는 3차원성과 순간성의 현상이기에 지나치게 조작적이거나 서술적(narrative)인 무용 형태는 무용의 근본적인 특성과는 상반되는 것이라고 쉬츠는 생각한다.

춤은 이러한 생생한(lived) 예술 형태이기에 그것의 정체성을 파악하는 데 가장 중요한 것은 체험된 경험이다. 춤의 본질이나 의미에 접근할 수 있는 방법은 그것에 대한 반성적이거나 사전 숙고를 통해서가 아니라 그것을 직접적으로 접함으로써 이루어지는 것이고 춤을 '둘러싸고' 있는 요소들보다는 춤 그 자체, 즉 현상의 기술에서 시작되어야 한다.

> 춤을 추는 무용수 역시 생각하는 사람이 아니라 단지 힘의 중심점이 되는 춤의 재료로 존재하여야 한다.[9]

무용에는 또한 움직임에 일상적인 의미 이상을 부여할 수 있는 요소가 있다. 마이어스는 이것을 움직임의 질이라고 하고 쉬츠는 '역동적 선'이라는 개념으로 설명하고 있다. 쉬츠는 자신의 차후 논문 중 하나인 「움직임으로 생각하기」에서 즉흥 무용의 개념을 논하는데, 이것은 무용의 정체에 대한 내적인(internal) 관점, 즉 무용을 보는 사람이 아닌 춤을 추는 사람의 관점이라는 면에서 시사하는 바가 많다. 쉬츠가 의미하는 즉흥 무용이란 사전의 안무 없이 무용수가 일종의 무의식 상태에서 창조하는 무용의 형태를 지칭한다. 무용수는 움직임에 사로잡혀 일반적인 사고가 아닌 '움직임'으로 생각하고 그것의 필요나 요구에 따라 움직이게 되는데, 이것은 대부분의 무용 공연 형태와는 상당히 차이가 있다. 즉, 그녀가 제시한 것은 일반 공연의 하찮은 요소들을 완전히 제거한 모든

---

9 쉬츠는 이를 만들어지고 있는 형태(form-in-the-making)라 칭함. Maxine Sheets, *The Phenomenology of Dance*(Dance Books, 1966).

진정한 무용 예술에 존재하는 '알맹이'에 해당한다.

결국 쉬츠의 이런 시도는 기존의 무용 형태가 지나치게 조작적이라는 간접적인 불만의 표시다. 시간적으로 그리고 공간적으로 제한된 무용 형태는 창작 단계에서 의미와 수단의 인위성을 면치 못하고, 움직임을 하나하나의 동작구로 그 외형에 집착하여 보게 만든다. 그런 움직임은 의미가 사전에 정해졌다는 면에서 인상적인 움직임과 별다른 차이가 없다. 인위적으로 창작된 춤의 감상에 있어서는 그 외형 이외에는 감상할 대상이 없으며 실체 역시 표면적으로 드러나는 것 이상이 될 수가 없다. 무용을 새로운 시각에서 보려면 시간이나 공간이나 힘 등을 별개의 객관적인 요소로 보는 것이 아니라 이러한 요소들의 '접합점'으로 보아야 하고, 그런 관점을 유발하는 것이 바로 무용의 진정한 예술적 형태이다.

이런 학자들의 논의를 종합해 보면 이들은 모두 무용의 실체를 접근하는 데 있어서 무용수나 움직임, 혹은 작품 속에서 쉽게 볼 수 없는 요소를 지칭하는 공통점을 찾아볼 수 있다. 마이어스는 객관적이지도 주관적이지도 않은 움직임의 질, 베스트는 외적인 판단 기준을 근거로 한 내적인 감정으로 나타나는 표현의 의미, 굿맨은 무용의 뚜렷하게 자필적 혹은 대필적 분류를 불허하는 난해함, 스파샷은 이상주의와 현실주의, 형식주의와 물질주의, 그리고 역사적 전통에 크게 좌우되는 춤의 독특한 정체성, 그리고 쉬츠는 '움직임으로 생각하는' 창조 정신을 가리킨다. 이러한 개념들이 흔히 무용에서 객관적이거나 외형적인 요소로 논의되는 부분과는 다르다는 점이 무용의 진정한 정체성의 논의에 새로운 가능성을 제시해 주는 것이다.

정체성 파악에서의 고려 사항

삼위일체

아리스토텔레스는 생각(thought)에 대해서 분리할 수 없는 세 가지 요소를 지적했다. 정신(생각하는 사람-thinker)이 생각하는 주체가 되고, 그런 주체의 대상인 생각(thought)이 있고, 또한 그런 생각을 생각하는 행위(thinking)가 있는 것이다. 무용은 예술 중에서 가장 즉각적이고 현장감이 강하기 때문에 이런 삼위일체(trinity-in-unity) 관계를 적용하기가 특히 용이하다. 어떤 무용 공연에서든 무용수(dancer)와 춤(dance), 그리고 춤추는 행위(dancing) 등 뚜렷하게 분리되어 있으면서도 서로가 없으면 존재할 수 없는 세 가지의 요소들이 있다. 다른 예술 형태에서는 이런 삼위일체의 관계가 드러나지 않는다. 물론 어떤 그림이 있다면 그것은 필시 화가가 그림을 그리는 행위를 통해서 이루어낸 결과물일 것이다. 그럼에도 그것을 보는 사람들은 그림을 그리는 실제 행위에 대해서는 별다른 관심이 없다.

음악의 경우, 공연 예술인 관계로 적어도 라이브 공연장에서는 이런 세 가지의 요소가 함께 있다고 볼 수 있으나, 악보와 악기의 제한을 받기 때문에 행위 자체에 대해서는 별다른 신경을 기울이지 않게 된다. 좋은 음악을 들었을 때 대부분의 관객들은 그 음질에 감탄할 뿐, 음악가의 믿을 수 없을 정도로 빠르고 정확한 손놀림은 훈련의 당연한 결과로 받아들인다. 다시 말해서 수단과 결과 간에 필연적인 관계가 있고 그러한 제한은 표현의 범위를 극도로 축소시키는데, 이것이 또한 음악이 역사적으로 매우 동떨어진 예술 형태로 취급받은 이유 중에 하나다. 이런 맥락에서 볼 때, 무용이 열등한 예술 형태로 취급받은 이유는 시대적 편견이나 베스트가 암시했듯이 논리적으로 잘못된 철학적 숙고에 불과한 것이다.

또 다른 측면에서 보면 이러한 세 가지 요소 중 어느 측면에서 무용 예술을 보느냐에 따라 그 정체성이 크게 달라지는 면이 있다. 예를 들어 어떤 춤에 대해서 춤 그 자체만을 놓고 볼 때 고려할 만한 사항은 그 춤이 행해지는 사회 · 문화 혹은 역사적 배경 외에는 별다른 것이 없다. 물론 상당수의 민속춤을 포함하여 이런 측면만이 중요성을 갖는 경우도 있으나, 일반적으로 그런 형태를 예술로 분류하지는 않는다. 비평가들의 경우, 무용수에 초점을 맞추어서 무용 예술의 정체성을 규명하려는 경우가 많다. 어떤 무용수가 동일한 춤을 두 번 출 때 그 결과물에는 미세하나마 차이가 있을 수 있다. 물론 그 간격이 하루일 경우와 몇 년일 경우에는 그 정도가 서로 다르게 나타날지도 모른다. 또한 어떤 다른 무용수가 동일한 춤을 시도할 때도 그 결과물이 원래의 작품과 동일하다고 착각하는 사람은 없을 것이다.

그렇기 때문에 무용수와 춤은 구별이 가능하다. 어떤 춤은 그 정체성에 대한 판단 기준이 있는 것이고, 그러한 판단 기준은 반드시 유일하거나 충분한 것은 아니다. 무용수의 정체성에 대해서는 논란의 여지가 없지만 x라는 공연과 y라는 공연이 동일한 춤이었냐 하는 문제에 대해서는 끊임없는 논란이 있을 수 있고, 또한 그러한 논란이 없다면 무용 예술은 매체상의 특성을 상실하는 것이다. 그러나 이런 판단 기준이라는 것도 논리적이거나 실용적인 기준을 두어야 하기 때문에 어떤 춤이 무용수나 해석 방법이 조금씩 변형되어 끝에 가서는 그것을 못 알아볼 정도가 되는 경우는 드물다. 최초의 「백조의 호수」와 같은 구성(version)의 최근의 해석까지가 「백조의 호수」로 인식되는 이유는 단지 제목 때문만은 아니다.

무용수와 춤을 분리시켜서 고려한 이상, 추가로 춤을 추는 행위를 이 두 가지 요소와 별도로 고려할 필요가 있는 것일까? 이 질문에 대한 대답은 작품에 따라 달라지고 또한 무용 예술의 정체성 문제의 핵심이 된다. 이때까지의 무용 분야에서의 논의도 역시 이런 구분이 갖는 의미를 간과

해 오고 있다. 춤과 행위를 구분하는 것은 확실히 눈에 띄는 무용수의 움직임의 패턴으로부터 그런 움직임에서 파생되는 효과를 분리해내는 것이다. 행위와 무용수를 구분하는 것은 실행과 의도자를 나누는 것이다. 이런 구분이 가능하지 않다면 그 이유는 두 개의 요소 중 하나가 상대적으로 너무나도 중요하거나 강조되어 다른 것이 보이지 않기 때문일지 모른다. 부인할 수 없이 존재하는 이 세 가지의 요소가 조화를 이루어 낼 때 무용 예술의 정체는 비로소 올바르게 인식될 수 있다.

무용과 음악

무용 예술의 정체성은 흔히 음악과 연관되어 논의되어 왔다. 이 두 개의 예술 형태는 리듬이라는 매우 근본적이면서 공통된 요소를 지니고 있으며 또한 음악을 들을 때 사람들은 습관적으로 움직이고 싶은 충동을 느낀다. 모든 문명의 시초에서 발견되는 예술 형태가 동서양을 막론하고 무용 · 음악 · 시가 결합된 형태였고 그로부터 각각의 예술이 분리 발전하였다는 주장은 역사적으로 오랜 근거를 가지고 있다. 음악과 밀접한 관계를 지니는 무용의 역사를 돌이켜 보면 새로운 무용 이념들의 등장과 함께 무용의 자율성이 얘기될 때마다 음악으로부터의 독립이 주장되곤 하는 것은 아이러니가 아닐 수 없다. 음악이 없는 무용은 춤이 없는 음악과 같은 입장이 아니다. 음악은 가사와 같은 다른 표현 형태들과 결합이 가능하지만 무용은 다른 파트너가 없다. 이런 측면에서 보면 음악이 없으면 무용은 존재할 수도 없는 것이다. 그러나 이런 모든 생각이 역사적인 편견의 영향을 받았다고 했을 때, 과연 이 둘간의 관계는 논리적으로 어떻게 규명될 수 있는 것일까?

스파샷은 음악과 무용 간의 관계를 주제로 삼은 이제까지의 논의가 다음의 네 가지 형태중 하나 혹은 여러 개의 생각을 띤다는 결론에 도달하고 있다.[10] ① 노래가 마치 입의 춤인 것처럼 무용은 음악과 연속적인 것이다. ② 무용은 음악을 유발하는 충동의 연장(continuation)이다. ③ 무용과 음악은 추상적인 방식으로 연관성이 있다. ④ 의미나 구분에 있어서 무용과 음악은 유사성이 있다. 결국 무용과 음악은 자연스러운 파트너 관계가 되는 것이고, 그렇기에 어떤 범위 내에서는 서로 어울리는 음악과 춤이 있는 것으로 생각되어 왔다. (물론 반주가 없는 춤도 있고, 어떤 음악은 어떤 춤과도 어울리지 않을 수도 있다.) 또한 음악의 의미가 난해한 것이라면, 음악과 이런 밀접한 연관성 있는 무용의 의미, 그리고 음악의 의미와 무용의 의미 간의 관계도 매우 복잡할 것이다.

그렇다면 두 개를 결합해 놓았을 때 그중 어느 것이 '지배적'이거나 '월등한' 것일까? 이제까지의 논의에서는 음악 쪽에 점수가 많이 주어졌다. 헤겔도 움직임이 음악의 표현적 결과라는 것을 암시하였고 무용이 음악의 해석 형태라는 주장도 있었다. 반대로 무용이 시처럼 음악의 근거가 된다는 의견은 별다른 주목을 받지 못했다. 그럼에도 루이 14세는 17세기 중반에 이미 학문적 논의를 근거로 가장 훌륭한 무용 형태는 악기를 요하지 않고, 음악에서는 귀만을 가지고 즐거움을 느끼지만, 무용은 귀를 필요로 하지 않는다고 함으로써 무용의 우월성을 간접적으로 시사했다. 물론 이것은 무용이 우아하고 점잖은 매너를 익히는 데 도움이 된다는 프랑스인들의 생각과 루이 14세의 무용에 대한 애정이 크게 작용했을 것이다.

어떤 음악에 적합한 춤이 있거나 어떤 춤에 대해서 적합한 음악이 있는지의 문제도 이것과 연관성이 있다. 까다로운 안무가는 자신의 춤에 맞추어 반주 음악의 작곡을 의뢰할 것이다. 기존 음악에 자신의 작품을 맞추는 것은 춤을 음악에 종속시키는 처사가 되기 때문이다. 대부분의 무용가들이 기존의 음악을 채택하는 이유는 시간, 비용, 편의 같은 실용

---

10 F. Sparshott, *Ibid.*, p. 215.

적인 면을 고려한 것이지 자신의 춤에 딱 맞아떨어지는 음악을 찾았기 때문은 아니다. 안무가들이 어떤 음악을 듣고 거기에 대한 춤을 창작해야 되겠다는 생각이 들어 작품을 만들 수도 있는데 그럴 경우 무용은 음악의 부수적인 결과물이라고 얘기할 수 있다. 그러나 작곡가들이 단지 작곡을 하고 싶어하듯이 안무가들도 춤을 창작하고 싶어하고 무용수들은 단순히 춤을 추고 싶어한다는 것이 이상할 이유가 없다.

그럼에도 음악이 무용보다는 더 보편화된 예술 형태고 관객들이 더 접하기 쉽다는 주장은 반박하기가 힘들다. 현대무용의 선구자인 이사도라 덩컨도 유럽에서 자신의 새로운 무용 형식을 전파하는 데 있어서 자신의 무용이 그 예술성에 상응한 수준의 음악으로 반주되어야 한다면서 이제껏 춤추기에는 어렵다고 생각했던 바그너의 「탄호이저」나 베토벤의 「7번 교향곡」 등 유명 작곡가들의 음악에 맞추어 춤을 추었다. 그리고 베토벤과 바그너 · 니체 등을 존경하는 대상으로 언급했는데, 미국에서는 시인 휘트먼을 지적한 사실을 미루어 볼 때 유럽인 작곡가 두 명을 포함시킨 것은 음악에 우선권을 부여하기보다는, 무용을 독립된 예술 형태로 고려하지 않는 관객들을 위해서 다른 예술 형태를 참조한 것으로 생각된다. 그녀가 바그너를 언급한 것은 그가 자신의 이상적인 종합예술극(Gesamtkunstwerk) 형태에서 당대의 예술가들이나 이론가들보다 무용에 큰 비중을 부여했던 것도 한 원인이다. 그러나 덩컨이 진정으로 의도한 바는 이미 확립된 음악 예술과 동등한 지위를 무용에 요구한 것이며 당시 유명한 작곡가들의 인기에 편승한 것이라 볼 수 있다.

덩컨 이래 대부분의 안무가들도 음악을 작품에 사용해 오고 있지만 음악이 무용 감상에 저해 요인이 된다는 것은 매우 아이러니한 일이다. 물론 창작 과정에서는 리듬이나 음악이 작품 전체를 묶어 주는 연결고리가 되겠지만, 어떤 안무가들은 지나치게 음악에 의존하고, 또한 어떤 관객들은 지나치게 무용 움직임을 음악의 맥락에서 본다. 이것은 쉬츠가 우려했듯이 안무 및 해석을 분절적(phrasal)으로 만드는 것이다. 음악과 무용은 리듬이란 공통점이 있지만 음악에서는 그 리듬이 독립된 음의 연주로 표현되는 반면 무용에서는 리듬이 연속적으로 이어지는 동작을 이끌어 주는 것에 불과하다.

그렇다면 무용에서 음악이 등장하는 데는 이때까지 논의된 것과는 다른 이유가 있을 수 있다. 무용가들의 무용이 워낙 난해하기 때문에 '대중적인' 음악이 일반인들의 접근과 이해를 용이하게 하는 면이 있다. 일반인들은 음악이 없는 춤을 이상하게 여기는데, 그것은 무용만으로는 오랜 시간 관객의 주의를 끌기가 어렵고 또 무엇이 표현되고 있는지를 이해하기 어렵기 때문이다. 이것도 역시 음악이 무용보다 표현력이 뛰어나다는 것을 암시할 수 있으나 한편으로는 음악이 더 단순하고 그렇기에 무용보다 열등한 예술 형태임을 의미한다. 그럼에도 계속 이런 식으로 우열을 가리는 것은 둘을 결합시키는 데 도움이 되지 않는다. 춤을 음악에 맞추거나 음악을 춤에 맞추기보다는, 예술가는 표현하려는 대상을 정하여 그것에 맞는 음악이나 춤을 개별적으로 혹은 함께 창조하면 된다. 이 둘을 제대로 결합시키려면 상당한 지식이 필요하며 무용사에서 뛰어난 안무가들은 대부분 탁월한 음악 해석 능력을 지닌 자들이었다. 이런 경우 이들의 우수한 음악적 재능과 안무 능력의 결합은 무용도 음악도 아닌 복합 예술 형태에 해당할 것이다. 무용은 이상적일 경우 종합 공연 예술이며 앞으로의 예술의 향방에서 핵심이 될 수 있다. 그러나 무용 분야의 현실은 그렇지가 않고, 많은 무용가들은 의식하지 못하고 있지만 상당수의 작품에서는 음악이 춤을 압도하며, 이런 현실이 무용의 정체성을 흐리는 주요 요소 중에 하나로 되어 있다.

발레와 현대무용

발레와 현대무용 간에 계속 이어지고 있는 대립 역시 무용이 예술로서 발전하는 데 저해 요소로 작용하고 있다. 20세기 초 후자의 등장은 무용 예술의 개념 자체를 바꾸어 놓았고 동시에 유일했던 기존의 조직적인 (organized) 무용 형태인 발레의 지위를 흔들어 놓았다. 이런 대립의 근원에는 현대무용가들이 발레의 '인위성'을 지나치게 강조하고 발레인들 역시 현대무용의 체계나 기술 수준을 의문시하는 데 상당 부분 기인한다. 어떤 면에서 무용인들은 이 둘을 별개의 예술 형태로 생각하거나 마치 둘 중에 하나에게만 예술이라는 칭호를 붙여주고 싶어하는 것 같다. 그러나 이런 경향은 무용 예술에 대한 그릇된 이해에서 비롯되는 것이다.

우선 발레의 현주소를 살펴보면 오늘날의 발레단이란 부유층의 후원으로 유지되며 적자를 면치 못하면서도 화려한 공연을 무대 위에 올려놓는 사치스러운 단체로 인식되고 있다. 그러나 사치스럽기 때문에 예술성이 결여되었다는 것은 결코 아니다. 오히려 그 역사적인 발전 과정으로 인해 표현력이나 의미의 범위가 경직되어 있다고 보는 시각이 보편적이다. 발레는 테크닉상 역사적으로 제한된 움직임 언어(movement vocabulary)를 지니고 있고 공연 환경이나 의상, 서술적인 요소들로 인해 그 표현력이 상당히 제한받는 것이 사실이다. 또 한편으로는 이러한 측면들이 발레를 접하기 쉽게 만드는 면도 있다.

이와 대조적으로 현대무용은 발레의 이런 엘리트주의적 경향에 대한 반발로 생겨난 면이 강하다. 현대무용은 움직임, 공연 무대, 의상, 그리고 춤의 구성 등에 있어서 발레와 정반대 방향을 추구했다. 이런 경향은 특히 1960년대와 1970년대 후기 현대파의 극소주의적(minimalistic) 움직임에서 극치에 도달한다. 현대무용은 표현력의 자유를 지향했다는 측면에서 '민주주의'적인 형태라고 자칭했으나 이미 언급했듯이 오히려 초기에는 발레보다도 호응을 얻지 못했던 것이 사실이다. 현대무용은 오늘날까지도 소수의 지식인층이 즐겨 보는 약간은 '이색적'인 예술 활동으로 여겨지고 있다. 그렇기 때문에 발레와 현대무용은 서로 다른 면에서 엘리트주의적인 요소가 있는 것이다.

결국 이 둘간의 대립은 무용과 음악의 관계에 대한 논의와 마찬가지로 우열의 문제로 귀결된다. 발레는 테크닉상의 전통성과 탁월함을 강조하고 현대무용은 제한받지 않은 움직임 영역을 통한 의미의 창조를 내세운다. 그리고 무용계에서도 무용에 대하여 어느 정도의 지식이 있는 사람들은 발레와 현대무용을 서로 다른 기준과 원칙을 가지고 평가하기도 한다. 적어도 서양에서는 이런 논의가 유효성이 있다 하더라도 우리나라를 포함한 다른 무용 형태가 행해지는 세계의 여타 지역에서는 이런 대립은 다른 관련 속에 해석될 수 있다. 왜냐하면 이 둘을 제외하고 다른 예술 형태로 분류될 수 있는 춤이 없는 상황에서는 둘간의 대립이 확연하지만 다양한 변형의 가능성이 이미 인정된 상황에서는 대립보다는 여러 춤의 형태들간에 공통점을 찾는 방향으로 학문의 관심이 집중되기 때문이다.

발레가 예술성을 인정받지 못한 이유는 그것이 행해졌던 시대적 편견이 큰 부분을 차지했고 이런 편견의 근원에는 심신이원론이 있다. 먼저 발레는 발생에서부터 16세기의 절대군주의 정치적 과시욕에 의해 사회적 문화적으로 중요한 활동으로 키워졌기 때문에 절대군주 제도와의 관련을 끊을 수 없었고 그러므로 귀족사회의 종말과 함께 발레의 중요성도 사라지게 된 것은 당연하다. 군주 제도의 정치적 이념을 표방하는 데 적절한 춤의 형태는 참여 형태의 것으로 오늘날의 전문적인 전시 무용의 형태와 다르고, 아카데미의 설립 이후 기법이 전문화되었을 때도 감각적이고 장식적인 기교의 과시를 중시하는 아카데미파의 전통에서 벗어날 수 없었다. 그리고 아카데미 출신의 아름다운 발레리나에 대한 성적 호기심도 발레 역사에서 최초의 예술 양식인 낭만발레를 꽃피우게 하였다.

그러나 낭만발레란 호칭을 얻었다고 해서 발레가 예술성을 인정받은 것은 아니었다. 발레리나의 아름다움에 이끌려 발레를 보러 온 관객들은 무용으로부터 진지한 은유나 지적 내용을 보고 싶어하지 않았다. 그러므로 19세기 말엽까지의 발레는 정신적 활동이라기보다는 감각적인 신체의 활동으로서 단지 볼거리(spectacle)에 불과한 것으로 여겨졌다. 발레가 감정의 표현이 상대적으로 부족하거나 결여되었다는 주장은 그런 사회 · 역사 · 문화적 배경 때문에 무용수들 자신이 예술성의 추구를 포기한 것과도 관련이 있다. 20세기 초에 들어서서는 심신이원론의 논리적 오류가 널리 인정되었기 때문에 시대적으로 요구되는 것은 어떻게 보면 무용수들 자신의 마음가짐이나 가치관의 변혁이지 반드시 혁신적인 춤 형태는 아닌 것이다.

현대무용도 철학적 논리에 의거하여 발생한 형태라기보다는 발레가 뒤집어쓰고 있는 이미지로부터 탈피하고자 하는 시도로 이루어졌다. 그러나 막연하게 잘못된 것을 피해 가는 것이 올바른 해결책에 도달하는 것이라는 생각은 근거가 없다. 행동주의와 심신이원론은 서로 상반되는 이론이라고 생각되지만 동일한 논리적 오류에 근거하고 있기에 둘 다 잘못된 것이라는 것이 좋은 예다. 진실이란 거짓의 반대편에만 있는 것이 아니라 거짓과 거짓 사이, 혹은 거짓과는 다른 차원에서 존재하는 것이다. 이런 면에서 현대무용은 발레의 외적인 요소와는 정반대의 방향으로 전개되어 왔으나 현대춤의 분명한 공로는 무용의 다양한 형태상의 가능성을 제시해 줌으로써 무용학자들이 그런 것들 사이에 어떤 공통 요소가 무용의 실제가 되는지를 질문하게 만들었다는 데 있다.

그러나 현실적으로 무용 분야에서는 이 둘간의 차이점을 조화시키려는 노력이 부족한 상태이다. 스파샷은 이런 무용의 정체를 완성시켜 주는 요소를 '주어진 의도(imputed intent)'라고 간접적으로 시사하였으며 쉬츠는 '움직임으로 생각하는' 정신 상태를 언급했는데 이러한 개념들이 정체성의 논의에서 올바른 방향 설정이 아닌가 싶다. 스파샷이 볼 때 「백조의 호수」의 후기 현대파적인 해석이 전통적인 「백조의 호수」와 동일한 정체성을 지녔다는 것은 예술가의 의도가 관건이 된다. 또한 쉬츠의 즉흥 무용이란 개념은 인위성을 탈피할 수 있는 순수한 현대무용 형태의 모색에서 비롯되었다. 그러므로 "무용은 X다" 혹은 "무용의 의미나 본질은 X다" 하는 식으로 단정짓기보다는 "X는 무용 예술이다"라는 확신만 가질 수 있으면 된다. 다행히 무용은 뛰어난 예술 형태이기에 이런 판단은 그리 어렵지 않은 것이다.

무용은 최상의 예술(highest art)이 될 수 있다. 무용의 매체는 신체가 그 주체가 되기 때문에 인간의 존재나 삶, 그리고 인간이 살고 있는 세계와 자연스럽게 연결고리를 지니고 있다. 춤을 추기 위해서 사람들은 별다른 노력을 기울이거나 훈련을 받지 않아도 된다. 춤은 삶의 과정에서 수시로 일어나며 흔히 감정이나 생각을 표현한다. 누군가가 '기뻐서 춤을 춘다'고 할 때, 사람들은 그것이 정확히 무엇을 의미하는지를 묻지 않아도 자신들의 경험을 통해 바로 인식할 수 있다. 그렇기에 춤은 예술로서 '인생의 단면(slice of life)'을 가장 잘 나타내고 있다. 무용은 관객의 입장에서 일상적인 움직임에 대한 경험을 토대로 그 의미가 직접적으로 전달될 수 있기에 지나친 조작이 불필요하다. 무용이 예술로서 인정받지 못했던 이유는 몸을 경시한 잘못된 철학적 사고와 20세기 초엽까지 일반적으로 유일한 예술 형태의 무용이었던 발레의 예술성에 대한 의구심, 비언어적 무용 현상을 설명하기 어려운 언어적 구조의 예술 이론, 그리고 지나치게 직접적인 전달 수단 때문이었다.

제2절 한국 춤에 나타난 미의식

유가와 도가 사상에서 발견되는 예술과 관련된 논의를 시작함에 있어 우선 언급해야 할 것은 '도(道)'와 '인(仁)'으로 대변되는 장자 미학과 유가 미학은 여러 면에서 상호보완의 관계에 있다는 점이다. 유가는 인을 예술의 절대 가치로, 도가는 도를 최고의 예술 정신으로 설명하고 있는데, 유교 문화권의 예술, 생활, 사상, 감정 모두에 지침이 되는 예악(禮樂) 사상에서 악은 도가 사상을 바탕에 두고 전개되고 있으며 예는 유가 사상에 바탕을 두고 전개되고 있다.

그리고 자연과 인간에 대한 근본적인 시각도 크게 다르지 않다. 물론 유교의 '자연의 인간화'와 도교의 '인간의 자연화'와 같은 주체와 강조점은 다르지만 이들의 관계에서 지향하는 기본 관점은 유사하다고 할 수 있겠다. 한국 사상에 대한 연구가 대부분 유교와 도교를 중심축으로 이루어지고 있기에 한국 예술 정신과 미의식에 대한 연구를 이로부터 시작하는 것도 크게 틀리지 않은 것 같다. 또한 이들의 논의에서 한국 전통예술의 특성들이 해명될 수 있는 보편적 설득력을 발견할 수 있다. 그리고 예술 정신과 미의식의 문제는 마치 동전의 양면과도 같아서 나누어 논의하는 것이 힘들지만 각기 예술 개념과 이상 그리고 지향하는 미의 경계를 중심으로 작의적으로 정리해 보고자 한다.

동양의 예술 정신

동양 예술의 명제는 인간은 천지에 순응해야 하므로 예술 역시 천지(자연)에 응해야 한다는 것이다. 동양의 예술 개념은 인간관과 자연관으로부터 분리되는 것이 아니라 오히려 동일한 사상적 맥을 지니고 있다.

> 유 · 도가 사상에서 자연은 생활, 사상, 감정, 인격 이 네 가지 방면에서 모두 인간의 최고 이상이었다.[11]

---

11 이택후, 권호 역, 『화하미학』(동문선, 1990), p. 151.

공자의 『악기(樂記)』에 드러난 자연[天地]에 대한 신앙은 순리(順理)이다. 즉 인간은 자연과 조화와 융합을 이루어야 한다. 고대 그리스의 예술이 자연을 모방하는 데서 출발하였다면 동양에서는 천지에 순응하는 것에서 이상적인 예술의 모습을 발견하였다. 서구 사상이 주객(subject-object)의 이원적 사고가 기본 틀을 이루어 왔다면 동양의 사상은 인간과 자연을 주객으로 보지 않고 하나의 묶음으로 보았다.

> 자연과 인간을 동질성으로 보고 자연의 길은 인간의 길이며 자연의 마음[天心]은 곧 인간의 마음[人心]이라고 보았다.[12]

동양의 예술은 이런 천인 동일의 기본 관점하에 이루어져야 했다. 이런 맥락에서 예술이란 무엇인가라는 물음에 대하여 그것은 인간과 천지의 조화(調和)라고 말할 수 있는 것이다. 이렇듯 인간과 자연의 조화를 가치 있는 것으로 생각하고 나아가 우주와 인간의 어울림의 표현을 절대의 미적 가치로 생각한 것이 인간 중심의 가치를 확대시켜 온 서양의 예술 정신과 근본적으로 다른 점이다.

> 천인동일(天人同一), 천인상통(天人相通), 천인감응(天人感應)은 화하(華夏) 미학과 예술 창작 중에서 광범하면서도 오랫동안 유행된 관념으로 이것은 바로 『주역』으로부터 동중서(董仲舒)를 거쳐 부단히 발전해 온 유가 미학의 근본 원리이며 또한 수천 년 간 중국의 역대 예술가들이 따라온 미학 원칙이기도 하다.[13]

---

12 윤재근, 『동양의 미학』(둥지, 1993), p. 162.

13 이택후, 앞의 책, p. 104.

그리고 이러한 자연과 인간의 조화를 꾀하는 실용적 수단으로 예술이 기능한다. 즉 개인의 인격 완성에 이르도록 하는 중요한 수단이 되는 것이다. 그리하여 예술의 실용성과 현실성이 강조되는 '인생을 위한 예술'의 전형이 확립된다. 이러한 생활 속의 예술 개념은 미(美)만을 추구하는 것이 아니라 '미선합일(美善合一)', '인미합일(仁美合一)'의 의미를 내포하고 있다. 여기서 인이나 선은 도덕적인 개념인데 그것은 바로 동양의 예술, 즉 악(樂)의 본질이 화(和)에 있기 때문이다(樂從和). 화란 대립하는 성질을 지닌 것들간의 해소와 이질적인 것들의 조화와 통일을 의미하는데 이는 구체적으로 몸과 마음, 사람과 사람, 천인간의 협동일치를 지칭한다. 그러나 같은 화를 추구할지라도 유가 미학은 인간 사이의 조화를 뜻하는 인화(人和)에, 장자 미학은 우주 자연과 천지만물이 동일함을 뜻하는 천화(天和)에 강조점을 두고 있다. 공자가 생각하는 인생을 위한 예술의 최고 경지는 선과 미의 철저한 조화통일의 경계를 의미하며 이는 인격의 부단한 반성을 필요로 한다. 그러므로 인생과 예술은 분리된 것이 아니며 예(禮)를 떠나 악(樂)을 생각할 수 없는 관점의 구조를 이해할 수 있다.

> 노자와 장자의 사상이 성취코자 한 인생이 사실은 예술적인 인생이었으며 중국의 순수한 예술 정신은 이러한 사상 계통으로부터 이루어진 것이다.[14]

노·장이 내세운 최고 개념인 '도(道)'는 인생에서의 깨달음이면서 동시에 최고의 예술 정신이기도 하다. 유명한 장자의 '포정해우(庖丁解牛)'의 예는 도가 현실에서 실현된 정경(情景)이며 동시에 예술 정신이

14 서복관, 『중국예술 정신』(동문선, 1990), p. 77.

현실 인생에 표출되었을 때의 정경이다. 포정(백정)이 소의 뼈와 살을 발라내는 데 신기(神技)에 가까울 정도여서 19년 동안이나 칼을 갈 필요가 없었던 이유는 그가 소를 보지 않고 마음의 눈으로 소를 보는 경지에 이르렀기 때문이다. 그러므로 도는 최고의 예술 정신과 본질적으로 똑같다. 최고의 예술은 최고의 인격을 대상으로 삼는다. 장자에 있어서는 도가 미(美)이고 천지가 미이고 덕 또한 미이다. 여기서 덕(德)이란 도의 드러남 또는 그 모습을 말한다.

예술이 덕을 표현하자면 먼저 예술을 행하는 자가 치심(治心)을 해야 함을 전제로 한다. 따라서 동양 예술은 고매한 인품과 자유로운 정신을 요구하고 있다. 즉 자연의 이치와 하나가 되어 정신이 상하로 천지와 더불어 유행하는 자가 예술가의 이상적인 모습이다. 『악기』에서는 예술가를 성자(聖者)라고 밝히고 있는데 성자란 인간의 근본을 알고 그 근본에 따라 자신을 다스릴 줄 아는 사람을 말한다. 그러므로 위대한 예술가는 반드시 인격 수양과 정신 해방으로써 기교의 근본을 삼아야 한다.

『악기』는 시가무(詩歌舞)의 발생을 감동에 두고 있다. 이때의 감동은 사물과 마음의 만남에서 일어나는 것으로 서양 미학에서처럼 인간의 주관적인 정서의 발로로 보지 않는다. 마음의 근본을 성(性)이라고 하고, 성이 사물을 만나면 온갖 정(情)·의(意)를 낳는다. 그러나 동양 예술은 강렬한 개성적인 감정의 토로를 배척하며 사람의 자연스런 감정마저도 사회화하여 현실의 심신과 사회 집단에 부합되는 조화를 추구한다.

> 중국 고대 음악은 결코 주관 내재적 개체 정감을 표현할 것을 요구하는 데 있는 것이 아니고 외재 세계의 보편 규율을 보여줄 것을 요구한다. 그것이 추구하는 것은 우주의 질서이고 인간 세상의 조화로, 그것은 곧 사람 마음이 당연히 갖추고 있어야 할 형식이고, 질서이며, 논리이다.[15]

따라서 중국 예술이 재현하는 것은 개별적이고 구체적인 사물이나 대상이 아니고 보편적 규율, 논리와 질서의 재현이며 그것이 표현하고 있는 것은 객관적이고도 보편적인 정감이다.

『악기』에 따르면 그러한 예술 표현의 과정에서 덕의 표현을 넓히되 그 형식을 꾸미고자 조작하려는 기교를 부리지 말라고 경고한다. 즉 기예[工]를 천한 것으로 보고(乙賤工也), 덕(내용)이 근본이고 재주(기교)를 말단이라고 생각한다. 이는 예술은 내용과 형식의 결합이지만 근본을 중시하는 동양사상의 가치 판단을 반영한 것이다. 이런 관점 아래서 예술가는 기교를 닦는 데 열중하기보다는 덕을 닦는 수행의 길을 가야 한다. 외형만을 꾸미는 정교한 테크닉을 경시하는 경향과 반비례하여 우수한 예술 작품의 중요한 평가 기준이 되는 예술 표현의 상태가 있는데 그것은 바로 작품 속에 내재된 동태적 에너지와 주체적 생명이다. 즉 외부로 표현된 형세(形勢)는 정적인 것이지만 그것의 본질을 동적인 성(盛)과 세(勢)에 있다고 봄으로써 고정된 형(形) 중에서 활발히 움직이는 고정되지 않은 형을 보고자 한다.

그러므로 "내재된 동태적 에너지와 주체적 생명력이 결핍되면 시·문·서·화·건축 중에서는 말할 것도 없이 모든 중국 미학에서는 수준이 낮은 작품으로 평가된다. 이것은 『주역』에서 강조하는 운동 변화의 천인동구(天人同構)적 세계관과 관계있는 것이다."[16] 『주역』에서 자연과 인사(人事)는 오직 운행 변화 중에만 존재한다고 여기는 견해, 즉 '생성'의 기본 관점은 바로 중국 미학이 예술 표현에서 운동감과 역량, 운율을 중시하는 근거가 되는 세계관이다. 세계가 운동 변화 중에 존재하듯이 미와 예술 역시 그러하다. 그리고 이러한 예술 표현의 특성은 흔히 중국의

15 이택후, 앞의 책, p. 42.

16 앞의 책, p. 99.

나 한국 예술에서 중시하는 선(線)적인 특성이다. 여기서 '선'이 중시되는 것은 그것이 생명의 운동이며 운동의 생명이기 때문이다.

그러므로 중국을 비롯한 한국 예술에서 중시되는 것은 정지된 상태의 대상 · 실체 · 외형이 아니라 대상의 내재적 구조 · 기능 · 관계를 밝히는 동태(動態)가 있어야 하는 것이고 동태가 있을 때 그 표현이 살아 있다거나 생명력을 지녔다고 얘기한다. 이런 특성을 지적하는 것으로 '기운생동(氣韻生動, rhythmic vitality)'을 비롯한 여러 개념들이 있는데 이러한 시각을 낳게 한 정신은 음양론적 기초 위에 확립된 주역의 세계관에서 각종 운동 변화 중에도, 즉 혼란스런 대립 중에 서로 마찰하고 서로 움직이는 중에도 여전히 질서와 조화를 추구하고자 하는 예술적 이상에 있다. 이러한 예술 정신에서는 고정된 순간의 영원함을 추구하는 것이 아니라 움직이는 중에서 평형의 순간, 잡다함 속에서의 질서와 조화, 자연과 사람 간의 상호대응과 일치를 표현하고자 한다. 이것이 바로 천지의 이치이고 이상적 경지이며 '생성'의 본체라 생각하기 때문이다.

미의식

> 서양 예술은 즐거움의 충만[樂]을 미적 가치로 인식하는 데 비해 동양 예술은 즐거움의 충만[樂]은 즐거움의 절제[禮]와 융합되어야 한다고 인식한다.[17]

『악기(樂記)』에서는 시가무(詩歌舞)를 예악이라고 칭한다. 여기서 악은 예술성을 지칭하고 예는 도덕성과 통한다. 이렇듯 미의식의 가치판단에 윤리적 가치판단이 융합되어 있는 것이 동양사상의 한 속성이다. 그

17 윤재근, 앞의 책, p. 56.

러므로 동양의 미개념은 엄밀하게는 미와 인(仁) 개념 그리고 미(美)와 선(善) 개념의 통합체이다.

유가사상에 있어서 예악을 위해 찾아낸 자아의식 혹은 해석의 기초는 인(仁)의 개념이다. 남을 사랑하는 정신[仁]은 인간으로 하여금 인간이 되게 하는 절대의 가치이면서 동시에 예술의 절대 가치이다. 공자가 말하는 '인' 자체는 심미적인 것이며 개념에 의해 확정될 수 있는 것이 아닌 다의성을 지니고 있지만 인은 미이며 선이고 의(眞)를 융합하고 있는 가치의 차원을 지닌다. 즐거움[樂]이란 인에 가까이 가는 마음이다. 그러므로 공자가 특별히 악을 중시한 것도 인(仁) 속에 음악이 있고 음악 속에 인이 있기 때문이다. 인을 내포한 악이 추구해야 할 미의 표준은 중(中)과 화(和)이다. 중이란 마음속에 천지가 가르쳐준 명(命)에 따르는 덕(德)을 품고 있는 것이고, 화란 그 품은 덕이 외부로 드러나는 것이다. 이런 중과 화의 이면에는 착한 마음을 충분히 감동시킬 수 있다는 선(善)의 의미가 함축되어 있다.

서구의 예술 표현에 비교하여 동양 예술에서 드러나는 미의식의 특징은 바로 절제에 있다고 하겠다. 이는 "한번 동(動)한 것은 한번 정(靜)으로 돌아가야 인간의 마음속이 화(和)를 이룬다(一動一靜 天地之間)고 본 동양 예술이 추구하는 미적 가치"[18]에 근거한다. 즉 동양 예술의 미적 가치는 인간의 마음을 자극하여 움직이게 하기보다는 이를 정적인 상태로 변용시키는 데 있다는 것이다. 이는 인간의 욕망을 충족시키고 미적 욕망의 충족을 미적 성취로 생각하는 현대 예술과는 달리 욕망을 절제하는 데에 가치를 두는 시각이며 이러한 관점의 근거를 유가의 예술 정신과 도가의 인간관에서 찾아볼 수 있다.

유가 미학에서는 "예술[樂]은 조화를 추구한다"는 명제로부터 사람과

---

18 앞의 책, p. 125.

사람, 하늘과 인간의 조화를 구체적으로 표현하는 과정에서 어떤 표준 척도를 지닐 것을 요구하는데 이것이 바로 중용(中庸)의 척도이다. 즐기되 음탕하지 않고 슬프되 마음 상하지 않으며, 원망하되 노여워하지 않는 중용의 척도가 중시하는 것은 희로애락과 같은 개인 정서의 표현마저도 정도가 넘으면 개인과 사회에 해가 된다는 것이다. 미적 욕망의 충만을 중요한 예술 가치로 생각하는 배경에는 미적 질료를 다루는 기교를 자유롭게 허용하는 것을 창조력의 실현으로 보는 시각이 있다. 하지만 미적 욕망의 절제를 예술적 가치로 보는 인식 아래서는 미적 질료를 다루는 기교에 기준을 설정하고자 한다. 도가 사상에서는 인간의 참모습을 고요함[靜]으로 보는데 이는 인간을 동적으로 보려는 서양의 시각과 다른 점이다.

> 사람의 태어남은 고요하다. 생의 고요함은 천성(天性)이다.

여기서 천성이란 존재의 참모습을 말한다. 인간이 본래의 모습을 간직하는 것을 동양은 인격의 완성 혹은 덕의 실현으로 보았다. 그러므로 동양에서는 욕망의 절제를 앞세웠다.

> 악(樂)은 인간의 감정을 순화시키려 하고 서양의 미는 인간의 감동을 강렬하게 이끌려고 한다. 이러한 강렬성을 자유라고 일컫고 있다.[19]

이러한 이유로 중국을 비롯한 한국의 예술 표현에서는 서양 예술에서와 같은 강렬한 정욕과 날아오르고 끓는 듯한 시흥(詩興)이 없다. '인'과 '효(孝)'라는 정감에 기초하여 인정미가 풍부한 유학 전통이 예술에까지

---

19 앞의 책, p. 145.

영향을 미쳐 자유분방한 정욕, 성격, 행위, 동작과 열악한 품성과 정조를 모두 배척하고 있다. 이렇듯 예술 표현과 사회, 문화 모든 면에서의 엄격한 절제가 중국과 한국이 오천년에 걸쳐 오랜 봉건사회를 유지해 올 수 있었던 원인이 되었으리라 생각한다.

한국과 중국의 예술 표현에서는 미를 주목하는 방향이 외부 대상을 향하는 것이 아니라 마음속을 살핀다는 데 특색이 있다. 악(樂)이란 뜻 그대로 즐겁게 하는 것에 존재 의의를 지닌다. 그런데 동양 미학의 특징은 즐거움이 마음 밖에 있는 것이 아니라 마음속에 있다고 본다. 서양 예술에서 대상으로부터 어떤 즐거움을 찾고자 하고 그러한 즐거움의 대상을 미라고 규정하는 데 비해 동양 예술에서는 즐거움이 대상에 있는 것이 아니라 마음속[中]에 있다는 것이다. 『악기』에서는 무릇 음(音)은 사람의 마음에서 생기는 것이라고 말한다. 이렇듯 아름다움은 마음속의 즐거움이 드러나 마음 안에서 나온다고 하는 동양 미학은 예술 창작과 감상에 있어서 인간의 심성에 관심을 두고 있다. 서구 미학이 대상의 조화(harmony)와 조형(form)에 주목하는 데 반해 동양 미학은 예술 창작과 인간 성정의 관계, 그리고 심리의 조화와 심기(心氣)를 중시한다.

이렇듯 인간의 내면을 중시하는 입장은 도가의 소요유(逍遙遊)적 심미 태도에서도 발견할 수 있다. 소요유란 의존하는 것이 없는 절대자유의 경지로서 도가에서 이상적으로 생각하는 심미적 인생 태도이다. 이러한 소요유적 심미 태도를 취하면 만나는 것이 모두 아름답지 않은 것이 없다. 장자는 외형은 추하면서도 인격은 아름다운 많은 우언고사(寓言古事)들을 말하고 있는데 이것은 "덕이 뛰어나면 외형은 잊게 되고", "그 외형을 사랑하지 않고 그 외형을 부리는 것을 사랑하는" 관점이다. 이와 같은 시각은 미를 외재하는 형체에서 찾는 것이 아니라 내재하는 인격, 정신, 이상에서 찾고자 하는 것인데, 이러한 차이는 동양 미학이 미적 가치를 마음 안에서 일어나는 것[生起]을 통해 해석하고자 하고 서구 미학은 미적 가치를 만들어지는 것(창조)을 통하여 해석하고자 하는 데 기인한다.

이런 관점하에서는 외형에 관계없이 어떤 사물이건 모두 심미 대상이 될 수 있다. 외형적 형식이나 모습으로부터 자유로울 수 있게 된다는 것은 기교적 법칙과 제도에 얽매이지 않고 자유로우며 섬세하고 정교한 인공미나 시각적 아름다움에 급급하지 않는다는 것을 의미한다.

> 예술 중에서 대교지졸(大巧之拙)은 공교로움보다도 더 고급의 심미 표준이 된다. 왜냐하면 감상하는 것은 결코 그 외형이 아니라 외형을 투과하여 그 덕(德)—그 외형을 부리는 것, 이것이 바로 도(道)이다—이기 때문이다. 감상에서 얻는 것 또한 이목심의(耳目心意)의 기쁜 느낌이 아니고 도와 더불어 그윽하게 하나가 되는 초월적 형이상적 품격이다.[20]

이러한 미의식은 결과적으로 예술 표현에 있어서 인위적으로 조작하지 않는 자연스러움을 중시하고 인공의 조작보다 자연에 순응함이 낫다는 생각을 하게 한다. 이러한 미의식을 추구하는 예술 행위가 생활 속에서 지니는 미적 가치는 직기(直己)와 동기(動己)에 있다. 직기란 덕을 표현하는 예술을 통하여 자기의 성정을 곧게 한다는 것이며 동기란 덕을 체험하고 실천하는 것은 곧 천지에 순응하는 자가 되는 것을 의미한다. 여기서 다시금 우리는 예술의 실용성과 현실성을 중시하는 동양적 사고를 만나게 된다. 이러한 사고는 장자가 미의 추구를 목적으로 삼는 것이 아니라 인생의 해방을 이상으로 삼고 해탈을 구하고자 하는 정신 취향에서 형성된 것이다.

---

20 이택후, 앞의 책, p. 135.

이런 정신이 예술 작품의 표현에 반영되게 되면 순소(純素), 박소(樸素)라는 말로 개괄될 수 있는 성격의 미로 나타난다.[21]

소(素)의 뜻은 섞인 것이 없음을 말하고 순(純)의 뜻은 그 정신을 손상시키지 않는 것을 말한다. 그리고 순소를 체득한 사람을 진인(眞人)이라 한다. 진인이란 '도를 체득한 자'로서 성인(聖人), 지인(至人), 신인(神人)과 함께 자기 인격의 철저한 예술화를 이룩한 자 혹은 예술화한 인생의 대명사이다. 물론 이상적인 인격 수양의 경지에 대한 설명에서 유래한 개념은 서양의 예술을 위한 예술 혹은 시각적이고 형식적인 미를 중시하는 것과는 크게 다를 수밖에 없다. 그러나 앞서 얘기한 바와 같이 인생을 위한 예술 개념이 바로 유가와 도가에 나타나는 정통적인 동양의 예술 정신이다.

미적 의식은 관조하는 대상을 미적 대상으로 삼는 것으로부터 나타난다. 동양 예술에서 어떤 대상을 미적 대상으로 만드는 관조의 태도는 주체와 객체의 합일의 경지에서 시작된다. 이러할 때 관조의 대상은 의인화되고 관조 주체도 의물화(擬物化)되어 버리는 것을 이상적으로 생각한다. 이것은 자연의 마음과 상통하여 사물의 본질을 직관할 수 있는 경지이며 장자는 이를 심재(心齋)로 설명하고 있다. 심재의 경지는 예술 정신의 경계로서 주객합일로 인해 내가 있음을 알지 못하고 물(物)이 있음을 알지 못하여 끝내는 물과 더불어 함께 잊어버리는 것인데, 이러한 태도가 미적 관조에 적용되면 예술 대상 이외의 모든 것을 잊고서 '마음을 분산시키지 않고' 온 신경을 그 대상에다 집중시키게 된다.

'정신을 한곳에 모으는 것'은 곧 기교가 지극히 순수하고 익숙하여 마음의 요구와 완전히 일치하는 수준에 도달할 것을 요구한다. 그러므로

---

21 서복관, 앞의 책, p. 167.

기교로부터 예술로 나아가고자 한다면 법을 통해 무법의 경지로 나아가야 하며 무법 속에서도 법이 있어야 한다. 이는 기교의 규격성이나 제한성을 초월하여 표현 능력과 표현된 대상 간에 거리가 없을 정도로 최고도의 기교적 정밀성과 숙련성을 요구하는 것이다. 기교와 마음이 상응하는 경지가 바로 주객이 일체되는 마음이요 이 때 기술을 넘어 도(道)의 경지로 나아가게 되는데 장자는 그런 기교적으로나 인격적으로 완숙한 예술가가 되기를 요구한다.

마지막으로 도의 경지에 이른 미적 표현에 앞서 그 정도의 표현을 할 수 있을 만큼 덕을 지니고 있는가를 예술가에게 반문하게 한다. 악을 철저하게 안다는 것은(至樂) 먼저 마음을 다스리는 것(治心)을 전제로 하고 있다. 『악기』에서 그러한 마음자세(至樂治心)를 "어울리고 곧고 사랑하고 헤아려 따르는 마음(易直子良之心)"[22]이라고 하는데 이는 동양의 미의식의 속성이라고 할 수 있다. 그리고 이러한 마음가짐은 즐거움[樂]에 그 목적을 둔다.

한국 춤의 미적 구조

곡선적 특징

흔히 한국 예술의 특성을 선의 예술이라 얘기하는데 이는 각기 중국과 일본 예술을 형과 색의 예술로 특징짓는 것과 대조된다. 그러나 사실 선적인 요소는 어느 예술에서나 발견되는 요소이다. 하지만 유독 한국 예술의 특성과 관련하여 언급될 때는 다른 부분에 비해 그것을 주목하게 하거나 인상 깊게 각인시키는 구조적 특성이 있으리라 생각된다. 필자는 한국의 전통적인 미술 · 음악 · 무용 전반에 걸쳐 주목되는 선적인 특성

22 윤재근, 앞의 책, p. 271.

은 곡선적인 것이며 그것이 흐름을 지닌 율동적인 것이라는 공통점이 있다고 생각한다. 앞 장에서 중국 예술이 선을 중시한 까닭이 바로 그들의 세계관이 운동과 운율을 중시하기 때문이고 미와 예술 또한 그칠 줄 모르는 운동 변화 중에 존재한다는 인식에서 비롯된 것임을 지적한 바 있다. 따라서 한국 예술의 선적인 특성도 동양 예술이 추구하는 미적 가치인 생명의 운동을 보여주는 동태적 에너지가 선적인 진행을 띠기에 그러하며 이런 운동의 선을 지녀야 비로소 예술이 주체적 생명력을 지닌다는 생각의 산물이라 본다.

한국 예술에 나타난 곡선적 미의 근원은 자연과의 조화를 중시한 예술 정신에서 유래한다. 자연의 선은 근본적으로 곡선이며 직선은 없다. 직선은 인간이 창조한 것이며 자연에 대한 저항이자 인위적인 것이다. 직선적 사고와 춤은 논리 정연함과 합리적인 사고 경향을 지니며 정형화되고 엄밀하게 계산된 조형 의식에 기초하고 있으며 자연에 도전하는 행동 양식을 낳는다. 그에 비해 곡선적인 사고와 춤은 논리적으로 모호한 경향을 지니고 있지만 어떤 의미에서는 보다 폭넓은 사고와 정형화를 부정하는 살아 움직이는 조형성에 기초하고 있으며 자연과 어울리고자 하는 정신에 기초한다. 무엇보다 곡선은 계속 이어진다는 연속의 개념이라는 점에서 중요하다. 선이란 시간의 공간적인 진행이다. 그러므로 연속선에는 끊임없는 반복이 있으며 율동감이 있다. 그것은 자연의 운동이요 생명의 리듬이다.

전통적인 한국 음악은 화성이 없는 '단선율의 수평적 음악'이라고 얘기되고 이는 여러 음이 동시에 수직적 화성을 이루면서 꽉 찬 느낌을 주는 서양의 음악과 차이가 있다. 동양화에서는 한번 붓이 지나간 부분에 다시 덧칠을 하는 것을 금기시하는 전통이 있어 이 역시 색에 색을 더하여 새로운 색을 만들어내고 화면 구석구석을 색으로 가득 메워야 완성된 작품으로 인정받는 서양화와 차이가 있다. 한국의 전통 춤도 이런 단선율 구조를 지닌다.

한국 춤에서는 춤추는 몸이나 동작의 구성이 분리될 수 없는 하나의 단위로 작용하며 춤이 시작되는 첫 움직임의 추진력 혹은 추동 에너지가 춤이 끝날 때까지 기운생동의 정신으로 이어진다. 서양의 발레는 하나의 포즈도 신체 부위별로 여러 부분으로 나뉘어 화성적인 구조를 통해 조화로운 완벽한 형식을 만들어내고 있으며 움직임 프레이즈를 엮어 나가는 방식도 각기 다른 동작들이 가장 매끄러운 방식으로 더해지고 이어진다. 매 장면의 안무 구성에서도 여러 무용수들과 움직임의 배치가 하나의 초점 즉 장면의 중심에 맞추어 구성되어 무대의 중심과 주변과 배경 같은 구분이 있다.

그러나 전통적인 한국 춤에서는 움직임을 실시함에 있어 신체는 하나의 전체로 움직인다. 이는 발레 동작에서 신체의 각 부분의 위치가 정확하게 분석적으로 측량될 수 있는 것에 비해 우리 춤에서는 신체의 여러 부분이 종합되어 마음의 리드 혹은 움직임의 추진 욕구나 충동(impulse)의 흐름에 이끌려 따라가는 형식이라고 얘기할 수 있다. 그러므로 신체가 하나로 분리될 수 없는 전체로 움직이는데 이는 발레 훈련이 신체 부위별로 나뉘어 점차적으로 실시되는 데 비해 한국 춤은 신체 전체가 함께 움직이는 걷기 동작부터 실시하는 데서도 발견된다. 이러한 단일의 움직임 충동 혹은 흐름이 단절되지 않고 연속적으로 이어지는 과정에서 동작과 동작 간의 구분 역시 힘들 정도로 긴밀하게 이어져 있다. 전체 안무 구성에서도 동일한 동작의 살풀이를 혼자 추면 솔로이고 여럿이 추면 군무가 되는 형식이다. 물론 궁중 정재의 경우 대무 형식을 취하고 대칭적인 대형을 만들기도 하지만 단지 다른 위치에서 동일한 동작을 실시하는 것이어서 서양 발레에서처럼 주인공과 군무진 간의 기교나 표현상의 엄청난 차이를 용인하지 않는다.

한국 춤에서는 서양 발레에서 발견되는 것처럼 정확하고 분명한 인위적인 선이야말로 멋없고 부자연스러운 것으로 인식한다. 이는 동작이 정형화되거나 다른 신체 부위로 어느 특정의 스텝이나 신체 부분을 인위적으로 꾸미고자 하는 것이 아니라 움직임이 하나의 선적인 진행으로 그 자체의 흐름을 중시하고 있기 때문이다. 이러한 선적 진행의 움직임은 본질적으로 선적 궤적을 중시하는 수평적 대형 구성의 성격을 지닐 수밖에 없다. 동작의 구조 역시 곡선적인 원리 위에 구축되어 있는데 한국 춤의 기본자세는 곡선적인 구부린 자세에서 지구 중력을 수용하면서 호흡과 함께 신체가 굴신하는 형식이다. 굴신 운동은 자체적인 리듬을 형성하게 마련이고 그런 방식으로 한 동작에서 다음 동작으로 이어지는 모습은 기와지붕의 처마같이 아래로 포물선을 그리며 둥글게 이어지는 곡선의 모습이다.

그 외 춤의 외형적인 모습에서 승무의 장삼과 처용무의 한삼자락 그리고 살풀이의 긴 수건들이 만들어내는 태극 모양의 곡선적인 무늬 등이 시각적으로 각인된 우리 춤의 디자인들이라 하겠다. 앞서 언급한 춤들은 동북아의 유사한 형태의 춤들 중에서 가장 긴 선을 지녀 선적인 특성이 시각적으로 강조되는 원인이 되기도 한다. 즉 소매길이가 무한히 확대된 장삼이나 바닥까지 닫는 긴 처용 한삼은 손수건 크기만한 일본의 수건춤이나 보자기만한 중국의 수건춤에 비해 횡적으로 길게 이어져 곡선적인 흐름을 그 본성으로 지닐 수밖에 없다.

이러한 선율적인 진행은 신체나 공간 전체를 입체적으로 치밀하게 조직화하지 않는 것이라 신체 디자인이나 공간 구성에서 빈 틈과 여백을 남겨 놓음으로써 묘한 여운과 여유를 느끼게 한다. 수직적인 위계질서의 구성이 아닌 수평적인 부드러운 진행은 빈 공간이 주는 여유와 도가적 한가로움을 느낄 수 있도록 담백한 여운을 준다. 이렇듯 한국 춤의 아름다움을 정지된 순간보다 움직이는 과정에서 포착하는 관점은 운동과 운율을 중시한 세계관을 반영하고 그 원리에 입각한 예술 창작 방식의 결과 생겨난 것이다. 곡선적이고 율동적인 예술 특성 역시 자연의 생명과 리듬을 표현하는 수단으로서의 동태 에너지가 춤에 반영된 결과라 할 수 있다.

기교와 품격

동양의 예술 정신에서는 단순한 기교를 천하게 생각하고 기예 창조가 자유의 경지에 이르러 '기가 도를 넘어서야' 예술의 경지로 나아감을 앞장에서 얘기한 바 있다. 이런 관점에서 형이하학적 기량과 기교는 단지 예술을 통해 도로 나아가기 위한 수단이지 목적은 아니다. 여기서 도의 경지란 '천지의 아름다움을 깨닫고, 만물의 이치에 통달한다'는 의미이다. 이는 기교적인 숙련이 최고 경지에 이르러 '마음으로 만나고 눈으로 보지 않는' 자유 창작의 경지에 이르러야 함을 말하고 더 중요하게는 '천리(天理)에 따른다'는 형이상학적 철학의 수준으로까지 예술을 끌어 올리는 것이다. 위대한 예술가는 자신이 깨달은 합자연의 경지를 표현할 수 있어야 한다. 그러므로 동양 예술에서는 예술가의 인품, 심정이 작품과 합치하지 못하면 훌륭한 예술, 생명이 있는 예술이 될 수 없다. 그리고 자신이 묘사하는 대상에 대한 정신적 요소를 포착할 능력이 있어야 '혼이 있다, 작품이 살아 있다'라는 평가를 받는다.

> 서양에서 예술은 하나의 표현이고 그 궁극의 목적은 미에 있다. 그러나 동양에서 예술은 그 목적이 '도'에 있다. 그래서 동양에서는 예술이라고 부르기보다는 예도(藝道)라고 부른다.[23]

기교나 기량보다도 중요한 것은 작가의 인품이며 작품에 인품이 우러

23 김영주, 『한국 미술사』(나남출판, 1997), p. 26.

나야 예도의 경지를 이루었다고 한다. 진형락은 "문인화의 요소 가운데 첫째는 인품이요, 둘째는 학문이며, 셋째는 재능이고, 넷째는 사상인데, 이 네 가지를 모두 갖추면 가장 좋은 작품이 될 수 있다"[24]고 하였다. 이렇듯 예술가의 인품이나 인격이 작품 속에 드러나는 것을 '기운'이라고 지칭한다. 기운이란 본래 기(氣)의 개념에서 나온 것으로 기교의 승화라고 할 수 있다. 기란 "일종의 이성을 응취하여 에너지를 방출할 수 있는 감성적 생명 역량"[25]을 뜻한다. 예술 작품에 있어서 "한 개인의 관념이나 개성, 상상력은 반드시 기를 통과하여 표현되기에 한 예술가의 개성 또는 예술성은 모두 기로부터 결정된다."[26]

그러므로 작품 속의 기운 문제는 바로 예술가의 인품과 인격의 문제이며 인격은 수양의 노력에 따른다. 위대한 예술가가 되려면 반드시 인격 수양과 정신 해방으로써 기교의 근본을 삼아야 하고 그러한 뛰어난 예술 정신의 극치가 기운생동으로 나타난다.

서양의 전통춤인 발레가 아름다운 여성 무용수의 뛰어난 기교처럼 시각적으로 아름답고 풍부한 볼거리를 강조하는 데 비해 우리의 전통춤에서는 춤을 추는 사람이 얼마나 인간적 도량과 연륜이 넓고 깊으며 또한 그의 예술 정신이 얼마나 고양되어 있는지를 보고자 한다. 그리고 인격이 고양된 정도에 따라 곰삭은 맛이 난다고 하는 것으로 보아 우리 춤이 시각적으로 보여지는 외형적인 아름다움보다는 춤추는 자의 내면에 내재되어 있는 정신이나 인격체에서 우러나는 멋을 주목하는 것을 알 수 있다. 여기서 곰삭은 맛과 멋은 그 춤을 만든 이의 역량과 품격에 의해 결정된다. 곰삭았다는 의미, 즉 '곁이 삭았다'란 뜻은 본래의 형태가 삭아 없어지는 것을 의미하지만 달리 표현하면 이는 기교가 겉으로 드러나

24 앞의 책, p. 233.
25 이택후, 앞의 책, p. 91.
26 서복관, 앞의 책, p. 193.

지 않는 형태나 사람들의 시선을 끌려고 노력하지 않는 대신 내면적 아름다움에 치중하는 태도이다. 그러므로 움직임이 곰삭았다는 것은 형태가 완성되고 성숙되었다는 의미이고 이는 자기 완성과 깊은 관계를 지닌다. 따라서 기교적으로나 인간적, 예술적 수련의 깊이가 부족한 젊은이들의 춤에서는 이러한 곰삭은 선이나 인품을 발견하기 힘들게 마련이다.

표현성과 해석

한국 전통춤은 표현성에 있어서 서양춤에 비해 현저히 떨어진다. 그 이유는 앞서 살펴보았듯이 아름다운 대상의 창조와 표현을 중시하는 서양 예술과는 달리 인생을 위한 예술 개념, 외형적 기교의 과시보다는 인간 내면의 인격이 드러나는 기운에 주목하는 예술 관점, 그리고 곰삭은 멋을 추구하는 생각들이 외면적인 표현보다는 내면의 정신적인 측면에 주목하게 하는 지향성을 지니기 때문이다. 따라서 동양의 예술 개념은 서양보다 훨씬 정신적이라 할 수 있다. 그러므로 여기에서는 예술과 표현이라는 관계를 새로운 시각에서 조명해 볼 필요가 있다.

서양 현대 예술에서는 개인의 개성적인 표현을 장려하고 인간 심리를 자극하는 강렬한 미적 욕망의 표현을 미적 성취로 생각하는 경향이 있으며 그러한 인식 아래에서 아름다움이란 인간의 마음을 사로잡는 것(attention-getter)으로 받아들여진다. 이에 반해 동양에서는 인간의 가치를 개체성보다는 보편성에 두었기 때문에 미적 가치마저도 인간의 보편적 가치로 수렴하였고 기교 표현에서도 기준을 정하여 개인적 표현을 억압하였다. 따라서 예술적 욕구를 강렬하고 자극적으로 표현하기보다는 중용(中庸)으로 이끄는 절제를 예술적 가치로 생각하여 미적 욕망의 충만을 기하기보다는 절제를 추구한다. 작품을 통해 강렬한 감정을 토로하기보다 감정의 순화를 추구하는 자세이며 이는 동서양이 각기 마음의 정(靜)과 동(動)을 가치 있는 것으로 생각하는 관점에 근거한다. 그러한 중용의 절제미가 예술 표현으로 나타날 때는 '순소(純素)' 혹은 '박소(樸素)'하게 드러난다. 다시 말해 절제미는 탐욕 없이 순박하고 담백한 아름다움으로 드러난다고 볼 수 있다. 결국 이런 성향은 자극적이거나 강렬한 표현과는 정반대 선상에 놓여 있는 특성들이므로, 모든 예술 표현은 절제되어야 하며 미적 체험을 산만케 하는 감정의 노출 또한 억제되어야 하는 것이다. 마음을 드러내는 것이 예술의 최고 경지이기 때문에 춤도 마음이 가는 바를 움직임으로 보여주어야 하는 것이다.

일반적으로 중국과 한국의 예술 표현에서 세밀한 묘사는 많이 보이지 않으며 특히 "문학에서는 상상적 진실을 감각적 진실보다 더 중시한다."[27] 자연에 대한 묘사에서 '달' · '꽃' · '나무' · '산' · '새' 등과 같은 어휘가 많이 쓰이지만 그것이 구체적으로 어떤 나무이고 어떤 새인지 그리고 무슨 산인지 하는 설명은 드물다. 회화에서는 빛과 그림자 그리고 명암이 없이 확정적인 공간이나 시간이 없고 연극에서는 배경이나 동작들이 허구적이며 가상적이다. 우리나라 탈춤에서도 이쪽에서 저쪽으로 몇 발자국을 옮기면 전국을 헤매어 다닌 것이 되고 걸어가다가 인형을 끄집어내면 아기를 낳은 것이다. 따라서 완전한 무대 세트가 필요 없고 몇 가지 허구적인 동작으로 모든 것이 표현된다. 이처럼 동작이나 자태가 개괄적이고 양식화되어 있어 구체적이거나 사실적이지 않다.

이러한 표현의 핵은 상상적인 진실에 있고 그것은 예술가와 감상자 간의 이심전심으로 즉 쌍방 소통의 방식으로 이해되고 채워지고 보충된다. 작품 속의 대상을 허구를 통하여 확대하고 축소하기도 하여 자유롭게 논리적 제약을 벗어난다. 이런 표현 방식은 어떤 것을 설명하거나 묘사하는 데 힘쓰지 않고 예술 표현이 용해되어 창작자와 관객의 마음[情]을 통해 전달되기를 바라며 직관적으로 이해되기를 희망한다.

27 이택후, 앞의 책, p. 219.

이런 상상적이고 허구적인 표현 양식은 그것을 해석하는 데 있어서도 예술 표현의 외형이나 형태에 집착하지 않는다. 『악기』에서 공자가 빈모가에게 무무(武舞)의 진행과 춤사위에 대하여 묻자 빈모가는 무용 표현은 형태보다는 근거에 따라 해석해야 한다고 답한다. "무무를 할 때 먼저 북을 친 다음 오랫동안 엄숙하게 기다리는 이유는 무엇인가"라는 공자의 물음에 빈모가는 "무리를 얻지 못할까 근심하는 것입니다"고 답한다. 이는 무무가 안무가의 창의력에 의해 발생된 것이 아니라 포악한 은나라의 주왕을 제거한 주나라 무왕의 고사를 형상화하기 위해 만들어졌으므로 그 근거에 따라 미적 표현을 해석해야 한다는 관점이다. 이럴 경우 미적 판단과 지식을 결합하고 있으므로 미적 판단의 자율성을 벗어나 있다. 그리고 "대무(大武)를 출 때 오른쪽 무릎은 꿇어 땅에 대고 왼쪽 발을 들어 올리는 까닭을 공자가 물었다. 그러자 빈모가는 대무에서 꿇어앉는 법은 없다고 대답한다."[28] 공자는 춤사위 모습 그 자체를 보고 꿇어앉은 것이라고 하고 빈모가는 무공(武功)을 기리는 춤에서 꿇어앉는 자세란 있을 수 없다고 단언한다. "손발을 들고 격렬하게 밟으며 춤사위가 매우 빠른 연유는 무엇이냐고 공자가 물었다. 이에 대하여 빈모가는 칠 수 있는 알맞은 때를 놓칠 수 없음을 밝히는 것입니다"라고 한다. 이 역시도 춤의 외형적 형태보다는 춤의 발생 근원을 따져 춤사위의 의미를 해석하고자 하는 태도이다. 이러한 해석 방식은 예술 체험 이전에 어떤 사실에 대한 지식을 요구한다. 여기서는 대무라는 춤의 역사적 근거를 전제로 해석하는 것이다.

이와 마찬가지로 한국 전통 춤에 있어서 살풀이나 승무와 같은 춤을 감상할 때 우리는 개별 동작의 구체적인 표현에 대한 해석을 따지기보다 그 춤의 발생 동기 즉 '죽은 자의 넋을 풀어 주는' 혹은 '승려의 번뇌를

28 윤재근, 앞의 책, p. 193에서 재인용.

풀어내는 춤'이라는 전체적인 맥락에 근거해 받아들인다. 전체 춤 안의 개별 동작의 의미나 아름다움을 하나씩 떼어내어 분석하지 않고 통일된 스타일에 대한 직관적인 미적 판단 아래 바라본다고 할 수 있다. 왜냐하면 앞서 지적한 것처럼 움직임 표현 자체가 허구적이고 상상의 영향 아래 사실적인 묘사와는 거리가 먼 추상적인 표현체이기 때문에 매 동작에 대한 의미를 분리해내기가 사실상 불가능하기 때문이다. 이러한 관점은 예술의 미적 가치보다 예술과 의식의 상호관계를 중시하는 것이다. 이것은 춤을 추는 자나 감상하는 자가 춤을 바라볼 때 그 춤의 발생에 관한 지식 혹은 근거에 대한 의식에서 벗어날 수 없다는 이야기이다. 그리고 예술을 해석하는 이러한 태도는 서양의 분석적인 사고방식과 동양의 직관적인 사고방식을 각기 반영하고 있는 것이라 생각된다.

이와 같이 상상적 진실을 허구적으로 표현하며 직관적으로 파악되기를 기대하는 절제미를 지닌 순소하고 담백한 작품 특성은 관객에게 정적으로 다가오는 표현성을 지닌다. 그리고 그러한 표현 방식 아래 순화된 감정과 보편적인 정감과 가치를 내용으로 하는 춤은 부드럽고 따뜻한 멋과 맛을 지니고 있다.

느림의 미학

빠른 속도감이 문명의 이기로 생각되어 고속 컴퓨터나 전자제품이 높은 경제적 가치를 지닌 것으로 평가되는 현대 사회의 템포에 비하면 한국의 전통 춤은 '너무 단순하다 또는 너무 느리다'라고 흔히 얘기한다. 움직임의 진행 속도가 느릴 뿐 아니라 이동성이 적은 스텝 구조 때문에 대형 변화나 장면 전환에도 시간이 걸린다. 서양 발레는 낭만과 고전 양식을 거쳐 현대 발레로 오면서 점차 같은 동작을 실시하는 속도가 빨라지고 무대 위에 더욱더 많은 움직임이 단일 순간에 일어나게 된 결과 움직임의 물량이 많아졌다. 이처럼 관객이 무엇을 보아야 할지 선택해야 할 정도로 많은 사건들을 한순간에 펼쳐내는 오늘날의 춤 현상에 비추어 볼 때 한국 전통 춤은 대단히 정적이다. 외국 평론가의 말을 빌리자면 '보는 데 상당한 인내심을 필요로 하는 춤'이며 변화 없는 무대 장면 때문에 무엇을 봐야 하는지 곤란할 정도이다. 춤뿐만이 아니라 음악 역시 느리다. 춤과 음악은 동일한 시간적 뼈대를 공유하고 있다. 동양의 예술이 공통적으로 느리다는 것은 동양의 시간 개념의 척도나 기준이 서양과 다르기 때문이다.

한명희는 서양의 전통 음악이 '심장의 음악'인 데 비해 한국의 음악은 '폐부의 음악'이라고 하였다. 이는 음악에서 템포를 측정하는 단위인 '박'을 서양은 심장의 고동에 기초하고 동양은 호흡의 주기에 두고 있음을 지적한 말이다. 서양 음악의 경우 심장의 고동(beat)이나 맥박(pulse)이 박자의 단위이므로 역동적인 활력을 지니고 있고 동양 음악은 호흡에 기초하고 있기 때문에 유장하고 정적인 음악적 특성을 형성하였다. 동양의 느린 음악은 숨을 한번 들이쉬고 내쉬는 것을 표준적 한 배(一息)의 틀로 잡고 있다.

> 한 배는 2박(拍)을 말하고 이는 맥박의 6회 뜀의 길이이고, 1박은 그 반인 3맥박이며 1박은 현재의 약 3초에 해당하는 길이이다.[29]

이런 빠르기는 1분에 20박을 연주하는 것인데 이것은 메트로놈이 측정할 수 없을 정도로 느린 박자이다. 메트로놈이 측정할 수 있는 가장 느린 수치는 1분에 40박을 기준삼고 있으므로 서양의 속도계로는 측정의 한계를 넘어선 박자인 것이다.

이와 같이 동서양 음악은 빠르기의 척도가 다르고 이에 대한 감각적인

---

29 신대철, 『우리 음악, 그 맛과 소리깔』(민속원, 2001), pp. 250-3.

판단도 달라 동일한 기준의 연장선상에서조차 가늠할 수 없을 정도로 각자의 시간 개념과 시간적 가치를 지녔다고 할 수 있다. '폐장의 음악'과 '심장의 음악'은 박이 형성되는 근원이 다르기에 그 특성이나 느낌도 다를 수밖에 없다. 그리고 각기 다른 기준을 지닌 음악은 그 표준에 합당한 시각과 감각으로 바라보고 느껴야 진정한 특성을 알 수 있을 것이다. 오늘날 우리는 서양식 리듬 속에서 교육받고 자라왔기에 우리 음악을 호흡을 기준으로 한 한 배 개념으로 느끼지 못하고 서양 음악과 비교하였기 때문에 느리다고 판단하는 것이다.

그러므로 필자는 우리의 빠르기에 대한 기준 즉 한국식 속도계로 우리의 시간 감각을 재조정해야 하는 것이 아닐까 하고 생각한다. 우리의 속도감을 되찾는다면 우리 음악이 느린 것이 아니고 서양 음악이 지나치게 빠르다고 생각해야 마땅하다. 따라서 올바른 속도계에 기초한 감각으로 느낀다면 우리의 음악이나 춤이 느려서 지루한 것이 아니라 한가로움과 여유, 사려 깊음과 유현한 아름다움을 주는 것이라고 할 수 있다.

이러한 속도 감각으로 보면 한국 춤과 음악의 이상적인 상태는 치고 닫고 빠른 것이 아님을 알 수 있다. 움직임이 빠르고 비트가 강하면 마음이 급해지고 흥분하게 된다. 그러나 소리와 춤이 느리고 한가하면 마음이 여유 있고 조화로워진다. 느린 춤과 음악이 지향하는 바는 바로 앞서 얘기한 바의 상태를 인간의 이상적인 심상으로 생각하고 그러한 세계를 도모코자 한 것이 아닐까? 느림의 아름다움을 지닌 한국 춤은 강렬한 정서 표출을 절제하는 특징을 가지고 있고 따라서 차분하고 은은함을 드러내는 데 적합하다. 그리고 빠른 춤에서는 찾아보기 힘든 기품과 절도를 발견할 수 있으며 이를 높은 수준의 예술적 성취로 생각한다는 것은 앞 장에서 살펴본 바 있다. 한국 춤의 감성은 느림의 여유와 풍성함 그리고 즐거움을 사랑하는 데 있는 것이다.

합자연의 정신과 인품을 담아내는 우리 춤

인생과 예술에 있어서 인간과 자연의 조화를 절대적인 가치로 여겼던 우리의 선조들은 그 자연의 길인 도(道)를 최고의 예술 정신으로 생각했다. 인생에서의 깨달음이면서 동시에 최고의 예술 정신이기도 한 도를 춤에서 구현하자면 춤꾼은 먼저 고매한 인격을 지녀야 한다. 도와 더불어 그윽하게 하나가 되는 초월적 형이상적 품격이 있어야 한다. 그런 춤은 도의 드러남인 덕을 지니게 마련이며 생명력을 지닌다. 개인의 인품과 인격이 작품 속에 힘차고 강한 기운을 불어넣어 주기 때문에 춤꾼은 인격 수양을 열심히 함으로써 기교의 근본을 삼아야 한다. 춤의 이치와 인간이 살아가는 이치를 깨달았다면 어려운 테크닉을 남에게 과시하기 위해 섣부른 재주를 자랑하려 들지 않을 것이다. 도의 경지에 이른 춤의 대가들은 손을 가만히 들어올려도 보는 사람의 마음을 움직이고 산을 들어올리는 기운을 느끼게 한다. 그러므로 우리 춤은 서로 어울리고 함께 하는 춤이다. 그런 조화의 경지는 인간과 자연을 넘어 우주와 하나되는 순간을 꿈꾼다.

우리 춤은 개인을 내세우고자 하는 춤이 아니며 개인을 고수하지도 않는다. 가무를 사랑하는 오천년 춤 문화에서 독무가 없었다는 사실이나 춤의 명인들에 대한 책에도 그들의 춤 스타일이나 동작에 대한 얘기보다는 인간적 멋과 인품을 주로 얘기하고 있는 것도 바로 우리의 합자연의 정신과 인품을 담아내고자 하는 춤 사상을 예증하고 있는 증거이다. 이렇듯 우리의 미의식으로 한국 춤을 조명해 본 결과 우리의 예술 특성들이 서양의 예술 개념과는 비교할 수 없을 만큼 깊이와 정신성을 요구하는 차원 높은 미의식의 결과임을 알 수 있다. 이런 사실로부터 예술 작품의 본래적인 특성과 모습은 예술가가 속한 세계의 사유 체계 그리고 감각적 기준에 놓고 보았을 때 가장 잘 드러난다는 것을 알 수 있다.

제3장

춤과 커뮤니케이션

꿀벌은 다른 벌에게 먹이의 방향과 거리의 정확한 정보를 전하기 위해 어둠속에서 춤을 춘다. 그 커뮤니케이션의 교묘함은 인간의 언어에 필적할 만하다.

— 리처드 도킨스, 『이기적 유전자』

언어를 사용하지 않는 예술 형태로서의 춤은 근본적으로 가장 상징화된 대표적인 비언어 커뮤니케이션 양식이라 하겠다. 커뮤니케이션은 인간이 어떻게 자신들의 생각과 의미를 전달하고 소통하는지를 보여주는 사회의 기호화와 의미화 과정을 함축하고 있다. 이 장에서는 한국 춤을 문화적 특성으로서의 무용 표현으로 다루어 한국적 움직임 커뮤니케이션의 구조와 특징을 규명하고 한국의 춤 역사에서 가장 오래된 처용무에 내포된 의미와 기호를 분석하여 우리의 사회적 소통 혹은 의미 해석의 과정을 논하고자 한다.

여기서 한국의 전통 사회란 조선조를 지칭하는데 그 시대가 오늘날 우리가 살고 있는 근대적 사회의 성격을 형성해 준 토대가 된다고 생각하기 때문이다. 춤과 관련하여 한국 전통사회의 문화는 크게 두 가지 영역으로 나눌 수 있는데 우선 유교적 질서와 의식이 자리한 궁중의 춤과 무속 신앙적 영향이 지배적으로 드러나는 민속춤이 있다. 이처럼 각기 다른 지배 의식 아래 추어진 전통 춤의 구조와 공간에 대한 고찰을 통하여 전통 한국 사회에서의 움직임 커뮤니케이션의 특성과 존재 방식을 논의한다.

한국 춤의 표현 방식과 움직임 커뮤니케이션의 특성을 이해하기 위해 먼저 우리 춤의 존재 방식을 서양 춤의 커뮤니케이션 구조와 비교하고자 한다. 즉 춤꾼과 관객 사이에 움직임을 통하여 커뮤니케이션이 일어나는 구조와 관계에 주목하고 그 다음으로 움직임 커뮤니케이션을 유도하는 움직임 자체의 특성에 대한 논의로 이어간다. 예술과 생활이 인위적으로 분리되어 있는 서양 춤의 커뮤니케이션 구조를 일상과 예술이 분리되어 있지 않은 우리나라 춤의 경우와 비교할 경우 그 커뮤니케이션적 특성이 더욱 분명하게 드러날 것이다.

근대 한국 사회에서의 일상적인 움직임 커뮤니케이션을 살펴보기 위해 1960년대 한국 사회에서 형성되고 유행한 신무용 계열의 춤을 대상으로 우리의 전통적인 몸의 이미지와 춤 움직임 그리고 관객과 공연자 간의 커뮤니케이션의 구조가 어떻게 변화하였는지를 추적하여 동작 기호에 나타나는 한국적 움직임 커뮤니케이션의 소통 방식을 분석한다. 춤에서 발견되는 움직임의 의미화 방식을 살펴보기 위해서 선택한 처용무는 우리나라 전통춤 중에 가장 오랫동안 인기리에 추어진 춤이다. 원시신앙의 주술적인 의식에서 국가적인 축제와 나례(儺禮)의 놀이로, 그리고 국나(國儺)의 핵심 레퍼토리를 거쳐 궁중 연희의 백미로, 조선조의 통치 이념과 세계관을 반영하는 춤의 형태로 13세기가 넘는 오랜 기간 동안 다양한 의미와 기능으로 변모해 온 처용무는 가히 우리 민족의 모든 사상들을 담아내고 이들을 모두 수용해 온 춤이라 할 수 있다. 동일한 춤의 형태가 시대에 따라 다른 의미체로 기능하였다는 것은 이 춤이 각 시대별 문화 구조 속에서 다양한 기호로 작용하였음을 증명하는 것이다.

이와 같이 시대별로 다양한 사상이 영향 아래 해석되어 온 처용무이 변천을 살펴보고 난 뒤 현재 전승되고 있는 조선조의 오방처용무를 통해 조선시대 궁중 무용의 창작 원리인 음양오행사상에 입각한 의미의 구조를 분석한다. 음양론은 우주와 천지만물이 변화하고 생성, 소멸하는 이치를 상호작용으로 나타내는 이론인데 음과 양은 서로 대립되기도 하고 상호 의존하기도 하는 상반상성(相反相成) 관계를 지니는 기본 원소들로서 독자적으로 존재할 수 없는 통일체이다. 개념적으로 이 둘은 서로가 지니는 상대적인 의미 없이는 존재의 의미나 가치가 완전해질 수 없는 의미화의 구조 혹은 기호 체계를 지녔다. 음양의 이분법은 상호 부정이 아니라 화합과 조화를 목적으로 하기 때문에 음과 양은 독립된 두 실체라기보다는 하나의 작용 원리로서 끊임없이 의미를 생성하는 의미화의 원리인 셈이다.

제1절 한국적 움직임 커뮤니케이션

한국 전통사회의 움직임 커뮤니케이션

'기호를 통해 의미를 전달하는 현상'으로서 가장 효과적인 커뮤니케이션은 언어와 행위가 결합된 것이라는 게 커뮤니케이션 이론가들의 일치된 의견이다. 일상의 커뮤니케이션을 언어적인 것과 비언어적인 것으로 나누었을 때 커뮤니케이션 이론가들은 의사소통의 70퍼센트 이상, 학자에 따라서는 90퍼센트 이상이 비언어적 커뮤니케이션에 의해 이루어진다고 주장하는 사실은 언어를 사용하지 않는 몸의 언어 혹은 몸의 상징성의 효용을 잘 드러내는 것이다. 몸이라는 매체는 구체적인 생각이나 정보보다는 느낌이나 감정의 전달에 뛰어나며 그 몸짓이 속한 사회의 가치 체계와 신념을 확인하는 데 가장 적합하다. 한 문화권에 존재하는 개인의 사회적, 예술적 몸짓은 자신의 의식을 신체를 통해 드러낸다는 점에서 그 문화권의 가치 체계와 생각을 가장 본질적인 형태로 보여주는 문화적 기호 혹은 문화 코드로 생각할 수 있다.

커뮤니케이션을 말과 몸의 영역으로 나누어 볼 때 동양에서는 말보다 몸에 더 높은 신뢰와 중요성을 두었던 것 같다. 동양의 지적 전통에는 '최소한의 언어'로 '최대한의 진실'을 전달하려는 언어 최소주의적인 생각이 뿌리 깊고 이런 언어에 대한 불신은 동양사상을 구성하고 있는 유교·도교·불교에서 공통적으로 발견된다. 불가(佛家)의 '불립문자(不立文字)', 도가(道家)의 '언어도단(言語道斷)', 유가의 '입상진의(立像盡意)'처럼 의사소통에 관련된 개념들은 '말이나 문자를 통하지 않은 즉각적인 깨달음', '말이 이룰 수 없는 도', '모양을 만들어 뜻을 전한다'는 의미로 모두 비언어적 감성을 중시하는 직관적 의사소통관이다. 즉 의사소통의 수단이 되는 기표(signifier)보다 기의(signified)를 더 중요시하면서 모든 대상(기의)을 언어(기표)로써 표현할 수 있다는 신념을 아예 배제하고 있다. 이처럼 동양의 의사소통관은 만물의 상대성과 불확실성에 바탕하여 비언어적 직관에 의한 인식과 언행일치를 강조하고 나아가 말보다 몸을 더 중요한 기표로 상정하고 있다. 언어에 대한 불신으로 말미암아 비언어적 마음의 일치를 중시하고 그러기 위해 커뮤니케이션의 주체와 객체의 구분이 미묘한 명상과 직관, 조화 중심의 통합적 의사소통관을 형성하였다.

이렇듯 우리의 전통적인 의사소통관에서는 언어는 실상이나 참뜻 혹은 본체를 전하지 못하는 잠정적인 방편으로서 즉 말이 아닌 인간 자체의 총체적 감수성을 중시하여 기표와 기의의 분리가 아닌 통합을 의사소통의 이상으로 삼아왔다. 이런 생각의 배경에는 몸으로 정의되는 동양의 자아관이 자리하고 있다.

> 동양의 가장 오래된 사전에 따르면 몸은 곧 '나'이다. 동양적 전통에서 볼 때 '나'란 육체와 정신이 분리되지 않은 몸 그 자체이다.[1]

유가에서 사람은 몸을 통해 의식을 드러내고 자신의 정체를 형성하는 존재이다. 따라서 유학자의 일거수일투족은 '나는 드러난다, 고로 나는 존재한다'의 틀 위에서 행해진다. 이승환은 유가 전통에서 몸은 자아와 세계가 교통하는 방식으로서 눈빛, 낯빛, 몸짓이 한 사람의 내면 상태(감정 · 의지)를 드러내는 기호라고 설명하였다.

따라서 유가 전통에서는 수신(修身)을 강조하는데, '몸을 닦는다'는 것은 관계의 망 속에 놓여 있는 자신의 역할을 잘 해나간다는 의미이다. 유교의 근본 원칙인 예(禮)에 어긋나지 않는 이치를 파악하여 몸으로 실천하는 것이다. 즉 사회적 행동 규칙에 충실할 때라야만이 유(儒)자의 어원적 풀이인 '필요한 사람(亻+需)'에 합당한 유가가 된다. 예(禮)라는 공동체의 질서에 동화하기 위해서는 개인의 감정과 욕망에 대한 절제와 극기가 요구된다. 그리고 오랜 수양을 통한 감정의 체현과 공부한 바의 이치를 행동으로 체화하여 나의 자연적인 본래의 몸은 잊혀져야 한다. 몸은 사람의 안과 밖을 이어주는 매개로서 『예기(禮記)』에 나오는 아홉 가지 몸의 표현법인 '구용(九容)'은 수신의 지침이 되고, 그 몸의 내면[質]과 외면[文]이 고루 빛나는 상태[文質彬彬]에 이르는 공부를 수신으로 여겼다. 그러므로 유가 전통에서는 몸의 표현을 통하여 한 사람의 내면

1 이승환, 「몸의 기호학적 고찰」, 『삶과 기호』(기호학연구 3집, 1997), p. 49.

성(덕성 · 감정 · 의지)을 읽으려 하였기에 말보다는 행동을 강조하였다고 하겠다.

사회적 관계의 망 속에서 자신의 본분을 지키는 일, 즉 몸을 닦는 일이 중요하게 생각된 원인은 바로 유교의 가(家) 중심적 사회 체제에 기인한다. 유교 사회의 가 중심적 사회구조는 한국 사회의 전통적인 커뮤니케이션의 기본 구조를 이룬다. 한국의 전통 사회가 지녔던 "유교적 삶에서 가치 체계의 핵심은 '가'라는 사회조직에 있다."[2] 그러므로 한국인의 사고방식 나아가 도덕관이나 인간관은 철저하게 가 이념에 기초한다. 유교적 삶에서 '가'는 개인에 우선하고 가에 속한 사람들은 가(家)가 지향하고 있는 목표를 적극적으로 실현시켜야 할 의무가 있다. '나'라는 개체는 '가'라고 하는 '우리'의 부분으로서 존재하며 이때 가의 조직은 '우리'라고 하는 공동체의 원형을 이룬다. 가 조직의 확대를 논리적으로 뒷받침하고 있는 것이 어버이와 스승 · 임금을 생명적 관계로 동일시하는 '삼생(三生)'의 논리이자 '군사부일체(君師父一體)' 사상이다. 즉 "사람이 세상을 살아가는 것은 생명을 낳아 준 어버이, 생명을 가르쳐 준 스승, 생명을 먹여 준 임금에 근거를 두고 있기 때문에 이 세 사람을 동일하게 섬겨야 하며 그것을 위해서는 죽음도 마다하지 않아야 한다고 가르쳤다."[3] 조선시대의 선비들은 '조상 대대로 이어져 나를 거쳐 자손만대로 이어지는' 통(統)을 보전하고 영광스럽게 하는 것이 그들 삶의 목표였다. 가정에서는 가통을, 학문에서는 도통(道統)을, 왕궁에서는 왕통을 잇는 것이 그들 삶에서의 직분이었으며 통은 유교 사회를 조직하고 통제하는 규범이었다.

이렇듯 가 중심의 집단적인 문화에서는 인간관계가 사회구조의 원리

---

2 최봉영, 『한국문화의 성격』(사계절, 1997), p. 92.

3 앞의 책, p. 97.

로서 매우 중요한 토대를 이루고 있기 때문에 사람 중심의 커뮤니케이션이 자리잡게 되고 적절한 생활 규범인 예(禮)가 의사소통의 기본 원칙이 된다.

> 예란 기원적으로는 신[天]에 대한 인간의 관계에서 비롯되었지만 이후 인간간의 관계로 확대되었다.[4]

공동체 구성원간의 위계질서를 실천하는 예의 정신이 인간 커뮤니케이션의 철학적 바탕이 되고 특히 "유교 문화권 의사소통에서 공통적으로 발견되는 특성인 존대 예절"[5]이 바로 이러한 사람 중심의 소통 원칙에서 비롯된 것이다. 따라서 상대에 대한 존대의 표현이 존자 우대와 상대 중심, 청자 중심의 언어 표현과 몸짓 표현으로 나타나고 그와 동시에 자신에 대한 겸손의 표현이 자리잡게 된 것이다.

다른 사람과 친하고 함께하자면 '사람을 사랑하는 것[愛人]' 즉 인(仁)의 마음가짐이 필요하다. 인화를 위해 자기 절제의 훈련이 필요하고 자기 감정보다 남의 감정을 우선 배려하는 의사소통 방식이 형성되었다. 이렇듯 나보다 남을 먼저 생각하는 이기심을 타파하는 방법론이 인에 기초한 한국의 전통 의사소통 방법인 것이다. 이런 관점에서 우리의 전통적 의사소통 방법은 구체적이고 명확한 정보의 전달이나 적극적인 자기 표현보다는 비언어적 마음의 일치를 이루는 데 더 비중을 둔다. "인간관계의 가장 이상적인 상태가 서로 감정적인 마찰없이 조화로운 상태를 유지하는 것이고, '우리'라는 단어가 집단을 의미하기보다 '일치

4 성광수·김성도, 「한국인의 언어예절과 신체언어」, 『몸짓언어와 기호학』(한국기호학회편, 문학과지성사, 2001), p. 85.

5 앞의 글, p. 91.

된 마음의 상태' 또는 인화를 강조하는 의미에서 사용되는 사회"[6]에서는 의사소통의 주체와 객체가 명확히 구분되지 않고 기표와 기의 역시 분리가 아닌 통합된 상태를 보여준다. 또한 의사소통 방식은 상황에 따라 가변적이고 생성적이며 직관적이다. 따라서 우리의 전통적인 소통 방식은 맥락과 상황의 논리에 맞아야 하고 직접적인 표현 방식보다는 간접적인 의사 표현을 즐겨 하여 이심전심이라는 특성을 지닌다.

미국의 문화인류학자 에드워드 홀(Edward Hall)은 "동양 사회의 문화는 언어의 메시지뿐만 아니라 상황의 맥락을 이해해야 상대방의 진의를 파악할 수 있는 고맥락 문화이고, 한국인은 맥락 의존도가 높은 문화(high context culture)"[7]를 가지고 있다고 하였다. 맥락 의존도가 낮은 문화권에서는 메시지 그 자체의 언어적 표현에서 의미를 찾고자 하는 데 비해 "한국 사람들은 자신의 마음을 잘 표현하지 않고 자신이 뜻하는 바를 맥락 속에 묻어 버린 다음 상대가 알아서 헤아려 주기를 바라는 '이심전심' 커뮤니케이션을 즐겨 사용한다."[8]

그러나 서양의 인간관과 커뮤니케이션 그리고 근대 사회는 철저하게 개인주의에 기초하고 있다. 서양의 근대적 인간관은 평등사상과 개인주의에 기반하여 형성되었으며 개인의 정체성은 다른 사람과의 관계에서 형성되는 것이 아니라 선험적으로 존재하는 것이라 본다. 개인을 '그 사람' '자신(self)' 또는 '더 이상 나눌 수 없는 것'이라는 의미의 '인디비주얼(individual)'로 본다.[9] 서양의 근대 사상가들은 가족을 사적 개인의 가장 큰 적으로 간주하고 개인의 권리를 절대시하는 방향으로 근대

---

6 신인아, 「동서양의 인간관계」, 『한국인과 문화간 커뮤니케이션』(커뮤니케이션북스, 2001), p. 127.

7 앞의 글, p. 130에서 재인용.

8 앞의 글, p. 225.

9 함재봉, 「한국인의 가치형성과 정치문화」, 임희섭 외, 『한국의 문화변동과 가치관』(나남출판, 2002), p. 93.

사회의 발전을 이끌어 왔다. 개인주의 사회에서는 개인의 독창성과 업적을 강조하고 업무 중심의 위계질서를 중시한다. '사적 개인(private individual)'의 사회에서는 각 사람들의 차이나 개성이 인정되고 적극적인 자기 표현과 메시지의 명료성이 강조됨과 동시에 보편적 가치가 통용된다.

반면 집단적인 가(家) 중심의 전통 한국 사회에서는 집단의 조화와 합일을 추구하고 각기 다른 그룹의 다른 가치를 인정하는 경향이 있으며 인간관계를 중시하여 인화를 위한 극기와 자기절제가 요구된다. 또한 적극적인 자기표현보다는 비언어적이고 모호한 표현과 신중한 행동이 요구된다. 이처럼 간접적인 표현을 중시하며 자신을 드러내기를 꺼릴 뿐 아니라 함축적이며 완곡하게 의사를 표현한다. 이런 인간관계 우선의 사회구조에서는 주위 분위기와 상대 입장을 고려해서 의사소통을 진행해야 하고 피전달자는 언어로 표출되지 않는 내면의 의미까지를 파악하도록 요구받는다. 여기에서 인간관계가 좋다고 평가받는 사람은 수직적인 위계질서를 잘 지키는 사람을 뜻한다. 나이가 많은 사람은 어린 사람에 비해 더 많은 권위를 가지며 산업화가 덜 되고 일을 천시하는 사회적 분위기로 인해 나이에 비례하는 경험적인 지식이 인정받았으며 반면에 기술 문화와 장인 정신은 경시되었다.

개인의 능력에 따른 업무 중심의 위계질서를 지닌 서양의 사회, 문화는 커뮤니케이션에 있어서도 개인의 자기주장과 자기표현이 강하고 자신을 드러내는 데 솔직하고 개방적이다. 메시지의 객관성과 명료성을 강조하여 몸 담론을 제외한 언어적 텍스트 분석과 전달 매체의 정확성을 중시하여 매체 형식의 기교와 기술발전에 매진하였다고 볼 수 있다.

이제까지 살펴보았듯이 한국 전통사회는 언어 최소주의적인 동양의 사상적 배경과 인간관계가 중시되는 가(家) 중심의 집단적인 사회구조 속에서 기표보다는 기의가 중시되고 의사소통에서 말보다는 몸이 중시되는 커뮤니케이션의 구조적 특성을 지녔다. 그리고 인간을 사랑하는 인(仁)의 마음가짐에서 출발한 의사소통의 방식은 남의 감정을 우선 배려하는 예(禮)라는 의사소통의 원칙을 낳았으며, 그 원칙에 따라 상대 중심과 청자 중심의 존대 예절과 나아가 '일치된 마음의 상태'를 중시하는 의사소통의 주체와 객체의 통합을 지향하는 특징을 지니게 되었다. 이상적인 인간관계를 위해서 행하는 모호하고 간접적인 의사표현 방식은 근본적으로 비언어적인 의사표현과 신중한 사회적 행동을 낳았다. 언어로 표현되지 않은 내면의 의미까지를 파악하도록 요청받는 한국 사회의 이심전심식 의사소통 참여자는 모두 복잡한 상황의 맥락과 일거수일투족의 행동적 의미를 예민하게 읽어낼 수 있는 뛰어난 움직임 분석가들이라고 할 수 있다. 조선조 선비들에게 몸의 표현은 단지 개인의 완성에 그치는 것이 아니라 이상적인 정치와 사회를 꿈꾸는 유교 사상의 필수적인 토대였다. 그러므로 전통 한국 사회에서의 움직임 커뮤니케이션은 유교적 규범을 실현하는 수단이자 출발이었다.

한국 춤의 소통 구조와 커뮤니케이션

문화란 한 공동체가 당연하게 받아들이는 삶의 방식이자 그 구성원들이 세상을 보고 생각하며 표현하는 일체의 커뮤니케이션 현상이라고 볼 수 있다. 각 문화의 고유한 사고방식과 행동 양식은 전통이나 습관이라는 이름으로 일상 속에 자리잡고 그 사회의 가치관을 담고 있으며 이는 구성원들의 언행으로 드러나게 된다. 일반적으로 언어를 문화 창조의 원동력으로 생각하는데 그 이유는 사람의 생각과 느낌을 표현하는 수단으로서 글이 사람을 사람되게 하는 본질적인 요소라 생각하였기 때문이다. 그러나 말이 글보다 먼저 생겼기 때문에 언어의 본질을 글보다 말에서 찾아야 한다고 얘기하기도 한다. 하지만 몸짓은 말보다 발생에 있어서 원초적이며 따라서 더 근원적인 공동체적 의미를 담고 있는 대상이자 커뮤니케이션 방법이다. 몸을 움직이는 능력이나 몸짓은 언어나 문화 습득 이전에 선천적으로 타고나는 것이기에 모든 상징의 일차적 근원이 된다. 따라서 상징의 자료이자 문화적 기표들의 원천이며 궁극적인 기의인 몸을 그 사회의 가치관과 인간관계 그리고 세계관을 담고 있는 커뮤니케이션의 중심에 놓고 한국 춤에서 일어나는 의사소통의 문화적 특성을 살펴볼 필요가 있다.

유교 문화에 입각한 커뮤니케이션 사상과 움직임 커뮤니케이션의 특성들은 전통 한국 춤의 표현 방식과 공연상의 특성에서도 매우 두드러지게 나타난다. 한국의 전통 춤은 궁중에서 이루어진 궁중춤과 서민 사회에서 행해진 민속춤으로 크게 나눌 수 있는데 이들은 모두 창작 과정과 공연 형식에 있어서 집단적이다. 우선 궁중춤의 경우 먼저 춤의 제목과 내용이 왕이나 문신에 의해 만들어진 다음 악사가 가사를 붙여 음악을 작곡하고 그 다음 정재를 담당하는 기녀에 의해 춤이 안무되는 과정을 거친다. 즉 왕실의 상하가 모두 참여하여 각기 맡은 바 본분을 다한다. 이들은 공연 창작 과정에서도 주어진 역할에 충실하면서 개인적인 생각을 적극적으로 주장하지 않고 공통의 노력에 합치된 결과물에 만족한다. 그러므로 가족적 협업의 결과물인 그 춤에 대해 '우리'의 것이라고 할지언정 나 개인의 춤이라고 얘기할 여지는 누구에게도 없는 것이다.

민속춤의 경우도 어느 한 사람의 안무라기보다는 여러 사람들의 손을 거쳐 창작되고 공연 현장에서 소리꾼이나 광대 등 다른 연기자와의 교감에 의한 영향으로 즉흥적인 요소가 가미되기 때문에 춤꾼 개인의 능력만으로 평가받는 일이 없다. 사당패나 광대패로 불리는 탈춤 패거리는 가족적인 집단을 이루고 전국을 유랑하며 공연하였다. 탈춤패의 솜씨는 춤꾼과 소리꾼 그리고 다른 연기자들이 서로 얼마나 잘 어울려 신명난 판을 만들어내는가에 의해 평가받는 패거리 단위의 공연 구조를 지녔기 때문에 서양의 경우처럼 '스타 공연자(a star performer)'가 공연의 성패를 좌지우지하지 않는다. 그보다는 공연자들이 얼마나 잘 조화를 이루어 일체를 이루는지, 나아가 관객과의 일치를 유도하여 집단적인 카타르시스를 불러일으키게 하는지에 후한 점수가 주어지는 편이다.

이러한 조선조 유랑 연예인들인 탈춤패의 공연 구조는 근본적으로 서양의 경우와 사뭇 다르다. 르네상스 초기 유럽 전역을 마차로 떠돌면서 공연하던 유랑 연예인들은 마차의 뒷막을 배경으로 음유시인과 집시 댄서 그리고 재주꾼들의 개별적인 레퍼토리로 전체 공연을 이끌어 나갔다. 장르가 다른 이들 개인 공연자들의 능력은 독자적으로 평가를 받는 데에 비해 우리의 탈춤이나 농악판에서는 모든 연희자들이 함께 출연하여 춤과 노래와 얘기를 동시적으로 주거니 받거니 하며 소통하는 전체적인 맥락에서 이루어지므로 개인 연희자의 존재감이 아예 없거나 희박하다 하겠다.

인간간의 적절한 생활 규범인 예(禮)를 의사소통의 근본 원리로 삼는 동양의 커뮤니케이션 사상은 한국 춤에 있어서 개별 동작의 구체적인 표현성보다는 관객에 대한 무용수의 예법이나 춤의 전체적인 제시법을 중요하게 생각하는 것에서 발견된다. 예의 정신은 공동체 구성원간의 인간적 질서를 구현하는 철학적 바탕이자 유교권 의사소통의 원칙으로서 존대 예절과 상대 중심적 표현 방식으로 나타난다. 궁중 춤에서 존대 의식은 춤을 시작하고 끝낼 때 한삼 낀 두 손을 모아 입을 가리고 춤의 내용을 담은 노래를 한 뒤 앞으로 손을 내려 공손하게 절을 하는 것과 등·퇴장을 할 때의 경의를 갖춘 몸가짐 등에서 알 수 있다. 춤을 추는 동안 무용수는 눈빛·낯빛 등의 용모와 몸짓을 모두 온화하고 공손하고 덕성스럽게 하여 최대한 관객에 대한 겸손한 자세와 공경의 태도를 갖춘다. 이는 궁정 연희를 관람하는 왕을 비롯한 고관대신들에 대한 군신지간의 사회적 질서나 인간관계에 대한 인식이 춤추는 동안에도 작용하고 있다는 것을 의미한다. 즉 공연자로서의 무용수의 역할이 그 무용수의 인간적 본분과 위계질서를 초월할 수 없으며 이는 춤을 추는 동안이나 전후에도 변함없이 일관성을 유지한다.

하지만 서양 발레에서의 몸은 찬미와 욕망에 가득찬 시선의 대상으로서 일상의 몸과는 완전히 다른 존재라는 차별성이 전제되어 있다. 그래서 무용수의 개인적인 정체성은 춤추는 동안 사라지고 극중 캐릭터로의 변신과 전이(transformation)가 요청되는 것이다. 캐나다의 철학자 프란시스 스파샷은 무용의 예술적 특성으로서 전이를 그 한 요소로 설명한 바가 있다. 따라서 프랑스의 루이 14세가 발레에서 여인숙 아낙네역을 춤추는 일 같은 것은 우리의 전통 사회에서는 일어날 수 없는 일인 것이다. 조선 후기 효명세자는 자신이 주최한 궁중 연향의 준비를 위해 기녀들의 춤 연습을 감독한 일로 상소를 받았는데, 이유는 대리청정을 하고 있던 효명이 남녀유별의 유교적 법도를 어기고 왕의 체통에 적절치 않은 행동을 했다고 여겨졌기 때문이다.

이러한 동서양 궁중 춤의 차이는 바로 플롯의 유무에 기인한다고 볼 수 있다. 한국 전통 춤에서는 플롯의 유무와 상관없이 무용수가 인간적 관계를 끊고 가상의 스토리텔링의 매체로 완전하게 전이되는 것을 허용하지 않는다. 이에 비해 서양의 경우 무용수는 춤의 배역에 따라 왕이나 공주와 같은 행동이 허용되고 화려한 기교를 과시한 뒤에 이어지는 관객들의 환호에 답하기 위해 무용수 본연의 모습으로 돌아와 답례한 다음 다시금 극중 역할로 전환하는 것이 가능하다. 극중의 역할을 연기하면서도 여전히 자신의 정체성은 보장받고 있는 것이다. 발레극의 중간에 어려운 기교를 실시한 뒤에 하는 절은 자신의 차별화된 몸과 뛰어난 춤 솜씨에 대한 인정으로 관객의 박수를 받기 위한 것이어서 한국 궁중 춤의 관객을 향한 공경의 마음과는 다른 성격을 지니고 있다.

동서양의 춤의 소통 구조의 차이는 공연장의 특성에 기인한다고도 할 수 있다. 서양의 경우 공연장의 구조는 무대가 돌출되어 객석보다 높고 무대에만 조명을 밝힘으로써 무대로의 몰입이 이루어지도록 하여 무대에서 객석을 향한 일방적인 이야기 방향이 형성된다. 이는 일상적인 시간성과 공간감으로부터 차별된 극적인 효과를 조성하기 위해 객석과 무대의 구분을 강화하는 대립적 이원 구조를 형성하는 것이다. 이와는 달리 전통 한국 춤의 공연은 궁정의 뜰이나 동네의 원형의 공터에서 관객들이 빙 둘러앉는 구조이기 때문에 현실 공간의 중심에서 춤이 진행된다. 객석과 무대의 구분이 조명으로나 시설물로나 명확하지 않기 때문에 춤 커뮤니케이션의 주체와 객체가 구분되지 않는 쌍방향의 수평적 공연 방식이 되는 것이다. 즉 관객들의 일상적인 시간성과 공간성은 공연자의 그것과 공존하며 넘나든다.

이렇듯 움직임 커뮤니케이션의 발화자와 청자가 같은 시 · 공간에 존재할 때 가능한 몸의 언어는 정보 전달의 기능보다는 공동체 안에서의 유대감을 공고히하고 신념의 표상을 나눠 갖는 특성을 지닌다. 공연 중이나 뒤풀이에서의 관객과 공연자 간의 소통과 교류가 장려되고 이러한 만남은 공연자의 우월성을 증명하는 것이 되기 때문에 춤이 일어나는 공간은 관객과 공연자 간의 차별을 강조하는 것이 아니라 만남을 확인하고 하나 됨이 이루어지는 교차로(intersection)가 된다. 중앙집권적 봉건체제를 오랫동안 유지해 온 우리나라의 경우도 춤이 일어나는 이런 공간은 개인과 개인이 만나고 마음의 일치를 이루는 교차로의 역할을 하는 중심으로 상호주의 원칙의 움직임 커뮤니케이션이 일어나는 곳이라 하겠다.

기표보다 기의를 중시하는 유교적 커뮤니케이션 사상은 춤의 매체 기술인 기교를 중시하는 서양과 달리 통합체로서의 무용수의 몸을 주목한다. 이런 관점은 결과적으로 한국 춤에 있어서 추상적인 동작 성격을 갖게 하고 적극적인 기교의 계발을 등한시하여 온 특성들로 나타난다. 유교 전통에서 기표란 중요하지 않으며 모든 대상을 언어로써 표현할 수 있다는 신념은 처음부터 배제되어 있다. 따라서 춤의 언어인 테크닉과 그 기술적 발전에 몰두한 서양과 달리 전통 한국 춤에서는 움직임과 무용수의 통합을 중시한다. 한국 춤의 동작은 근본적으로 표현적인 의도가 부재하거나 있다 하더라도 사실성이 부족할 뿐 아니라 추상적이며 애매모호한 특성을 지닌다. 이는 전통 한국 춤이 노래나 창을 통해 춤의 내용을 동시적으로 얘기하는 구조를 지닌 데 원인이 있기도 하다.

그러나 어떤 경우에도 하나의 동작이 일정하게 고정된 의미를 지니는 경우는 없으며 어느 동작 기호에 의해 구체적인 의미의 전달이나 의사소통이 이루어지는 것이 아니라 무용수 자신의 의미와 장치 · 음악 등 춤의 전체적인 맥락을 통해 전달한다. 의사소통의 주체와 객체가 분리되지 않는 공연 구조와 개별자가 아닌 전체가 강조되는 공연 상황에서 구체적이고 사실적인 몸짓과 손짓의 언어가 아닌 무용수의 총체적 감수성이 배어나는 직관적 느낌을 강조하는 것이다. 따라서 기표와 기의의 분리가 아닌 통합을 의사소통의 이상으로 삼는 유교적 커뮤니케이션 사상은 무용수와 움직임의 통합이라는 결과를 낳는다. 동작으로부터 기인하는 표현성이 있다면 그것은 무용수 자체의 표현성과 분리할 수 없을 만큼 밀착되어 있다. 즉 몸은 무용수의 내면을 드러내는 기호가 되고 동작 기호 혹은 몸짓 상징은 무용수로부터 독립적으로 존재하지 못하며 무용수의 존재감이나 기의가 압도적인 주목의 대상이 된다.

이렇게 볼 때 춤의 매체 기술인 기교를 등한시하는 우리 전통 춤의 의사소통은 상황에 적합한 동작 기호로 이루어진다고 할 수 있겠다. 대표적 서양 춤인 발레의 경우 발레극의 플롯이 내포하는 문자화된 줄거리를 구체적이고 사실적이며 명료한 판토마임식의 몸짓으로 전달한다. 물론 발레에도 내용과 상관없는 볼거리용 춤들이 있지만 극의 전개를 전달하는 춤의 경우 각 손짓과 제스처는 이에 대응하는 구체적으로 고정된 일대 일의 의미를 지니고 있으며 그 표현방식은 사실적이고 모방적이다.

이는 동서양의 문화적 차이를 각기 집단주의(collectivism)와 개인주의(individualism)로 나누어 "미국·영국과 같은 개인주의 사회에서는 의사 결정을 위한 사실적 정보에 의존하는 개인의 독창력과 업적이 강조되고 메시지의 명료함이 강조되는 데 비해 중국·한국·일본과 같은 집단의 조화와 합의를 추구하는 집단주의 사회에서는 커뮤니케이션이 비언어적이고 모호한 표현적 특성을 지닌다"[10]라는 주장에 적합한 예라 하겠다.

발레 무용수간의 우월을 증명하기 위해 촉발된 기교 경쟁은 체계적인 기술 분석과 교수법, 고난도의 발전된 기교라는 결과를 낳았다. 그리고 기교적으로 어려워지는 테크닉을 실시하는 방법론은 체계적으로 규정되어 있어 개인마다 다르게 실시할 수가 없다. 그러나 전통 한국 춤의 경우는 각 동작이 형태적으로나 실시 방법에 있어서 보편적인 하나의 방법론으로 확정되어 있는 것이 아니라 무용수의 즉흥적인 해석에 따른 멋과 개성의 가치에 주목한다. 신체 부위별로 분화되고 난이도에 따른 발전적이고도 체계적인 교수법과 분류법, 각 스텝의 용어를 가진 발레와 달리 한국 춤은 전 신체에 걸친 동작의 조화와 안정 그리고 흐름을 중시하기 때문에 한 부위의 움직임을 몸 전체로부터 떼어내어 학습하는 것 자체가 불가능하고 각 동작에 대한 용어조차 확립되어 있지 못하다. 이런 맥락은 동작 구성에서도 마찬가지여서 한 동작과 그 다음 동작의 연결이나 이음새가 분명하게 드러나지 않고 동작들이 자연스레 이어질수록 뛰어난 경지의 춤이라 생각한다.

그러면 한국 춤에 나타나는 움직임 커뮤니케이션의 기호적 특성은 무엇일까? 춤을 시작하면서 이 춤이 왕에게 전달하고자 하는 메시지를 노래하면서 시작하는 한국의 궁중 무용수는 춤추는 내내 공손하고 음전한

10 김우룡 외, 『비언어적 커뮤니케이션론』(나남출판, 2004), p. 118.

태도와 겸손하고 신중한 몸가짐을 유지한다. 한국 궁중 춤에 내포된 몸짓 코드는 조선 시대 선비들이 몸과 마음을 가다듬는 데 절실한 것으로 생각한 구용(九容)의 몸가짐과 비슷하다.

> 율곡이 『격몽요결』에서 주장한 구용과 구사(九思)는 비록 그것이 그의 독창적인 주장이 아니더라도 선비들의 훌륭한 규범이 되어 왔다. 구용이란 족(足)용은 무겁게, 수(手)용은 공손하게, 목(目)용은 단정하게, 구(口)용은 조용히 다물고, 성(聲)용은 조용히, 두(頭)용은 곧고 바르게, 기(氣)용은 엄숙하게, 입(立)용은 덕성스럽게, 색(色)용은 씩씩하고 명랑하게 하는 것이다.[11]

이런 움직임상의 코드는 한국 궁중 춤 전반에서 발견되는 공통된 몸짓이고 고유한 문화적 특성이라 할 수 있다. 물론 이러한 근본적인 몸가짐에 음악에 맞추어 가볍고 섬세한 스텝이 가미되지만 기본적인 몸짓 코드에는 변화가 없다. 이런 속성이 서양의 우아한 자세와 현란한 기교의 역동적인 몸짓에 익숙해 온 관객들이 우리의 전통 춤을 지루하게 여기는 원인이 된다. 그렇지만 이런 동작 기호적 특성은 조선조 궁중 연희에서 일상의 몸짓 코드와 일치하는 비언어적 소통 행위인 춤의 상황에 왕이나 신하들이 참여하기도 하고 훌륭한 춤꾼으로 기록된 이유가 되기도 한다.

수백 년간 기교적으로 다듬어진 정교한 디자인에 맞추어 사지 말단을 정확한 위치에 두는 것을 중시하는 발레와 달리 우리의 전통춤은 체간 운동으로 몸의 중심에서 일어나는 움직임을 중시한다. 힘의 사용도 손목까지 이루어져 손끝 발끝의 디테일은 흘러가는 대로 내버려두거나 무시하는 경우가 많다. 궁중 춤에서 손과 발은 한삼과 긴 치마에 덮혀 드러나

---

11 성광수 · 김성도, 앞의 책, p. 83.

지 않으며 손발이 드러나는 민속춤의 경우도 관객들이 주목하는 바는 춤의 리듬과 홍취가 살아나는 어깨춤이나 사지의 굴신 등 몸의 중심으로 발끝의 재주에 주목하는 서양 춤과 차이가 있다.

이제까지 살펴본 상호주의 원칙의 움직임 커뮤니케이션 구조와 상황에 적합한 동작 기호 그리고 일상의 몸짓 코드와 일치하는 춤의 언어는 우리가 왜 가무 민족으로 이름을 날리게 되었는지를 설명해 주는 요인들이다. 게다가 우리춤은 음악을 느낄 수 있고 그것을 표현할 감성만 갖추었다면 누구나 춤을 출 수 있는 즉흥성을 기본 속성으로 가지고 있다. 얼굴 학자 조용진은 한국인의 체질에 가장 맞는 예술이 무용이라고 하였다. 그 이유는 우리 춤이 "체간의 움직임을 미묘하고 섬세하게 조절하여 힘과 섬세함의 조화를 이루는 춤 양식이기 때문"이라고 하면서 "우리 민족은 체간부 움직임에 유리한 뇌형을 가졌기 때문에 연습으로 섬세함만 보완하면 비교적 쉽게 좋은 춤을 출 수 있다"[12]고 밝혔다.

세계의 민족을 주로 사용하는 뇌의 부위에 따라 우뇌형과 좌뇌형으로 나눌 때 한국인의 70퍼센트가 우뇌형 인간이라 한다. 좌뇌는 이성과 논리·언어·수리를 관장하고 우뇌는 감성과 직관·창조·느낌 등을 관장하는데 우리 민족이 뛰어난 춤꾼인 이유는 바로 우리가 우뇌를 많이 사용하는 민족이라는 사실에서 찾아볼 수 있다. 이것은 우리나라 무용수들이 세계적으로 그 춤 솜씨를 인정받으면서도 뛰어난 안무자가 적고 작품의 논리성이 부족한 이유가 되기도 한다. 즉 춤 솜씨는 감성뇌인 우뇌와 상관있지만 안무력은 좌뇌의 논리적 능력과 관계있기 때문이다.

전통 한국 춤의 몸짓과 소통 방식은 우리의 사회적 구조와 문화적 특성 그리고 커뮤니케이션 사상을 반영하고 있음을 알 수 있었다. 그런데 동물행동학자의 전통적 이론에 의하면 커뮤니케이션 신호는 송신자와

12 조용진, 『얼굴』(사계절, 1999), p. 243.

수신자 쌍방이 서로 이익을 얻도록 진화한다고 한다. 한국 사회가 급격하게 근대화되어 가면서 춤에 있어서 움직임 표현 구조와 몸짓 소통에도 커다란 변화가 일어나게 되는데 이 역시 일상에서의 사회적, 문화적 변화와 커뮤니케이션 구조의 변화의 맥락에서 바라보고 그것이 수신자와 송신자 쌍방의 이익을 위한 진화인지 알아보자.

1960년대 한국 신무용에 나타난 몸짓 소통의 근대적 변모

신무용이란 1920년대 우리나라에 서양의 극장춤 형식인 발레와 현대무용이 소개되면서 신식 예술 춤을 뜻하는 용어로 탄생하였다. 여기서 신식이란 의미는 우리의 전통 한국 춤에 비해 다르다는 뜻인데 그 새로움의 대상에는 서구의 예술 개념을 비롯하여 춤의 창작과 형식 그리고 아름다움과 기교, 이념상의 차이가 모두 포함되어 있다. 초기의 장르 구분이 되지 않은 상태에서 한국 전통 춤에 기반한 서구식 예술 춤으로서 신무용이 양식적으로 완성되는 시기는 1960년대와 1970년대라 하겠다. 이 시기는 국립무용단이 창설되고 이를 기반으로 한국 전통 춤의 근대화와 극장 예술화가 이루어졌으며 세계적으로 '한국 춤'이라고 인식되는 「화관무」·「부채춤」·「장고춤」 등의 신무용기의 대표적인 레퍼토리가 창작되고 유행하던 시기였다. 그리고 서양의 고전춤인 발레가 세계화되고 국제적으로 보급되던 시기였는데 우리나라의 경우도 국립발레단이 만들어지고 국립무용단을 거점으로 극무용 형식이 처음으로 시도되던 때이기도 하다. 발레의 본질적인 특성 중의 하나가 발레 드라마로서 극적인 형식을 지닌다는 데 있다. 급격한 근대화가 이루어지던 당시 한국에서 우리의 전통 춤을 가지고 극적인 이야기를 시도한 것은 서구 춤의 영향으로 볼 수 있으나 1960년대 당시 세계 발레의 흐름은 극적인 구조를 뒤로 하고 추상의 경향으로 나아가고 있는 상황이었다. 한국무용과 발레 그리고 현대무용의 장르 구분이 분명하게 자리잡게 되는 1970년대를 거치면서 신무용이란 용어를 대신하여 한국창작무용이란 용어가 쓰이기 시작한다. 한국창작무용이란 우리의 전통 춤에 입각한 서양식 예술춤의 양식을 뜻하는 것으로 이로써 신무용의 시기는 마감된다.

서양의 신무용이 국내에 처음 소개될 당시 1920년대와 1930년대의 사회 분위기는 신문화에 대한 열망으로 서구 문화를 이상시하고 전통문화를 부정하는 태도가 만연하였다.

> 개화기 이후 지속되어 온 과도기적 성격 즉 동도서기와 같은 어설픈 자세에서 탈피하여 서도서기(西道西器)적 입장에서 서구의 근대 문화를 본격적으로 도입, 이식, 접목하려 하였다. 이러한 과정에 지식인들은 기존의 전통문화가 신문화를 건설하는 데 심각한 방해물이 되는 것으로 보았고 이에 따라 전통문화에 극히 부정적 태도를 취했다.[13]

개화기에 서양의 근대 학문을 수용한 신지식인들의 자세는 방법론적으로 두 가지 입장이다. 전통 유학 즉 기존의 도에 서구의 방법론을 선택적으로 접목하려는 동도서기(東道西器)의 입장과 서구의 이론에 전통문화를 선택적으로 적용하려는 서도동기(西道東器)의 입장이 그것이다. 그런데 신속한 신문화의 건설을 열망한 당시 한국인들은 변화에 장애가 되는 모든 것들을 부정적으로 바라보았으며 구태를 버리는 데 앞장섰다. 한국 최초의 신무용가 최승희도 활동 초기 일본 유학을 통해 서양의 춤의 정신[西道]과 테크닉[西器]으로 작업하였다. 우리춤의 전통을 모두 부정한 신무용의 선구자들은 당시 전통 춤 종사자들과 자신이 다르다는 엘리트 의식을 지니고 있었다.

---

13 최봉영, 앞의 책, p. 299.

'경제입국'이라는 국가적 목표를 지녔던 1960년대의 한국 사회는 본격적인 공업화가 이루어지면서 근대화 즉 서구화만이 살 길임을 강조하며 커다란 변화를 겪게 된다. 이 시기의 한국인들은 '자본주의적 욕구의 혁명'과 '기술 혁명'을 경험하게 되는데 이는 물질적 가치를 지향하기 위한 수단으로서 기술 즉 지식과 아이디어 그리고 욕구의 발견이었다. 당시 기술에 기초한 자본주의적 삶을 영위하고자 열망했던 한국인들은 '기술입국(技術立國)'이라는 말을 유행시켰다. '분수'·'청빈'·'염치' 등은 더 이상 중요한 의미를 지니지 못하고 물질적인 힘의 획득이야말로 성공적인 삶의 척도가 되었다. 급격하게 한국 사회는 욕구에 충실한 물질적인 사회로 변모하였으며 전통 문화가 무시되면서 모든 문제는 경제로 환원되어 "GNP의 수치가 문화와 이념을 대신하게 되었다."[14]

1960년대가 진행되면서 한국 사회는 점차 자본주의적 삶에 적응되어 가고 민족적, 국가적 자존심을 서서히 회복하기 시작하였다. 욕구와 아이디어, 기술의 범람과 민족적 자존감이 싹트기 시작한 사회적 분위기는 당시 한국 무용계에서 국립무용단과 국립발레단의 발족으로 이어지고 한국 춤의 창작에서도 서도서기(西道西器)적 자세에서 서도동기(西道東器)적 자세로의 전환이 나타난다. 이러한 태도는 한국의 춤사위에 기초한 동양의 발레를 만들고자 한 최승희의 후기 활동에서도 엿볼 수 있다.

1908년 원각사라는 서양식 극장이 국내에 처음 세워진 이후 1962년 국립무용단의 결성과 함께 한국의 전통 춤사위와 소재에 입각한 한국 극무용이 만들어질 당시의 한국 무용계에는 새로운 예술 창작의 패러다임이 자리잡았고 그 결과 춤의 커뮤니케이션 구조는 크게 변화하였다. 우선 개인 안무자의 아이디어를 전달하기 위해 사실적이고 표현적인 동작으로 의미와 볼거리를 창조하고자 한 신무용의 창작 구조는 근본적으로

14 앞의 책, p. 248.

서양식 예술 춤의 정신과 본질을 그대로 받아들인 것으로서 우리의 전통 춤의 정신과 존재 방식, 의사소통 구조를 포기한 것이었다.

개인주의에 입각한 창조성과 표현성 그리고 기교를 중시하는 스펙터클한 신무용적 특성은 20세기 초의 서양 근대 춤인 현대춤과 발레의 모습과 유사하였다. 서구 예술 춤의 양식을 따르면서 전통 한국 춤이 가졌던 가 중심의 집단적 창작 방식이나 공연 형식을 잃게 된 것은 물론이거니와 관객과 공연자 간의 만남이 이루어지는 양방향의 상호주의 원칙의 커뮤니케이션 성격도 사라졌다. 대신 창작과 공연에서 개인주의 정신이 자리잡고 무대에서 객석으로의 수직적이고 일방적인 이야기 방향이 형성되었다. 뜰이나 마을 공터에서 추던 춤이 객석과 분리되어 조명을 받게 되면서 일상성을 상실하게 되고 극장이라는 공간이 지니는 가상과 환상의 요소가 춤의 성격에 영향을 미치게 되었다. 무용수 역시 현실의 고리를 끊고 완전히 무대 위의 존재로 재탄생하게 된다. 그리하여 서양춤에서 집중적인 주목의 대상이었던 젊고 유연한 무용수의 기교와 미소를 신무용에서도 발견할 수 있게 되었다.

전통 한국 춤에서 본질과는 무관한 수단으로 생각되어 경시받았던 춤의 매체인 기교나 몸은 신무용기에 이르러 절대적인 주목과 관심의 대상으로 부각한다. 기존의 스텝들은 좀 더 정교해지고 동작의 선 역시 한층 깔끔하고 분명하게 다듬어졌으며 템포가 더 빨라지면서 다양한 대형의 변화가 들어오고 시각적으로 화려하고 현란한 볼거리가 신무용의 두드러진 특징이 되었다. 이렇듯 동작의 선이 분명한 형태로 드러나는 춤을 위해 의상 역시 바뀌었다. 전통 한국 춤의 의상은 폭이 넓고 느슨하여 몸을 가리는 데 그 특색이 있었다. 이는 신체 부위를 노출하는 것이 천박하거나 비도덕적이라 생각한 윤리 의식에 기인한 것이기도 하지만 일상의 복식도 우리 사회의 도덕적 가치인 겸손함과 정숙성을 표현하는 역할을 했기 때문이다.

우리의 전통 복식은 몸과 옷 사이에 공간적 여백을 두어 개인적인 체취나 몸의 선이 직접적으로 드러나지 않도록 중간 지대를 만드는 역할을 한다. 따라서 옷의 형태를 결정하는 데는 그 옷을 입은 사람의 신체 실루엣보다 옷의 전체적인 형태가 우선하였지만 신무용의 의상은 신체의 실루엣이 뚜렷하게 드러나게끔 변화하였다. 빠르고 정교한 춤사위를 위해 가볍고 하늘하늘한 천으로 만들어진 홑겹의 치마를 몸에 걸치고 허리를 끈으로 묶었다. 그 결과 폭이 넓고 긴 겹겹의 치마가 사라지고 몸매가 완전히 드러나 홑치마 아래로 다리의 실루엣이 나타나면서 서양춤의 경우처럼 발이 완전히 드러나게 되었다.

무대 위의 무용수는 관객의 주의 깊은 응시와 예술적 감상을 요구하는 자기주장과 자기표현이 분명한 존재로 변모하였다. 이러한 경향은 전통 궁중 춤에서 발견할 수 있었던 바와 같이 자신을 비교적 적게 드러내고 다른 사람의 입장을 고려하는 의사소통 방식과는 다른 것이다. 무용수의 몸짓에서도 전통 한국 춤의 구용과 같은 신중하고 겸손한 몸짓 코드나 기호적 특성이 사라지게 되었다. 대신 기술과 아이디어 그리고 욕구에 충실한 몸이 자리잡았다.

기교 지향적이며 역동적인 몸짓과 명료한 메시지와 표현성을 추구하는 동작 기호적 특성을 지닌 신무용수들은 시각적 응시의 대상으로서 공연하는 육체였다. 그리고 그러한 춤동작과 무용수들은 객석에서 바라보는 한 시점을 위한 시각적 형태들이었다. 이는 원근법적이고 시각적인 공간인 극장 무대에서 춤추게 되면서 나타나는 또 다른 변화였다. 극장 공간이 지니는 원근법적인 구도는 하나의 시점을 중심으로 사물을 배치하고 왜곡함으로써 삼차원적 현실감에 대한 환상을 만들어내는 시각적인 세계이다. 이러한 무대 위의 환상 세계는 자본주의를 경험하면서 한국 사회에 만연한 권모와 술수 즉 '모로 가도 서울만 가면 된다'는 식의 목표를 위해 어떤 수단도 가리지 않는 한국 사회를 닮아 있었다. 조명으로 눈부신 환상의 세계에서 구체적이고 스펙터클한 형태로 눈에 보이지 않는 무용수의 기의는 발붙일 곳이 없어진다. 전통 춤에서 발견되던 무용수와 움직임의 통합은 희미해지고 모든 의미는 시각화되어야만 인식되었다. 이는 전통 탈춤판에서 춤의 내용이 현실이거나 현실의 연장임을 은연중에 밝힘으로써 관객들의 사고와 감정을 자극하여 자연발생적인 참여를 유도하여 함께 소통하던 관객과 연희자의 관계와는 많이 다르다. 그 결과 신무용의 관객들은 수동적으로 일방형의 수직적인 의사소통의 수용자로 전락하였다.

이렇듯 자기주장과 자기표현이 분명한 개성적 표현체로서 무용수의 등장과 기교와 기술 개발에 열중하고 창조와 표현을 중시하는 신무용의 경향은 모두 전달 매체의 정확성을 중시하여 메시지의 객관성과 명료성을 얻고자 하는 서양적 장치였다. 그리고 궁극에는 안무자 개인의 커뮤니케이션을 위한 것이었다. 메시지의 명료화는 서양의 의사소통에서 중심적인 가치로서 분명한 아이디어의 표현은 훌륭한 창작성으로 평가받았다. 이러한 명료한 메시지와 아이디어를 중시하는 경향은 일상의 의사소통에서도 근대적 사회에 적합한 행동방식이 되었다. 해방 이후 민족교육과 민주 교육을 받으며 성장한 4 · 19 혁명 세대는 식민지 교육을 받은 기성세대와는 매우 다른 생각을 가지고 있었다. 언론 · 출판 · 집회 · 사상의 자유를 위해 학생들이 주도한 민주화운동이 국민적 호응을 얻어 대통령을 하야시키고 새로운 정부가 들어서게 한 것은 장유유서의 유교적 가치 기준과 사회질서를 일거에 무너뜨리는 사건이었다. 더 이상 기성세대의 경험은 절대적인 존경을 받을 수 없게 되었다. 그리고 자신의 생각과 아이디어를 분명히 하고 국가의 문제를 새로운 각도에서 바라보고 해결하고자 한 당시의 젊은이들은 '모던'이라는 이름으로 진행된 시대의 첨단 유행으로서 몸과 춤을 새롭게 인식하고 경험한 세대였다. 자신의 아이디어를 위해 목숨을 걸고 혁명을 한 세대들은 자기주장과 자기표현이 강하고 소통 방식에서 솔직하고 적극적이며 거침없는 신체적 태도를 가졌다. 그리고 이들은 자신의 생각을 행동으로 거침없이 표현하는 것이 조국 근대화에 기여하는 일이라 생각하였다.

이에 앞서 신문화와 함께 국내에 들어온 댄스와 스포츠를 앞세운 신체문화의 열기는 근대적인 춤과 몸의 전형을 국내에 소개하였고 오백년간 유교식 예법과 절도에 묶여 있던 한국인들의 신체와 움직임을 계몽하였다. 서구적인 몸과 움직임 스타일의 미의식을 앞세우고 1960년대 한국 사회를 풍미한 춤과 재즈의 열기는 절제와 극기를 강조하는 수신(修身)의 자세나 구용(九容)과 같은 무겁고 공손하고 단정한 태도와 같은 움직임 코드로부터 한국인들의 몸과 마음을 해방시켰다. 1920년대 사교춤과 함께 한국 사회에 불어닥친 춤바람의 열기는 1960년대 말까지 진정될 줄 몰랐고 계바람 · 치맛바람과 함께 한국의 3대 바람으로 자리잡았다. 당시 계몽된 신여성과 자유부인에게 춤은 모더니즘과 민주주의 그리고 여성해방과 독립을 실현하는 수단이었다. 그리고 1920년대 말부터 재즈가 유행하기 시작하면서 한국 사회에 형성된 '재즈적 현상'은 모던 보이와 모던 걸들의 말과 행동을 '땐스식 걸음걸이'나 재즈식으로 바꾸어 놓았는데 '재즈식은 경박하고 스피드 있으며 과감하고 거침없는 행동'[15]을 말하는 것이었다. 이런 스피드 있고 과감하고 경박한 동작 특성은 전통춤의 입장에서 당시의 신무용을 바라볼 때 똑같이 지적될 수 있는 특성이었다.

따라서 1960년대에 이르러 한국인들의 춤과 몸은 거의 근대화 즉 서구화가 완성되었다고 할 수 있다. 1930년대 잡지 표지와 삽화에서부터 전개된 여성들의 서구화 즉 서양 미인화와 관능적인 서양 미인의 몸에 대한 소개는 1960년대에 이르러 공략할 수 없는 탄탄한 사회적 전형으로 자리잡았다. 그리고 움직임의 기본 리듬과 행동 방식 역시 엄숙하고 신중한 전통적인 몸가짐으로부터 솔직하고 자유분방한 방식으로 진행되었다. 이는 일상의 삶에서 이루어지는 신체 문화의 근대화 즉 서구화라고 할 수 있다. 그리하여 1960년대 근대적 대중문화가 형성될 당시의 문화 커뮤니케이션 코드에는 신체적이고 춤적인 행동 코드 혹은 동작 기호적 특성이 강하게 내포되어 있었음을 부인할 수 없다.

이와 같이 1960년대 일상 행동의 기호적 특성은 무대 위의 움직임 코드와 많이 닮아 있었다. 과거에 비해 아이디어나 동작 형태에서 솔직하고 분명하며 그 전개에 있어 스피드 있고 적극적으로 자기를 표현하고자 하며, 기술을 중시하고 욕구에 충실한 모습 등 여러 측면에서 동일한 코드를 공유한 것으로 보인다. 동일한 코드를 공유하는 움직임 방식은 커뮤니케이션 방법에서도 유사한 구조를 지니게 마련이어서 자신을 드러내기를 꺼리는 함축적이며 완곡한 의사소통법 대신 자기주장과 표현이 분명하고 전달 매체의 정확성을 중시하는 메시지의 객관성과 명료함을 추구하게 되었다. 이런 변화는 모두 근대화 과정에 있던 당시 한국 사회의 문화 코드에 동참하는 일이었다. 예법에 얽매인 반신체적인 유교 문화의 영향에서 벗어나 근대적 춤과 몸의 인상으로 신체화된 1960년대 한국인들은 '잘 살아보세'라는 기치 아래 1970년대 초 일어난 새마을운동에 모두 노동으로 몸으로 동참할 수 있었다.

전통 탈춤판에서 관객과 공연자가 적극적으로 만나는 커뮤니케이션 구조에 비해 극장의 프레임 속에 조작되는 매체적 메시지를 수동적이며 시각 중심적으로 받아들이는 근대적 커뮤니케이션 구조는 제한적이며 단편적인 소통 방식이라고 할 수 있다. 따라서 이런 변화가 커뮤니케이션 신호 수신자와 송신자 쌍방의 이익을 위한 진화인지에는 의문의 여지가 있다. 하지만 앞서 지적한 커뮤니케이션의 변화를 문화적 변화 즉 커뮤니케이션 코드의 변화라는 측면에서 본다면, 그 당시 춤의 열기와 신

15 김진송, 『서울에 딴스 홀을 허하라』(현실문화연구, 1999), p. 167 재인용.

무용의 인기, 그리고 새마을운동이 표방하는 조국 근대화 정신의 측면에서 본다면 필연적인 선택이었음을 이해할 수 있다. 국가적 빈곤을 극복하고 자본주의적 경제성장의 길로 접어든 사람들에게는 가난의 한을 풀고 외국의 도움 없이 잘사는 길은 바로 이미 잘살고 있는 서구적인 문화코드를 선택하는 길뿐이었기 때문이다.

제2절 처용무에 나타난 음양론적 의미

춤을 통한 움직임 커뮤니케이션의 구조와 특징을 살펴본 앞 절의 논의에 이어 이 절에서는 구체적으로 춤에서 발견되는 의미화 과정을 살펴보고자 한다. 커뮤니케이션은 기호의 해석 혹은 의미의 전달 과정을 내포하기 때문에 춤과 커뮤니케이션의 논의를 조금 발전시켜 춤 속에 의미가 어떻게 기호화되고 해석될 수 있는지를 우리의 대표적인 전통춤인 처용무를 통해 살펴보고자 한다. 일반적으로 전통 한국 춤에서 구체적이고 사실적인 표현성을 지닌 동작들을 발견하기는 매우 힘들다. 그러나 예외적으로 처용무에서는 음양오행론적 의미를 발견할 수 있다. 그 이유는 이 춤이 원래 처용설화에서 유래된 것이기도 하지만 조선 세종조 때 궁중 정재들이 음양오행사상에 입각하여 창작되어 처용무 역시 이때 다섯 명이 추는 오방처용무로 변모되면서 안무 대형과 동작들에서 음양오행론적 의미가 가미되었기 때문이다. 따라서 처용무를 우리의 전통 춤 중에 특별하게 의미화 과정이 잘 드러나는 사례로 뽑아 춤의 의미를 짚어보고자 하는 것이다.

처용가나 처용설화에 대한 연구는 이제까지 이 분야에 관하여 이루어진 백여 편이 넘는 논문의 수에서도 알 수 있듯이 매우 활발하다. 그리고 이에 접근하는 시각이 문학 · 역사 · 민속 · 정치 · 연극 · 종교 등 다양한 관점을 보이고 있어 이 역시 처용이라는 주제가 많은 학자들의 호기심을 끄는 요소를 지니고 있음을 증명해 주고 있다. 그러나 그것들이 전수되는 모체는 바로 춤으로서의 처용무에 있음에도 불구하고 춤의 모습에 대한 구체적인 연구는 처용의 설화나 가사에 비해 적은 편이다. 따라서 삼국시대부터 오늘에 이르기까지 각 시대에 따라 다양한 성격으로 변모해 가면서 그 중요성을 잃지 않은 형태로 전수되고 있는 처용무의 변천 과정을 춤의 사회적 역할과 형태 변화의 측면에서 다루고자 한다.

나례(儺禮)로서의 처용무

처용가무를 연구하는 많은 학자들은 처용무의 시원을 신라 헌강왕(憲康王) 시대로 보는 데 이견(異見)을 보이지 않는다. 그 이유는 처용무가 기록된 최초의 문헌인 『삼국유사(三國遺事)』 제2권에 수록된 「처용랑 망해사(處容郎望海寺)」 편에서 "신라 제49대 헌강왕이 개운포에 나갔다가 돌아올 때……"라고 분명하게 시기가 제시되어 있기 때문이다. 이 설화에서는 춤의 구체적인 내용이나 모습에 대한 기록은 발견되지 않는다. 하지만 이 춤의 연희자 혹은 주제라 할 수 있는 '처용'에 관한 연원을 밝힐 수 있는 중요한 단서가 제공되어 있다.

춤의 내용을 짐작하게 하는 이 설화를 해석해내는 것도 그리 간단한 일은 아니다. 그 이유는 『삼국유사』 「처용랑 망해사」의 기록은 매우 다양한 의미를 내포하기 때문에 관점에 따라 다양한 해석이 가능했기 때문이다. 즉 개운포의 지명 유래 설화, 벽사신 처용의 설화, 망해사 연기 설화, 헌강왕대의 역사적 사실 등 복합적으로 관련을 맺어 설명되었다. 그러나 이들이 삼국유사의 설화를 어떻게 설명하든지 간에 이 모두가 처용무의 발생 과정을 따지는 데 다소간의 차이를 보이고는 있지만, 헌강왕대의 처용설화 이전에 벽사(辟邪) 신앙과 문첩(門帖)의 풍습이 존재했음을 전제로 한 논의들이다. 즉 헌강왕대의 설화 발생 이전에 이미 처용무의 원시적 형태에 해당하거나 그와 유사한 원시신앙 풍습이 있었을 것이라는 가정이다.

그러한 처용랑 망해사의 등장 이전과 이후에 걸쳐 처용무의 직접적인 시원이 되는 것은 나례(儺禮)라고 생각한다. 이민홍은 처용무가 우리 전통사회의 역대 악무(歷代樂舞) 중에서 왕조의 국가 공식 악무로 채택되어 근세에까지 연희된 까닭을 바로 "우리 민족 정서에 기반한 민족 예악(民族禮樂)의 핵심과 접맥된 민족 악무이기 때문" 이라고 하였다.[16] 그는 우리 민족 예악의 근간이 되는 신앙을 '삼산오악(三山五岳)'으로 대표되는 '산천신앙(山川信仰)'으로 보고 있다. 한반도가 동방의 고대에서 중세에 걸쳐 큰 영향력을 지녔던 나문화(儺文化)권에 속하기 때문에 처용가무(處容歌舞)의 원형과 성격을 나의(儺儀)와 나희(儺戲)에 있는 것으로 생각하는 것이다. 나(儺)는 가면을 매체로 한 구귀축역(驅鬼逐疫)을 본령으로 하며 한반도의 평야 지대에서 연희되는 각종 가면무는 모두 나문화의 잔영이다. '나(儺)'는 신성한 가면을 나자(儺者)가 착용했을 때 신탁(神託)을 대행하는 것으로 되어 있다. 따라서 우리나라 궁중의 유일한 탈춤이며 고려시대에 궁중나례에서 주요 레퍼토리로 포함된 처용무를 나례로 보는 것은 타당하다고 생각한다. 나례란 나의와 나희를 포함하는 개념으로 나의가 예악 사상과 연계되어 조정의 공식 행사에 연희된 것을 뜻한다. 그러므로 원시적 형태의 나의의식이 신라시대 이전부터 전승되고 있었고, 이 벽사진경의 원시신앙과 결부된 민간 풍속의 하나였던 가면무가 춤을 애호했던 헌강왕 시대에 형식을 갖춘 춤으로 정착했음을 가정해 볼 수 있다.

그 춤이 고려와 조선을 거쳐 여러 가지 모습으로 전이되는 가운데 가

---

16 이민홍, 『한국 민족 악무와 예악사상』(집문당, 1997), p. 241.

장 핵심적인 요소는 무엇보다도 악귀를 몰아내는 구나(驅儺)로서의 기능과 역할이며 그 방법으로 가무를 택했다는 점이다. 그리고 신라시대부터 지금까지 연행의 가장 큰 줄기를 이루는 것은 처용의 탈을 쓰고 추는 춤이라는 것과 처용 설화에서 유래된 처용가가 수반된다는 점이다. 이렇듯 처용무의 핵심은 가면에 있으며 여기서 악귀와 음기를 물리치는 신통력을 발휘하는 것은 앞서 언급된 바의 가면과 신에게 바치는 춤과 노래라고 볼 수 있다. 그리고 다른 가면무와는 달리 처용무는 연희자들이 모두 동일한 가면을 쓴다는 점이 매우 특이하다. 이는 춤의 구성이나 내용을 짐작해 보는 데 매우 중요한 단서가 된다.

그러면 춤의 구성이나 형식의 측면을 살펴보기로 한다. 먼저 연희자의 수는 『삼국유사』와 『삼국사기』에 따라 각기 다르다. 『삼국유사』에는 용(龍)이 등장하고 처용을 위시한 그의 아들 7인이 나오므로 모두 8인인 셈이다. 이들은 "임금 앞에 나타나서 왕의 덕(德)을 찬양하며 춤을 바치고 악(樂)을 연주하였다"고 한다. 그러나 『삼국사기』에는 산해정령(山海精靈)으로 알려진 괴기한 인물들이 나타나 "가무(歌舞)하였다" 고 기록되어 있다. 여기서 모습이 괴기하다는 것은 이들이 가면을 쓰고 춤을 추었다는 것을 뜻한다. 가면 쓴 이들의 행동을 '찬덕(贊德)'과 '가무'라고 기록한 차이에서 우리는 전자의 춤이 보다 의식적이고 형식적인 것이었고 후자의 경우가 보다 흥취를 지닌 볼거리가 많은 나희적인 것이었으리라 추론해 볼 수 있다. 물론 이를 뒷받침해 줄 만한 구체적인 기록은 없지만 이들 춤의 모습을 통틀어 '찬덕'과 '가무'로 표현한 방식에서 끄집어낼 수 있는 가설이다.

이렇게 볼 때 처용무는 초기에 4명 또는 8명에 의해 연희되었다고 볼 수 있다. 무용수의 수에서 짐작할 수 있는 춤의 구성은 주로 두 그룹 혹은 네 그룹으로 이루어진 대칭적 구조를 띤 대무(隊舞) 형식이라 생각된다. 신라시대 춤의 형태가 주로 대무 형식이었다는 사실은 우리가 현재 알고 있는 기록에서 발견된다. 김일출은 『삼국사기』의 인용을 통해 "신라시대의 춤은 2명 혹은 4명이 추는 것이 특징이라는 의견을 제시한 바 있다."[17] 신라 초 1세기 전반에 제작된 「신열무(辛熱舞)」로부터 6세기 전반에 제작된 「미지무(美知舞)」에 이르기까지 총 7편의 춤이 모두 2명 또는 4명의 무용수들로 이루어졌다는 점에서 그러한 추론을 이끌어 내었다. 그러나 이것으로 처용무도 2명 내지는 4명이 추었다고 얘기하기는 곤란하고 단지 그러한 사실로부터 신라시대의 처용무를 비롯한 춤이 대부분 짝수의 무용수에 의해 추어지는 공통점을 지녔다고 얘기할 수 있다. 그리고 이들 짝수의 무용수들에 의해 추어지는 처용무가 대무 형식을 취했으리라는 사실은 오늘날까지 이어지는 우리나라 궁중 무용의 대표적인 특징이 바로 대칭적인 구성과 대무 형식이라는 점에서 그 타당성이 뒷받침된다.

춤의 내용에 대하여는 처용무가 처용에 대한 노래를 동반한다는 점에서 발생 초기에 이미 문학적 내용을 바탕으로 구성되었으리라는 견해가 있다. 이는 문학적 내용을 지닌 가면무가 설화에 따른 연극적 전개 방식을 지녔으리라는 견해이다. 연극적 성향을 내포한 처용무에 관한 논의는 1935년에 발표된 송석하의 글과 조동일의 글에서도 발견된다.[18] 송석하는 설화에서 내포된 벽사진경의 사상과 설화의 배경이 되는 노래를 근거로 이를 주장하며, 조동일은 처용 설화에 등장하는 주인공인 처용과 상대역인 역신의 대립 구조를 연극의 요소로 내세운다. 즉, 처용과 역신이라는 대립 관계 속에서 그 행동이 춤과 노래로 나타났다고 보는 것이다. 고려시대의 문헌에서 처용무가 2인이 추는 쌍무라는 기록이 발견되므로 이를 처용과 역신이라는 대립 구조로 추측한다면 조동일의 주장은 일단

17 김일출, 『조선 민속 탈놀이 연구』(한국문화사, 1958), p. 27.
18 김동욱 · 황구홍 · 김경수 편, 『처용연구논총』(울산문화원, 1989), p. 89 재인용.

설득력이 있어 보인다. 그러나 그 당시 무용수의 역할에 대해서는 전혀 밝혀진 바가 없으므로 그의 논리도 하나의 가설에 지나지 않는다.

이렇게 처용과 역신의 대립적인 이인무로 설명하기에는 처용무가 단일한 가면을 쓴다는 점 그리고 현재 전승되고 있는 춤의 분위기가 극적인 갈등과는 거리가 먼 매우 평온한 춤사위와 표현으로 구성되어 있다는 점에서 근거가 희박하다. 그러므로 필자는 처용무가 연극적인 구조로써 처용과 역신, 처용 처와 같은 각 캐릭터가 설정되어 사실적인 내용을 재현하는 춤이었다기보다는 벽사의식으로서 역신을 물리치는 나신(儺神)의 형상과 행동을 묘사하는 추상적이고 상징적인 춤사위들로 이루어졌다고 생각한다. 이는 신라시대의 처용 설화가 모두 처용의 출신 배경과 신성한 능력에 초점을 두고 기술되어 있다는 점에서 춤 역시 그의 정체와 능력을 묘사하는 데 주력하지 않았을까 하는 생각에서 추론해 본 것이다. 처용무는 근본적으로 나례로서의 제의적 성격을 지녔기 때문에 전체적으로는 의식적이고 신성한 분위기를, 춤사위에서는 악귀를 물리치는 활달하고 전투적인 몸짓과 나신을 상징하는 평온하고 신성을 느끼게 하는 신비로운 움직임, 형식상으로는 대칭과 대무의 구조를 지닌 군무에서 오는 화려함과 시각적 볼거리를 지닌 춤이었다고 생각된다.

이상에서 밝혀진 내용들을 근거로 하여 신라시대 처용무의 춤 내용과 형식을 도표로 작성해 보면 다음과 같다.

〈표 1〉 신라시대의 처용무

춤의 내용	찬덕, 나의의식
춤의 목적	구귀축역의 나례
무 용 수	4명 또는 8명(남성)
음 악	처용가
춤 사 위	추상적, 상징적(나신의 형상, 행동묘사)

나희로서의 처용무

9세기 말 신라 헌강왕대에 처음 등장한 처용가무의 모습이 다시금 역사상 기록에 나타난 것은 13세기 고려 고종 23년(1236)에 이르러서이다. 그 이후 고려의 역사서나 여러 문인들의 글에 나타나는 처용무는 모습에 있어서나 이를 바라보는 일반인들의 시각에서 신라시대의 처용무와 매우 달라졌음을 알 수 있다.

> 고려 궁중에서 쓰여진 역사서인 『고려사』(권 23 · 36 · 115 · 116)에서 발견되는 처용무에 대한 기록은 모두 시기적으로 고려 말에 해당하며 처용에 관한 내용이 모두 한결같이 '희(戱)'로 기록되어 있다는 점을 들 수 있다.[19]

이들 기록으로부터 처용희가 추어지는 경우를 알 수 있는데 "왕이 기뻐하며 …… 모두 춤추게 하고 처용희를 하였다" (고려사 권36), "처용희를 하고 놀았다" (고려사 권115), "처용 가면을 쓰고 작희(作戱)하며 기뻐하였다" (고려사 권116) 등의 표현에서 알 수 있는 것은 신라시대 처용설화와 관련된 신성의 신비로운 분위기와는 전혀 다른 여흥을 즐기는 일종의 오락적인 춤이 추어졌음을 짐작할 수 있다. 그 외 이색(李穡) · 이제현(李齊賢) · 이숭인(李崇仁) · 이곡(李穀) 등의 고려시대 문인들이 처용무를 보고 쓴 시에서는 처용무의 춤사위 · 의상 · 가면 등을 사실적으로 또는 상징적으로 묘사하고 있다. 이색의 「산대잡극(山臺雜劇)」이라는 시에서는 처용무가 헌선도 · 장대타기 · 폭죽 등 다양한 놀이와 함께 산대잡극의 한 종목으로 연등회와 같은 국가적인 연희에서 추어졌다는 것을 말해 준다.[20] 또 그의 「구나행(驅儺行)」이란 시에서는 처용무가 나

---

19 김수경, 「고려 처용가의 전승과정 연구」(이화여자대학교 박사학위 청구논문, 1995), p. 20.

례 때 연행되었다는 사실을 알려 주고 있으며, 이숭인의 『도은집(陶隱集)』에 실린 「처용가」에서는 처용무가 추어진 때가 11월 17일로 팔관회가 열리던 시기라는 점을 알 수 있다.

위의 사실들에서 우리는 처용무가 궁중의 연희에서 활발하게 연희되었다는 점, 연등회와 팔관회·나례 등 고려조의 국가적인 의식에서 연행되었다는 점을 알 수 있다.

> 처용무가 연등회나 팔관회에 유입된 시기는 고려가 중국의 나례를 받아들여 독자적인 궁정 구나의식을 형성해 가는 예종·의종 연간으로 고려 말로 본다.[21]

이로부터 신라시대의 처용설화가 처용의 등장 배경과 그의 신성에 비길 수 있는 특별한 능력에 중점을 두고 기술되어 있는 것에 비해 고려시대에서는 훨씬 사람들의 생활 가까이에 있었다고 얘기할 수 있다. 내용적으로는 처용무가 신라시대의 경우처럼 역귀를 구축하는 의식에 그치지 않고 관중을 즐겁게 하는 구경거리로 발전하여 나희로 변모되어 가는 모습을 보여준다. 그러므로 신라시대 이후부터 처용무의 나의적 성격이 점차 약화되어 고려조에 이르르면 사람들을 즐겁게 하기 위한 공연적 요소가 강하게 부각되는 연희로 변화되었음을 알 수 있다.

여기서 나의가 나희로 이행되었다는 것은 이 춤이 일종의 예술화의 과정을 겪었다든가 다듬어졌음을 의미하는데, 이민홍은 처용무가 나의에서 나희로 성격이 변화하면서 예술화되었을 뿐 아니라 "관중을 즐겁게 하는 연극 형태로 이행되었"고, 고려시대에 와서 나희의 면모를 갖춘 처

---

20 앞의 글.

21 앞의 글, p. 40.

용무에는 "등장인물들이 주고받는 대사도 있게 마련"이라고 얘기함으로써 연극적 구성이었음을 암시하고 있다. 춤의 구성과 형식에 관한 논의에 앞서 가장 먼저 밝혀야 할 것은 바로 무용수의 인원인 것 같다. 고려가요의 시에서 나타나는 기록에 따르면 처용무의 무용수는 한 명 또는 두 명이었던 것 같다. 앞서 언급한 고려 문인 중에서 이곡의 「개운포」라는 시에서는 "신라의 두 처용 늙은이"라고 두 명을 언급하고 있고, 그 외의 시에서는 "신라의 처용", "신라의 처용 늙은이", "동쪽 바다 신인" 등으로 인원 수를 밝히지 않았지만 모두 일인칭임을 짐작하게 한다. 조선 성종시대 성현이 쓴 『용제총화』의 기록에 따르면 한 사람이 춤을 추면서 노래를 부르는 형태였으리라 짐작되기도 한다.

앞서 신라 초기 때 4명이나 8명의 군무로 추어지던 것이 언제부터 1명 내지 2명으로 바뀌었는지 하는 것이 문제이다. 처용무에 관한 기록이 나오는 9세기 신라 말기와 13세기 고려 말기 사이는 4백여 년의 공백이 있기 때문에 정확히 언제라고 지적할 순 없지만 신라가 멸망하고 고려가 신라의 악무(樂舞)를 접수하여 궁중에서 연희하는 과정에서 큰 변화나 수정이 가해졌으리라 판단된다. 그러나 앞서 『고려사』의 기록에서 "송경인이 평소에 처용희를 잘합니다 하니 …… 경인이 취함을 타 작희하는데 조금도 부끄러운 빛이 없었다"(권23), "왕이 좌우에 명하여 모두 춤추게 하고 혹은 처용희를 하였다"(권 36)는 내용을 보면 처용희가 전문인에 의해 추어지는 형태였다기보다는 일반 귀족들도 여흥이 무르익을 때 벌어지는 춤판에서 함께 참여하기도 하는 공연 환경이었음을 알게 한다. 그런 경우 처용무는 꼭 한 명만 추는 춤은 아니라는 점, 경우에 따라서는 여럿이 추기도 하였다는 사실을 짐작해 볼 수 있다. 즉 고려시대의 처용무는 왕립 음악기관 소속의 무인(舞人)에 의해 연희로서 추어진 정재의 형태로는 정립이 되지 못한 채 '백희'의 하나로 머물러 있었음을 말한다. 이렇게 연희자와 관람자 간의 엄격한 구분이 없는 공연 환경에서는 경우에 따라 무용수 인원에 변화가 있을 수도 있었으리라 생각된다.

춤의 인원이 한 명 혹은 두 명인 것으로 밝혀졌다면 이민홍이 지적한 바의 연극적 구성을 끌어가기가 매우 힘들다. 처용무의 연행자가 두 명임을 밝힌 이곡의 시에 따라 한 명은 처용 그리고 다른 한 명은 역신 등으로 극적인 구조를 상정해 볼 수도 있지만 이곡은 두 명이 모두 다 '처용'이라고 얘기하고 있다. 따라서 외형에서 이미 동일한 이들 간에 어떤 극적인 대화를 가정해 보기는 힘들다. 또 이것을 한 사람이 여러 명의 역할을 맡아 하는 일인극의 형태로 상상해 보아도 이 역시 실현 불가능해 보인다. 처용무에서는 춤과 노래가 근본적인 구성 요소인데 여기다 여러 명의 대사와 소리가 곁들여지는 형태는 판소리적 요소가 가미된 형식이라고 볼 수 있다. 그러나 판소리와 같은 여러 인물의 대사를 노래로 소화하는 연희는 가면을 쓰고 하기가 현실적으로 불가능하다. 물론 신라시대부터 고려조까지 이어지는 처용무에 대한 기록에서 이들 연희자가 모두 남성인 것으로 짐작이 되지만 강인한 체력의 남성들도 처용과 같은 큰 가면을 쓰고 고개를 힘껏 돌리면서 몸의 움직임을 자유자재로 움직인다는 것은 쉬운 일이 아니다. 고대 서양의 르네상스기 발레극의 경우 판토마임니스트가 제스처로 어떤 이야기를 서술하는 경우는 있지만 처용무의 경우는 춤과 노래가 함께 가는 경우이므로 전달하고자 하는 이야기가 있다면 특히 가면을 쓴 상태에서는 이를 노래에 실어 표현하는 방식을 취하는 것이 훨씬 더 용이했으리라 생각한다.

여기서 처용무의 표현성에 대해 논의할 때 중요한 점은 바로 처용 가면에 있다. 가면에 대하여는 다음 장에서 상세히 다룰 것이지만 처용 춤의 표현성을 논할 때 가면은 이 춤에서 실질적으로 많은 것을 이미 설정해 놓고 있으며 또한 행동의 제약도 함께 주고 있다. 처용의 표현은 이미 그의 가면 형상이 많은 부분 결정해 놓은 것이다. 그러므로 춤에서 할 수 있는 행동 패턴이나 움직임의 성격은 처용 가면이 상징하는 바와 일치되는 방향으로 갈 수밖에 없다. 이러한 가면무의 성격에 미루어 볼 때 처용무가 비록 고려조에 와서 백희와 같이 연희로 전락하였다 하더라도 가면에서 드러나는 처용의 형상은 여전히 '신라시대의 신인(神人)'임을 앞의 기록들이 설명하고 있다. 따라서 나희에서 추어진 처용이 춘도 역시 '늙은 신선'의 그것이었으리라는 것을 고려가요에서 짐작해 볼 수 있다.

처용무를 기록하고 있는 고려 한시들에서 발견되는 처용무의 움직임은 역동적이거나 격렬한 것과는 거리가 멀다. 이들 시에서 두드러지게 강조하고 있는 춤사위는 긴 소매를 휘두르는 동작이다. "긴 소매 낮게 휘두르며 태평을 춤추니"(이색, 「구나행」), "솔개 어깨 붉은 소매로 춘풍을 춤췄다"(이제현, 「처용가」), "길은 넓어 긴 소매 춤출 만하고, …… 고고한 발자국 아득히 신선의 세계로 돌아가고, …… 봄바람에 …… 불현듯 꽃 꽂은 머리 불려 움직이는 듯"(이곡, 「고적」)과 같은 표현에서 알 수 있는 사실은 소매가 길었고 그것의 휘두름이 조용하고 낮았으며 그러한 인상이 마치 춘풍과 같이 부드러웠다는 것이다. 처용의 걸음걸이 역시 '고고한' 것이어서 마치 신선의 세계로 걸어가는 것 같았고, 어깻짓은 날아가는 솔개와 같았으며, 고갯짓은 마치 봄바람에 날려 들리는 것 같았다고 한다. 이러한 춤사위의 특성은 전체적으로 신과 같은 품위 있는 몸짓으로 이루어진 구성임을 암시하고 있다. 민속 탈춤에서 역동적으로 뿌리는 소맷자락이나 들썩거리는 어깨춤, 아래위로 제쳐지는 격렬한 고갯짓과는 매우 다르다.

그러나 이들 시에서 보여지고 있는 처용춤의 표현적 특질 외에 처용무가 궁정나례에서 추어졌기 때문에 여전히 구나의식적인 요소도 가지고 있었음을 알 수 있다. 단지 당시 나례나 연등회·팔관회를 바라보는 일반인들의 시각이 바로 '희'에 있었으므로 그렇게 받아들여진 것이 아닌가 짐작할 수 있다. 이상의 논의를 근거로 고려시대 처용무의 형식과 내용을 정리하면 다음과 같다.

〈표 2〉 고려시대의 처용무

춤의 목적	궁중나례 및 연등회, 팔관회의 나례
춤의 내용	처용설화, 태평성대를 상징
무 용 수	1명 또는 2명 (남성, 노인[22])
춤 사 위	신과 같은 품위 있는 몸짓(소매의 휘두름, 어깨의 들어 올림)
음　　악	신라시대의 노래, 처용가

정재로서의 처용무

조선 왕조 초기의 집권층들은 유교 윤리와 배치되는 불교나 도교 등을 억제하였기 때문에 우리의 민족 신앙인 천령(天靈)·오악(五嶽)·명산(名山)·대천(大川)·용신(龍神)을 섬기는 팔관회나 부처를 섬기는 연등회는 그 설 자리를 잃게 되었다. 그러나 나례는 중국식으로 격식을 갖추게 되고 국가적인 행사로 부흥하게 되어 중국 사신이 올 때 대대적으로 공연하게 되는데, 이는 당시 중국을 지배했던 한(漢)민족이 나(儺)를 숭상했다는 사실과 관련 있다. 우리나라가 중국에서 행해진 악귀와 역신을 구축하는 궁중의 나례의식 절차를 그대로 수입한 것은 고려 예종대로 『고려사』 예지(禮志)나 『세종실록』에서 발견되는 나례 양식은 중국 당나라의 것과 대동소이하다. 그리고 우리의 민속설화에서 유래한 민속나(民俗儺)인 처용무는 조선조 국나(國儺)인 궁중 나례에 포함되게 된다. 고려조에도 나례와 나희의 구분은 있었다.

그러나 조선조에 오면 나례는 세말 궁중나례와 산대나례로 나뉘는데 이중 12월 제야에 궁중에서 벽사의 목적으로 이루어지는 세말 궁중나례가 나례의 본래적 의미를 유지하면서 엄격한 격식을 갖추고 행해졌고, 산대나례는 일종의 종합적인 오락 연희물로서 백희라고 불리기도 하며

22 여기서 노인이라는 시적 표현은 이들 무용수들이 착용한 가면이 노인의 모습이었다고 생각하는 편이 옳을 것이다.

각종 행사가 있을 때마다 치러졌다고 한다. 처용무는 이중 세말나례에서만 공식적으로 추어졌으며 핵심적인 위치를 차지하였다. 민속나인 처용무를 국나의 핵심에 둠으로써 조선조는 사대국의 자존심을 살렸다고도 할 수 있고 중국에서 수입된 의식에서 처용무를 편입함으로써 나례의식을 자국화(自國化)하였다고 생각해볼 수도 있다.

처용무는 세종대에 처음으로 궁중 무용 즉 정재(呈才)로서 추어지게 되며 이때 그 규모도 확대된 것으로 짐작된다. 세종 7년 12월 처용무가 전악서에 의해 올려졌다는 것이 정재로서 추어진 최초의 기록이다.[23] 이 기록의 연희자에 대한 언급에서 "여기, 악사, 관현맹인과 처용 연기자"라고 한 것으로 보아 처용무는 기녀(妓女)가 아닌 무공(舞工)에 의해 추어졌음을 알 수 있다. 따라서 이 당시까지 처용무는 신라 · 고려의 전통을 이어 남무(男舞)로서 추어졌다는 것을 알 수 있다. 그리고 세종대는 정재의 레퍼토리가 다양해졌을 뿐만 아니라 여러 정재를 묶어서 큰 규모의 악무로 만드는 합설의 양식이 처음 시작되었으며 또한 새롭게 창작하는 정재에 음양오행적 사상을 삽입하는 등 무용과 음악에 있어서 괄목할 만한 발전을 이루었다.

이 모두는 향악에 대한 세종의 남다른 관심과 음악기관 및 악무의 정비 작업에 기인한다. 그는 음악기관을 정리하는 과정에서 아악을 좌방에, 당악과 향악을 우방에 둠으로써 당악과 향악의 양식이 서로 영향을 주고받게 된다. 이로써 조선조에서는 당악정재와 향악정재의 구분이 모호해졌다고 생각한다. 세종이 용비어천가를 음악에 부쳐 부를 수 있도록 만든 「봉래의」는 당악과 향악정재의 양식이 혼용되어 있고, 「취화풍」 · 「취풍형」 그리고 「여민락」이라는 서로 다른 정재들을 모아 한 자리에서 공연한 것이다. 그리고 세종대에 새로이 창작된 「정대업」도 춤의 구성과

23 『세종실록』 권30, 7년 12월 갑오.

진행, 춤사위 그리고 무복의 색의 배열 등이 음양오행적 사상을 반영하고 있는데 그 방식이 정재 중에 음양오행사상을 가장 특징적으로 나타내고 있는 「오방처용무(五方處容舞)」의 표현과 상통하는 점이 많다.

오방처용무란 처용무의 무용수가 5인으로 확대된 것을 지칭하는데 이는 성현(成俔)의 『용재총화(慵齋叢話)』(권1)의 "처용무가 처음에는 검은 베옷에 사모를 쓴 무용수 1명에 의해 추어지다가 그 후 오방처용이 있게 되었다"는 기록에서 알 수 있다. 현재까지 전승되고 있는 처용무의 형태는 바로 오방처용무이다. 이상의 사실로부터 처용무의 인원이 5명으로 확대되고 음양오행적 사상이 그 구성에 반영된 시기를 세종조로 추론해 본다. 그 이유로는 처용무가 춤으로 궁중 연향에 처음 올려지게 되면서 그 과정에 필연적으로 어떤 형태로든 재정비나 개작 작업을 전제해 볼 수 있는 점, 그리고 「정대업」과 「오방처용무」의 표현 방식이 유사한 점 등을 들 수 있다. 처용무는 학무(鶴舞)와 연화대무(蓮花臺舞)와 합설이 이루어지면서 규모가 확대되는데 그 시기는 일반적으로 세조대라고 알려져 있지만 앞서 살펴봤듯이 세종조부터 이미 그러한 합설 양식이 통용되고 있었기 때문에 세종조부터 합설이 이루어졌을 것이라는 가능성도 배제할 수 없다. 학무와 연화대무는 "학이 부리로 연꽃을 쪼아 터뜨리면 그 안에서 두 동녀가 나온다"는 볼거리로서의 시각적 효과 때문에 함께 연행되는 경우가 많았고 다른 정재와 함께 합설이 되기도 하였다.

이러한 「학연화대처용무합설(鶴蓮花臺處容舞合設)」은 벽사를 주된 기능으로 하는 만큼 5명의 처용을 중심으로 한 처용가와 처용무가 핵심 요소가 되고 거기에 화려함과 재미를 더하기 위해 학무와 연화대무가 더해졌다. 구성을 보면 먼저 처용무가 추어진 다음 학무와 연화대무가 연속적으로 이어진다. 학이 연못 속의 연꽃을 쪼면 그 속에 숨어 있던 두 동녀(童女)가 나와 연화대무를 춘다. 그리고 다시 처용무가 추어진다. 합설로 이루어진 가무극으로서의 처용무를 설명하면서 김일출은 "그 무대부터가 화려하여 연못을 본뜬 무대장치에 35명에 달하는 악공(樂工)과 청학(青鶴)과 백학(白鶴), 오방처용, 각종 의물을 든 무동(舞童)과 꽃무동, 가창대(歌唱隊), 여기 등 무려 70명에 달하는 남녀 연희자의 구성으로 매우 화려하고 복잡하였을 것"이라고 추측한다.[24] 그러나 이 처용무합설은 시각적 화려함뿐 아니라 벽사의식과 음양오행적 내용과 재미를 위한 이야기가 이어져 하나의 줄거리를 가진 종합예술 공연 양식이라는 점에서 중요하다. 세종조를 15세기 초로 본다면 이는 유럽인들이 르네상스기 발레극의 전신이 되는 연희에서 그리스 로마신들의 이야기를 춤으로 풀어내어 처음으로 종합 연희 양식으로 올린 것보다 1세기나 앞선다는 점에서 매우 의미가 깊다.

합설로 인하여 장대하고 화려한 형식을 갖춘 종합 가무극으로서의 처용무는 처용무 자체가 지닌 벽사적인 기능 외에 함께 불려지는 노랫말에서 임금의 덕을 송축하는 기능이 첨가되고 오방 구성과 형식에 기인하는 화려한 연희적 측면능을 지니게 되어 이들 세 요소가 조화와 균형을 이루었다. 이로써 처용무는 전통적으로 지녀왔던 제의로서의 기능과 연희성 그리고 조선조 지배 이념의 함축을 통한 왕실 및 궁중의 안녕과 임금의 복을 기원하는 송도적 측면을 모두 갖춘 궁중 정재의 중심으로 자리잡았다.

화려하고 스펙터클한 규모로 연행되었던 합설처용무는 성종시대 편찬된 『악학궤범(樂學軌範)』(1493)에 기록될 당시까지만 그와 같이 완벽한 구성을 갖추어 연행된 듯하고 중종 이후로는 급격히 쇠퇴하여 조선조 말기의 『정재무도홀기(呈才舞蹈笏記)』(1894)에는 합설 자체가 사라지고 처용무만 남았는데 춤의 구성과 음악, 노래의 종류가 대폭 축소되었음을 알 수 있다. 임병양란 이전의 연산-중종대까지는 처용무가 합설의

24 김일출, 앞의 책, p. 45.

형태를 유지하였지만 성종 이후에는 산대나례뿐 아니라 세말나례까지도 벽사진경의 목적보다는 연희적인 목적으로 연희되었고, 나례를 바라보는 당대인들의 인식도 '잡희(雜戲)' 쪽으로 변화해 감에 따라 처용무 역시 놀이로 변모되는 양상이 나타난다. 연산군은 처용무를 각별히 애호하여 나례의식 이외에도 여러 연회에서 자주 공연하게 하였고, 또 본인이 직접 춤을 추면서 춤의 명칭·의상·절차 등에서 많은 변화를 가하였던 것으로 전해진다. 특히 김일출은 연산군 시기의 처용무는 "여기(女妓)에 의한 춤으로 변모하면서 나례에서 역귀를 쫓기 위한 활달하고 전투적인 춤사위가 제거되고 여성이 추는 우아한 연악무(宴樂舞)적인 춤사위로 변질되었을 것"이라고 주장한다.[25]

임병양란 이후로 나례가 완전히 잡희화(雜戲化)됨에 따라 처용무도 벽사 기능을 잃게 되고 비용 문제까지 겹쳐 인조 때는 나례가 단지 축역 행사 정도로 대폭 축소되어 버린다. 이처럼 세말나례는 인조조를 고비로 규모가 축소되어 한 말까지 지속되었고 세말나례의 중심적인 위치를 차지했던 처용무도 연희악으로 변모하여 지금까지 전해지고 있다. 인조 때 나례와 함께 폐지된 처용무가 실록에 다시 등장하는 것은 숙종 32년 8월에 열린 진연(進宴)에서이다. 이후 처용무는 숙종·영조·순조 조에는 여러 진연에서 반드시 공연되었으며 특히 연희를 파하기 직전 제일 마지막으로 연행하는 파연무(罷宴舞)로 사용되었다. 그러나 이때의 처용무는 학무와 연화대무와 합설된 형태가 아닌 오방처용무의 형태였고 춤의 양식도 간략해져 처용가를 포함하여 합설에서 불렸던 대부분의 노래들도 제외된 상태였다.

처용무는 숙종조에 연희악으로 채용된 이래 순조 때부터는 연희되는 경우가 적어지면서 고종 이후로는 연희된 기록이 없다. 개화기와 일제

25 앞의 책, p. 41.

강점기를 거치면서 처용무 역시 여타의 궁중무와 함께 단절의 위기를 맞이하였으나 1923년 순종황제 탄신 50주년을 축하하는 공연에서 새로 재현되었는데 이때 춤의 지도를 맡은 이가 이왕직 아악부의 김영제 · 함화진 · 이수경이었으며 처용 설화에 바탕을 두고 『악학궤범』과 숙종 때의 『무도홀기』를 참작하여 재구성하였다고 한다.[26] 처용무가 재현된 연도에 대하여는 성경린 자신도 1930년이 아닐까 하는 의구심을 품고 있기 때문에 1926년 혹은 1930년으로 보는 견해들이 있다. 그러나 여기서 재현된 연도보다 중요한 것은 재현된 춤의 전체적인 구성과 형태가 조선 전기의 제의적 성향에 가까워 조선 후기의 연희적 성향의 흔적을 많이 담아내지 못하고 있다는 점이다.

이후 이왕직 아악부에서 가르치던 처용무는 김기수에 의해 정리되어 1956년 국립국악원 교재로 편찬되었고, 1971년에 중요무형문화재 제39호로 지정되었다. 오늘날 추어지는 처용무는 이왕직 아악부의 학생이었고 조선 마지막 왕조의 무동(舞童)으로서 궁중 무용을 익혔던 김천흥이 스승들이 남겨 놓은 채록본에 근거하여 이를 원전(原典)인 『악학궤범』 권5의 "시용향악정재도설" 중 "학연화대처용무합설"의 기록에 더욱 가깝게 연출하면서 오늘에 이르고 있다.

조선조 처용무는 춤의 성격, 기능, 구성과 형식 등에서 극심한 변화를 겪었다. 처용무를 추는 무용수의 성별도 연산군 때는 여기들에 의해 추어졌고, 그 뒤 연산군의 폐정(廢政)을 정리해야 하는 입장에 있던 중종조에는 여악(女樂)에 대한 시비 문제와 맞물려 남성으로 바뀌게 되었으나 다시 광해군 때는 여기에 의해 추어졌다. 그리고 숙종 이후로는 무동(舞童)에 위해 추어졌다는 기록이다. 이 춤의 구성과 형식에 관한 논의는 다음 장에서 현재 전해지고 있는 처용무를 대상으로 상세히 다루고자

26 성경린, 「현행 정재의 전통」(『예술원 논문집』 제19집, 1980), pp. 104-6.

한다. 이제까지의 논의를 토대로 처용무의 성격이 크게 변하는 연산군대를 기점으로 하여 태조에서 성종까지를 초기로 연산군에서 고종까지를 후기로 나누어 정리해 보면 다음과 같다.

〈표 3〉 조선시대의 처용무

	초 기	후 기
춤의 목적	궁중 세말나례에서의 주요 나례 절차, 궁중 정재	진연의 주요 연희무, 파연무(클라이맥스를 장식)
춤의 내용	구축행위(나신의 형상, 행위묘사) 스토리를 지닌 종합예술무용극	처용설화, 화려한 볼거리로서의 여흥
무 용 수	1(2)명에서 5명으로 확대(남무), 이후 합설로 인해 9명으로 늚(처용5인, 연화대2인, 학2인)	5명(여기, 무동) 합설 형태가 아님
음 악	봉황음(처용가), 정읍, 영산회상, 미타찬, 관음찬	처용가를 부르지 않음, 정읍, 영산회상, 미타찬, 관음찬

원시신앙의 주술적인 의식에서 국가적인 축제와 나례의 놀이로 그리고 국나의 핵심 레퍼토리를 거쳐 궁중 연희를 마무리짓는 춤으로 13세기가 넘는 오랜 세월 동안 전승되어 온 처용무는 감히 우리 민족의 모든 사상들을 담아내고 이들을 수용해 온 춤이라 할 수 있다. 이처럼 우리의 대표적인 민족 악무라 할 수 있는 처용무의 끈질긴 생명력은 나라와 왕조가 바뀜에 따라 상이한 종교적 정치적 이념들을 수용할 수 있는 처용가무의 개방적인 구조와 함께 노래와 춤이 어우러진 종합예술적인 성격에 기인한다. 숙종대에 연희로 추어지면서 노랫말을 잃게 되고 가사가 탈락함으로써 처용무가 점차 쇠퇴의 길로 접어 든 것이 바로 이러한 처용무 구조의 핵심이 어디에 있는가를 알게 한다. 처용무는 탄생부터 가무와 설화가 어우러진 종합예술극의 요소를 지니고 있었고 그러한 요소들이 시대를 거치면서 각각의 측면들이 부각되면서 오랜 동안 연희될 수 있었던 것이다. 다음에서는 처용무의 구성과 춤사위를 분석하여 그 속에 녹

아 있는 우리 민족의 사상과 창작 정신 그리고 커뮤니케이션 구조와 의미화 과정을 다룬다.

처용무의 구성 및 동작

처용무의 구성

처용무는 궁중 무용 가운데 전통 음양오행사상(陰陽五行思想)을 가장 특징적으로 표현하고 있는데 이러한 음양오행사상이 처용무에 반영되고 규모도 확대되는 시기는 세종조이다. 그러나 처용무가 지닌 음양오행사상은 처용무만의 고유한 특성이라기보다는 조선조 초기에 만들어지거나 재편된 정재 대부분에 적용된 원리였다. 조선조의 지배 이념인 유교의 핵심 사상이 조선시대 궁중 무용의 창작 원리로 적용된 원인은 조선조의 예악(禮樂) 중시 정책에 있다. 물론 조선 후기에 이르러서는 예를 중시하는 쪽으로 치우치지만 전기에는 『악학궤범』의 출간에서 알 수 있듯이 학자로 하여금 악무의 이념을 연구하도록 하였다.

이러한 결과는 궁중 연희에서 가장 잘 드러난다. 처용무의 간략한 흐름에서도 알 수 있듯이 조선시대는 궁중 연희 자체가 규모가 확대되어 성대하게 치러졌으며 처용무 역시 오방처용무와 합설의 형태를 통해 화려하고 장대한 규모를 갖춘 종합예술적 성격을 갖춘 공연 양식을 이루었음을 확인할 수 있다. 따라서 궁중의 춤과 당대의 지배적인 이념이 어떻게 결합되었는가를 처용무의 구성을 중심으로 구체적으로 다루기 전에 조선시대 궁중 무용의 일반적인 특성과 구성 원리를 먼저 알아볼 필요가 있다

1) 조선시대 궁중 무용의 특성과 창작 원리

조선시대는 개국과 더불어 유교를 국가의 통치 이념으로 삼고 개국의

정당성과 왕권의 과시를 위하여 악무를 창작하는 일이 많았다. 『악학궤범』의 출간에서 알 수 있듯이 악리(樂理)의 연구에 힘쓰고 이들 이론에 입각하여 악무를 창작하도록 한 조선시대 초기는 국가의 통치 이념을 구현하기 위해 예악(禮樂)의 완성을 이루었다고 할 수 있다. 무용의 측면에서도 이 시기는 신라와 고려시대의 무용을 이어받아 발전시키고 새롭게 창작한 궁중 무용이 다채롭게 연행된 전성기라고 할 정도로 궁중 무용이 크게 발전하였다. 이는 현재 전하고 있는 53종의 궁중 무용 가운데 36종이 조선시대에 창작 또는 계승된 것[27]으로 알려져 있어 이러한 사실을 뒷받침해 준다.

조선시대 궁중 무용의 가장 두드러진 특징은 자신들의 통치 이념을 궁중 연회에서 연행되는 음악과 춤 속에 구현해 놓은 것이다. 조선시대 말에 궁중 무용의 무동으로 출발하여 국립국악원의 궁중 무용 복원에 이르기까지 궁중 무용 마지막 전승자로 활동하고 있는 김천흥 선생은 궁중 무용의 특징을 "춤의 내용을 주로 노래로써 설명하며, 개인의 개성이나 표현은 억제되고 춤동작이 우아하고 선이 고운 것이 특징이다. 또한 춤의 구성이나 복식 등은 음양오행사상에 바탕을 두고 형성된 것"이라고 설명하였다. 음양오행설을 조선시대 궁중 무용 구성의 기본으로 생각하는 것은 성경린 역시 마찬가지이다. 이들은 조선시대 말 아악부의 학생으로 함께 들어가 오늘날 전통음악과 무용을 재현해 내는 데 크게 기여한 사람들이다.

성경린은 궁중 무용의 특징을 이야기하는 중에 "옷의 색깔과 춤 구성의 기본은 음양오행설 등 동양 사상에 기초를 두고 있다"[28]라고 하였다. 이들이 지적한 대로 궁중 무용은 정치적인 연회로 그 성격이 굳어지는

27 성경린, 『한국전통무용』(일지사, 1975), p. 42.

28 앞의 책, p. 18.

조선시대에 이르러 왕조의 정치 사상인 유교를 사상적 배경으로 하였을 뿐 아니라 이를 창작 원리로 삼았다. 유교는 동양철학의 음양오행사상을 바탕으로 형성된 사상 체계였으므로 궁중 무용은 여러 측면에서 이 음양오행사상의 기초 위에 춤이 구성되고 연행되어졌음이 분명하다. 따라서 이러한 원리는 무용수의 대형(隊形) 구성과 춤사위뿐 아니라 의물(儀物)이나 무구(舞具)의 사용이나 배치, 무복의 색상 등 모든 구성에 적용되었다고 볼 수 있다.

그러면 유교 사상의 기초가 되는 음양오행론이 궁중 무용에서 어떻게 나타나는지를 처용무를 중심으로 다루기 전에 먼저 음양오행사상은 과연 어떠한 것인지를 간략히 살펴보고자 한다. 음양(陰陽)은 동양 철학에서 우주와 자연의 작용을 설명하는 두 가지 대립되는 요소이다. 『주역(周易)』에 따르면 음양론은 우주와 천지만물이 변화하고 생성, 소멸하는 이치를 상호작용으로 나타내는 이론인데, 음과 양은 서로 대립되기도 하고 상호 의존하기도 하는 상반상성(相反相成) 관계를 지니는 기본 원소들로서 독자적으로 존재할 수 없는 통일체이다. 이러한 음양은 현상의 본체 혹은 음양이 완전히 융합된 상태의 절대 경지를 의미하는 태극(太極)에서 생성된 개념이며 음양은 다시 오행으로 나누어 얘기할 수 있다. 『주역』에는 사물의 존재 양상을 '일음일양지위도(一陰一陽之謂道)'라 하여 한때에는 양의 다스림을 받고 또 다른 때에는 음의 다스림을 받는다고 하였다. 음과 양은 서로 의존 관계에 있으면서 대립하는데 모든 변화는 음양의 대립에서 생기며 대립이 없는 곳에는 변화가 없다고 한다. 따라서 모든 만물은 고립해서 존재하는 것이 아니라 반드시 대립되는 것이 있어 그와 대립함으로써 통일된 세계를 만드는 것이다.

음양의 성격을 살펴보면 음은 응결하여 모이고 양은 발산한다. 그러나 이 양자는 고정적이거나 절대적인 것이 아니라 항상 상호 전화(轉化)하는 성향을 갖는다. 즉 음이 양으로 변하고 양이 음으로 변화하는 것이다.

음양의 성격에 관한 구체적인 예를 도표로 만들어 설명해 보면 〈표 4〉와 같다.

〈표 4〉 음양의 성격

음(陰)	양(陽)	음(陰)	양(陽)
유(柔)	강(剛)	여성적	남성적
약(弱)	강(强)	악(惡)	선(善)
저(低); 땅(坤)	고(高); 하늘(乾)	춥다; 가을과 겨울	덥다; 봄과 여름
암(暗); 밤; 달	명(明); 낮; 해	2, 4, 6, 8, …	1, 3, 5, 7, 9, …
수동적	능동적		

이러한 음양을 다시 음양의 강도에 따라 세분하면 사상(四象: 太陽·太陰·少陽·少陰)이 되고 사상에다가 이들을 융합시키는 중심을 합한 것이 오행이다. 오행은 방위(方位)와 기후(氣候) 개념에서 비롯된 것으로서 우주 만물의 본질을 이루는 모든 정신적, 물질적 존재를 목(木)·화(火)·수(水)·금(金)·토(土) 다섯 요소로 보는 것이다. 그러나 이들은 단순히 나무나 불과 같은 물체만을 지적하는 것이 아니라 유형·무형의 자연의 이치를 표현하기 위한 대표적인 의미이다. 이는 우리 문화의 기본을 이루는 감정·감각·신(神) 개념에서 시간·방위·소리 그리고 색 개념과도 관련된다. 이들 다섯 요소가 내포하는 몇 가지 의미의 예를 설명하면 〈표 5〉와 같다.

〈표 5〉 오행의 성격

오행(五行)	목(木)	화(火)	토(土)	금(金)	수(水)
오방위(五方位)	동(東)	남(南)	중앙	서(西)	북(北)
오색(五色)	청(靑)	적(赤)	황(黃)	백(白)	흑(黑)
계절	춘(春)	하(夏)	사계	추(秋)	동(冬)
오음(五音)	각(角)	치(徵)	궁(宮)	상(商)	우(羽)

오행설은 천지 만물이 변화하는 양상을 자세히 관찰하여 이를 다섯 요소들간의 관계 혹은 그 관계에 의한 변화로 설명하는 관계론적 구조를 지닌 이론이다. 이 다섯 요소들간의 관계나 배열에 따른 작용의 원리를 설명하는 것으로 상생(相生) 상극(相剋)의 원리가 있다. 오행은 상생과 상극의 관계를 지니면서 서로 영향을 주고 받으며 변화하는데 이때 변화의 양상은 하나가 다른 하나를 생하게 하든가 아니면 한 요소가 다른 요소를 지배하여 극하는 방향이 된다. 오행 중에 상생관계에 있는 것은 목생화(木生火), 화생토(火生土), 토생금(土生金), 금생수(金生水), 수생목(水生木)으로서 이들은 서로 평화적이고 합법적이며 발전적이며 순리적인 질서를 유지한다. 이는 나무가 불을 만들고 물이 나무를 자라게 하는 자연의 이치에서 따온 원리이다. 상극이란 하나가 다른 요소를 지배하여 월권하는 약육강식의 법칙으로 수극화(水剋火), 화극금(火剋金), 금극목(金剋木), 목극토(木剋土), 토극수(土剋水)의 관계를 말한다. 이는 물이 불을 지배하고 불이 철을 녹이는 것과 같은 이치이다.

음양은 태극에서 분리된 음양이 발전해서 사물을 이루는 것이고 오행은 오행의 기(氣)가 활동해서 만물을 이룬다는 것으로 서로 공통점이 있다. 다만 음양은 대립적인 관점에서 출발했고 오행은 관계론적 관념에서 출발하였다는 점이 다르다. 따라서 우주의 삼라만상을 설명하는 데 오행은 그 내용이 되고 음양은 형식이 되어 발전하였다고 볼 수 있다. 오행설은 본래 중국에서 발생된 것으로서 제(齊)나라의 추연(鄒衍)에 의해 음양설과 합쳐지면서 음양오행사상으로 발전하였다고 한다. 음양과 오행은 서로 조화되어 하나의 완전한 사상을 이루고 있으며, 우주의 모든 삼라만상이 이 원리에 의해 설명될 수 있다. 한국에 이 사상이 언제 유입되었는지는 정확히 알 수 없지만 대략 삼국시대부터라고 추정하고 있다.

이렇듯 음양오행사상은 조화와 통일을 강조하는 우리 민족의 전통적 세계관으로 한국 사상사에서 최고(最古)의 원리로 인식되어 왔다. 이는 우리 전통 문화예술 전반에 함축된 원리로 보아도 과언이 아니다. 조선시대에 연행되던 궁중 무용 역시 유교 사상의 영향 아래 창작되고 발전한 것으로 그 사상적 배경을 음양오행사상에 두고 있다. 음양오행의 원리를 따른 궁중 무용의 구성 원리는 처용무의 구성과 동작 분석을 통해 좀 더 구체적으로 드러날 것이지만 몇 가지 기본적인 사항을 고려해 보자면 공간 움직임에서의 오방(五方) 구성, 오행(五行)의 배열 순서를 따른 무용수의 대형 구성, 무구(舞具)의 배치나 사용에 있어서의 음양오행적 원리 적용, 무복(舞服) 제작에서의 음양과 오행의 상생원리에 따른 시각적 조화 등을 지적할 수 있겠다.

2) 처용무 구성의 의미

처용무는 발생 당시와 변천 과정에서 1인무 · 2인무 · 4인무 · 8인무 등의 구성을 보였지만 현재는 모두 5명의 무용수에 의해 추어지는 군무(群舞)로 정착되었다. 따라서 여기에서는 현재 전승되고 있는 오방처용무의 구성을 통해 드러나는 음양오행사상을 분석한다. 처용무의 구성에서 가장 두드러지는 대형은 일자(一字) 배열을 이루는 것과 다섯 명의 무용수가 한 명을 가운데 두고 정방형을 이루는 형태, 다이아몬드 모양을 이루는 것, 마지막으로 다섯 명이 모두 원형을 만들면서 도는 것 등이 있다. 『악학궤범』의 기록에는 이러한 형태를 각각 일렬작대(一列作隊: 일자 배열) · 사방작대(四方作隊: 정방형) · 오방작대(五方作隊: 다이아몬드형) · 회무(回舞: 원형) 등으로 표기하고 있다. 이러한 구성을 가지고 춤을 분석하기 전에 먼저 알아두어야 할 것은 이들 다섯 명의 무용수가 각각 다섯 가지 방위 혹은 원소의 개념인 오행(五行)이라는 의미 상징은 그들이 착용하고 있는 의상의 색에서 표방된다는 점이다. 논의를 전개하기 위해 무용수들의 모습을 간단히 소개하면, 이들 무용수는 모두 복숭아꽃과 큰 귀걸이로 장식된 처용의 형상을 닮은 붉은 색 큰 탈을 쓰고, 양손에는 흰색의 한삼(汗衫)을 끼고, 각기 동서남북과 중앙을 상징하는 청(靑: 東)-홍(紅: 南)-황(黃: 中央)-백(白: 西)-흑(黑: 北)색의 무복을 입고 있다.

이 가운데 일자대형은 오방대형과 함께 처용무의 가장 특징적인 대형이다. 무용수들은 열을 지어서 무대 오른쪽에서 왼쪽으로 들어와 일렬횡대로 서는데 객석에서 볼 때 무대 뒤쪽에 일자배열로 위치하며 대형을 바꿀 때는 항상 일자 형태로 돌아왔다가 다른 대형을 형성한다. 이러한 일(一)이라는 숫자는 음양 이론에서 음(--)과 양(—)을 표기하는 기호 개념에서 양에 해당하며, 『주역』의 숫자 개념에서도 일(一)은 양(陽)의 수에 해당한다. 음양론에 입각한 수 개념에서는 1, 3, 5, 7, 9와 같은 홀수는 하늘을 나타내는 양수로 2, 4, 6, 8, 10과 같은 짝수를 땅을 나타내는 음(陰)의 수로 생각한다. 이러한 음양론적 수 개념에서 볼 때 일자대형의 처용무 구성은 바로 양으로써 음을 물리치고자 하는 의도로서 음기(陰氣)를 지닌 악귀를 물리치려는 처용무의 주술적인 의도를 표현하고 있는 것으로 해석할 수 있다.

그리고 이들 다섯 처용의 등장 순서가 『악학궤범』에 따르면 청(靑)-홍(紅)-황(黃)-흑(黑)-백(白)인데 이를 오행사상에 대비시켜 보면 청색은 동쪽, 홍색은 남쪽, 황색은 중앙, 흑색은 북쪽, 백색은 서쪽으로 오행의 오방을 의미하고 있을 뿐만 아니라, 이를 계절에 대비시켜 보면 청은 봄, 홍은 여름, 황은 계절의 중간 또는 사계, 흑은 겨울, 백은 가을을 의미하고 있다. 그러나 이들의 순서에서 흑색과 백색 처용의 순서가 잘못 바뀌었다는 지적이 있다. 즉 현재 처용무에 등장하는 처용의 무복에 따른 계절의 순서는 봄, 여름, 계절의 중간, 겨울, 가을이어서 자연의 사계절과 시간적 진행이 맞지 않는다. 따라서 흑과 백의 순서를 바꿔 백 다음에 흑이 오도록 하여 가을, 겨울로 가는 사계절의 자연적 흐름에 맞추는 게 맞다는 이야기이다.

일자대형의 형태에서 오는 음양론적 의미 이외에 이들 처용들의 복색의 배열에서 사계절의 시간적 진행까지 읽어 내고자 하는 것은 너무 작위적이라고 생각할 수도 있다. 하지만 처용들의 무복 배열은 오행이 작용하는 원리인 상생(相生) 상극(相剋)의 측면에서 보아도 흑과 백의 순서가 바뀌는 것이 오행이 서로 생(生)하는 관계를 지녀 순리적이고도 양이 성하는 기운을 이룰 수 있는 것이다. 지금처럼 흑색 다음에 백색이 오는 배열인 경우는 가운데 황[土]과 흑[水]이 상극을 이루고 양 끝의 청[木]과 백[金]이 상극을 이루어 태평을 이루는 순서나 관계가 되지 못한다. 흑을 백 다음에 오게 하여 청-홍-황-백-흑의 순서를 이룰 경우 이들의 관계는 양 옆의 원소들과 일자대형의 양끝간의 관계가 모두 상생을 이루어 대립이 풀리고 서로 돕는 발전적인 관계를 이루는 것이다.

춤을 구성하는 안무자의 측면에서 보면 현재대로 흑-백의 순서로 하는 것이 사방이나 오방작대로 대형을 변형시키는 데 더 효율적인 구성이다. 즉 일자대형에서 오방으로 대형을 바꿀 때 황의 양 옆의 홍과 흑이 각각 뒤와 앞으로 나아가면서 변형이 용이하며 이는 무대 구성에서 좌우의 균형과 대칭을 이루는 대형 변형 방식이므로 최소의 시간과 움직임으로 대형을 바꿀 수 있어 훨씬 보기에 매끄럽다. 그런데 음양 원리에 맞추기 위해 흑백의 순서를 바꿀 경우 줄의 맨 끝에 있는 흑이 중앙에 있는 황의 앞으로 오기 위해서는 먼 거리를 이동해야 하기 때문에 다른 무용수들과 박자를 맞추기 힘들 뿐 아니라 보기에도 복잡하고 무질서한 비대칭의 구성이 된다. 이러한 음양 이론에 위배되는 순서는 좌우대칭을 이루면서 질서를 지닌 매끄러운 무대 진행을 위해 그러한 모순을 감수한 것이 아닌가 생각된다.

그 다음으로 눈에 띄는 구성은 사방작대무(四方作隊舞)인데 이는 일자대형에서 백과 청이 각기 앞으로 나와 중앙에 있는 황의 왼쪽과 오른쪽 앞에 서고 흑과 홍이 뒤로 물러가 각기 홍의 왼쪽 뒤와 오른쪽 뒤에 서는 것으로서 황을 가운데 두고 정방형을 이룬다. 이들은 황이 정면을 바라보고 춤추는 가운데 백과 청, 흑과 홍이 무대 중심선을 향하여 서로 마주보고 춤춘다. 이때 앞에서 서로 마주보는 청[木]과 백[金], 그리고 뒤에서 마주보는 홍[火]과 흑[水]은 서로 상극이다. 즉 물[水]은 불[火]을 없애버리는[克] 것으로서 상반(相反)되며 나무[木]와 철[金] 역시 상반되는 관계이다. 이처럼 하나가 다른 하나를 지배하고 다스리는 상극관계를 이루는 무용수 구성에서 우리는 처용이 역신과 대치한 상황을 암시하고 있는 것으로 해석할 수 있다.

그 다음 황을 가운데 두고 정방형을 이루었던 네 명의 무용수가 왼쪽으로 원을 이루어 도는데 이를 좌선회무(左旋回舞)라 한다. 이때 황색 복식의 무용수 역시 가운데에서 왼쪽으로 돈다. 이렇게 왼쪽으로 먼저 도는 행위는 우리나라 궁중 무용이나 여러 나라 민속 무용이 대부분 시계바늘 방향으로 도는 전례에 비추어 볼 때 매우 특이한 일이다. 우리나라 궁중 무용은 특히나 손을 들어 올리거나 발을 내디딜 때 그리고 돌 때 항상 오른쪽으로 먼저 이루어지고 그 다음 왼쪽이 따라와 좌우의 균형을 이루는데 왼쪽으로 먼저 도는 처용무의 경우는 그러한 원칙에 어긋나고 있다. 이와 같은 좌선회무를 오행의 법칙 중 상극을 나타내는 것으로 보는 견해[29]가 있는데 이는 매우 참신한 시각이다. 그러나 이때 좌선회를 하는 무원들의 관계는 정확하게 상극이 되지 못하고 있다. 이들 선회하는 무용수들의 순서를 살펴보면 가운데 황의 오른쪽 앞에서부터 좌선회를 하는 시계 반대방향으로 청-백-흑-홍의 순서인데 이중 백은 흑을 생하게 하는 상생관계에 있다. 그 외의 무원들의 관계는 모두 상극이라 볼 수 있다.

정방형 구성에서의 원무를 상극의 좌선회무로 생각하여 이를 처용과

29 이현정, 「궁중 무용에 나타난 음양오행사상에 관한 연구」(이화여자대학교 석사학위 청구논문, 1994), p. 48.

역신의 대결의 장으로 해석하는 것은 매우 설득력있어 보인다. 앞서 지적했듯이 한 군데 상생의 관계를 지니고 있지만 전체적으로 이를 상극의 좌선회무로 보아도 무방하다고 할 수 있다. 사방의 좌선회무는 이어지는 오방대형에서의 우선회무와 대조되는 관계로 연관지을 때 완전한 의미를 지니게 된다. 그리고 사방대형에서의 좌선회무만을 놓고 볼 때 오른쪽이 아니라 왼쪽으로 먼저 돌았다는 파격만으로도 충분히 불안정과 갈등 상태를 잘 표방하고 있는 것으로 보인다. 이는 일반적으로 오른쪽이 지니는 보수, 안정과 왼쪽이 내포하는 급진 · 과격의 개념을 떠올리지 않더라도 다분히 긴장감을 유발하는 비정상적인 진행 형태인 것이다. 왼쪽으로 먼저 돎으로써 의도적으로 자연의 질서에 역행하는 것 같은 모습은 처용무가 벽사진경의 가면무로서 역신을 물리치기 위한 것임을 상기할 때 순행인 상생보다 오히려 지배하고 억누른다는 의미로서의 역행인 상극법칙을 응용하여 형상화하고 그럼으로써 악귀를 물리치려는 의도를 보여주는 것이다. 이는 인간 생활에 침투하여 화를 불러일으키고 생활을 혼란케 하여 질서를 깨뜨리려는 악귀를 지배하고 물리친다는 뜻을 나타내고자 한 것으로 보아야 할 것이다.

그 다음으로 나타나는 대형은 이들 좌선회를 한 무원들이 일렬을 이루었다가 다시금 황 좌우의 흑과 홍이 황의 앞과 뒤로 나아가면서 동-서-남-북과 가운데에 위치하는 다이아몬드 모양을 만들어 오방작대(五方作隊)를 이루는 것이다. 그 후 황이 각기 북쪽의 흑과 동쪽의 청, 남쪽의 홍과 서쪽의 백과 차례대로 대무를 한다. 이때 북쪽부터 먼저 마주하여 춤추는 것은 이들 무원들이 근본적으로 북쪽을 향해 춤추고 있기 때문이다. 이는 임금이 북쪽에서 남쪽을 향해 앉아 있기 때문인데 이 역시 연희가 일어나는 궁궐도 음양오행설에 입각해 지어져 남향이기 때문에 그러하다. 그런 다음 황이 백과 홍 사이로 들어가면서 모두 원을 이루며 우선회무(右旋回舞) 즉 시계바늘 방향으로 돈다. 이때 오른쪽으로 도는 무원들의 관계는 완벽한 상생이다. 이들의 순서는 청(木)-홍(火)-황(土)-백(金)-흑(水)으로 이는 목생수, 화생토, 토생금, 금생수, 수생목의 관계이다. 앞서 대립과 상극의 좌선회무에서 보였던 갈등과 역행이 풀려 순행함을 보여주는 부분으로 전체 춤의 구성에서 클라이맥스를 이룬다. 여기서 다섯 명의 무원은 서로를 지지하면서 만물이 서로 조화를 이루고 화합하는 형상을 이루는데 이것은 역신의 존재가 처용에 의해 완전히 물리쳐졌음을 의미한다고 하겠다. 그 다음 다시 양의 형태인 일자대형을 이루고 무대를 일렬로 휘돌아 퇴장하는 것으로 끝을 맺는다.

이렇듯 처용무의 구성은 음양오행의 이론으로 살펴볼 때 처용과 역신의 대결을 상극의 구성으로 표현한 뒤 이를 다시금 상생의 대형으로 풀어내는 논리적인 구성을 지녀 벽사적 기능을 담당하고 있는 춤의 내용을 분명하게 형식 속에 구현해 놓고 있다. 따라서 이 춤의 구성은 의식무에 적합한 뚜렷한 음양오행론적 의미와 목적성을 지니고 있음을 알 수 있다.

또한 5인의 처용이 모두 동일한 가면을 쓰고 있다는 것은 이 춤의 제의성을 강조하고 있는데 그중에서도 이들 5명의 무원들이 서로 방향을 바꾸어가면서 여러 가지 형태의 대형을 보여주고 있지만 다른 처용에 비해 중앙에 위치한 황처용의 비중이 보다 무겁고, 어찌 보면 황처용의 독무에 다른 처용들이 보조적인 역할을 하고 있는 듯한 모습이다. 이는 황색이 내포하고 있는 방위상의 중앙이나 사계의 중심이라는 의미와 함께 만물을 수용하는 근원으로서 흙(土)의 상징인 황색 처용에게 필연적으로 중심적이고 영웅적인 성격을 부여한 결과라고 볼 수도 있다. 이는 처용무가 조선조에 들어와 오방처용무로 확대되었지만 결국 처용 1인의 벽사적, 신적 기능을 강조하고 있기 때문이 아닌가 한다.

황색 처용을 중심으로 오방과 오행의 상생원리에 따라 춤이 진행되면서 만물의 조화와 화합을 상징적으로 보여주는 처용무는 음양오행사상이 추구하는 우주의 조화와 통일, 인간의 화평과 화합을 통해 국가의 번영을 이루기를 바라는 의지를 형상화하여 예술로 승화시킨 것으로 해석할 수 있다.

처용무의 동작

처용무는 우리나라에서 전승되고 있는 궁중 무용 중에 매우 독특한 춤의 형태를 지녔다. 이러한 원인은 비록 조선조 말에 여기와 무동에 의해 추어지긴 하였지만 오랜 동안 남성들이 추어온 남무(男舞)였다는 점과 우리 민족의 원시신앙과 결부된 의식무로서 역대 왕조에서 나례와 나희의 벽사 의식으로서의 기능을 담당해 온 전통에서 찾아질 수 있다. 그러나 궁중 무용 중에서 가장 오랜 역사를 지닌 이 춤이 13세기를 거치는 동안에도 그 독특한 형태가 변질되지 않고 역대 왕조의 애호 속에서 그 중요성을 평가받은 것은 바로 춤사위의 특질과 매력에 기인한다고 생각한다. 여기에서는 처용무의 움직임을 남성무와 벽사 의식무로서의 특질과 형태를 중심으로 논의코자 한다.

1) 보법

우선 이 춤이 지니는 남성무적 특징은 바로 스텝 방식과 신체의 기본자세 그리고 이를 유지하는 태도에서 나온다. 이 모두를 관통하는 가장 중요한 움직임의 구조는 바로 걸음걸이이다. 처용무의 보법(步法) 즉 발을 내디디는 방식은 일반적인 궁중 무용과 다르며 오히려 무예(武藝)의 보법과 유사하다. 한무는 "처용무의 보법의 기본과 특질이 우리의 전통무예의 그것과 동일하다"[30]고 하였다. 그 이유로 전통 무예와 처용무의 보법이 "다리에서 허리를 통하여 머리로", 즉 다리만의 움직임이 아니라

---

30 한무, 「처용무의 보법에 관하여」, 문일지 편, 『처용 연구』(1987), pp. 67-72.

몸통을 거쳐 머리까지 전 신체가 함께 참여하여 이루어지는 '줄기 동작'이라는 점에서 동일하다는 것이다. 그는 처용무의 보법을 다음의 세 단계로 분석하였다.

① 무릎을 굽히면서 허리힘을 밑으로 낮추었다가 힘을 둥글게 굴려 올리며 그 올리는 힘을 받아서 발을 제기 차듯 들어 올린다.
② 제기 차듯 들어 올린 발을 뒤꿈치부터 밟아 누르면서 안쪽으로 허리와 함께 비튼다.
③ 뒤에 처진 발을 틀어진 허리가 제자리로 돌아오는 힘에 붙여서 끌어당긴다.

그의 처용 스텝 분석은 무예적으로 힘이 강조되어 악센트가 많이 들어가 있다는 점을 제외하면 전체적으로 정확하다. 두 번째 단계에서 발을 뒤꿈치부터 디딘다는 것은 무용가들이 일반적으로 동의하지 않지만 중요한 것은 다리가 나아갈 때 신체 부분들과의 관계, 힘의 배분 등의 방법은 무예의 보법과 매우 유사하다는 점이다.

위의 분석에서 알 수 있는 것은 다리의 스텝이 상체와 몸 전체에 흐르는 힘과 통일된 상태에서 이루어진다는 것이다. 처용무에서의 보법은 단지 다리만 나아가는 것이 아니라 신체 전체와 무게 중심이 함께 가는 것이다. 이는 신체의 무게가 발이 내디뎌질 때 바로 내려놓는 발에 실린다는 것을 의미하고 결과적으로 첫 박에 악센트가 오게 되어 처용 동작이 결연하고 힘 있어 보이도록 한다. 일반적으로 궁중 정재에서는 발바닥 전체로 발을 내디디는데 이는 민속춤의 발뒤꿈치부터 내디디는 방식이나 발끝부터 내디디는 발레와는 다른 방식이다. 그러나 같은 방식으로 발을 내디딜지라도 무용수들이 사뿐히 유연하게 흘러가는 것처럼 보이는 여타 정재와는 달리 처용무 보법의 특질은 바로 첫 박에 체중이 실리는 것과 그러한 경향을 강화시켜 주는 '비틀림' 동작에 있다. 이 자세는 발을 내디딘 다음 그 발을 허리와 몸통 전체로 누르면서 안쪽으로 비트는 것이다. 이것은 신체 방향에 변화를 주는 것인데 이런 변화는 뒷발을 끌어오면서 이를 다시 비틀린 허리가 바로 서는 몸통 움직임과 연결시켜 처용의 자세 변화를 분명하게 강조하는 역할을 한다. 관객의 입장에서는 처용이 그가 향하는 방향을 응시하며 머무는 듯이 보임으로써 처용의 몸가짐이 분명한 방향감을 지닌 것처럼 느끼게 되는 것이다. 처용의 움직임 자체가 분명한 방향성을 지니고 있지만 그렇지 않은 이동 과정에서도 그의 존재가 갖고 있는 위풍당당함이나 절도있는 움직임이 '정대(正大)하다'고 느껴지는 원인이 바로 여기에 있다.

2) 상체 움직임

처용무에서는 상체의 움직임 역시 몸통 혹은 힘의 중심 작용과 이어지는 형태로 행해진다. 우리나라의 춤은 서양의 경우처럼 다리를 억지로 높이 들어 올리거나 차는 동작이 없는데, 이는 상·하체의 조화를 유지하고 사지 동작을 몸 전체의 힘의 조화 속에서 자연스럽게 파생되는 연속적인 흐름으로 구성하고 있기 때문이다. 고려 한시에 기록된 처용무의 인상적인 춤사위는 바로 한삼의 휘두름에서 오는 것이다. 처용무의 대표적인 상체 움직임은 손에 낀 한삼을 앞과 옆으로 휘두르는 것이다. 궁중춤에서는 맨손을 드러내는 법이 없기 때문에 대부분의 정재는 한삼을 낀 채 춤을 춘다. 헌데 유독 처용의 한삼 움직임이 강렬하게 보이는 이유는 처용의 한삼 뿌리기가 그의 독특한 보법과 어울려 힘이 실려 있기 때문이다. 처용의 스텝에서는 발이 내디뎌질 때 즉 '밟기'가 이루어질 때 체중이 실리고 이로부터 처용무의 강력한 힘의 인상이 나타난다고 했다. 따라서 처용의 상체 움직임에서 나오는 힘도 바로 빌을 내디디면서 땅을 누를 때 나오는 반동의 힘을 이어 받아 그 힘을 손끝까지 곧장 이어가기 때문인 것이다.

이처럼 거의 대부분의 처용무 손동작은 발을 내디딜 때의 힘을 손에 연결시키고 있다. 즉 다리의 힘이 몸통을 거쳐 손끝까지 이어짐으로써 몸 전체에서 저절로 힘찬 줄기동작이 나오는 것처럼 보이는 것이다. 이러한 힘은 팔 동작이 몸 전체에 흐르는 힘의 중심에 실려 행해지기 때문인데, 손이나 팔을 단지 장식적으로 수식하는 움직임과 비교해 볼 때 힘에 있어서나 느낌에서 상당히 다를 수밖에 없다. 이것이 처용의 한삼 움직임이 선이 굵고 묵직하며 장중하게 보이는 이유이며 이로부터 악귀를 격퇴하는 듯한 힘찬 팔 뻗침이라는 인상을 주는 것이다.

그외 상체 움직임에서 얘기할 수 있는 것은 처용무의 경우 특히 호흡의 굴림이나 꺾임이 없이 몸통이 하나의 단위로 움직이는 것을 지적할 수 있다. 한국 무용의 경우 대개 몸통의 움직임은 지극히 미약하지만 순간의 정지 상태에서 꺾임이나 굴림과 같은 호흡의 조절에 의해 미미한 파동이 만들어진다. 이는 대개 오금질 즉 무릎의 굴신 정도에 의해 강화되는 경향이 있는데 처용무의 경우는 무릎의 굴신마저도 급격하지 않고 매우 부드럽다. 처용무의 이러한 몸통의 자세는 느린 박자와 함께 몸 전체에서 베어나는 이미지를 경건하고 정중한 느낌을 지니도록 해준다. 이러한 특질은 의식무로서 처용무의 제의적 특성, 그리고 신성과 관련된 춤의 특성을 잘 대변해 준다.

처용무는 기본적인 보법에서부터 무예와 같은 구조를 지녀 힘 있고 절도 있으며 상체의 팔 동작 역시 꾸밈을 위한 장식적인 제스처가 아닌 몸 전체의 흐름과 연속되는 것이기에 형태도 분명하고 결연해 보이는 특질을 지닌다. 이로 인해 처용무는 부드럽고 연약한 선을 지닌 대부분의 궁중 무용과 달리 힘 있고 강력한 남성적 특질과 함께 강한 개성을 지닐 수 있게 되었다.

3) 춤사위

현재 처용무의 춤사위에 대해 이루어진 대부분의 연구는 모두 처용설화에 기인한 벽사무로서의 해석에 집중되어 있으며, 이는 대개 춤의 형태에서 오는 인상에서 어떤 의미를 이끌어내는 방식을 취하고 있다. 국립국악원장을 역임하였던 이승렬은 처용무의 벽사적 특징을 연구한 논문에서 처용무에서의 동작은 다른 탈춤이나 굿에서 나타난 벽사적인 성격의 동작과는 근본적으로 다르다고 하였다. 즉 굿에서는 무당들이 귀신을 달래고 위무(慰舞)하여 쫓는 데 반하여, 처용무에서는 귀신을 구체적, 실존적, 인격적 존재로 인정하고 있으며, 무용수들이 보여주는 춤동작은 처음부터 권세, 힘, 어른스러움, 고압적인 압도감이 감돌아 귀신을 굴복시켜 쫓는 형상을 지니고 있다고 하였다. 특히 이승렬은 처용무에서의 평진(平進), 수염 쓸고 위로 뿌리기, 수양수무(垂楊手舞), 낙화유수(落花流水), 발바딧무를 벽사적인 특징을 드러내는 대표적인 동작이라고 보았다. 그의 해석을 따라 처용무의 벽사적인 의미를 좀 더 자세히 살펴보면 다음과 같다.[31]

① 평진(平進): 처용 5인이 무대에 처음 등장할 때 느린 음악에 맞추어 발을 높이 들어 옆으로 틀어 딛고 뒷발을 끌어 붙이고, 몸을 한번 비틀어 서면서 양손을 허리에 붙이는 동작이다. 이러한 동작은 마치 역신에게 당당한 위엄과 힘을 과시하는 듯한 인상을 준다.
② 수염 쓸고 위로 뿌리기: 수염을 쓸어내리고 위로 뿌리는 동작은 고압적인 자세로 아주 불쾌하거나 거부하는 듯한 모습을 나타낸다.
③ 수양수무: 양손으로 한삼을 쥐는 듯하다가 앞으로 내지르는 듯한

31 이승렬, 「처용무의 역사적 전승과 벽사의 특징」, 『국악원 논문집』 제4집(1992), pp. 74-5.

동작은 탈춤에서의 말뚝이 동작과도 같다. 이는 마치 귀신을 윽박지르거나 겨루는 듯한 인상을 준다.

④ 낙화유수: 무용수들이 무대를 한 바퀴 돌아 퇴장을 하면서 왼쪽 어깨에 양손을 모아 메었다가 오른쪽 앞으로 뿌리고 오른쪽 어깨에 메었다가 왼쪽 앞으로 뿌리는 동작이 마치 '낙화유수' 같아 보인다. 이것은 처용무의 가장 특징적인 춤사위로 귀신과의 접전에서 완전히 이겨 내쫓는 시늉을 뜻하며 마지막 승리를 거두고 유유히 돌아가는 것을 표현하는 것 같다.

⑤ 발바딧무: 처용무의 발동작 가운데 발을 높이 들고 옆으로 틀어 내려 디딘 후 뒷발을 끌어다 붙이는 동작으로 탈춤에서도 찾아볼 수 있는 동작이다. 처용무의 장부다운 기상을 보여 준다.

그러나 이중 ①과 ⑤는 근본적으로 동일한 보법을 이야기하고 있어 앞서 살펴본 처용무에서의 독특한 보법이 전체적으로 처용무의 강렬한 인상을 만들어내는 데 있어 얼마나 중요한 특질인가를 증명해 주고 있다. 그 외 ②, ③, ④의 동작은 모두 한삼의 놀림에서 오는 것으로 처용무에서 대표적인 춤사위들이다.

이들 동작들은 그 자체의 형태만을 논의하기보다는 춤의 구성 속에서 그리고 다른 무용수들과의 관계에서 볼 때 그 의미가 보다 분명해진다. 우선 춤사위의 분석에서 가장 먼저 언급해야 할 것은 처용이 등장하면서 하는 인사이다. 궁중 정재는 대개 무원들이 무대 위에 등장하면서 북향의 임금에게 공손히 인사하고 난 뒤 춤을 시작하고 끝낼 때도 마찬가지이다. 그러나 처용은 무대로 들어와서 양손을 허리 양옆에 올려놓고 허리와 가슴을 완전히 벌린 채 처용가를 부른 다음 이어 상체를 앞으로 숙이면서 팔을 아래로 뿌리고 상체를 들어 올림과 동시에 팔을 머리 위로 올렸다가 다시 허리 양 옆으로 가져가 하나의 동작으로 연결시킨다. 이는 인사인 듯하면서 춤사위로 넘어가는 형태여서 다른 정재에 비해 그리 공손한 인사 방식은 아니다. 이어서 각기 좌우의 무용수와 오른쪽 왼쪽으로 번갈아가며 서로 인사한다. 이때는 팔을 양 허리에 올려놓은 채 상체만을 구부리는데 앞서보다 훨씬 인사 같아 보인다.

우선 인사 방식에서 처용이 임금 앞에서도 매우 당당해 보인다는 점이 주목할 만하다. 좌우의 무원들간의 인사는 임금과 좌중에게 그들의 중요성을 인지시키는 듯하다. 궁중 정재에서 무용수들끼리 인사를 하는 경우는 처용무가 유일하다. 이런 무례는 처용무가 나례의 의식무로 오랫동안 추어졌기 때문에 용납되는 것이라 생각한다. 이후 추어지는 춤의 구성에서 황처용의 중심적인 위상이 드러나지만 근본적으로 이들이 모두 인격신인 처용을 상징하고 있다는 점에서 오방의 신으로서 서로 평등하고 존중해야 할 상대임을 암시한다. 임금에 대한 인사법에서 드러났듯이 처용무에서는 언제나 춤이 시작될 때 허리를 구부리고 손을 들어올리고 있어 앞서 살펴본 상체의 팔놀림처럼 허리를 통한 몸통 움직임과 연결된 팔의 움직임을 실시하고 있다.

처용무의 한삼 움직임에서 가장 눈에 띄는 제스처는 한 손을 주먹 쥐고 오른쪽과 이어 왼쪽의 사선 위로 뻗아낼 때 다른 손으로 한삼 자락을 쥐고 있어 마치 주먹을 내지르는 것 같은 동작이다. 이것은 다른 정재에서는 볼 수 없는 처용무만의 독특한 제스처인데 이 동작은 5명의 처용이 사방을 이루어 서로 상극의 무원들이 처음 대무할 때와 오방 대형으로 다이아몬드 모양을 이루어 황처용이 북과 동의 처용과 처음 대무할 때 행해진다. 이것은 처용의 설화에서 처용과 역신의 대결을 형상화하는 구성에서 이루어지는 전투를 전달하는 동작이라고 생각한다. 이어 뒤따르는 움직임은 두 손을 바깥으로 뿌리며 허리 뒤로 가져오는 것이다.

이러한 한삼 움직임은 오방 대형에서 보다 구체적인 의미를 지니는 형태로 발전된다. 오방 대형에서 중앙의 황처용이 북쪽의 처용, 동쪽의 처용과 차례로 대무할 때 다른 방위의 처용들은 가만히 기다리고 있다. 먼저 황이 북쪽의 처용과 대무할 때 이들은 앞서 언급한 주먹을 내지르는 동작으로 서로 다가서며 대무를 시작하고 팔을 바깥으로 뿌려 허리 뒤로 가져오면서 서로 물러나며 끝낸다. 동일하게 동쪽 처용과도 춤춘 다음 황이 남쪽의 처용과 대무할 때는 한삼자락을 힘껏 뿌려 오른쪽 사선 위 방향으로 끝까지 나아가도록 두고 그 다음 양손을 바깥으로 휘돌아 뿌리며 뒤로 물러난다. 이때 서쪽을 제외한 전원이 똑같이 같은 동작을 실시함으로써 이 부분에서 역동적인 춤의 절정을 이룬다. 이는 북쪽(겨울)에서부터 시작된 대립과 전투가 남쪽(여름)에 이르면서 완전히 매듭이 풀리고 악기(惡氣)를 물리친다는 의미로 해석해 볼 수 있다. 음양론에 따르면 남쪽은 불과 여름으로 양의 기운이 가장 강한 곳이다.

이러한 사방작대와 오방작대에서 두드러지는 한삼 움직임의 프레이즈는 오른손을 오른쪽 사선 위로 뿌리고 왼손을 왼쪽 사선 위로 뿌린 다음 양손을 모아 오른쪽 사선 위, 그 다음 왼쪽 사선 위로 평행되게 뿌리는 것이다. 이는 모두 한삼자락을 잡는 동작 다음에 일어나는 것으로서 주먹질로 윽박질렀던 악귀를 멀리 쫓아내고 풀어 버리는 의미로 받아들일 수 있다.

다음으로 처용무에서 독특한 제스처는 한삼자락을 가지고 땅을 어르는 듯 바닥을 쓰다듬는 동작이다. 다른 궁중 정재에서는 한삼자락이 땅바닥에 닿는 경우가 없는 것을 보면 처용무에서 의도적으로 한삼이 바닥에 닿도록 하는 동작은 제의적인 제스처로 보는 것이 정확하다 하겠다. 이러한 동작은 5명의 처용이 사방작대를 이루어 서로 상극인 백과 홍, 흑과 홍이 마주보고 춤출 때 처음 실시된다. 이때 황은 가운데에서 앞을 향한 채 같은 동작을 한다. 이 부분은 본격적으로 춤이 시작되는 부분이다. 따라서 이는 오행의 주인이요 만물의 생장을 관할하는 지신(地神)에 대한 인사로 보이기도 하며, 아니면 상극의 상대를 회유하여 땅속으로 쓸어 버리고자 하는 염원이 담겨 있는 듯하기도 하다.

이를 땅에 대한 인사로 본다면 이 춤의 시작에서 처용이 임금에게 인사할 때 상체가 구부러짐과 동시에 한삼자락이 바닥에 완전히 닿도록 하는 것도 같은 형태라 볼 수 있다. 하지만 여기서의 접촉은 처음보다 훨씬 신중하다. 따라서 후자의 상대를 회유하는 동작으로 보는 것이 나을 것 같다. 이 동작의 변형은 마지막에 우선회무가 끝난 뒤 춤의 피날레 부분에서 5명이 일자대형으로 서서 앞으로 나왔다 뒤로 물러나기를 반복할 때 양손을 한쪽 어깨에 모아 메었다가 반대쪽 아래로 뿌리면서 바닥을 쓸어내는 동작을 연속적으로 하는 데서 나타난다. 이는 '낙화유수'라 불리는 동작으로 귀신을 물리치고 이들을 쓸어내어 장소를 정화하고 나아가 이 세상의 악귀와 음기를 제거하는 듯한 의미로 보인다. 이어서 이 동작으로 무대를 한 바퀴 돌고 퇴장하는데 이는 마치 마지막 승리를 거두고 유유히 돌아가는 벽사신 처용의 모습을 표현하는 것같다.

처용무에서 가장 화려하고 절정을 이루는 부분은 오방작대에서 황이 서쪽을 바라보고 춤을 출 때와 우선회무의 부분이다. 오방작대의 구성에서 다섯 명 전원이 여러 방향을 향한 채 양손을 바깥으로 벌려 태극 형태로 휘둘러 뿌리는 동작은 시각적으로나 역동적으로나 최고조의 흥분에 휩싸이게 한다. 그런 다음 일렬 대형으로 되돌아가면서 양손을 겨드랑이 뒤쪽에서 앞으로 뿌리는 동작 역시 태극으로 휘돌아 뿌리는 동작과 함께 역신을 완전히 물리치는 의미를 강렬하게 상징하고 있는 것으로 보인다. 이렇게 처용무에서의 각각의 두드러지는 제스처는 이들이 배열된 전후의 맥락에서 볼 때 하나의 문장과 같은 의미를 형성하고 있음을 알 수 있다.

아울러 처용 춤사위에서 지적할 수 있는 것은 그들의 디자인이 매우 간결하면서도 힘 있고 반복적인 사용을 통해 구체적인 의미를 형성해 가는 방식이다. 그러한 예는 주먹 내지르기와 같은 동작에서 그리고 춤의 처음부터 소개되는 오른쪽 왼쪽 사선 위로 한삼뿌리는 동작의 발전적인 활용에서 알 수 있다. 이 한삼뿌리기 동작은 점차 반복되다가 춤이 전개되면서 두 팔을 모아 뿌리는데 춤의 절정부인 우선회무 부분에서 5명 전원이 원의 중심과 바깥쪽을 향해 반복적으로 한삼을 뿌리면서 끌어올리는 역동성은 가히 놀라울 정도다.

그러한 효과를 위해 무용수들이 하는 움직임은 같은 동작을 오른쪽 왼쪽으로 팔의 방향만을 바꾸는 정도로서 도약이나 걸음걸이의 속도 변화 없이 이끌어 가고 있어 움직임의 효용이라는 측면에서도 매우 뛰어나다. 마지막으로 무대를 퇴장하면서 하는 '낙화유수' 동작도 근본적으로 두 손 모아 뿌리기 동작을 위에서 아래로 방향의 변화를 준 것이다. 그러면서 이들이 변화시키는 분위기의 반전 역시 주목할 만하다. 우선회무에서 이들이 원형을 이룬 채 한삼을 위로 뿌릴 때는 마치 도무하는 무당을 연상시킬 정도로 절정의 상태를 이루었다가 한삼자락으로 바닥을 쓸면서 일렬로 풀려날 때면 무대는 급격하게 정화되고 정결해진다. 따라서 작품의 구조는 한순간에 종결부에 달하는 것이다.

작품 전체에 걸친 이 한삼뿌리기 동작의 변화를 그 의미의 측면에서 주목해 보면 매우 흥미롭다. 우선 형태적으로 한삼뿌리는 동작은 '주먹내지르기' 동작의 발전된 형태이다. 즉 한 손을 사선 위로 힘껏 내지를 때 다른 손으로 한삼자락과 내지른 팔뚝을 함께 잡는 '주먹 내지르기' 동작에서 한삼자락을 잡지 않고 끝까지 풀어 버리는 것이 바로 한삼뿌리기 동작이다. 형태적으로 발전적 관계를 지닌 이 두 동작은 의미상으로는 정반대의 내용을 지닌다. 작품 속에서 한삼뿌리는 동작의 의미는 대결과 대립이 풀리고 악귀를 떨쳐 버리는 것이라고 생각해 볼 수 있다. '주먹내지르기'는 처용과 역신의 전투를 뜻하는 모티브 동작이라고 앞서 언급한 바 있다. 따라서 형태적으로 발전적인 관계에 있는 두 동작에 정반대되는 의미를 함축시키고 있는 이런 춤사위 창작법에서 우리는 음양이 전화하는, 즉 음이 양이 되고 양이 음이 되는 음양론의 성질을 구현해내는 선조들의 예술 창작 정신을 발견할 수 있다.

이러한 음양론적 예술 정신은 춤의 구성에서도 똑같이 발견되는데 상극과 상생 원리라는 정반대의 의미 구조를 지닌 좌선회무와 우선회무를 한 조로 묶어 처용과 역신의 '대립'을 '푼다'는 구성법에서도 역시 발견된다. 즉 음과 양, 좌선회무와 우선회무, 그리고 나아가 역신과 처용은 서로가 지니는 상대적인 의미 없이는 존재 자체의 의미나 가치가 완전해질 수 없다. 따라서 처용무는 춤사위 창작이나 구성 방식에서 철저하게 음양론적 원리에 기초하고 있다고 할 수 있다.

이상에서 살펴본 바 처용무의 남성적 특질과 제의적 특질은 분명하게 분리된 것이 아니라 그 고유한 걸음걸이와 독특한 상체의 움직임 스타일 그리고 상징적 제스처들이 조합되어 활달하면서도 근엄하며 힘차면서도 진지한, 서로 어울릴 것 같지 않은 상이한 특성들이 한데 어우러져 독특한 움직임의 특징을 만들어 내고 있다. 이러한 처용무의 움직임 특질은 그 자체로도 매우 보기 드문 조화로서 강렬한 개성을 지닌 것이어서, 부드럽고 유연한 특질의 여성적 궁중 정재 속에서 단연 돋보일 수밖에 없었을 터이고 따라서 가장 인기 있는 궁중 연희의 레퍼토리가 될 수 있었다고 생각한다. 그리고 오방처용무는 음양오행의 사상하에 구성되었기 때문에 각 무용수들이 정확한 방위를 향해 설 수밖에 없는 이유를 알 수 있고 이들의 한삼 제스처가 함축하고 있는 의미가 춤의 구성에서 오는 오행 사상과 어우러져 벽사의식적인 내용을 완전히 형상화하고 있음을 알 수 있다. 이는 사실적이거나 재현적인 형태의 춤사위나 대형은 아니지만 추상적이면서도 상징성이 풍부한 의미체로서 나름대로의 논리가 탄탄하다는 것을 알게 한다.

음양론적 소통 구조

우리의 대표적인 민족 악무라 할 수 있는 처용무의 끈질긴 생명력은 왕조가 바뀌어도 상이한 종교적, 정치적 이념들을 수용할 수 있는 개방적인 구조와 함께 노래와 춤이 어우러진 종합예술적인 성격에 기인함을 알 수 있었다. 처용무는 탄생부터 가무와 설화가 어우러진 종합예술극의 요소를 모두 지니고 있었고 그러한 요소들이 시대를 거치면서 각각의 측면들이 부각되면서 오랫동안 연희될 수 있었다.

또한 처용무의 구성과 춤사위의 분석을 통해 음양오행의 원리가 조선조 궁정 무용의 구성 원리이자 의미의 근거임을 알았다. 음양오행사상은 조화와 통일을 강조하는 우리 민족의 전통적 세계관으로 최고(最古)의 원리로 인식되어 온 사상이며 한국 전통문화 예술 전반에 함축되어 있는 근본 사상으로 보아도 과언이 아니다. 필자는 조선시대에 연행되던 궁중무용도 유교 사상의 영향 아래 창작되고 발전한 것으로 그 사상적 배경은 음양오행사상에 두고 있을 것이라는 전제에서 출발하였다. 그 결과 처용무의 구성을 음양이론으로 살펴볼 때 처용과 역신의 대결을 상극으로 표현한 뒤 이를 다시금 상생의 대형으로 풀어내는 논리적인 구성을 지녀 벽사적 기능을 담당하고 있는 춤의 내용을 분명하게 그 형식 속에 구현해 놓고 있음을 알 수 있었다. 그리고 황색의 처용을 중심으로 오방과 오행의 상생원리에 따라 춤이 진행되면서 만물의 조화와 화합을 상징적으로 보여주고 있는 점은 음양오행사상이 추구하는 우주의 조화와 통일, 인간의 화평과 화합을 통해 국가의 번영을 이루기를 바라는 의지를 형상화한 것으로 해석할 수 있다.

춤동작의 의미화 과정에 대한 분석에서도 음양론적 의미화의 구조가 흥미롭게 드러나는데 작품 전체에 걸쳐 한삼뿌리기 동작의 변화를 의미의 측면에서 살펴보면 형태적으로 발전적인 관계에 있는 동작들이 내용적으로는 정반대의 의미체로 드러나는 것을 알 수 있다.

이렇듯 형태적으로 발전적인 관계에 있는 두 동작에다 정반대되는 의미를 함축시키고 있는 춤사위 창작법에서 우리는 음이 양이 되고 양이 음이 되는 음양론의 성질을 구현해내고 있는 선조들의 예술 정신과 독특한 커뮤니케이션 구조를 발견할 수 있다. 갈등의 표현과 해소의 표현이 하나의 동작 구조 속에서 이어질 수 있다는 것은 흑백 논리에 익숙한 서양의 의미화 작업인 커뮤니케이션에서는 상상할 수 없는 일이다.

제4장

춤과 사회

원시시대 춤은 자기가 속한 사회의 일원으로서의 정체성을 인정받는 가장 원초적인 사회화 행위였다. 인류 역사는 춤을 빼놓고는 그 사회적, 문화적 실체를 온전히 이해할 수 없다. 춤은 역사시대와 동서양의 문화를 관통하여 인간의 삶과 문화에 강력하고도 실질적인 영향력과 힘을 행사해 왔다. 춤은 인간에게 생명의 세례이자 사회적으로는 새로운 문화의 선구적인 징조였다. 단지 문명시대가 전개되면서 춤과 몸에 가해진 종교계와 철학계의 억압적인 태도로 그런 증거들이 기록되지 못하거나 진지하게 다뤄지지 않았을 뿐이다.

인간의 춤에 대한 탄압과 감시가 심해지면 그것은 사회적 병리현상과도 같은 걷잡을 수 없는 힘으로 폭발한다. 중세시대 13세기에 걸친 춤에 대한 교황청의 억압이 죽음의 춤이나 무도병과 같은 현상을 초래한 것이 바로 그 예들이다. 그러나 극심한 검열 속에서도 중세 시대 때 실제적으로 춤이 차지했던 사회적 중요성은 인류 역사상 그 어느 시기보다도 크다. 원시시대는 차치하고라도 이어지는 르네상스 시대와 낭만 시대 그리고 19세기의 육체의 재발견에 이어지는 신체문화 시대, 춤바람의 열풍과 함께 전개되는 20세기 몸의 시대는 그 어느 시대의 열기가 더 뜨거웠다고 얘기할 수 없을 만큼 춤의 열기로 비등했다. 후기 현대파의 '살(flesh)의 시대'에 즈음한 이때 우리는 인류의 발자취를 돌아보고 춤의 사회적 영향력을 증거하고 있는 현상들을 새롭게 바라보고 진지하게 재해석할 필요가 있다.

무용은 모든 예술 중에서도 언어를 사용하지 않고서 예술가의 생각을 표현하는 가장 오랜 역사의 비언어 예술이다. 무용의 언어는 무용수의 몸짓을 통해 쓰여진다. 인간의 모든 활동이 그 시대와 사회상을 반영하는 정보를 담지하고 있듯이 특정 시대의 춤은 그 당시의 사회상을 보여주는데, 사회의 변동은 무용수의 몸과 춤에 기록되어 나타나고 그것을 바라보는 방식에도 반영되어 드러난다. 이 장에서는 19세기와 20세기 전반기에 유행한 춤에 반영되어 있는 당대의 사회적 인식과 파장을 다룬다. 19세기는 증대하는 자연과학적 사유 방식과 함께 사상적, 문화적 변화가 크게 일어난 시기이다. 특히 19세기 말엽에는 다양한 과학적 발견과 발명으로 우리의 생활 방식과 문화 감각이 급격히 변화하고 유물론적인 신체 인식이 정점에 다다랐다. 무용사적으로는 19세기 전반 낭만발레가 대중들의 인기를 끌었고 그 세기말에는 전혀 새로운 방식의 현대춤이 등장하였다. 이들 전연 다른 춤의 양식은 유럽의 지성과 대중들을 완전히 사로잡았으며 무용수들은 사회적 칭송의 대상이 되었다.

다른 시대적 문화적 배경하에서 형성된 낭만발레와 현대춤이라는 전혀 다른 양식에 열광한 당대인들을 매료시킨 대상은 바로 무용수의 몸이었다. 19세기 성적으로 엄격했던 빅토리아 시대에 낭만발레리나들의 몸이 어떤 사회적 기능을 지녔으며 당대의 지성들이 낭만발레와 현대춤의 여성 무용수의 몸에서 읽어 낸 것은 무엇일까? 현대춤에 대한 비평가들과 지성인들의 논의는 이들이 무용 예술에서 무엇을 보았는지, 그리고 그런 과정에서 무용수들의 몸을 통해 쓰여진 내용과 이에 대한 사회적 관심을 보여주는 것이다.

19세기에는 자연과학자들과 예술가들이 몸의 쾌락에 귀기울이게 되면서 사회적으로 육체의 재발견이 이루어졌다. 디오니소스신의 부활은 몸의 부활로 이어지고 니체는 춤추는 몸에서 가장 이상적인 인간의 모습을 발견하고 짜라투스트라로 하여금 '내 몸이 나의 전부'라고 외치게 하였다. 이렇듯 일관되게 몸에 대한 관심과 흥미를 지니고 탐구함으로써 몸이 문화의 중심에 위치하게 되고, 그 결과 19세기 말과 20세기 초에 걸쳐 디오니소스적 몸의 시대 즉 필자가 '신체문화'라 명명한 시대가 시작되었다. 일반인들이 몸과 움직임을 새롭게 자각하고 직접 경험하게 되면서 일상에서의 의복 개혁 운동과 춤의 유행 그리고 적극적으로 자신의 몸을 움직여 속도감을 즐기는 신체 경험이 주가 되는 신체문화 시대가 도래하였다. 20세기 후반 신체에 대한 학문적 관심이 증대되고 몸에 대한 담론이 풍부해진 것도 20세기 초부터 형성되기 시작한 일상에서의 신체문화적 배경이 있었기에 가능한 것이었다. 신체문화의 태동은 그에 앞서 19세기 말 춤에서의 해방된 몸의 발견과 구체적인 제시에서 비롯되었으며 이렇듯 춤에서 자유로운 몸의 발견이 서서히 다양한 일상생활에서의 신체 자각으로 이어지면서 20세기 초부터 사회 전반에 신체문화를 형성하였다.

20세기 초 세계적인 신체문화의 유행은 서양의 사교춤과 극장 예술 춤을 앞세우고 물밀 듯 국내에 들어왔다. 오천년 가무 민족의 역사는 조선조 오백년의 반신체적 유교 사상에 의해 철저하게 잊혀졌고 춤과 몸에 대한 존재를 부정하는 사회 인식이 자리잡고 있었다. 신문화와 함께 서양의 모더니즘이 들어오는 과정에서 근대적인 서구의 몸과 춤이 초래한 인상과 충격은 한국인의 모습과 삶의 방식을 바꾸어 놓았다. 몸을 단단히 여미고 남녀칠세부동석의 유교 질서에 젖어 있던 당시 한국인들은 선진 문화에 대한 열망을 춤바람으로 폭발시켰다. 재즈의 유행과 함께 관능적인 신체 움직임의 발견, 사교춤에 대한 열광적인 반응과 학습 열기는 한국인들의 신체 모습과 멋내기 방식마저 순식간에 양풍으로 바꿔 버렸다. 서구의 신체문화가 근대 한국에 유입되면서 일으킨 문화적 충격은 개화와 함께 몸과 춤의 해방의 과정이었으며 한국의 전통적인 춤과 몸의 존재 방식과 감상 방식을 영원히 바꾸어 놓았다.

그 결과 전통적으로 한국 춤에서 발견되던 몸의 모습이 변하고 20세기가 진행되면서 일반인들의 몸 역시 근대적인 몸의 규범에 따라 자신의 몸을 관리하고 몸을 통해 자신의 존재를 말하고 싶어하는 '공연되는 자아'로서의 포스트모던한 몸으로 변모하게 된다.

제1절 무용수의 몸

빅토리아 시대와 낭만발레리나의 몸

빅토리아 시대의 신체

유럽의 19세기 빅토리아 시대를 특징짓는 전형적인 가치관은 '정절, 예의바름, 겸허, 극도의 신중함'이라고 할 수 있다. 이렇듯 고상하고 우아하며 부드러운 고급 문화의 취향과 분위기는 당대의 역사적 성격을 고려해 볼 때 기이하다. 이 시기는 18세기 말의 프랑스 시민혁명과 함께 귀족제도가 무너지고 부르주아의 성장과 함께 점차 시민사회로 넘어가고 있을 즈음이며 프로테스탄트들의 금욕주의가 대두되고 있었다. 바로 앞 세기인 18세기는 관용적인 분위기의 성도덕과 '천하고 동물적인 대중들'의 사회였으나 19세기 초로 넘어가면서 유럽 사회는 엄격한 성도덕과 인습적이고 억압적인 분위기로 급격하게 변화했다. 이러한 변화에 대해 역사가들은 프랑스 전제군주제의 몰락이 가져다준 충격을 이유로 든다. 시민혁명으로 인해 몰락한 프랑스 귀족계급의 붕괴는 유럽의 상류계층들에게 하나의 경고로 받아들여졌다. 당시 프랑스 귀족 사회에 만연하였던 도박·매춘 등의 도덕적 해이가 전제군주제 붕괴의 원인으로 생각되었고 그 결과 영국을 비롯한 유럽의 상류사회에서는 자신들의 도덕적 수준을 재평가하고 바로잡고자 하는 움직임이 일어났다. 당시 영국을 비롯한 유럽의 지배 계급들은 생활 태도를 바꾸지 않으면 그들 역시 특권적인 지위로부터 추방당할 것이라 생각하였던 것이다.

경제적 부를 기반으로 사회적으로 약진한 부르주아들 역시 자신들이 획득한 권력을 유지하기 위해 노력하였다. 이들은 성적으로 문란한 하층계급과 자신들을 차별짓기 위해 더욱 엄격한 도덕률과 성도덕으로 무장하였다. 그리고 당대 귀족들은 이러한 신흥 졸부들의 사회 상층으로의 움직임을 방어하기 위해 더욱 '신사인 체'하는 엄격한 생활 태도와 매너로 이들과 거리를 유지하기 위해 안간힘을 썼다. 이 과정에서 사회 분위기는 인간의 원시적 성본능과 신체를 억압하는 방향으로 진행되었다. 성의 부정과 억제는 신체의 억압과 부정으로 이어지고 그 결과 "빅토리아 시대 사람들은 육체가 품위를 손상시킨다고 생각하였으며 대중들이 육체를 대하는 태도에는 부정과 왜곡, 그리고 공포심이 혼합되어 있었다."[1] 이러한 엄격한 빅토리아 시대의 성도덕과 신체에 대한 공포는 19세기 중반에 절정에 이르게 된다.

극단적으로 정숙을 강조하면서 신체에 대한 공포심을 지녔던 빅토리아 시대 사람들의 생각을 잘 보여주는 예는 여성들이 남자 의사의 진료를 거부하여 죽는 사례나 당시 여성들의 신체를 겹겹으로 졸라매고 머리에서부터 발끝까지 미이라처럼 감싼 의복들에서 발견된다. 미국 최초의 여의사는 남자 의사에게 진료받기를 거부하다 죽은 친구를 보고 의사가

---

1 스티븐 컨, 이성동 역, 『육체의 문화사』(의암출판, 1996), p. 13.

되고자 결심했다. 의복은 신체의 연장으로서 신체 이미지를 표현하고 완성하는 수단이기에 신체에 대한 생각을 반영하는 훌륭한 지표가 된다. 프랑스에서는 경쾌한 복장의 나폴레옹 시대 이후 1820년대에 접어들면서 코르셋이 부활하고 옷자락의 선이 다시 내려오면서 신체는 다양한 형태의 복잡하고 신체를 졸라매는 값비싼 옷들 속에 파묻히게 되었다.

1830년대가 되면서 여성의 스커트는 바닥까지 내려와 복사뼈를 덮게 되고 몇 겹의 페티코트로 하반신을 완전히 감추었다. 사실 빅토리아 시대 사람들의 극단적으로 정숙을 강조하는 방식은 여성의 다리를 감추는 데서 시작되었다고 해도 과언이 아니다. 당시 에티켓을 가르치는 책에서는 '다리(legs)'라는 단어의 사용마저 금하고 간접적으로 '사지(limbs)'라는 단어를 써야 한다고 할 정도로 여성의 다리에 대한 강박증적인 예민함을 드러내고 있다. 이런 히스테리컬한 반응은 여성의 다리가 곧 여성에 대한 성적 연상으로 이어지기 때문이었다. 여성의 다리에 대한 예민한 반응은 나아가 피아노의 다리마저 프릴이 달린 천으로 완전히 감싸게 하였으며 여성의 다리는 겹겹의 치마 아래 존재하지 않는 듯이 보이게 하는 것이 정숙한 태도로 생각되었다. 프로이트의 아들은 오랫동안 숙모와 한집에서 살면서 "그녀에게 다리가 있을 것이라고는 생각하지 못했다"[2]고 술회하였다.

1840년대에 이르면 여성의 옷은 아주 조심스럽게 전신을 덮고 감추기 시작한다. 치마는 지면에 닿을 만큼 내려오고 턱밑까지 오는 옷깃에다 긴 소매에 레이스를 달고 머리에는 보닛(bonnet) 모자를 달라붙게 쓰고 장갑을 끼고 상반신을 숄로 덮어서 완벽한 미라로 만들었다. 여성의 다리와 신체를 감추는 사회적 분위기 속에서 19세기 중반 남성들은 여성의 복사뼈가 힐끗 보이는 것만으로도 성적 자극을 받았다. 여성의 다리가

2 앞의 책, p. 14.

있다는 사실을 효과적으로 은폐하기 위해 크리놀린(crinoline)이라는 스커트를 종 모양으로 부풀리는 무거운 도구가 치마 속에 착용되었고 이는 1850년대에 들어 철사로 만들어졌다. 그 결과 여성들의 신체는 코르셋으로 졸라매어진 채 상자 안에 들어앉은 꼴이 되었다.

크리놀린은 1860년대 들어 스커트의 뒤쪽 자락을 펼쳐 보이기 위해 허리 뒤쪽에 입던 버슬(bustle)로 바뀌게 되고, 치마 속에 입던 이런 도구들은 1890년대 자전거타기가 유행하면서 사라지게 된다. 그 당시에 이르면 오랜 코르셋 착용으로 인해 여성의 신체가 회복이 불가능할 정도로 변형되고 상처를 입은 사례가 의학적으로 보고되기 시작하였다. 만성적으로 허리를 끈으로 꽉 잡아맨 결과 배꼽 윗부분에 돌아가며 선 모양의 피멍울과 사라지지 않는 상처 자국이 남았으며 척추가 S자형으로 만곡되는 변형을 일으키기도 하였다. 즉 빅토리아 시대의 엄격한 성도덕의 공격 대상이 되었던 여성의 신체는 몸을 가리는 옷에 의해서 잔혹하게 왜곡되고 손상되었다.

의복이 여성의 신체를 감추는 동시에 이를 공격한 사실에 비해 남성들의 의복은 19세기 전반을 통해 큰 변화 없이 간소하고 기능적인 모습으로 일관하였는데 이는 수수한 색채와 보수적인 모습의 원통형의 양복바지와 자켓 아래 남성의 신체를 눈에 띄지 않게 하는 또 하나의 방편인 것처럼 보이기도 하였다. 즉 19세기의 부르주아 남성들은 자신의 신체를 꾸미고자 하지도 않았을 뿐 아니라 그 존재조차 인정하지 않았던 것이다. 19세기 말에 여성 의복이 건강상의 이유로 문제가 되었던 데 비해 남성 의복은 미학적인 이유에서 의복 개혁 운동으로 이어졌다. 따라서 빅토리아 시대 엄격한 성도덕의 구체적인 규제와 공격의 대상은 다름 아닌 여성의 신체였던 것이다. 크리놀린으로 여성의 다리의 실루엣조차 없애 버리려고 한 노력은 그와 동시에 남성들로 하여금 그 속에 무엇이 있을까 하는 호기심을 불러일으켰다. 당시 속옷이 발명되지 않은 상태에서 여성들이 마차에 오를 때나 바람에 흔들리는 크리놀린의 움직임만으로도 남성들을 성적으로 흥분시키는 데 충분했다. 이렇듯 몸을 단단히 감싼 의복이 초래한 여성의 몸에 대한 접근 불가능성은 남성들의 호기심과 환상을 부추기는 역기능을 낳았다. 여성의 신체에 대한 전면적인 부정과 왜곡 그리고 여성의 하반신에 대한 비정상적인 억압은 그와 동시에 스타킹과 구두에 대한 맹목적인 숭배와 병적인 에로티시즘을 생겨나게 하였다.

그러나 무슨 일에서든지 간에 어떤 대상에 대한 극단적인 억압과 부정은 곧 이를 상쇄할 수 있는 다른 방향으로의 사회적 방출 장치를 생겨나게 하였다. 필자는 병적일 정도로 신체를 부정해 온 빅토리아 시대 사람들이 예술에서 그 극단적인 억압의 스트레스를 풀기 시작하였다고 생각한다. 빅토리아 시대의 시작과 함께 1830년대부터 낭만발레가 큰 인기를 얻었는데 이들이 열광한 것은 낭만발레리나의 몸이었음을 다음 절에서 발견할 수 있을 것이다. 또한 도덕적으로 엄격한 빅토리아 시대에 예술의 주제로서 몸을 사용한 것은 발레 예술이 가장 앞섰다는 점을 지적하고 싶다. 단지 빅토리아 시대 발레에 대해 논하는 자들이 실질적으로는 여성의 몸에 대해 얘기하고 있다는 사실을 그들 자신도 정확하게 인식하지 못했을 뿐이다. 빅토리아 시대의 성도덕이 절정에 다다랐을 때 미술 쪽에서도 점차 벌거벗은 몸을 다루게 되는데, 마네(Édouard Manet)와 같은 화가는 발가벗은 채 옷을 입은 남자와 함께 숲 속에서 도발적으로 관객을 바라보는「풀밭 위의 점심 Le Dejeuner sur l'herbe」(1863) 같은 작품에서 여성의 몸을 당당히 드러내었다. 일상에서 크리놀린의 흔들림이나 힐끗 드러나는 여성의 복사뼈에도 흥분을 느꼈던 남성들은 억압된 성적인 관심을 작품 감상이라는 예술적인 포맷 안에서 충족시켰다고 하겠다. 그리하여 빅토리아 사상의 정점을 이루는 19세기 중엽 이후 유럽 사회는 점차 육체를 진지하게 감상하기 시작하고 육체적 즐거움을 받아들이기 시작하였다.

낭만발레리나의 몸

빅토리아 시대 여성의 몸은 겹겹의 의상으로 졸라매어지고 그 위에 엄격한 성적 규범으로 속박당해 자율적인 움직임을 상실한 상태였다. 1830년대부터 1890년대까지 유행한 코르셋은 여성에게 강요된 복종과 남성 의존성을 물리적으로 표현하는 것이었다. 코르셋으로 단단히 조여지지 않은 여성의 몸은 도덕적 방종을 상징하는 것이었으며 이러한 여성의 몸에 대한 통제와 규제는 오늘날까지 다른 형태로 이어져 오고 있다. 따라서 여성의 몸을 감추는 데 열심이었던 빅토리아 시대의 시작과 함께 낭만발레가 유럽에서 열광적인 인기를 얻게 된 것은 앞에서도 언급했지만 기이한 현상이었다. 낭만발레란 다름 아니라 공공의 눈앞에 드러난 여성 발레리나가 자유롭게 움직이면서 시각적으로 몸을 통해 아이디어를 표현하는 형식이기 때문이다.

여기서 여성이 자유롭게 움직인다는 것은 성적으로 자유롭다는 암시를 내포하고 있다. 발레 속에서 남성을 유혹하는 요부와 같은 여성은 여성의 성충동 자체를 부정하던 빅토리아 시대의 도덕적 기준에 비추어 보면 대단히 파격적인 것이었다. 이렇듯 성적인 여성상을 당당히 내보이고도 사회적 검열을 받지 않은 것은 요부로서의 발레리나들이 성적으로 거세된 요정이나 꽃 혹은 시적인 상징으로 설명되었기 때문이다. 그리고 그들은 여성성을 근본으로 하고 있지만 마지막에 죽을 수밖에 없는 운명으로 그려져 현실의 여성이 아님을 알려줌으로써 당시의 엄격한 도덕적, 성적 검열을 피해 갈 수 있었다.

낭만발레는 '여성 발레'라는 별칭에서도 짐작할 수 있듯이 발레 움직임과 이미지를 통해 당대의 이상적인 여성성을 몸을 통해 보여주었다. 그리고 이는 당시 공공연히 다루어질 수 없었던 여성이나 몸과 같은 주제에 대한 문화적 긴장을 방출하는 기회이기도 했다. 발레 대본이나 평을 쓰기도 하였던 고티에(Theophile Gautier)와 역시 발레에 대한 평과 진지한 글을 쓴 시인 말라르메(Stephane Mallarme), 그리고 자신의 가장 이상적인 인간의 모습을 무용수의 몸에서 찾은 철학자 니체 등 당대 지식인들이 발레에 대해 논의할 때 그 구체적인 대상은 발레리나의 몸이었다.

> 19세기 중반 파리에서 공연된 발레에 대한 평은 다음날 주요 일간지(*Journal des debats Politiques et Literaires*)의 1면에 외교 기사와 함께 실릴 정도였다.[3]

19세기의 낭만발레는 17세기의 궁정 발레에 비하면 내용이나 형식에서 고급한 취향이 아닌 대중적인 것이었는데 이 때 낭만발레는 대중들의 인기 있는 문화이자 동시에 고급 예술(high art)로 생각되었다. 외형적으로 발레는 부르주아적인 여흥 중의 하나였다. 하지만 그 당시 발레는 유일한 '움직이는' 형태의 예술이었다. 그것도 사회적으로 그 존재조차 부정되는 여성의 몸을 대상으로 하는 살아 움직이는 예술이었다. 미술 공부를 한 뒤 발레에 매혹된 고티에는 1830년대 중반에 무용 · 연극평을 쓰다가 1840년대부터 발레 대본을 썼는데 발레에 탐닉한 이유를 "발레가 시각적인 형식일 뿐 아니라 살아 있는 동적인 형식이었기 때문"이라고 밝혔다. 고티에는 "안무의 진정한 본질은 살아 있는 형식(animated form)"[4]이라고 했다. 고티에는 당대의 다른 비평가들처럼 발레와 발레리나들을 이상화하고 숭상하였지만 자신이 이를 성적인 대상으로 바라보고 발레리나에 대한 관능적인 시선을 형성시키는 데 기여했다는 사실을 인식하지 못했다. 고티에는 발레가 단지 여성들을 보여주는 전시장일

3 Felicia McCarren, *Dance Pathologies*(Stanford University Press, 1998), p. 54.
4 *Ibid.*, p. 55.

뿐만이 아니라 "그 주제가 여성이며, 발레에 의해 정의된 여성"을 탐구하는 예술이라 하였다.

고티에가 발레에서 무용수의 몸을 통해 시상이 살아 움직이는 상징으로 변화하는 시적인 드라마를 발견하였다면 대중들은 일상에서 보여지지 않고 얘기할 수 없는 것들을 보았다. 1820년대부터 발레리나들의 스커트가 짧아지기 시작하였고, 이에 대해 오페라 감독들은 무대 가까이 앉은 신사들이 성적 충동을 일으키지 않도록 치마 길이를 길게 하도록 하였으나 그런 조처는 수용되지 않았고 1840년대가 되면서 무용수들의 치마는 다시금 짧아졌다. 로맨틱 뛰뛰라고 불린 낭만발레리나들이 입었던 발레 치마는 빅토리아 시대 도덕가들이 그 존재조차 무시하고자 했던 여성의 하반신을 겹겹으로 가리면서도 그 형태를 살려내는 것이었다. 겹겹의 하얀색 망사 천으로 만들어져 발목이 드러난 발레 치마는 뒷막에 비쳐지는 무대 조명에 의해 신체 윤곽을 완전히 드러나게 하였다. 그리고 당시 계발된 발끝으로 서는 기술을 뽐내며 발레리나가 연속적으로 도는 피루엣(pirouette on pointe)을 하게 되면 발레 치마는 풍선처럼 들어 올려지게 되고 그 때 오케스트라 박스와 무대 앞줄에 앉아 있던 관객들은 탄성을 터뜨렸다. 발끝으로 연속돌기를 하는 무용수들을 보러 일반 관객들은 오페라를 찾았으며 이 기교는 당시 발레 공연에서 빠지지 않는 무기였다.

당시 여성들은 오늘날과 같은 팬티를 입고 있지 않았으며 1849년에 가서야 아멜리아 블루머가 팬츠와 비슷한 부인용 속옷을 만들었다. 따라서 루이 15세는 발레리나들이 칼레콩(calecon)이라 불린 타이츠를 모두 입도록 규칙을 세웠으며 이는 19세기 후반에 '기괴한 판탈롱(pantalon)'이라 불리우며 일반 여성들도 착용하게 되었다. 그러나 타이츠 입기를 거부하는 무용수(Lola Montez)도 있어 타이츠 착용 시행령은 1844년에 정식으로 법제화되었다. 타이츠 역시 다리에 착 달라붙어서 다리를 가리면서 동시에 드러내는 기묘한 의상이었다. 즉 몸을 가리고 있다는 사실을 드러내지 않으면서 다리를 가리기 위한 용도로 개발된 타이츠는 결과적으로 다리를 더 강조하는 효과가 있었다. 타이츠와 치마를 입은 무용수들은 다양한 포즈로 자유롭게 자세를 취하였는데 이 같은 발레리나들의 다리는 성도착(fetishism)적 취향을 지닌 남성 관객들의 집착의 대상이 되었다.

발레에서 가장 아름다운 포즈라는 '아라베스크(arabesque: 기이한)' 자세는 한쪽 다리를 뒤쪽 사선 방향으로 든 채 다른 쪽 발끝으로 서 있는 자세이다. 가장 이상적인 낭만발레리나였던 마리 탈리오니의 트레이드마크 동작은 한 다리를 애튀튜드(attitude)로 꺾어 들고 다른쪽 발끝으로 선 채(on point) 숫자를 백까지 세는 것이었다고 한다. 여성의 다리라는 단어를 사용하는 것조차 점잖지 못하다고 생각했던 빅토리아 시대에 무용수들이 다리를 높이 꺾어 들고 외다리로 서 있는 모습을 보면서 관객들이 무엇을 상상하였을지는 짐작할 수 있는 일이다. 탈리오니는 남성 파트너 없이 솔로로 춤추는 것을 선호하였는데 이는 발레 무대에서 여성을 갈구하는 관객들의 열망에 부응하면서 동시에 위협적인 남성 무용수를 보기 싫어하는 남성 관객들의 라이벌 의식과도 맞아 떨어져 그녀를 더욱 더 매력적으로 보이게 하였다. 남성 관객들이 공연이 끝난 탈리오니를 무대 뒤로 찾아와 그녀의 토슈즈에 샴페인을 부어 마시고 토슈즈로 요리를 만들어 먹기까지 하였다는 기록은 "낭만발레 시대부터 발레리나 숭배의 전통이 생겼기 때문"이라는 무용사 책에 나오는 설명보다는 탈리오니의 열성 팬들 중에 발레리나의 다리에 성적 만족을 느끼는 사람들이 끼어 있었기 때문이라고 보는 것이 훨씬 설득력이 있다.

「지젤(Giselle)」이 유행할 당시 발레의 광적인 팬들을 지칭하는 유머가 잡지에 실렸는데 "그들은 '여자를 보는 것(la voir)'이 '그녀를 갖는 것(l'avoir)'이기를 바라는 사람들"[5]이라고 하였다. 당시 남성 관객들이 애용하던 망원경은 공연을 더 잘 보기 위한 것이라기보다는 관능적인 발레리나의 몸을 더 잘 보기 위한 것이었다. 극장이라는 공공 장소에서 오케스트라 박스 안이나 망원경 렌즈라는 프레임을 통해 남성 관객들은 무용수의 몸에 은밀히 성적인 시선을 투사하고 자신의 시각 경험을 개인적인 것으로 사유화하며 여성의 몸에 관능적인 상상의 힘을 휘두른다. 그들은 객석 부스와 망원 렌즈 안에서 "발레리나들의 다리를 연구하고 깊이 감상하는 것"을 아무에게도 방해받고 싶어하지 않았다. 이와 동시에 발레리나 역시 자신의 열성 팬들을 유혹하면서 짐짓 유혹당하지 않는 척 관객과 게임을 벌인다.

발레 무대에서 드러나는 여성성(femininity)은 남성 발레 감독과 관객들에 의해 만들어진 여성이었다. 그리고 무대 위의 발레리나들은 자신이 남성들의 시선에 노출되어 있다는 사실을 잘 알면서 그들의 시선을 유도하고 사로잡고자 하는 듯이 객석을 바라본다. 조명으로 인해 발레리나가 객석에서 볼 수 있는 것은 아무것도 없지만 발레리나는 자신의 가장 이상적인 후원자를 향해 마음을 담은 표정을 지어 보인다. 그녀의 시선은 특정인을 향한 것은 아니지만 객석의 모든 남성들이 그녀를 자신만의 경험으로 생각할 여지를 주는 경제성을 지니고 있다. 객석의 관객들 하나하나는 모두 탈리오니가 자신만을 쳐다본다는 착각에 빠진다. 무대 위의 무용수가 조명에 의해 눈먼 상태라는 사실은 발레리나와 관객 간에 거리감을 조성하여 무용수를 신비하게 보이게도 하지만 동시에 관객으로 하여금 무용수의 몸에 대한 자신만의 프라이버시와 힘을 느끼게 한다. 그리고 프로시니움 무대의 사각 테두리 안에 들어 있는 무용수로 하여금 자신이 발레 예술을 위해 혹은 열렬한 관객을 위해 희생되는 제물과도 같다는 환상에 젖게 만들기도 한다.

---

5 *Ibid.*, p. 77.

발레리나들은 연습실에서나 무대 위에서 자신의 몸에 집중된 '객관적으로 바라보는 시선'을 의식하고 있으며 이에 의해 자신의 몸을 조정한다. 따라서 발레리나들은 발레극의 극적인 해석을 쫓아가는 것만큼이나 중요하게 이상적인 발레 자세에 일치하는 몸의 위치와 실행 그리고 시각적 아름다움의 요건을 충족시키고 있는지 자동적으로 자신의 몸을 체크하였다. 낭만발레 시대의 유명한 발레 마스터인 베스트리스(Gaetano Vestris)와 탈리오니는 발레리나들을 가르칠 때 "단지 무엇을 하라고만 지시하지 않고 객석에서 그들이 어떻게 보여야 하는지를" 강조하였다. 따라서 발레리나들은 매 스텝과 모든 순간에 자신이 어떻게 비쳐지는지를 명심해야 하였으며 그 결과 발레리나는 자신의 몸을 바라보는 제3의 시선을 무용수의 몸 속에 내면화시킬 수 있었다. 자신의 몸에 대한 자동체크 시스템은 발레리나에게 일종의 자율권을 지닌 자동인형과도 같은 느낌을 주지만 동시에 자신의 공연이 정확했을 때 맛볼 수 있는 만족감을 제공해 줌으로써 고결함과도 같은 완전성과 독특한 정체성을 부여하였다. 그러나 이러한 만족감은 그녀를 험난한 고통의 길로 이끄는 마약이자 굴레이다. 그리고 발레 예술을 위해 자신을 제물로 삼아야 함을 알려주는 죽음의 예고장이다.

발레리나들이 아름다운 발레 포즈를 취하면서 얻게 되는 만족감은 그녀가 오랫동안 이를 위해 흘렸던 땀과 피 그리고 고통은 보이지 않고 즐거움으로 드러난다. 이들 발레리나들에 의해 만들어진 발레 환영은 고된 일이 아니라 즐거움이며 사회적으로 논란거리가 되는 여성의 몸은 예술이 되는 것이다. 토슈즈에 의해 발끝으로 서는 기교를 보이면서, 발가락의 고통을 참으며 미소짓는 발레리나의 모습은 발레가 고통과 즐거움을 결합한 이중성의 예술임을 깨닫게 한다. 쾌락과 고통은 동전의 양면이면서 동시에 몸이 가장 직접적으로 느끼는 감각의 영역이며 발레의 본질이다. 따라서 관객이 보는 것은 발레가 형성한 이상적인 여성성의 단지 반쪽만을 볼 수 있을 뿐이다.

고티에가 발레에서 본 것은 자신의 말처럼 시적인 이미지가 육화된 모습 또는 시적 상징의 부활이었는지는 몰라도 현실적으로는 시각적으로 읽을 수 있는 여성의 몸이었으며 여성성이었다. 그의 비평에서 주로 다루고 있는 것은 그가 평하고 있는 발레 내용과는 상관없이 발레리나의 신체적 묘사에서 벗어나 본 적이 없다. 그는 실제로 무용수들의 몸을 자신의 색채감 있고 풍부한 시적인 상징 언어로 그려내고 있다. 고티에는 발레를 당시 사회적으로 논의될 수 없는 여성의 성에 대해 말하는 수단으로 삼은 것이었다. 그러나 고티에를 비롯하여 당대의 남성 관객들이 보지 못한 것은 자유자재로 움직이는 발레리나들의 몸이 실제로 오랜 기간의 고된 훈련을 거쳐 만들어진 통제되고 훈육된 몸이라는 사실이다. 무대 위에서 자유롭게 움직이는 발레리나의 몸은 사실 자유롭지 않았고 그들의 움직임은 관객의 시선에 의해 조정되며 그들이 표상하고 있는 여성성 역시 관객을 위해 그리고 대중과 사회에 의해 형성된 여성 이미지였던 것이다.

근대적 신체 인식과 현대 춤의 몸

유물론의 대두와 신체의 재인식

19세기 중엽 이래 유럽과 미국에서는 인간을 육체적 존재로서 이해하고자 하는 움직임이 일어나기 시작했다. 그 이유는 당시 자연과학적 지식의 발전에 힘입은 바 크지만 동시에 플라톤이 시인을 추방하면서까지 억압하려 하였던 몸의 욕구인 쾌락과 고통을 니체가 디오니소스의 실체로서 철학적 논의로 복원시키면서 촉진되었다. 이때부터 동물적인 것으로 여겨져 왔던 몸은 본격적인 연구 대상이 되었으며 19세기 말 인간은 동물로부터 진화하였다는 다윈의 진화론과 인간은 정신보다 몸의 쾌락에 더 지배받는다는 자연주의 사상은 서구의 이성 중심적 사고를 완전히 흔들어 놓았다.

인간을 기계로 묘사하는 사고방식은 데카르트에서 비롯되었다. 그는 이를 동물들에게만 적용하여 '단순한 기계 또는 로봇'으로 묘사했으나 18세기에 이르면 라 메트리(Julien O. de La Mettrie)에 의해 인간은 "영양을 섭취함으로써 자신의 나사를 돌리는 기계"로 정의된다. 인간성에 대한 이런 유물론적 사고는 자연과학적 지식의 발전에 고무받아 인간과 사회 연구에도 경험주의적 시각을 적용하려는 당시의 학자들에게 큰 영향을 끼치게 되는데 그것은 이성적인 인간 연구가 아니라 감각적이며 육체적인 것이었다. 19세기 초 쇼펜하우어(A. Schopenhauer)는 세계를 이해하는 데 의지의 중요성을 강조하였는데, 인간의 의지는 몸을 통해 이루어지는 것이라는 점에서 인간의 몸의 중요성이 부각되었고 그 결과 세계에 대한 인식은 몸을 통해 주어지게 되었다. "더구나 쇼펜하우어는 성의 역할을 중시하고 성충동을 '거의 모든 인간 노력의 최대 목표'로 해석하였다."[6]

마르크스 역시 육체적인 욕구와 육체가 인간을 결정한다고 주장함으로써 당시의 관념론적 전통에 도전하였다. 그는 인간의 생물학적 욕구가 인간 활동의 원동력이라는 점을 인정하고 인간의 역사와 진화는 몸의 욕구에 부응해 온 결과라고 주장함으로써 인간 존재의 육체적인 모습을 이해하는 데 크게 공헌하였다. 자연의 일부로서 인간이 죽지 않고 살아가기 위해 끊임없이 자신의 육체적 감각으로 세계와 접촉해야 한다고 하는 마르크스의 감각적이고 성적인 인간 이해는 독일의 관념론적 철학에 대한 강력한 도전이었다. 마르크스의 육체로서의 인간 이해는 다윈의 진화론이 주장하는 인간의 동물 기원설에 비하면 인간의 존엄성을 그래도 유

6 스티븐 컨, 앞의 책, p. 99 재인용.

지하고 있는 편이었다. 인간이 원숭이로부터 진화하였을 뿐 아니라 인간의 진화 메카니즘을 설명하면서 성(性)적으로 선택받은 적자만이 살아남는다는 성적 요인설은 빅토리아 시대 사람들의 자존심을 여지없이 짓밟아 버렸다. 그 결과 다윈은 전통적인 심신이원론과 정신에 우월한 지위를 부여한 형이상학에 도전하게 된다.

다윈은 뇌 역시 진화 과정에 있다고 말함으로써 정신도 육체의 기능 중의 하나라고 하는 자신의 유물론적 입장을 분명히 하였다. 19세기 말에 이르면 정신은 이미 육체와 분리하여 생각할 수 없게 되었고 나아가 원활한 행동을 촉진시키는 일을 담당하며 육체에 봉사하는 것으로 생각되었다. 이 세기 말에 살아 있는 물질이자 그 육체적 요구에 의해 움직이는 감각적인 존재로 설명되는 인간은 더 이상 '신의 모습을 본떠 창조된' 고양된 인류의 위치를 주장할 수 없게 되었다. 생명을 유지해 가는 생명체로서 생존과 번식을 위해 인간에게 가장 중요한 것은 육체이며 그 결과 몸이 정신에 우선한다고 보는 것이 다윈의 관점이었다.

몸에 대한 철학적, 과학적 재해석은 예술에도 영향을 미쳐 1850년대부터 미술에서 보다 사실적이고 구체적인 몸과 성에 대한 대담한 묘사가 시도되었다. 앞서 언급하였듯이 예술 분야에서 몸을 주제로 대단한 성공을 거둔 선구자적인 영역은 발레였다. 낭만발레는 몸과 성에 대하여 병적일 정도의 공포심을 지녔던 빅토리아 시대가 막 시작되는 1830년대와 1840년대에 전 유럽에 걸쳐 열광적인 인기를 누렸던 대중들의 고급 예술이었다. 몸을 가렸으되 여성의 하반신과 다리로 더 관심을 집중시키는 기묘한 의상을 입은 발레리나의 몸이 망원 렌즈 속에서 적나라하게 드러나는 발레보다 미술은 전통적으로 벌거벗은 누드를 그리는 오랜 전통이 있어 왔다. 하지만 그들 역시 낭만발레가 그래 왔던 것처럼 현실적으로 존재하는 몸의 모습이 아니라 종교적으로 허용되는 이상적인 육체의 모습을 표상해 왔다. 18세기 말까지의 신고전주의 회화는 젊고 건강하며 매력적인 포즈를 취하고 있는 이상적인 인간의 모습을 그렸다. 그것은 중세 종교화에서 볼 수 있는 천사나 성인의 모습을 닮은 백옥 같은 피부의 완전무결한 인간이었다. 이는 육체를 죄의 그릇으로 생각하는 교회의 생각에 복종하였던 전력을 지닌 화가들의 회개의 제스처라 생각할 수도 있지만 진정한 인간의 모습과는 거리가 있었다.

19세기에 들어오면서 화가들은 점차 의도적으로 이상적이지 않은 몸과 자세를 취한 인체를 그림으로써 고전적 누드를 거부하고 일상생활에서 보이는 그대로의 몸을 묘사하기 시작했다. 그때까지 인체를 그릴 때 금기시되던 여성의 음모를 그린다든지 거대한 둔부를 정면으로 배치하거나 손으로 몸을 가리지 않은 포즈, 그리고 처진 살이나 남성의 생식기들을 그려 넣음으로써 고전적 인습을 타파해 나갔다. 마네의 「풀밭 위의 점심」은 벌거벗은 여자와 옷을 입고 있는 남자가 식사가 끝난 뒤 육체적 쾌락에 빠져들 것이라는 성적인 암시를 전하고 있어 저속한 육욕을 드러내는 것으로 받아들여졌다. 이 작품이 발표될 당시는 빅토리아 시대의 성도덕이 절정에 달했을 때이며 감상자들은 이로부터 성적인 자극을 받았던 것이다. 드가(Edgar Degas) 역시 움직이고 있는 몸에 매료당하여 발레리나들을 수백번이나 그렸는데 그는 냄새나고 상처받은 여성들의 몸을 그림으로써 보다 육감적인 몸을 묘사했다. 이처럼 19세기 화가들은 이상적인 인간형에 도전하고 고전적 인습을 타파함으로써 성을 노골적이고도 명확하게 다루고자 하였다. 이런 화가들의 사실적이고 현실적인 몸과 성의 묘사는 당시 힘을 잃어가던 기독교에 비해 왕성하게 세력을 뻗쳐 가고 있던 과학의 힘에 이끌린 결과라 볼 수 있다.

1860년대부터 많은 의사 · 과학자 · 사상가들이 정신과 육체의 상호관계에 대해 연구하기 시작하였으며 의학 · 생리학 · 심리학 · 철학 등에서 인간성에 대한 논의는 유물론적 사고방식으로 집중되었다. 당시의 급격한 생물학적인 발전은 인간을 물리화학적인 용어로 설명하기 시작하였고, 인간을 식물과 같은 물질로 이루어졌다고 하는 생명의 신비를 부정하는 학설은 진화론의 충격에서 벗어나지 못한 당시 사람들을 더욱더 위협하였다. 인간을 포함한 모든 생의 과정을 '원형질의 활동'으로 설명한 토마스 헉슬리(Thomas Huxley)는 데카르트의 비유를 빌려 인간의 "소화, 흡수, 사고, 상상 등은 …… 기관의 적절한 배치에 의해 움직이는 시계의 동작 이상도 이하도 아니다"[7]라고 하였다.

인간을 자연의 일부로 보고 생체의 신비를 과학적으로 파헤치고자 한 이들 유물론자들은 인간의 정신과 신체를 화학적, 기계적 과정의 복합체로 또는 인간 생명을 유기체와 무기체의 결합으로 설명함으로써 인간을 자연의 일부로 환원시켰다. 이러한 생물학적, 생리학적 인간 생명 메커니즘의 설명은 정신의 신체적 기초 나아가 신체에 대한 정신의 의존성을 증명하는 방향으로 나아갔다. 의사들의 정신, 신체의 상관관계에 대한 연구는 철학에도 영향을 미쳐 '생리학적 미학'과 '실험 미학' 등의 유물론적 미학을 낳았다. 이들은 작품을 감상할 때 느끼는 즐거움이나 아름다움 같은 심미적인 반응마저 생리학적, 신체적 용어로 설명하고자 하였으며 미적 감각의 육체적 근거를 밝히고자 하였다.

이러한 인간에 대한 유물론적이고 '아래로부터의 연구'는 19세기 말에 성에 대한 연구가 양적으로나 질적으로 발전하게 하였다. 성에 대한 진지한 연구는 성충동의 존재를 인정하게 되고 더 이상 병적인 성과 정상적인 성 간의 구분을 무의미하게 만들었으며 전통적인 성역할도 재검토하게 하였다. 성에 대한 공개적인 연구는 빅토리아 시대 문화의 큰 축을 담당하고 있던 금욕주의가 타파되고 오랜 기간 억눌려 온 관능을 해방시키기 위해 노력한 19세기 후반 자연주의 문학의 역할이 있었기에 가능했다. 19세기 중반 미국에서 월트 휘트먼(Walt Whitman)은 성적

7 스티븐 컨, 앞의 책, p. 101.

으로 해방된 자연인으로서의 인간을 그리면서 육체를 찬양하였다. 그는 성적 억압으로부터 신체의 감각을 열고 관능을 해방시키기 위해 노력하였다. 그는 신체를 신성한 것으로 생각하면서 신체의 모든 부분을 세밀하게 묘사하였으며 신체의 모든 모습을 기록하고 움직임의 목록을 만들었다. 자연에 대한 휘트먼의 생각은 자유로운 성의식과 연결되어 있었다. 사랑하는 사람의 머리카락을 애무하는 듯 풀잎에 손가락이 스치는 모습을 정열적으로 그렸던 휘트먼의 시는 20세기 초 새로운 춤 양식인 현대 춤의 선구자가 되는 이사도라 덩컨이 춤추고 싶어했던 시적인 이상이었다.

유럽에서는 보들레르(C. P. Baudelaire)와 졸라(E. Zola)와 같은 문학가들이 성의 묘사를 금지하는 풍조에 반기를 들었다. 19세기 내내 생생하게 육체를 묘사하는 작가들을 비난하는 소리가 끊이질 않았다. 보들레르와 함께 유럽에서 꽃피운 관능주의는 거의 섹스에 매료되었던 에밀 졸라의 관능적이고도 성적인 사랑 행위의 묘사로 절정에 다다랐으며 이를 읽는 독자들의 성욕을 자극하였다. 연애소설의 마지막이 포옹으로 끝나던 시절에 졸라는 '그녀가 그의 품에 안긴 뒤' 구체적으로 육체적 욕망이 실행되는 움직임을 묘사하여 감춰진 신체의 나머지 부분들을 대중들 앞에 제시하였고 이는 어느 예술보다도 대중적인 교육 효과가 컸다.

19세기 자연과학자들과 예술가들이 자연스레 몸에서 흘러나오는 소리와 감각 그리고 몸의 쾌락에 귀 기울이게 된 것은 이성 중심적 서양철학사에서 그때까지 입에 올리는 것조차 금기시되었던 디오니소스적 정신을 니체가 되살려내면서 몸의 주제가 철학적 논의에서 한 자리를 차지하게 되었기 때문이다. 니체는 『비극의 탄생』(1871)에서 "완벽한 예술작품은 인간 존재의 두 가지 요소—아폴론적인 것과 디오니소스적인 것—을 화합하는 것이 되어야 한다"[8]고 하면서 이제까지 인간의 짐승성이나 광기와 관련되어 생각하던 디오니소스적 정신의 역할을 강조하였다. 이성을 대표하는 아폴로와 축제를 대표하는 디오니소스는 흔히 '아폴로적인 지혜'와 '디오니소스적 정욕'이라는 관용어로 일반적으로 정의되고 있지만 디오니소스는 삶의 정열이 넘쳐 춤추고 노래하며 질서와 규제를 벗어 던지는 도취와 광기의 신이다. '자연과의 원시적인 일체화를 체험하고 싶은 욕망'이라고도 얘기되는 디오니소스적 정신을 표현하는 언어는 몸일 수밖에 없다. 일상 언어는 아폴로의 의지에 봉사하고 있기 때문이다.

이 디오니소스신의 부활은 바로 춤의 부활을 의미하는 것이기도 하였다. 고대 그리스의 모든 예술이 이로부터 분화한 '코레이아(choreia)'는 디오니소스를 찬양하는 신도들의 춤이었다. 따라서 니체의 초인 짜라투스트라가 자신의 청중들에게 육체의 목소리에 귀 기울이라고 권하면서 춤을 가르치고, "지혜보다도 육체에 더 많은 이성이 존재한다"면서 스스로 춤을 추는 것은 당연하였다. 니체는 전통 철학이 간과하고 오해한 몸을 인간의 생과 지식의 기초로 제시하였다. 니체는 감각이야말로 지식의 유일한 원천이라고 주장하였는데 여기서 감각이란 몸을 통한 인식의 출발점이다. 그리고 모든 사물을 충분히, 그리고 완전하게 이해하기 위해서는 감각과 감정으로 파악해야 한다고 하면서 감각과 감정의 중요성을 지적하였는데 이들 감각과 감정의 매체와 토대 역시 몸이다. 니체는 『짜라투스트라는 이렇게 말했다』에서 인간은 자신의 몸이라고 얘기한다. "내 몸은 나의 전부이며 그 이외의 아무것도 아니다. 영혼이란 몸의 어떤 면을 말해 주는 것에 불과하다"라고 하면서 그는 인간의 본질을 몸으로 등식화하였다. 니체는 춤추는 몸에서 가장 이상적인 인간의 모습을 보았다. 그가 보기에 무용수는 디오니소스적인 자신의 원초적인 몸과 움직임에 대한 본능적인 욕구를 이성적으로 단련하고 조화롭게 통제함으

8 앞의 책, p. 123.

로써 우아하고 아름다운 예술 형식으로 변형시킨 사람으로 인간이 추구해야 할 가장 고귀한 목표를 이룬 자이다. 육체적 강함과 이성적 단련 즉 디오니소스와 아폴론의 융합을 자신의 몸을 통해 이룬 무용수는 자신의 육체를 시인하고 이를 시적인 것 그리고 의미 있는 것으로 바꿀 줄 아는 자이며 그 결과 자신의 존재에 형태를 부여한 숭고한 자이다.

이들 19세기의 유물론자들은 유럽 대륙의 오래된 금욕주의의 벽을 부수고 억압되어 온 육체를 해방시켜 몸에 대한 잘못된 공포를 걷어냈을 뿐만 아니라 인간 존재의 감성적, 성적 기능을 환기시켜 줌으로써 이후 인간이 육체적 쾌락을 자유롭게 추구할 수 있도록 하였다. 이 시대 각기 다른 분야에서 활동한 지성이었던 이들은 19세기 동안 일관되게 몸에 대한 관심과 흥미를 지니고 탐구함으로써 몸을 문화의 중심에 위치시켰다. 이들의 연구 성과로 인해 몸에 대한 부정적인 인식이 사라지게 되고 19세기 말에 이르면 건강한 육체 만들기 운동이 전 유럽에서 일어나게 된다. 그리하여 19세기 말부터 20세기 전반까지 유럽과 미국에서 필자가 명명한 '신체문화'가 전개되는데 그 과정은 다음 절에서 설명하고자 한다.

새로운 신체 인식과 신체 해방은 빅토리아 시대의 엄격했던 성도덕 역시 변화시켜 자유롭고 개방적인 성 인식으로 바뀌게 하였다. 세기말에 이르면 성은 더 이상 어둠 속에 감추어지고 은폐되는 것이 아니라 과학적인 지식에 비추어 자신의 성을 생각하고 빅토리아 시대의 성윤리의 문제점을 반성할 수 있게 되었다. 그리하여 보다 풍부해진 성 담론은 자유로워진 몸의 관점과 함께 일어난 몸 만들기 운동과 더불어 다가오는 20세기에 몸과 성에 대한 해방의 기초를 마련할 수 있게 된다.

새로운 춤과 여성의 몸

니체가 죽은 1900년에 영국 데뷔를 시작으로 전 유럽에서 자신의 새로운 춤을 소개하며 활동하던 미국 출신의 무용가 이사도라 덩컨은 마치 니체가 예찬한 디오니소스 정신의 현대적 화신과도 같았다. 코르셋을 벗어던지고 그리스 튜닉처럼 흘러내리는 투명한 의상을 입고 맨발로 춤춘 덩컨은 육감적인 열정과 동시에 영적인 비전을 가진 무용가였다. 몸을 구속하는 코르셋과 토슈즈 그리고 감정이 결여된 관습적인 표현 방식을 벗어 던지고 발레 테크닉의 엄격한 규칙에 묶인 '포로' 무용수들을 해방시킨 덩컨은 '자유의 전사'였다. 그녀는 당대 남성들의 이상적인 여성상이 반영된 "인위적이고 요염한 스타일과 상반되는 자연스러운 춤 스타일을 표방하였을 뿐 아니라 자유로운 사회를 만들기 위한 자녀들의 교육, 남녀의 인권, 신체의 속박 받지 않는 움직임 그리고 자유로운 사랑을 주장하였다."[9] 그녀는 초기에 바람에 흔들리는 나무나 높이 솟아오르는 파도와 같은 자연의 모습에서 자신의 움직임의 리듬과 형태에 대한 아이디어를 구했기에 "나의 첫 번째 스승은 바람과 파도 그리고 새와 벌들의 날개짓"이라고 얘기하였다. 또한 "나의 유일한 스승은 장 자크 루소와 월트 휘트만 그리고 니체"라고도 얘기하였다.[10]

새로운 춤의 목적은 무용을 인간의 가장 고귀한 표현 형태로 만들기 위해 '오래된 춤'을 재건하는 것이었다. 20세기로 전환하는 시점에서 예술은 더 이상 '즐거움만을 위한 것'이 아니었다. 인간의 몸과 성 그리고 신체 움직임에 대해 변화해 가는 시대적 인식을 반영하고자 한 덩컨의 춤은 당시 고흐(Vincent van Gogh)와 세잔(Paul Cézanne) 같은 화가들, 드뷔시(Claude A. Debussy)와 라벨(Joseph M. Ravel) 같은 작곡가 그리고 월트 휘트먼(Walt Whitman)과 에밀 졸라와 같은 작가들처럼 새로운 시대를 맞아 새로운 아이디어와 테크닉을 모색하고자 하는 동기

9 조앤 카스, 김말복 역, 『역사속의 춤』(이화여자대학교출판부, 1993), p. 298.

10 Walter Sorell, *Dance in Its Time*(Columbia University Press, 1981), p. 321.

를 지녔다. 덩컨은 영혼의 자연스러운 언어가 신체의 음악이 되는 신체와 영혼의 조화를 이룬 춤을 미래의 이상으로 삼았다.

따라서 그녀는 즐거움 이상의 정신적인 것을 표현하기 위해 인간의 육체를 향상시켰다. 당시까지 유일한 예술 춤 형식이자 '오래된 춤'인 발레가 팔다리에 초점을 두고 있음에 착안하여 덩컨은 몸의 중심이자 가장 큰 부위이며 생명에 필수적인 기관들을 저장하고 있는 몸통을 움직임 충동의 중심이라 설명하면서 자신의 영적이며 직관적인 춤의 이념을 펼쳐나갔다. 그녀는 영혼이 태양신경총(Solar Plexus: 대략 명치 부분에 위치)에 존재한다고 하였으며 이 신체의 중심지가 '운동력의 분화구'이자 모든 동작의 근원이라고 하였다. 몸통에 위치한 영혼을 주장하고 이로부터 자신의 춤이 출발한다고 한 덩컨은 심신이원론적 경계를 춤을 통해 허물고 심신일원적 합치의 경지에 이른 것이다. 몸통에는 성징을 나타내는 성기가 위치하기에 손이나 다리보다도 가장 디오니소스적인 부분이라 할 수 있다. 그녀의 태양신경총과 교감한 춤은 매우 감정적 호소력을 지닌 것이었다. 그 결과 절대 꺾이지 않는 곧추선 척추를 유지하는 발레에 비해 몸통이 자연스럽게 구부러지고 흔들리는 덩컨의 '해방된' 춤의 모습은 20세기 초 사람들에게 '신체 해방의 상징'이 되었다. 자서전『나의 인생(*My Life*)』에서 덩컨은 춤출 때의 느낌을 다음과 같이 얘기한다.

> 바람을 맞은 달처럼 웅장하고 거대하게 부풀어 오르는 춤의 움직임이 나를 앞으로 그리고 위로 밀어주면 나는 음악을 듣고 나의 온 몸을 통해 그 감동을 분출하고자 하는 어떤 위대한 힘의 존재를 느낀다.

자유와 자연을 낭송하는 위대한 영혼의 춤을 추고자 한 덩컨의 춤을 보고 조각가 폴 마그리엘(Paul Magriele)은 여신과 같은 인상을 받았다.

> 그녀가 춤을 출 때는 중단되는 부분이 없어서 마치 계절들이 자연의 섭리로 이어지는 것 같았다. …… 미스 덩컨은 그녀의 인간적인 마음을 통해 고귀한 최고의 걸작들을 불러일으키는 영원한 여사제와도 같았다.[11]

"고대 그리스인처럼 무대를 휘저었고 그리스 시대의 화병에 그려져 있는 원형 신체들의 생생한 흉내를" 내는 것 같은 덩컨의 춤은 당시 관객들에게 디오니소스를 모시는 여사제의 모습 아니면 디오니소스신의 환영으로 비쳤다. 덩컨의 춤에 대해 서술하고 있는 많은 기록들은 그녀가 "흔히 무용이라고 부를 수 있는 것은 하지 않았다"는 것이고 그럼에도 불구하고 열광적인 반응을 불러일으키면서 위엄 있고 우아한 매력을 지녔던 것은 구체적인 동작보다는 그녀의 자극적이고 강력한 카리스마를 지닌 창조적 정신에서 비롯되는 것이었다. 자신의 몸을 통해 영혼의 언어를 말하고자 했고, 그러한 목표를 성취하기 위해 한 나라의 무용가가 아니라 인류 전체 그리고 이 세계의 무용가가 되고 싶어했던 덩컨은 자신의 몸을 초월하고 있었다.

맨발과 맨다리 그리고 흘러내리는 의상 아래 적나라하게 몸통의 움직임을 보여주는 그녀의 춤은 몸을 졸라매는 코르셋과 은밀하게 신체를 드러내는 데 적절한 의상을 입고 남성 관객들의 관음적 시선을 의식하며 관능적인 포즈를 취하던 낭만발레리나가 빠져 있던 성적 구속으로부터 완전히 자유로운 것이었다. 짐짓 세련되고 우아한 포즈를 취하는 발레리나보다 덩컨의 춤은 훨씬 살내음을 풍기는 것이었지만 그러한 동작들은 영혼의 소리와 사상을 얘기하는 데 사용되었다. 덩컨은 낭만발레리나들이 수동적으로 남성 관객과 벌였던 유혹의 게임을 초월해 활기차게 움직이는 동적인 몸을 지닌 여성의 모습을 보여 주었다. 해방된 몸으로 태양

11 조앤 카스, 앞의 책, p. 302.

신경총과 교감한 영혼을 표현하고자 한 그녀의 춤의 이상은 이제껏 철학적으로 보이지 않는 정신적인 것을 몸으로 드러내고자 하는 시도였다. 이러한 시도는 덩컨과 활동 시기가 맞물리면서 그녀보다 좀 더 일찍 유럽에서 새로운 춤의 방식으로 성공한 또 다른 미국 여성 로이 풀러(Loie Fuller)의 활동에 영향 받은 바 크다.

고티에가 낭만발레에서 자신의 예술적 이상을 찾아 열렬한 애호가가 되었듯이 프랑스 시인 말라르메는 로이 풀러에게서 자신의 이상적인 예술 표현을 발견하였다. 고티에가 자신의 작가적 아이디어가 춤추는 신체를 통해 시각적으로 구현되는 것을 발레에서 볼 수 있었다면 말라르메는 눈으로 볼 수 있는 것 이상의 '지적이고(intellectual)', '상상적인(imaginative)' 요소를 보고자 하였으며 이를 로이 풀러의 춤에서 발견하였다. 말라르메는 극장 좌석에서 오페라안경을 통해 춤 공연의 모든 정보를 단지 시각적인 은유로 축소시키는 낭만발레 시대 신사들의 감상 방식이 아니라 공연시에 환기되는 모든 감각 정보를 마음(mind)으로 받아들이고 눈에 마음을 실어 '시각적인(visible)' 것 이상을 보고자 하였다.

> 말라르메가 극장 공연을 바라보는 방식은 시력(sight)으로 보는 것이 아니라 통찰력(insight)으로 보는 관점인데 그는 풀러의 공연을 제외한 당시의 다른 극장예술 형태들은 너무나 형편이 없어서 자신이 보고 싶어 하는 '손에 잡히지 않는 아이디어(elusive idea)'를 발견할 수 없기에 이에 대해 평할 수 없으며 아예 보지 않으려 노력한다고 할 정도였다.[12]

말라르메에게 무용이란 관객들에게 '사물 그 자체(things them-

12 Felicia McCarren, *Ibid.*, p. 114.

selves)'를 가식 없이 드러내는 것이었다. 그는 언어나 장치 그리고 역사적 의상 등의 제한에서 벗어나 무용수의 몸을 통해 '분위기(atmosphere)' 혹은 자신이 '존재하지 않는 것(nothingness)'이라고 부르는 것을 무대 위에서 보여주는 춤을 좋아하였으며, 그중에서도 루이 풀러의 공연은 가장 그의 마음을 사로잡는 것이었다.

말라르메는 어느 예술보다도 무용이 가장 이상적인 극장예술 형태라고 생각하였고 이상적이며 상상력 풍부한 춤이라는 공연 형태의 메커니즘에 대해 많은 글을 썼다. 발레에 대한 고티에의 관심이 자신의 문학적 아이디어를 시각적으로 보여주었기 때문이라면 말라르메는 반대로 무용은 완전하게 시각적으로 말하지 않으면서도 시각적인 형태이기 때문에 무용이 '사상(ideas)'을 무대화할 수 있다고 생각하였다.

> 말라르메에 따르면 무용이란 약호로 쓰여진 개요적 글쓰기이며 이때 무용수는 기호 그 자체로서 상형문자 혹은 표의 기호이다.[13]

말라르메는 춤에서 정의하기 어렵고 잡기 힘든 문학적 혹은 철학적 아이디어를 암시적으로 제시하는 가장 이상적인 예술 매체를 발견한 것이다. 그에게 춤은 단지 보는 대상이 아니라 읽혀지는 텍스트이며 춤 현상에 나타나는 몸에 쓰여진 의미가 무엇인지를 탐구하기보다 어떻게의 문제를 깊이 파고들었다. 나아가 그는 춤만이 유일하게 사상을 제시할 수 있는 예술이라 생각하였다. 그는 춤도 시처럼 응집된 의미 형식이라 생각하였으며 동시에 연극과는 달리 '역사(historique)'라고 불렀으며, 비유적 상징을 닮았다는 점에서 '풍유(allegorique)', 또는 '상징(emblematique)'이라고도 칭했다.

---

13 *Ibid.*, p.118.

풀러의 춤은 자신의 몸을 긴 흰색 천으로 가림으로써 몸의 형태를 변형시켜 환상적인 극장 효과를 만들어 예술적 독창성을 나타냈다(그림 1). 풀러는 자신이 발명한 전기 조명을 몸을 감싼 의상에 비치게 하거나 아래로부터 빛이 투사되는 흰색 유리 위에서 춤을 추는 등의 효과를 통해 '색채의 향연'을 빚어내 '빛의 마술사'라 불리기도 하였다. 이처럼 연속적으로 이어지는 추상적인 이미지를 창조하는 풀러의 춤은 '무(無)'를 가시적으로 보이게 한다는 점에서 말라르메의 예술적 이상에 맞아떨어졌다. 말라르메의 많은 시에서 무(nothingness)는 애용되는 주제였다. 풀러가 의상으로 몸을 가리고 상징으로 존재하는 방식은 말라르메가 시어들이 근본적으로 '환기(evocation)'와 '암시(allusion)', '연상(suggestion)'의 방식으로 대상을 가리는 효과를 부정하지 않은 채 덮어씌우면서 의미를 전달하는 시적 표현의 구조와도 닮아 있었다.

말라르메는 동시에 실재하지 않는 대상을 환기시킬 수 있는 능력을 시와 풀러의 춤이 공통적으로 가지고 있다고 보았다. 따라서 사물 그 자체를 본다기보다 관객들에게 상상의 여지를 준다는 점에서 춤은 가장 이상적인 극장 공연 형태가 될 수 있었다. 그 결과 무용수의 몸은 구체적인 신체적 형태를 가리운 채 철학적 상상의 대상 혹은 상징체가 될 수 있었던 것이다.

여기서 시적인 상징체로 몸이 전환되는 계기는 바로 무용수의 몸이 그녀의 '개인적' 의미로부터 분리될 때 가능하며, 풀러의 경우 인체라고 하는 몸의 형태마저 가려졌을 때 완전한 추상적인 의미체 혹은 상징으로 승화될 수 있었던 것이다. 낭만발레 시대에 남성 관객들이 관음증적으로 집착하던 무용수의 다리는 더 이상 성적인 대상이 아니라 아이디어를 표현하기 위한 수단이 되었다. 따라서 훌륭한 무용수는 공연 중에 그녀의 성별이나 개성 그리고 인간성마저 사라지게 할 만큼 개인이 아닌 순수 의미체로 승화될 수 있는 경지에 이르게 된다. 그런 경지에 이를 경우 무

그림 1. 로이 풀러의 「버터 플라이(Butterfly)」(1896) 중의 한 장면

용수의 몸은 그 자체가 시가 되는 것이고 순수한 시적 표현 그 자체가 되기 위해 무용수는 여성이기를 포기하고 중성적 인간에 머무를 것이 요구된다. 이는 '여성 발레'였던 낭만발레의 단계에서 '무용 시'적인 현대 춤의 단계로 발전하는 과정에서 무용수들의 몸이 거쳐야 했던 과도기적 전환이었다.

그러할 때 무용수의 몸은 무대 위에서 순수 기호로서 작품의 의미 그 자체가 된다. 그리고 자신의 몸이 기호인 예술가는 춤추는 여성이 아니라 예술이 된다. 말라르메가 풀러의 춤에 매혹된 이유는 낭만발레의 존재 이유였던 발레리나의 여성성과 주관성을 춤에서 사라지게 만들고 무용수의 몸을 순수 기호로 승화시켰을 뿐 아니라 정신적으로 승화시키고 영적으로 확장시킨 풀러의 능력에 있었다. 풀러가 예쁘지도 않았고 날씨하지도 않았으며 심지어 레즈비언임을 공공연히 밝혔다는 사실은 본질적인 문제가 되지 못하였다. 풀러는 하늘거리는 천에 몸을 감싸고 지속적으로 흐르는 움직임과 함께 물결치는 리드미컬한 치마의 효과를 살렸다. 또한 코르셋과 발레 치마를 벗어던지고 흘러내리는 치마를 입은 점, 토슈즈를 벗고 맨발로 춤춘 풀러의 새로운 시도를 덩컨 역시 모두 채택하였다.

덩컨은 자신의 몸을 성적인 대상이 아닌 표현의 주체로서 시적 상징체로 초월시키는 데 성공하였다. 그녀는 공연을 감상하는 관객들을 압도하여 그들에게 여신과 같은 인상을 남기는 카리스마를 지녔다. 무엇보다도 중요한 점은 덩컨이 코르셋으로부터 해방된 육체의 자연스런 움직임을 강화하고 연속적으로 동작이 이어지도록 한 점은 달라진 몸과 춤 그리고 여성의 이미지를 완성하는 데 크게 기여하였다는 것이다. 현대 춤 이전의 발레에서는 움직임이 정지된 상태에서 아름다운 포즈와 자세의 연결이 중요하였다. 신체의 선도 코르셋과 정형화된 발레 치마의 라인과 토슈즈에 의해 규격화되고 다듬어진 디자인에 갇힌 몸이었다. 이것은 20세기 초 현실에서는 발견할 수 없는 귀족적인 자세를 이상으로 삼은 상징체였으며 가정에 고립되어 있던 빅토리아 시대 여성을 상징하였다.

그러나 현대 춤의 두드러진 특성은 바로 자신의 몸을 있는 그대로 드러내고 남성 발레 마스터에 의해 조절되고 요구된 포즈와 몸이 아니라 여성 자신이 표현의 주체가 되어 주관적이고 능동적으로 움직이는 여성의 이미지를 보여주었다는 점이다. 여기서 주관적이란 세계 속에서 살아가는 주체로서 하나의 몸으로서의 존재를 뜻한다. 이들 몸의 언어는 디오니소스적이고 감각적인 것이었다. 이런 현대 춤의 상징성은 덩컨을 여성해방운동의 선구자로 만들었으며 그 결과 현대 여성 역시 능동적으로 움직이는 해방된 여성이 되게 하였다. 풀러 옆에 자신의 추상적인 상징의 의미와 메커니즘을 열심히 칭송하고 설명해 주던 말라르메가 있었던 데 비해 덩컨은 영혼의 춤이라는 자신의 예술을 이론적으로 설명하고자 노력하는 정신까지 갖추었음을 증명해 보였다.

당시 유럽 발레의 관습화되고 성문화된 신체 언어의 전통 속에서 몸을 그것이 본래적으로 지니는 인간적, 여성적 의미로부터 추상화하고 순수 상징으로 사용한 것은 풀러의 발명이라고 할 수 있다. 그녀가 새롭게 개발한 전기 조명은 오늘날의 무용이 가지고 있는 극장 예술적인 성격을 보다 분명히 하는 방향으로 무용의 발전을 이끌었다는 사실은 그 중요성에 비해 간과되어 오고 있다. 유물론적인 신체 인식이 대두되고 일반인들의 성과 몸에 대한 관심이 고조되어 가던 그 당시 춤은 이제까지 발레에 주어졌던 성적인 관심을 사그라들게 하였다. 그것은 풀러의 새로운 춤 스타일 때문이기도 했지만 그 성과의 중요한 부분은 조명 장치의 개발에 있었다. 그러므로 19세기 말의 기계적 장치의 개발은 춤에도 긍정적인 영향을 미쳤다고 볼 수 있다.

1890년대 유럽에서 유행한 자전거는 일반인들의 몸과 움직임에 대한 새로운 관심을 불러일으키기에 충분했으며 이는 새로운 춤에 대한 일반인들의 열정을 예비시켜 준 것이었다. 자전거는 도보에 비해 네 배 정도 속도가 빨랐기 때문에 양다리를 빠르게 움직이도록 만들어 줌으로써 신체 자체를 변화시켜 주었을 뿐 아니라 사람들을 속도 감각에 노출되게 하였다. 빠르게 이동하는 자전거가 주는 속도감은 사람들을 흥분시켰으며 이것은 춤에도 영향을 미쳤다. 그리하여 제자리에서 아니면 일정한 위치에서 계산된 조명 효과와 함께 춤추던 풀러에 비해 덩컨의 춤은 연속적으로 무대 위를 이동해 가면서 물결치듯 흐르는 동작으로 발전해 나갔으며 그 과정에서 풀러가 누렸던 환상적인 빛의 효과는 보지 못했지만 운동 감각을 강조하고 속도감을 지니게 되는 나름의 결과를 가져올 수 있었던 것이다.

속도감이 자아내는 흥분은 새로운 공간을 경험하는 데서 나오는 것이다. 준비 동작과 과정 동작을 거쳐 완성된 포즈로 연결되는 발레의 정적인 동작보다 현대 춤은 주위 공간을 개척해 가며 새로운 경험을 갈구하는 이동성이 강조되는 형식이 되었다. 이후 20세기 내내 장르를 불문하고 이러한 속도 경쟁은 모든 스타일의 춤에 이어져 점차 빨라지게 되었다. 덩컨의 움직임은 '해방된 동작'으로 보였으며 그녀의 몸은 '신체 해방의 상징'이 되어 막 전개되기 시작한 신체문화의 총아로서 손색이 없었다. 이것으로 20세기 초에 무용이 다시금 새로운 예술의 중심으로 작용할 수 있는 기반을 갖추게 된 것이다.

디오니소스적 몸의 시대의 시작

이러한 신체문화의 사회적 유행을 초래한 원인이 바로 무용수의 몸에서 기인한다는 생각을 가진 필자는 그 발단을 19세기 전반 가장 엄격한 성도덕과 몸에 대한 공포심에 가까운 부정적 인식이 자리잡기 시작한 시점에서부터 조명해 보았다. 빅토리아 시대 여성 의복이 여성의 몸을 감추기 시작하는 시점과 일치한 때에 망사 스커트와 타이츠를 입은 무대 위의 발레리나들의 몸은 당대 평론가들과 일반 남성 관객들에 의해 규정된 여성성을 보여주는 대상이었다. 이들은 당시 여성의 다리에 관음증적으로 집착한 발레광들의 성적인 시선의 대상이었다. 빅토리아 시대의 발레리나는 몸을 졸라매는 의상에서나 오랜 테크닉 전통 그리고 객관적으로 주어진 성적 시선으로부터 자유롭지 못하였으며 억압된 몸을 지닌 존재로서 시각적인 경험의 대상이었다.

유물론적인 신체 인식이 전개되면서 몸의 감각과 쾌락에 사회가 눈뜨게 되고 디오니소스신의 부활은 춤의 부활로 이어졌다. 인간의 본질은 몸이며 영혼 역시 몸의 일부분에 불과한 것으로 여겨지면서 춤추는 몸은 가장 이상적인 인간의 모습으로 생각되기까지 하였다. 그리고 오래된 춤을 재건한 새로운 춤의 형태는 인간의 몸을 초월하고자 하는 호소력을 지녔다. 인간의 가장 근원적인 신체 부분인 몸통의 자유로운 움직임에서 출발한 현대 춤은 감정적 호소력을 지닌 영혼의 춤이 되었다. 몸을 졸라매는 의상과 기법으로부터 자유로워진 몸은 실질적으로 낭만발레리나의 몸보다 더 살내음을 풍기는 것이었지만, 그것은 보여지는 대상이 아니라 읽혀지는 대상으로서 지적이고 상상적인 아이디어를 제시하는 텍스트가 되었다. 어찌 보면 모순적으로 보일 수 있는 이런 문화적 아이러니는 인간 사회에서 종종 발견되는 현상이다. 이런 육체의 성과는 갖가지 억압에서 해방된 몸과 해방된 동작들이 만들어낸 순수 기호로서의 무용수 몸이 이룩한 것이다. 그리하여 20세기 초 현대 춤은 세계와 만나는 디오니소스적 몸의 언어를 구사할 수 있게 되었다.

제2절 신체문화와 무용

몸의 발견과 춤 혁명

춤은 인간의 몸을 매체로 움직임을 형상화해내는 예술이기에 몸을 보지 않고 춤을 보기는 힘들다. 따라서 인간의 몸에 대한 시각과 인식은 자연스레 춤에 대한 평가로 이어진다. 무용의 예술성에 대한 부정적인 평가와 가치절하의 상당 부분은 매체로서의 몸에 그 원인이 있다. 고대 문명 초기서부터 인간 신체에 대한 부정적인 시각은 철학적으로는 심신이원론으로 형성되었지만 일반인들의 일상생활에서 몸과 춤의 영향력은 종교와 철학 그 어느 것보다 더 큰 중요성과 실용성을 지닌 것으로 인식되어 왔다. 그리고 춤이 일상생활에서 분리되어 감상용의 예술 형태로 형성되는 르네상스 시기 유럽에서 몸은 춤 속에서 정형화된 모습으로 다듬어진다. 근대에 이르러 다시금 정형화된 틀을 비집고 되살아나는 몸의 과정은 일상생활 속에서 태동되는 신체문화의 형성 과정과 함께 발견된다.

발레의 문명화된 신체

발레는 서양 예술 개념에 입각한 최초의 무용 양식으로서 서양인들의 고전 춤이자 르네상스 귀족들이 이상적이라고 생각하는 자세와 동작에 따라 조절되고 통제된 몸 이미지의 결정체이다. 발레는 르네상스 귀족들의 연회에서 추어진 궁정 춤을 더욱 세련되게 발전시킨 것이며 그 당시의 매력적이고 우아한 자세와 포즈들이 수백 년에 걸쳐 다듬어진 결과가 바로 발레의 자세와 스텝들이다. 발레의 기본 자세와 포즈는 루이 14세에 의해서 아름다운 발과 팔의 자세를 분류하고 정리하여 체계화한 것으로서 르네상스 귀족들의 세련되고 문명화된 신체 이미지의 반영이자 그들의 행동 규범이었다. 따라서 오늘날까지도 발레의 동작은 우아하고 거만하고 귀족적인 분위기를 바탕으로 하고 있다.

발레의 기본 자세와 동작은 사회학자 엘리아스(Norbhert Elias)가 개념화한 '문명화된 몸(civilized bodies)'의 과정이 가장 먼저 그리고 예증적으로 나타나는 대상이며 몸을 통제하고 훈육하는 방식의 산물이다. 당시 발레 마스터는 춤만을 가르치는 것이 아니라 궁정 예법과 매너를 가르치는 도덕 교사이자 예법 교사였다. 르네상스 귀족 사회가 댄스 파티로 마지막을 장식하는 발레를 중심으로 돌아갔기 때문에 당시 귀족들의 문명화 과정은 궁정 춤을 배우는 것으로 시작되었다. 17세기 프랑스 귀족들에게 왕이 주최하는 발레 연회에 참가하는 것은 왕에게 충성하는 것, 전쟁에 참여하는 일과 함께 3대 의무 중의 하나였다. 귀족들의 궁정 발레의 참여는 정치 사회에 입문하는 것과 같은 의미를 지녔다. 귀족들의 춤 솜씨는 그들의 생존 전략이었기 때문에 모두 개인 교사로부터 춤과 매너를 배웠으며 자신의 신체를 멋진 의상과 가발, 아름다운 포즈와 자세로 가꾸고 다듬는 데 열심이었다. 귀족들은 그들의 춤 솜씨에 따라 왕실의 요직을 맡는 경우도 실제로 있었다. 그러므로 르네상스 유럽 귀족들의 몸가짐은 철저하게 계산되고 조정된 신체선과 행동방식으로 재단되고 통제된 억압된 틀을 지니고 있었다.

일반 귀족의 신체가 이럴진대 전문적인 발레 기교의 경우 모든 동작과 자세는 철저하게 규범화된 기준에 따른 것이었으며 심지어 이들의 시선과 신체 부분의 위치와 각도 그리고 감정 표현까지 계산되어서 연출되는 것이었다. 기본적인 발과 팔의 자세나 개별 스텝과 자세의 연결이 철저하게 규범화되어 그 외의 포즈는 허용되지 않았으며 성문법처럼 절대적인 권위를 지닌 것으로 준수되었다. 19세기에 이르르면 기교의 발전으로 발레 무용수의 몸은 더욱 억압되고 통제받게 되었다. 몸통을 졸라매는 코르셋과 엄청난 크기의 가발, 다리 높이를 제한하는 치마 지지대와 겹겹의 치마 그리고 천상을 지향하는 발레의 이미지를 구현하기 위해 개발된 토슈즈는 무용수의 몸을 머리끝에서 발끝까지 심지어 시선까지 철저하게 계산된 이상형의 틀 속에 가두어놓는 결과를 초래하였다. 1661년 루이 14세가 친정을 시작한 첫 해에 그의 지시로 설립된 프랑스왕립무용아카데미는 그러한 규범을 수백 년 동안 절대적인 규칙으로 확립시켜 나갔다. 그러므로 발레의 경우 신체를 한 치의 오차 없이 발레의 이상적인 틀에 맞추고 가두는 것이 바로 기교 습득의 과정이었다.

해방된 몸과 새로운 춤 양식

20세기 초에 등장한 현대무용은 고통받고 억압받는 영혼이 가장 자연스럽고 단순한 신체 언어로 해방된 것을 뜻한다. 현대 춤은 신체를 구속하는 기교적, 이념적 틀을 부수고 몸을 새롭게 발견하고 해방시켰다. 그것은 자유로운 신체와 순수한 움직임을 이상으로 가진 춤 양식이었으며 귀족적 성향과 우아함을 특징으로 하는 인위적인 발레의 장식성과 기법 그리고 무용 이념에 대한 전면적인 거부였다. 현대무용의 선구자들은 발레 테크닉과 토슈즈 그리고 발레 스타일의 행동 규범에 갇힌 신체를 해방시키고 새로운 춤의 양식을 제시하였다. 현대무용의 선구자인 이사도라 덩컨은 토슈즈와 코르셋, 발레 치마를 벗어 버리고 맨발로 헐렁하게 흘러내리는 투명한 그리스풍의 튜닉을 입고 춤춤으로써 이후의 모든 여성 무용수와 여성들의 신체를 해방시키는 데 기여하였다. 덩컨은 춤 속에서 발레가 구축해 놓은 전통적인 여성상을 타파하고 해방된 여성을 선보여 그 자신 여권주의자라 불리었으며 결과적으로 19세기 말 빅토리아식 의상과 사회 관습에 졸라매어진 여성의 몸을 해방시키는 도구로서 춤을 활용하였다.

그러나 몸의 발견은 이미 19세기 낭만발레에서 그 징조들을 발견할 수 있었다. 1830년대와 40년대에 걸쳐 사회문화적으로 대단한 열기를 불러일으킨 낭만발레의 매력은 발 끝으로 서서 춤추는 재주를 선보이는 토슈즈와 무용수들의 종아리를 휘감는 하얀색 망사치마 그리고 아름다운 여성 발레리나들이었다. 낭만발레는 다양한 별칭을 가지고 있었는데 그중 하나가 바로 '여성 발레'였다. 아름다운 여성 발레리나의 매력은 낭만발레의 인기 비결이었으며 발레의 존재 이유였다. 당시의 발레 관객들은 아름다운 여성을 보기 위해 발레 공연을 관람하였다. 그리고 발레에서 여성을 보는 이런 시각은 당시의 유명한 문필가들과 지식인들에 의한 발레 비평에서 형성되었고 그들은 비평의 상당 부분을 발레리나의 여성적 매력과 몸에 대한 기술에 할애하였다. 이들이 춤에서 본 것은 여성뿐 아니라 그들의 몸이었다.

남성 발레 비평가들에 의한 여성 신체의 주목과 이를 향한 남성적 시각을 대중적으로 유포시키는 데는 1830년대에 개발되기 시작한 사진과 석판화가 크게 기여하였다. 당시 사진과 석판화에 포착된 여성 발레리나들의 모습은 아무런 배경 없이 발레 치마와 뾰족한 토슈즈를 신은 발레리나가 혼자 포즈를 취하고 있는 것인데 이는 요즘의 핀업 걸과도 같은 존재였다. 여러 겹으로 하늘거리며 몸의 실루엣이 비치는 발레 치마는 무용수의 몸을 상상하고 은유적으로 드러나게 하는 최적의 매체였다.

1840년대 사진과 석판화의 전문적인 발달은 발레와 밀접한 관련을 지니고 있는데 당시 발레와 발레리나들의 모습을 담은 수많은 사진과 글이 담긴 화집 같은 앨범의 출판이 대유행이었다.[14] 춤에 관하여 마치 중세의 기도서처럼 모든 것들이 세세하게 설명되어 있는 선물용 무용 책은 그 수요가 엄청났다. 무용 공연 후 기념으로 나눠 주는 발레리나의 그림이나 프로그램 또는 앨범은 당시 프랑스에서 활발하게 인쇄되었으며 이들은 수집가들에 의해 시리즈로 묶여져 출판되기도 하였다. 이런 인기에 편승하여 출판업자들은 발레리나들의 그림과 또 이것을 백 장이나 이백 장씩 묶어서 설명을 붙여 책으로 출판하였다. 따라서 낭만발레의 인기가 불과 20여 년에 불과한데도 수많은 발레리나들의 석판화와 사진들이 오늘날까지 남아 있는 이유는 바로 이러한 배경에서 가능한 것이며, 이런 현상을 볼 때 당시 발레리나들이 요즘의 핀업 걸과 같았다는 필자의 가정[15]이 설득력을 지닌다. 당시 사람들은 자신이 직접 움직인다는 것을 상상해 보기에는 아직 일렀지만 발레리나들의 모습을 보면서 여성과 몸을 인식하고 발견하기 위해 이런 책들을 수집하였던 것이다.

겹겹이 쌓인 발레 치마와 토슈즈 속에서 춤추는 발레리나들의 이미지를 포착한 화가들의 그림 속의 신체는 이미 해방을 맞이하고 있었다. 상체를 벗은 낭만발레리나나 거의 비치는 천만을 두른 뮤즈의 모습을 그린 화가들의 그림은 이미 상상 속에서 발가벗겨진 몸의 발견을 예증하고 있었다(그림 2). 그리고 실제로 거의 누드 상태로 춤추는 무용수들도 있었다. 1793년 마리아 비가노(Maria Vigano)는 투명한 천만을 걸친 채 완전히 나체 상태에서 춤추었다. 그녀의 유럽 순회 공연은 충격적인 것만큼 대단한 성공을 거두어 열광적인 반응을 불러일으켰으며 그녀의 이름

---

14 Walter Sorell, *Dance in Its Time*(New York: Columbia University Press, 1981), p. 287.

15 김말복, 『무용예술의 이해』(이화여대출판부, 2003), p. 114.

그림 2. 낭만발레시대 유명한 발레리나(Eugenie Le Compte)가 1830년대 말 뉴욕에서 공연(「Robert le Diable」)할 당시의 모습을 그린 그림

을 딴 시가와 머리 스타일까지 유행할 정도였다. 그러나 보다 완전하게 춤을 구속하는 의상과 발레 기교의 관습으로부터 탈피하여 여성 발레리나의 신체에 겨냥되었던 성적인 시선을 정면으로 거부한 것은 이사도라 덩컨이었다.

현대무용의 선구자인 덩컨은 발레 테크닉이 자신의 본연의 모습을 왜곡시킨다고 생각하여 발레 레슨을 거부하였으며 영혼의 표현으로서 춤을 시작하였다. 자연을 육감적으로 노래한 휘트먼과 디오니소스의 부활을 명령한 니체를 스승으로 삼고 자연의 움직임을 자신의 몸에 실어 표현하고자 한 덩컨의 춤의 이상은 자연에 가장 가까운 상태인 누드를 가장 숭고한 예술이라고 생각하였다. 덩컨이 보티첼리(Sandro Botticelli)의 미의 3여신(아름다움 · 우아 · 기쁨)을 그린 그림(그림 3)을 보고 "나

그림 3. 보티첼리의 「프리마베라(Primavera)」

는 저 그림을 춤출 것이다. 춤을 통해 이들의 환희와 열정을 표현할 것이다" 라고 했던 모습은 속살이 훤히 비치는 여성의 몸이다. 그녀는 미국을 청교도주의 사상으로부터 해방시키고자 하였으며 모든 미국인이 그녀와 함께 춤추기를 꿈꾸었다.

진정한 아름다움은 인간 신체에서 발견될 수 있다고 생각한 그녀는 맨발로 춤추면서 모든 구속과 기법으로부터 해방되고 열린 몸과 춤의 양식을 제시하였다. 그녀는 신체와 영혼이 조화를 이룬 자연스러운 언어로서의 춤을 주장하여 영적인 춤의 이념을 뷰명히 함으로써 발레리나에게 향해졌던 남성적 시각을 제거하는 데 성공하였다. 이러한 덩컨의 이상은 20세기까지 유일한 예술 춤의 형식이었던 발레의 절대적인 권위에 대한 도전으로서 춤의 모습을 혁명적으로 바꾸어 놓았다. 그녀는 '단순한 자연스러운 움직임(basic natural movement)'을 이상으로 삼았고 그 결과 춤의 매체로서 움직임 어휘에도 무한한 선택의 자유가 주어졌다. 덩컨은 귀족적이고 선택된 발레의 움직임 어휘뿐만 아니라 모든 움직임이 춤의 소재가 되도록 하여 프랑스아카데미 설립 이후 거의 3백년 동안 지켜져 온 예술 춤 기법을 타파하였으며, 이로부터 오늘날의 다양한 춤이 파생되게 하는 춤의 혁명을 이루었을 뿐 아니라 춤추는 인간 신체의 해방을 가져오게 하였다.

여기서 한 가지 짚고 넘어가야 할 것은 발레 무대와 일상생활에서 몸이 새롭게 발견되고 해방된 것은 모두 프랑스혁명 이후에 일어난 일이라는 것이다. 1789년에 발발한 프랑스 혁명과 함께 프랑스 귀족들의 절제되고 통제된 문명화된 몸들은 단두대 위에서 사라졌으며 마리 비가노의 누드 공연도 혁명 이후에 일어난 일임을 명심할 필요가 있다. 춤에서의 진정한 몸과 기교상의 혁명은 이로부터 일세기의 시간이 더 필요했던 것이다.

이렇듯 몸이 춤 형식과 일상 속에서 자연스러운 본연의 모습으로 돌아올 수 있었던 배경에는 절대군주제의 종말과 함께 이성적, 집단적 행동규범과 기준의 해체, 동시에 개인주의와 차이 또는 개별성과 감성이 강조되는 사회적 분위기로의 변화가 있다. 몸의 재발견에는 인간 본성의 회복을 주장하면서 신체와 정신의 상호작용의 중요성을 지적한 루소(Jean-Jacques Rousseau)와 같은 자연주의 사상가나 전인 형성에 있어서 신체 운동의 중요성을 강조한 페스탈로치(Johann H. Pestalozzi) 같은 교육자의 견해도 몸에 대한 새로운 시각을 형성하는 데 크게 기여하였다. 루소나 페스탈로치가 사상적인 차원에서 열린 시각을 제공하는 데 기여하였다면 델사르트(Francois Delsarte)와 달크로즈(Emile Jacques-Dalcroze)는 생활에서 더욱 효과적인 자기 표현의 도구로서 몸을 활용할 수 있는 방식을 제시함으로써 사회 전반에 신체문화의 열기가 번져가도록 한 직접적인 계기를 만들었다. 델사르트와 달크로즈는 현대 무용의 선구자들에게도 큰 영향을 미쳤는데 이 모든 신체 움직임에 대한 자각은 19세기 초 발레에서 몸의 발견이 선행되었기에 가능한 것이었다.

신체문화의 태동과 무용

19세기 말 교육자들은 "춤을 건강한 신체 운동의 방법으로 칭찬하기 시작하고 무용 또는 합창 움직임 형태의 움직임이 도시의 거리용 축제에서 애국적이고 영감적인 주제로 각색되어 포함되기 시작하였다."[17] 이런 현상은 움직임에 대한 새로운 인식을 형성하는 데 기여하였으며 이와 함께 당시 덩컨보다 훨씬 대중적이었던 무용가 모드 알랜(Maud Allan)과 루스 세인트 데니스 같은 이의 활약으로 춤이 다시금 되살아나 사회적으로 유행하게 되고 대중적으로도 신체문화의 큰 유행을 불러일으키게 하였다.

델사르트는 잘못된 연습으로 목소리가 상하기 전까지 파리 오페라에서 활동한 유명한 가수였다. 더 이상 노래를 못 부르게 되자 그는 신체를 통해 감정과 생각을 관객에게 효율적으로 전달하는 방법을 연구하였다. 그 결과 팬터마임에 대한 이론을 정립하였으며 일반인들을 위해 몸통과 팔다리를 이용하는 제스처 훈련법을 개발하였다. 델사르트는 모든 움직임이 내면의 표시라고 믿어 감정이 사람들의 포즈와 제스처에 반영되는 방법에 대한 과학적인 연구를 하였다. 델사르트 시스템이라 불린 신체 자세 표현법 엑서사이즈는 사교계의 부인들이나 가수와 교사, 웅변가와

17 Jack Anderson, *Ballet & Modern Dance: A Concise History*, second edition, (Princeton Book Company Publishers, 1992), p. 166.

유명한 배우들을 위시하여 일반인들 사이에 널리 퍼졌고, 델사르트의 사후(1781)에는 미국에까지 퍼져 1920년대까지 대중적인 스피치 트레이닝 방법으로 인기를 끌었다. 델사르트의 방법에 크게 영향 받은 무용가로는 미국 현대무용의 선구자인 루스 세인트 데니스와 테드 숀(Ted Shawn)을 들 수 있지만 덩컨 역시 그의 이론의 영향을 받았다고 할 수 있다. 그러나 델사르트의 영향이 대중문화에 널리 나타나기 시작한 것은 20세기 초라고 할 수 있다.

달크로즈는 모든 음악이 자연스러운 신체 리듬에 기초한다는 믿음 아래 두뇌와 신체 간의 신속한 커뮤니케이션 방법을 리듬을 통해 이루고자 하였다. 달크로즈 역시 델사르트처럼 신체를 세 부위로 나누어 각기 다른 표현성을 상정하였으며 그의 신체 동작과 음악을 융합하는 음악 교육 방법을 '유리드믹스(eurhythmics)'라 불렀다. 좋은 리듬(the good rhythm)이라는 뜻을 지닌 '유리드믹스'는 인간 움직임이 역사적으로 새롭게 주목받는 가장 중요한 시기에 나타나 즉각적인 성공을 거두었을 뿐 아니라 당시의 신체 교육이 보급되는 시대적 흐름에 편승하여 사회 전반에 보급되었다. 춤에 반영된 그의 영향은 음악의 리듬과 음색을 그대로 시각화하는 음악 구상화(music visualization) 방식의 안무를 초래하였다. 이는 군무에 있어서 각 무용수가 반주 교향악의 각각의 악기의 음색과 소리를 대변하여 움직임에 반영하고 그 결과 무용수들간의 교향악적 조화를 이루어내는 방식이었다. 20세기 초 독일 현대무용의 선구자인 마리 뷔그만(Mary Wigman)은 한때 달크로즈의 제자였다. 달크로즈 시스템이 사회적으로 기여한 점은 전인적인 인간을 교육하고 사람들을 새로운 자아 인식으로 순화하는 데 음악과 리드미컬한 움직임이 중심적인 역할을 한 점이며 이로부터 대중적인 신체문화의 활성화에 큰 자극제가 되었다.

달크로즈의 유리드믹스는 19세기 초부터 전 유럽에 전파되기 시작한 체조에도 영향을 미쳐 유리드믹스를 배운 체조 교사들에 의해 소녀들과 여성들에게 적합한 리듬 체조의 발달이 가능하게 되었다. 당시 체조는 민족주의적이고도 정치적 성향의 발생 동기로 인한 과격한 신체 단련이나 예비 군사 훈련 같은 성격 때문에 어린이나 여성을 비롯한 일반인에게는 적합하지 않은 종목이 많았다. 히틀러는 "건강하고 활력 있는 정신은 역시 강건하고 활기찬 육체에서" 가능하다고 생각하고 교육에 있어서 강건한 신체의 육성을 강조하였으며, 그 결과 국민의 정신적 능력의 함양보다 신체 단련 교육에 우선적인 중요성을 두었다. 그는 체조와 병역을 의도적으로 결부시켜 전 국민을 대상으로 하는 체조에다 군사 예비 교육의 성격을 가미시켰다. 그러나 1920년대를 전후로 아름다운 자세와 우아하며 자연스러운 신체의 전신 운동을 강조하는 리듬체조의 개발과 함께 공·후프·곤봉 등을 사용하는 리드미컬하면서도 재미있는 체조 형식의 개발로 그간 여성이나 어린이 그리고 일반인들이 접근하기 어려웠던 점을 개선하여 이후 체조가 범국민적이고도 대중적인 형태의 신체 활동으로 전 유럽과 전 세계로 보급되기에 이르렀다.

이러한 현상은 일반인들이 자신의 신체를 더 이상 죄악시하지 않고 적극적으로 가꾸고 다듬어야 할 건전한 엑서사이즈 대상으로 인식하고 움직임과 춤을 통해 신체를 일상 속에서 새롭게 정립하면서 춤이 일상의 다양한 분야에서 실용화되어 가는 과정이라고 할 수 있다. 이는 모두 델사르트와 달크로즈의 방법이 널리 알려지고 덩컨으로부터 출발한 현대춤에 대한 인기가 독일과 미국을 중심으로 절정을 이루어 세계의 양대륙을 휩쓰는 배경이 있었기에 가능하였다. 이런 대중적인 체조는 신체 훈련식 스포츠에 음악과 함께 춤이 곁들여지는 무용 예술적인 요소를 결합시킨 형태이다. 처음 리듬체조가 나왔을 때 이를 '예술 체조'라 부른 것에서도 잘 알 수 있다. 델사르트나 달크로즈 모두 음악가 출신으로서 음악 교육을 위해 신체 표현의 예술적 인식과 무용 예술적 행동 방식을 연구하였고 음악을 배우는 학생들에게 무용 교육을 먼저 시키는 것의 중요성을 지적하고 신체 훈련과 음악 교육에 무용을 결합시킨 사람들이라 할 수 있다.

이렇듯 춤은 인접 분야로 예술적인 움직임의 영향을 미치면서 일상 속의 신체 엑서사이즈 운동을 촉발시켰으며 이러한 동향은 20세기 동안 지속되었다. 예술적인 춤 역시 일반인들의 여성 인식에 직접적인 영향을 미쳤다. 풀러나 덩컨과 같은 현대 춤의 선구자들은 빅토리아식 의상과 청도교적 관습에 얽매여 있는 당시의 여성들에게 해방된 여성 이미지를 제공하였다. 여권주의자라 불린 이들 선구자들은 실제로 자신의 춤을 여성해방운동의 수단으로 삼았다. 그 결과 이들의 역할 모델에 이끌려 교육을 잘 받은 중산층 소녀들과 여성들이 대거 춤을 배우고 무용을 전공하는 현상이 일어났다. 초기 현대 무용가들은 남성들에 의해 조형되고 만들어지던 발레와는 달리 여성들이 새롭게 개발한 스타일의 춤에서 여성의 주관(female subjectivity)과 여성의 권위(authority)를 강조함으로써 춤에서의 여성적인 시각(female spectatorship)을 소개하였던 것이다.

여성들은 남성과는 다른 관점에서 춤을 바라보았다. 19세기 발레는 남성 발레 감독들과 발레 교사들로 인해 주입된 발레리나를 바라보는 남성 관객들의 특권적 시각 즉 남성적 시각(male gaze)의 대상이었다. 이와는 반대로 덩컨 같은 초기 여성 현대 무용가들은 시각적 경험(visual experience)보다는 운동적 공감(kinetic experience)을 더 강조하였다. 발레에서는 마지막 포즈나 자세의 정지된 순간에서의 시각적 디자인이 매우 중요한데 현대 춤은 구체적인 형태의 포즈보다는 동작의 흐름을 더 중시하였다. 그 결과 현대 춤은 시각적 측면을 촉각적 측면(tactility)보다 우위에 두는 남성적 사고의 위계질서를 무너뜨렸다. 특히 여성들에게 현대 춤이 강렬해 보였던 이유는 바로 많은 여성들이 현대 춤의 운동적 경험에 주목하고 무용의 동적인(kinesthetic) 특징에 민감하게 반응하였기 때문이라고 볼 수 있다.

춤에서의 운동적 경험과 자유로운 여성 이미지에 이끌린 여성들의 활동으로 당시 미용체조나 기계체조 그리고 델사르트식 신체 훈련이 유행하는 신체문화가 만들어졌다. 아울러 초기 현대무용의 동적인 힘은 여성들의 향상된 사회적 유동성의 은유로 비쳐지기도 하였다. 초기 현대무용이 지닌 이런 운동 감각(kinesthesia)이 종래 발레에 주어졌던 남성적 시각을 없앤 원인이면서 동시에 여성들에게 현대 춤이 지닌 매력이었던 것이다.

대중문화 속의 춤의 영향

19세기 말과 20세기 초에 걸쳐 유럽 전역에서 춤을 비롯하여 체조와 스포츠 즉 골프와 테니스, 크로켓과 수영, 보디빌딩과 자전거 타기 등의 신체문화가 인기를 끌었다. 춤은 가수나 코미디언 같은 연예인들이 필수적으로 갖추어야 할 자질이었다. 당시 유럽 전역의 음악 홀은 온갖 형태의 여흥과 모든 종류의 춤을 선보이는 경연장이었는데 말들의 공연이나 저속한 코미디와 판토마임에서부터 당시 세계적인 발레리나였던 안나 파블로바(Anna Pavlova)나 카르사비나(Tamara Karsavina)의 공연들이 모두 이런 음악 홀에서 이루어졌다. 춤의 형태도 캉캉에서부터 그로테스크댄스와 스커트댄스 그리고 모드 알랜의 「살로메(Salome)」(그림 4)처럼 외설스럽다는 평판을 받던 공연에 이르기까지 다양하였으며 춤은 일반인들의 생활에서도 대단한 인기를 누렸다.

이렇듯 춤이 일상생활 속에 가까이 다가가자 춤의 내용이나 유형에서 대중적인 형태가 만들어지고 유행하게 된다. 19세기 말 프랑스에서는 미국에서 건너온 흑인들의 무용이 크게 유행하였다. 미국과 유럽에서 흑인들의 민스트럴 쇼(minstrel show)와 케이크 워크(cake walk)는 특히 인기 있었으며 그 외 레뷔(revue)와 보드빌(vaudeville)의 공연 형태

그림 4. 모드 알렌의 「살로메」

역시 인기 있었다. 민스트럴 쇼와 레뷔나 보드빌은 모두 대중적인 춤과 노래·만담·풍자 등이 섞인 공연 형태인데 이 때의 춤은 아름다운 여성이 강조되는 대중적인 춤이었다. 그리고 대중적인 공연 형태의 발달은 뮤지컬의 등장으로 이어진다. 20세기 초 뮤지컬 코미디가 처음 나타났을 때 그것은 19세기 오페레타의 전통을 계승한 것이었으나 레뷔와 달랐던 점은 빈약하더라도 일정한 줄거리를 지녔고 대본에 따라 무용수들이 대중적인 가요를 장식으로 곁들인 형식이었다. 그리고 춤은 뮤지컬에서 빠질 수 없는 중심 요소였으며 1920년대에 접어들면서 쇼에서의 춤의 수준은 괄목할 만한 발전을 이루게 된다. 뮤지컬에서 재즈 음악의 시초가 되는 래그타임과 새로운 춤 스타일의 등장은 대중음악의 발전으로 이어지는데 래그타임은 댄스곡으로 흑인의 리듬이 들어온 것이다. 래그타임은 20세기 대중음악이라는 장르를 열고 음악적 혁명을 이끄는데 중요한 역할을 한 춤곡이었다. 이런 배경에서 빼어난 춤 솜씨로 뮤지컬과 영화에서 활약한 스타들이 탄생하게 되는데 이들이 프레드 아스테르(Fred Astaire)와 아델 아스테르(Adele Astaire)·진 켈리(Gene Kelly) 등이다.

뮤지컬은 1920년대와 30년대 유럽과 뉴욕의 관객들을 열광의 도가니로 휩싸이게 만들었다. 새로운 대중적 여흥(entertainment) 형태로서 뮤지컬의 성공에는 무용사에서도 뛰어난 안무 능력을 자랑하는 조지 발란신(Gerge Balanchine, *The Ziegfeld Follies; On your Toes*)을 비롯하여 아그네스 드 밀(Agnes de Mille, *Oklahomma!; Carousel*), 헬렌 타미리스(Helen Tamiris, *Annie Get Your Gun, Inside U.S.A.*), 하냐 홈(Hanya Holm, *Kiss Me Kate; My Fair Lady*), 제롬 로빈스(Jerome Robbins, *The King and I; West Side Story*) 등의 탁월한 안무자들의 역할이 컸다. 발란신은 클래식 발레 스타일을 뮤지컬에 적용시켜 뮤지컬 댄스의 전형을 확립하였다. 그가 1936년에 안무를 맡은 뮤지컬 「On your toes」 중에 대표적인 춤곡인 'Slaughter on Tenth Avenue'에서 발란신은 새로운 예술 형태인 뮤지컬의 무용적 취향의 기준을 확립하였다. 발레 테크닉에 이어 탭댄스와 재즈, 현대 춤 그리고 여러 민속춤이 혼합되어 오늘날의 뮤지컬 댄스의 스타일을 형성하게 된 것이다.

그리고 이런 뮤지컬에서 흑인들이 아프리카 리듬과 미국의 뮤지컬 스타일을 섞어 자신들의 억눌린 심정을 노래하기 시작한 블루스(blues)가 탄생한다. 그러나 뮤지컬에서 원동력으로서의 춤의 힘과 위상을 대변한 작품은 바로 「웨스트 사이드 스토리(West Side Story)」(1957)(그림 5)였다. 「웨스트 사이드 스토리」의 경우 춤이 이 작품의 전체 흐름을 끌고 가는 구조적인 토대가 되고 있다. 이렇듯 뮤지컬의 중심으로서 춤의 역할을 반증하는 흐름은 'Godspell', 'Jesus Christ Superstar' 그리고 'Chorus Line'으로 이어진다. 이러한 뮤지컬의 역사는 20세기에 접어들어 춤의 중요성과 영향력을 반증하고 있는 예이다.

20세기 초 새롭게 등장한 대중 예술인 영화에서도 춤은 중요한 흥행 요소였다. "1930년대부터 영화에서 춤의 시대가 도래하고 황금기를 맞

그림 5. 춤이 중심적인 원동력이었던 뮤지컬 「웨스트 사이드 스토리」

이하게 되었다고 할 수 있다."[18] 1930년대 초창기 영화에 기록된 춤의 형태는 뮤지컬 코미디 스타일이었으며 이 당시의 영화 속의 춤꾼이자 흥행사는 프레드 아스테르와 진저 로저스(Ginger Rogers)였다. 이들이 출연한 30년대의 춤 영화는 'The Gay Divorcee', 'Top Hat', 'Shall We Dance?', 'Carefree', 'The Story of Vernon and Irene Castle', 'Swing Time' 등 있는데 이런 영화들의 성공은 유성영화 시대가 되면서 음악에 맞추어 추는 춤이 새롭게 조명되면서 가능했다. 아스테르는 당시 유행하는 사교춤과 탭댄스를 자신의 세련되고 기품있는 개성과 혼합하여 영화의 이야기를 적당히 엮어 전달하는 솜씨가 뛰어났다. 이어지는 40년대 춤 영화의 스타는 단연코 진 켈리였다. 'Cover Girl'(1943)로 첫 성공을 거둔 켈리는 'On the Town'(1949)과 'Singing in the Rain'(1952)에서 단순한 뮤지컬에서 춤이 영화의 중요한 부분으로 변화하는 헐리우드 춤 영화의 변천 과정을 보여주었다. 그 외 'Oklahoma', 'Kiss me Kate', 'Cabret' 등 브로드웨이 뮤지컬의 히트작들을 영화로 만들기

18 Mary Clarke & Clement Crisp, *The History of Dance*(Crown Publishers, 1981), p. 238.

도 하였는데 무엇보다도 'Seven Brides for Seven Brothers'(1954)는 "스크린을 위한 독특한 영화적 무용 언어를 개발한 것"으로 평가된다. 국내에도 소개된 바 있는 이 작품은 무엇보다도 무용수의 수준에서 최정상의 전문 발레리노들을 출연시켰을 뿐만 아니라 춤에 중요한 지위를 부여하였다는 점에서 중요하다.

유성영화 시대와 함께 본격적으로 시작된 영화사는 20세기 현대 사회의 춤의 열기를 고스란히 기록해 놓는 매체가 되었다. 1920년대 미국 사회를 휩쓴 찰스턴(charleston)의 대유행은 영화 「Our Dancing Daughters」(1928)에 존 크로포드(John Crawford)의 찰스턴 춤으로 기록되어 있고 이어서 「토요일 밤의 열기(Saturday Night Fever)」의 존 트라볼타(John Travolta)와 영화 「그리스(Grease)」 등은 1970년대에 유행한 춤을 기록해 놓은 증거이다. 당시 사회적으로 유행하는 춤을 단지 포착해 놓은 것에 불과한 1920년대와는 달리 1970년대의 존 트라볼타는 사실상 당시의 디스코댄스의 열풍을 불러일으켰다고 할 수 있다. 따라서 영화가 적극적으로 새로운 춤의 유행을 이끄는 역할을 하였다고 볼 수 있다.

이렇듯 일상생활의 다방면에서 일어나는 춤의 열기와 신체 활동에 대한 욕구는 자연스레 인간 신체의 재발견으로 이어졌다. 두 차례의 세계대전과 함께 사회의 분위기는 엄격한 청교도적 금욕주의로부터 공공연하게 성적인 조크가 이루어지는 저속함이 가능해지게 되고 전통 윤리의 미적 기준과 가치가 무너지게 되었다. 이러한 과정에 "나체는 사회적 저항의 수단으로 사용되었다."[19] 그러나 나체가 새롭게 경험한 자유를 표현하는 매체로 사용된 것은 1920년대의 현대 춤에서 먼저 발견된다. 1930년대 미국의 현대 춤을 이끈 도리스 험프리의 경우처럼(그림 6) 군

19 Walter Sorell, *Ibid.*, p. 425.

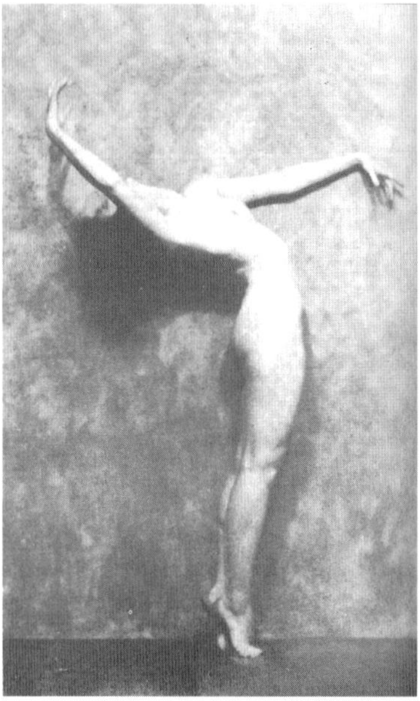

그림 6. 「Movement Study」에서 도리스 험프리(1926, 데니숀무용단 시절)

더더기 없는 신체와 움직임의 자연스러움과 아름다움을 강조하는 의미에서 벗는 경우가 있는가 하면 타미리스처럼 가장 순수한 예술 형식인 춤이 의상의 도움 없이 무용수의 신체로 관객과 교감하여야 한다고 생각한 무용가도 있었다.

반신체문화와 몸의 충격

조선조 반신체문화의 이해

서양의 부정적인 몸에 대한 인식은 인간의 신체를 물질(matter)로 보고 사고 능력을 지닌 정신에 비해 열등하다고 생각했기 때문이었다. 춤에 대한 예술적 해석의 장애가 되는 원인도 바로 춤이 몸의 활동이기에 정신적 가치가 없다고 생각한 데 있었다. 이렇듯 서양의 철학 전통은 기본적으로 이원론적임에 비해 동양의 철학적 사유는 일원론적이다. 주자학이나 성리학과 같은 유학 사상에서 이 세계는 모두 기(氣)에 의해 구성되어 있다. 하늘과 땅은 물론이거니와 인간 역시 기로 구성되어 있으며 인간의 마음에도 기가 흐르고 있다. 즉 모든 사물의 보편성과 차별성을 모두 기 하나로 설명하고 있는데 구체적인 독립된 사물 하나하나를 기로 설명하기도 하지만 우주 자연의 변화나 사물과 사물 사이의 관계처럼 부분과 전체 그리고 그 관계 역시 기로 설명한다.

> 한의학적으로 말하면 '정신'은 혼(魂)·백(魄)·지(志)·의(意)·신(神)을 포괄하는 것으로서 간단하게는 그냥 '신'으로 약칭하기도 한다.[20]

여기서 정·신·혼은 모두 기이지만 혼을 가볍고 동적인 양의 기로, 백을 무겁고 정적인 음의 기로 구분할 수 있으며 나아가 "혼을 정신적인 범주로 그리고 백은 육체적인 범주라고 할 수 있다."[21] 그러나 이 논의와 관련하여 중요한 것은 동양의 기일원론적 세계관에서는 서양의 물질에 정확하게 상응하는 개념을 발견하기 힘들다는 것이다. 그리고 동양사상의 근저에는 심신일여(心身一如)의 철학이 자리하고 있다. 다른 한편으로는 인간을 하나의 물(物)로 보기도 하는데 이 때의 물이란 태허에서 무형한 형태로 존재하던 기가 모이고 흩어지는 과정에서 응축할 때 형성되는 형체 혹은 개별자를 뜻하는 것이다. 그러나 이런 형체를 만들게 하여 물질적인 측면을 지닌 듯한 기는 동시에 인간의 마음을 이루는 바탕이 되어 마음(心) 속에 들어와 정(情)을 이룬다. 마음과 몸은 기를 매개로

20 김교빈 외, 『기학의 모험』(들녘, 2004), p. 186.

21 미우라 구니오, 이승연 역, 『주자와 기 그리고 몸』(예문서원, 2003), p. 72.

하여 연속하는 것이라 볼 수 있다. 따라서 동양의 인간관에서는 마음을 떠나 몸을 생각할 수 없으며 몸에 대한 독자적인 사고 역시 불가능하므로 서양인들이 지닌 부정적인 물질로서의 신체 개념은 부재하였다고 할 수 있다.

유학에서 몸[身]에 대한 논의를 독자적으로 찾아보기는 매우 힘들고 그 내용에 있어서도 유교와 도가 그리고 도교 사이에 상당한 차이가 있다. 유교에서 인간은 타자와 분리된 존재가 아니라 가문이나 국가와 같은 공동체의 일원으로 이해된다.

> 몸은 하나의 구체적인 육체라기보다는 그것의 주인인 마음[心]의 지령을 행위로 표현하는 추상적인 매개체라고 할 수 있다.[22]

유교에서 인간이 지켜야 할 다섯 가지 도리라 생각하는 오상(五常: 仁 · 義 · 禮 · 智 · 信)은 관계적이며 실천적인 덕목이다. 이러한 동양의 기 중심적 인간관 아래에서 자신의 육체를 가꾼다고 하는 서양의 신체 단련법 같은 것은 이차적인 의미밖에 지니지 못한다.

오상의 가치는 마음을 갈고 닦아 마음으로 얻고 몸으로 행해야만 비로소 가능한 것이다. 따라서 신체를 단련하는 여러 가지 수양법이 있지만 이에 탐닉하는 것은 '공'에 대한 '사'로 지목되어 지탄의 대상이 되었다. 따라서 송대 이후 중국과 조선조 말의 문인들은 마음을 수양하는 다양한 방법들을 개발하고 사용하였는데 이는 근본적으로 인간의 마음을 어떻게 다스릴 것인가 하는 문제의식에서 출발하여 마음을 크게[大]하거나 비우고자 하는 다양한 수심법(修心法)과 양생법(養生法)이 있었다.

조선 정조 시기의 다산 정약용(1762-1836)은 "몸과 마음은 오묘하게

---

22 앞의 책, p. 206.

결합되어 있어 나누어 말할 수 없다. 마음을 바르게 하면 그것이 바로 몸을 바르게 하는 것이 되니, 다른 두 개의 층차적인 공부가 있는 것이 아니다"[23]라고 하여 마음을 중시하는 동양의 수양법을 잘 드러내고 있다. 조선조의 선비들에게는 마음의 기능인 생각을 충분히 발휘하는 것이 인간 수양의 중심이었으므로 몸의 독자적인 작용이나 운용이라는 말은 애초에 성립할 근거가 없다. 따라서 조선조 말의 문화적 상황은 당대 유럽의 델사르트 체조법과 같은 독립된 신체문화의 개념이나 인식이 생겨날 수 없는 상태였음을 알 수 있다. 조선조 문인들은 차원 높은 정신적 성취와 도덕적 성취에 의해 길러지는 '호연지기'를 이루고자 하였다. '호연지기'는 곧 몸과 마음의 오묘한 결합 관계에 의해 몸에 드러나기 마련이다. 대장부로서 "호연지기의 성취는 어떤 도덕적으로 나쁜 선택을 강요받을 수 있는 상황이 되더라도 자연스럽게 도덕적인 행위를 택하게 되는 완성된 인격의 경지를 보장하는 것이 된다."[24]

이이는 기의 두 가지 기능적 차원을 구분하여 호연지기(浩然之氣)를 정신에, 진원지기(眞元之氣)를 육체에 배정하였다. 그리고 인의(仁義)의 수심(修心)을 통해 호연지기를 기름으로써 궁극적으로 진원지기도 함양될 수 있다고 하였다. 이렇듯 대부분의 조선 유학자들은 평정심의 회복 혹은 '무욕(無慾)의 마음'을 최선의 수양법으로 생각하였다. 이러한 심신론의 배경하에 조선조의 양반들이 자신의 몸을 직접 움직여 춤을 추는 일이 없어진 이유를 이해할 수 있다. 그들의 수양 방법은 독서와 정좌, 호흡법과 명상을 통한 것이었으며 그 결과 신체 개념의 실종과 부재 그리고 궁극에는 반신체적 교양 문화가 형성된 것이다.

---

23 『대학공의』 3, 29, 상좌 재인용(성태용, 「다산학에 있어서 몸과 마음의 운용」, p. 85).

24 성태용, 「다산학에 있어서 몸과 마음의 운용」, 『다산의 공부론과 지식론』(다산학술문화재단, 2000), p. 96

현대화와 몸의 충격

반신체적 문화의 배경하에 한일합방과 식민지 시기를 거치는 동안 우리나라에 도입된 신문화와 모더니즘은 많은 현대적 충격을 안겨 주었다. 충격의 중심에는 이미 유럽에서 활발히 형성되고 유행하기 시작한 신체문화가 있었고 그 최전선에 몸과 춤이 자리하고 있었다. 1930년대 우리나라에서 '모던(modern)'이란 일본에서와 마찬가지로 '시대의 첨단'을 의미하였으며 시대의 '첨단'이란 "영화와 재즈, 댄스, 스포츠를 통해 수입된 모더니즘이었다."[25]

> 모더니즘의 구성원은 모보(모던 보이 – 필자 주), 모거(모던 걸 – 필자 주)요, 그것의 양식은 재즈, 댄스, 스피드, 스포츠요 그것의 표현은 에로(에로틱), 그로(그로테스크), 넌센스이다.[26]

즉 서양의 춤과 체조·스포츠 등 신체 활동의 대유행이 서양 모더니즘 문화의 특징적인 성격으로 인식되어 20세기 초 우리나라에 들어온 것이다. 그리고 이러한 신체문화의 유입은 서양의 경우처럼 춤의 발견과 유행과 함께 시작되었다.

우리나라에 서양의 춤이 추어진 최초의 경우는 1900년대 초반 조선에 상주하는 외교관들이 무도회에서 추던 사교춤(social dance)이라고 볼 수 있다. 1910년대까지는 조선 귀족과 외국인들이 주로 추던 사교춤이 1920년대에 들어서면 일반인들 사이에도 열풍처럼 번졌다. 1915년 조선호텔에서 열린 '벨기에 구제 자선음악회'에서는 "외교관과 귀족들, 외국의 실업가, 선교사 등 90여 명이 모두 연회복을 입고 동경음악학교 출

---

25 가와사키 쓰네우기외 편, 『일본문화사』(혜안, 1994) 재인용(김진송, 『서울에 딴스홀을 허하라』, 현실문화연구, p. 44).

26 오석천, 「모더니즘 회론」, 『신민』(1931. 6.) 재인용(김진송, 앞의 책, p. 61).

신의 귤부인과 이화학당 강사 아펜젤러양, 명창 이동백 등의 노래가 먼저 있은 후 이왕직 음악대(왕실 음악대)의 음악에 맞추어 무도를 추었다"고 한다.[27] 조선 주재 외교관들의 사교춤이 우리나라에 수입된 최초의 서양춤이라면 무대에서 추어지는 공연 형태로 처음 수입된 춤은 레뷰(revue) 형태라 할 수 있다. 1913년 일본의 덴가쓰(天勝坐)곡예단의 국내 초연이 있었는데 이들의 공연은 마술과 곡예적인 기술을 선보이는 중간에 춤과 음악·연극·가극 등을 끼워넣는 형식이었다. 1913년 덴가쓰의 공연을 알리는 『매일신보』의 기사에는 이들이 '서양 춤'을 선보였다고 기록하고 있지만 내용적으로는 순수 예술춤이 아닌 여흥 위주의 춤이었으며 외국의 유명한 춤 레퍼토리를 모방한 것들이었던 것 같다. 덴가쓰의 공연은 장안의 화제가 되었고, 이들은 1934년까지 빈번하게 한국 공연을 하였다. 1915년의 한국 공연에서 선보인 작품 「살로메」에서 거의 반라차림에 드러누운 듯한 여성 무용수의 요염한 자태는 모드 알랜의 대표작이라 할 수 있는 「The Vision of Salome」(1903)를 연상케 하였다. 벌거벗은 여성의 반라 모습은 매우 충격적이었겠지만 이는 여성 몸에 대한 서구인들의 남성적 시각 즉 'male gaze'가 국내에 처음 수입된 사건이다.

1921년에는 러시아 블라디보스토크 청년학생단의 조선 순회 공연이 있었는데 이들은 우리나라에 처음으로 서양의 민속춤과 사교춤의 음악을 소개하였다. 이들의 공연 프로그램은 음악 무도회라고 할 수 있었는데 피아노와 바이올린 연주와 합주 그리고 노래와 다양한 춤들로 구성되었다. 이들의 음악 연주는 모두 왈츠와 가보트, 팍스 트로트 등 무도곡이었으며 춤으로는 서반아 춤과 러시아 코사크 사람들의 민속춤인 '코팍

27 『매일신보』 1915. 5. 4. 재인용(김영희, 「다동기생의 서양무도」, 『몸』, 2001. 7).
28 『매일신보』 1915. 10. 13. 재인용(김영희, 「덴까스의 레뷰춤」, 『몸』, 2002. 10).

댄스' 외에 보헤미안 댄스 등이었다. 블라디보스토크 청년학생단의 조선 순회 공연은 우리나라에 '무도'의 바람을 불러일으켰다는 점에서 중요하다. 순회 공연에서 '코사크' 댄스는 매 공연마다 피날레를 장식하였으며 열렬한 박수와 앵콜을 불러일으켰다. 순회 공연단의 인천 공연에서 서반아춤과 코팍 댄스에 쏟아지는 만장의 박수로 인해 극장이 "무너질 듯하였으며"라는 『동아일보』(1921. 5. 18.)[29]의 기사가 있고 이들 공연단이 돌아간 뒤 열린 '토월회'의 제3회 연극 공연 중에 삽입된 코팍 춤은 "끝나자마자 박수소리가 우뢰같이 터져 나오고 앵콜을 부르짖는 관중의 고함으로 정작 연극 자체가 중단될 뻔하였다"[30]라는 회고담은 서양 무도에 대한 일반인들의 열광적인 반응을 증명하고 있다. 이중에서도 코팍 댄스는 이들 청년 학생공연단이 돌아간 이후에도 시중에서 크게 유행되었으며 '코배기'춤이라 불리기도 하였다. 코팍 댄스는 빠른 템포의 격렬한 다리 굴신과 점프 그리고 탄력 있게 휘어지는 몸통으로 이루어지는 경쾌한 춤이다. 작가 조풍연은 자신이 본 코팍 춤을 다음과 같이 회상하고 있다.

> 우선 무용수는 색다른 옷을 입었다. 러시아인의 '루파쉬카'이었으리라. 무대 중앙에 나와 인사를 한 다음 턱 팔짱을 낀다. 그리고는 다리를 굴신하거나 한짝씩 쭉쭉 뻗는 춤이다. 반주는 하모니카였다. 어째서 '꼬빡 댄스'인지는 몰랐지만 그 뒤 이 춤은 도처에서 어린이들이 추었고 내가 학교에 들어간 뒤에도 학예회 같은 데서 '꼬빡'이 많이 유행했었다.[31]

20세기 초 우리나라에 서양의 사교춤이 처음 들어왔을 때 그것은 귀족

---

29 김영희, 「해삼위 학생음악단의 전국연주」(『몸』, 2001. 12.) 재인용.
30 김을한, 「헤렌의 나비춤과 시몬 박의 코팍」(『춤』, 1976. 4.), p. 54.
31 조풍연, 「하모니카에 맞추는 꼬빡 댄스」(『춤』, 1977. 8.), p. 66.

과 외교관들의 선진화된 생활의 일부로서 자연스럽게 소개되었으며 이는 동경의 대상으로 인식되었음을 알 수 있다. 이러한 전제에서만이 1920년대부터 우리나라에서 일어난 사교춤의 학습 열기와 춤바람을 이해할 수 있다. 블라디보스토크 청년학생단의 공연은 춤이 꼭 기생이나 광대 · 재인만이 추는 것이 아니라는 것을 인식시켜 준 계기가 되었다는 점에서 중요하다. 즉 당시 엘리트라 생각되는 유학생들이 서양의 사교춤과 창작 춤을 추었다는 사실은 천민 계급이었던 기생이나 재인·광대들이 추던 우리의 전통 춤보다 상대적으로 고급 혹은 귀족적인 예술이라는 인식을 형성하는 요인이 되지 않았나 생각한다. 즉 춤추는 자의 사회적 계급이 그 춤의 문화적 지위를 결정하는 데 기여하였을 뿐 아니라 직접적인 관련성이 있었다고 본다. 그러한 예는 서양 춤의 역사에서도 쉽게 발견할 수 있다.

따라서 이들 서양의 춤은 현대화 과정의 문턱에 있던 우리나라 사람들에게 시대의 첨단 혹은 '모던'한 신식 공연으로 생각되어 무비판적으로 수용하고 모방하여야 할 대상으로 인식되었다. 덴가쓰곡예단의 내한 공연이 오랜 동안 인기리에 계속되었다는 사실 역시 우리나라 관객들이 서양의 여흥과 춤에 대하여 선진 문화의 일부로서 적극적으로 받아들이고 흡수하면서 우리나라 공연 예술의 현대화 또는 서구화가 시작되었음을 말하는 것이다. 격렬한 신체 움직임을 특징으로 하는 러시아의 코팍 댄스가 서양의 신식 춤이라는 뉘앙스가 짙게 밴 '코배기춤'이라는 이름으로 불리우고 어린이에서부터 당시 일본 유학을 다녀온 조택원과 같은 정식 무용가들에 의해 인기리에 추어졌다는 사실 역시 구식 춤과는 다른 신식 춤의 한 특징으로서 격렬한 춤동작과 몸의 노출이 수용된 것이 아닌가 한다. 그런 맥락에서만이 오백여 년간 남녀유별과 내외법 같은 전통적인 유교 가치와 함께 몸을 겹겹이 싸매고 살아온 조선 사람들에게 20세기 초 덴가쓰곡예단의 '살로메'와 같은 자극적인 신체 노출이 거부감 없이 수용될 수 있었음을 이해하고 일반인들이 자신의 몸을 놀려 춤추게 된 사실을 설명할 수 있다. 이는 전통적인 유교적 가치 패러다임의 쇠퇴를 뜻하며 동시에 몸의 발견과 서구적 신체문화 패러다임의 유입을 의미한다. 그러므로 20세기 초 조선에 불어온 현대화는 서구에서 이미 형성되기 시작한 신체문화의 유행이 구체적으로 춤바람과 몸의 변화로 다가온 것이다.

1926년 이시이 바쿠의 신무용 공연은 우리나라에 서양식 예술 무용 형태를 처음 소개하였다. 이시이 바쿠의 춤은 독일의 노이에탄츠(Neue Tanz) 즉 새로운 춤이라는 현대무용에 영향을 받은 것이었다. 그의 공연을 보고 이시이의 문하에 들어가 일본에서 유학하면서 이시이 무용단의 최고 스타로 성장한 최승희는 1929년 한국으로 돌아와 1930년 2월 제1회 공연을 연다. 그녀는 이후 일본과 세계 무대에서 활동하면서 '일본 제일의 신진 무용수', '동양 제일의 무용수', '세계적인 한국의 무용가'로 성장하게 되는데 그녀의 성공 비결은 총명한 지적인 능력 못지않게 탁월한 신체 조건을 지적하지 않을 수 없다. 1932년 동경에서 열린 최승희의 제1회 무용 작품 발표회와 이어지는 공연들에 대한 비평문에서 그녀의 뛰어난 육체적 조건에 대한 지적이 빠짐없이 여러 번 나오고 있으며 그것이 모두 그녀를 일본 최고의 무용수로 꼽는 이유로 언급되고 있다.

> 최고의 육체만이 기질 수 있는 극히 인상적인 선과 우수한 기법의 획득만이 가질 수 있는 '무브멘트' 등이 …… 백이 넘는 일본의 무용가 어떤 사람보다도 우위를 차지하게 된 것이다.

> 일본의 여성이 가진 최고의 육체와 다재하고 풍부한 안무재능에 의하여 최승희가 현대 일본의 여성을 대표하는 무희라는 것은 이것으로 결정적으로 되었다.[32]

노벨문학상을 받은 가와바타 야스나리는 최승희를 "일본 제일의 신진 무용가"라 평하면서 그 근거를 "다른 누구보다도 최승희를 일본 제일이라고 평할 수 있는 첫 번째 조건은 체구이며 춤의 크기와 힘이다. 그리고 무용에서 한창 꽃을 피울 수 있는 그녀의 나이다. 또 그녀만이 갖추고 있는 독특한 민족의 향기다"[33]라고 하였고, 또 다른 저명한 평론가 아오노스에키치는 "최승희의 무용의 뿌리에는 천성적으로 타고난 늘씬하고 매끈한 육체가 존재한다. 그 육체에는 무한한 함축이 있다. …… 일반적으로 그녀의 무용에 일종의 빛이 존재한다는 칭찬을 받는 이유는 (그녀의 신체에) 함축되어 있던 기가 해방되는 것을 가리키는 말일 것이다"[34]라고 하였다.

최승희의 떠어난 신체 조건(키 166.9cm, 체중 55kg, 아름다운 얼굴)은 오늘의 기준으로도 손색이 없는 수준이라서 당대의 평균 신장이 특히 작았던 일본 무용수들 사이에서 "머리 하나가 더 있는 것 같았다." 차범석 예술원 회장은 "최승희는 대단했다. 조선 여자로서 그만한 여자가 있었다는 건 이유 없이 전설적이다. 체격이 워낙 대단하고 신체 조건이 좋았으니까. 일반 사람보다 목이 하나 더 있었어요. 일본 사람들은 최승희를 우러러봤지. 최승희가 모든 사람을 압도시키고 그랬지요"[35]라고 회상한다. 덴가쓰의 공연과 함께 여성 신체에 대한 성적인 시각이 국내에 처음 소개되었다면 최승희는 당시 일본 여성이나 서양의 여성과 겨루어도 손색없는 신체 조건을 지녀 서구의 미의식에 합당한 아름다운 신체의 전형을 보여주었다. 러시아계 서양인의 발레를 처음 본 언론인 김을한의

32 東京一記者(1932), 동경에서의 최승희 제1회 발표회 인상기—1932년 『신농아』 12월호 재인용(『춤』, 1976. 4. pp. 72-73).

33 김찬정, 『춤꾼 최승희』(한국방송출판, 2002), p. 125.

34 앞의 책, p. 145.

35 차범석 선생님 인터뷰, 2003년 4월 16일(대한민국예술원 원장실).

다음과 같은 회고는 당시의 이시이를 비롯한 일본 무용가들의 신체 조건을 짐작하게 한다.

> 일본 무용가 石井漠(이시이 바쿠)의 춤과 비교해 볼 때 그 차이가 너무나 현격한 데 놀라지 않을 수 없었다. 그야말로 전혀 차원이 다른 것으로 '사하로프'의 춤을 본 뒤로부터는 석정막을 위시해서 모든 일본인들의 춤은 四肢는 짧고 허리는 긴데다가 몸마저 무거워서 어찌 그리 투박한지 도무지 아무 감흥도 일어나지를 않았다.[36]

또한 최승희는 자신의 몸을 드러내는 데 대범하였다. 「보살춤」(그림 7)에서 최승희는 구슬로 된 거의 반라의 의상을 입었다. 「보살춤」의 광주 공연을 소년시절에 감상한 원로 무용학자 정병호 선생님의 회고담에 따르면 그녀는 무대 위 높은 곳에서 벽을 따라 서서히 아래로 내려오는 단 위에 움직임 없이 포즈를 취한 채 서 있었다고 한다. 그리고 작품이 시작되면서 동그란 원형의 조명이 최승희의 드러난 배꼽 부위를 비추고 그 원이 점차 커지면서 춤이 진행되는데 그 인상이 너무나 강렬하여 "정말로 사람을 죽이고야 말 살인적인 인기"의 한 증거를 볼 수 있었다 한다.

1920년대와 1930년대 당시 조선 사회는 한복 차림과 양장 차림이 공존하는, 달리 말하면 전통적 동양적인 신체관과 미의식 그리고 서구적인 신체관과 미의식이 서로 팽팽하게 긴장관계를 이루며 대척하고 있을 때였으므로 정병호 선생님의 최승희 공연에 대한 강렬한 인상은 이러한 신체 미의식의 과도기적 충격을 고백하는 것이라 볼 수 있다. 이처럼 공연예술 분야에서 적극적인 몸의 전시는 서양식 혹은 현대적 공연 형식의

36 김을한, 「사카로프, 이정선, 그리고 배구자의 일들」(『춤』, 1976. 10.), p. 72.

그림 7. 최승희의 「보살춤」(1937)

일부로 받아들여졌으며 최승희는 자신의 완벽한 체형을 당당하게 드러냄으로써 일반인들이 몸의 충격에 사로잡히기 전에 새로운 예술적 형식으로 받아들여져 성공한 것이라 볼 수 있다. 물론 그녀의 작품에서 노출이 심한 작품은 극히 일부분이지만 앞서 인용한 글들이 증명하듯이 그녀의 예술적 성공의 큰 부분은 뛰어난 신체 조건 없이는 얘기될 수 없다. 따라서 우리나라에서의 모더니즘은 사람들이 몸을 새롭게 바라보고 인식하게 되면서부터 시작되었다고 할 수 있다.

1920년대 우리나라에는 본격적으로 사교춤이 퍼지고 블라디보스토크 청년학생단의 일원이었던 김동환은 1922년에 음악무도학원을 열어 서양 무도 즉 사교춤을 가르쳤고 콩쿠르까지 개최하였다. 김동환은 러시아 영사관 통역관으로 일하면서 '조선예술학원'을 열었는데 1923년에 수강생이 백 명에 이르고 이들의 제1회 음악무도회에는 천여 명의 관객이 몰려 대성황을 이루었는데 그 당시 서울 인구는 50만 명이었다고 한다. 언론인 김을한은 조선예술학원의 설립이 한국에 서구식 사교 댄스가 유행하게 된 시초라고 회고한다. 이어서 1923년과 1924년 서울과 평양에 무도학원이 열리고 전국에서 무도대회와 무도강습회가 수시로 열려 그야말로 한국의 무도 시대가 열렸다고 할 정도로 우리나라를 휩쓴 춤바람은 거세었으며 오랫동안 지속되었다.

이러한 대중적인 춤바람 열기는 1937년 『삼천리』(1937년 1월호)에 「서울에 딴스홀을 許하라」는 공개 탄원서를 게재하게 하는데 이는 레코드 회사 문화부장과 바·다방의 여종업원, 배우와 당시 전문 예술인의 역할을 담당하고 있던 기생 등 대중문화에 종사하는 중심 인물들이 치안 담당자인 경무국장에게 보내는 공개 탄원서였다. 그 글에는 동경에는 50여 개 소의 댄스홀이 있고, 여학교에서도 체조 대신 춤을 가르치고 있으며, 부녀회와 애국부인회의 마나님들조차 댄스를 배우고 있으며, 여자 사범학교에서도 "체육 댄스, 사교 댄스라 하나 기실 '폭스', '슬로', '윈스텝' 같은 댄스를 배우고 있다 하지 않습니까" 라면서 "구미 문명의 풍조와 인생 오락의 본능으로부터 이 요구를 무리하게 막지 말고 서울에 딴스 홀을 허하여 주십사"[37]라는 내용을 담고 있다. 이러한 주장은 서양이나 일본과 같은 선진 문화와 모더니즘의 두드러진 특징인 춤을 받아들여 우리나라도 현대화, 세계화되자는 주장이었다. 당시 조선인들에게 춤은 서구의 모던 문화의 상징이자 꽃이었던 것이다.

---

37 김진송, 앞의 책, p. 65.

1920년대 YMCA 등에서 남자들이 여장을 하고서 사교춤을 선보일 때와는 달리 1950년대에 이르면 춤은 일반인들의 삶 속에서 당당하게 자리를 차지하고 선풍적인 열기를 띠게 되는데 이렇듯 일반화되고 보편화된 춤의 열기는 소설 『자유부인』에서 잘 드러나고 있다. 『자유부인』은 1954년 1월부터 8월까지 『서울신문』에 연재되었고 이어 단행본과 영화로 만들어져 '속 자유부인'이 나올 정도로 선풍적인 인기를 끈 소설인데 "서울신문 연재 당시 '만천하를 열화 속으로' 몰아넣었던 작품이며 …… '평생 신문소설을 꼬박꼬박 챙겨 본 것은 이번이 처음'" 이라고 당대의 석학 유진오 씨가 말했듯이 "이 책을 읽지 않고는 당시의 화제에 낄 수가 없었다"[38]고 한다. 이 소설에서 대학교수의 부인인 주인공 오선영은 사교춤을 배우는 것을 사회생활의 기본이라고 생각하며 댄스를 하는 것을 민주주의를 배우고 여성해방을 행동으로 실천하는 것으로 이해한다.

> 서울에 불어닥친 댄스바람은 자유와 평등의 이름으로, 민주주의의 이름으로 이 사회에 불어닥친 변화의 바람이다.[39]

춤바람난 유부녀의 대명사인 자유부인은 춤을 모더니즘과 민주주의 그리고 여성해방운동과 성적 주체로서의 완성을 실현하는 수단으로 인식하였다. 이렇듯 서양의 신체문화의 유입으로 한국에 일게 된 춤바람은 여성에게는 아름다운 몸으로 인정받고 싶은 욕구를 불러일으킴과 동시에 모더니즘과 민주주의 그리고 여성해방과 같은 현대적인 사회운동의 개념들과 연관되면서 전개된다. 이런 춤바람은 1960년대 말까지 진정될 줄을 몰랐고 계바람, 치맛바람과 함께 한국의 3대 바람으로 자리잡았다.

---

38 서숙, 「댄스와 데모크라시」, 『동아시아의 근대성과 여성: 한, 중, 일 비교연구』(미간행), p. 230.

39 앞의 글, p. 232.

춤바람의 사회 현상에서 주목할 것은 현대적 흐름에 눈뜨고 계몽된 교양 있는 여성들이 앞장섰다는 사실과 이는 바로 춤의 이름으로 우리나라에 들어온 모더니즘의 전개 양상을 잘 보여주고 있다는 것이다. 이와 같은 흐름을 이해하기 위해서는 당시 선진 문화를 받아들이는 데 있어서 지식인들이 문화적 특권의식 내지는 계급의식을 가지고 유행을 이끌었다는 점을 상기할 필요가 있고, 이에 앞서 1920년대의 광고 · 신문과 같은 대중매체에 나타난 몸과 여성의 이미지와 함께 달라지는 성에 대한 생각 역시 자유부인들의 여성 의식을 형성하는 데 지대한 영향을 미쳤으리라는 것이다.

자유부인에게 아름다운 몸을 인정해 주는 멋진 남성과 연애해 보고 싶은 욕구를 불러일으킨 원인은 1920년대부터 서구 모더니즘 문명의 본격적인 유입과 함께 소개된 대중매체 속 몸과 서구적인 여성 이미지의 발견 그리고 달라진 성에 대한 인식이라는 배경에서 찾아볼 수 있다. 몸에 대한 관심은 즉각적으로 성에 대한 관심으로 이어질 수밖에 없기에 서구적인 신체상의 국내 유입은 자연스레 달라진 성 인식과 여성의 상품화, 그리고 도덕적 가치의 변화를 초래하였다. 1920년대에 일본은 기존의 기생조합을 '권번(券番)'으로 바꾸는 등 일본의 호색적인 성풍속을 제도적으로 국내에 정착시켜 매춘업을 일반화시키고 사창을 확산시켰다. 그리고 신진 '인텔리'들이 이끈 자유연애사상이 만연하고 동시에 물질문명의 소비사회로 접어들면서 상품의 소비를 자극하기 위한 성과 몸에 대한 상업적 관심이 시작되었다. 그리하여 1922년에 이미 여성의 상품화를 비판하는 글[40]이 나타난다. 「여성 광고유행병」(『신생활』 1922년 8월호)이라는 글에는 소비의 주체로 여성이 중심이 되기 시작하는 사실을 지적하면서 여성을 욕망의 매개로, 그리고 성의 상품화가 극심해지는 경

40 「여성 광고 유행병」, 『신생활』(1922. 8.) 재인용(김진송, 앞의 책, p. 293.)

향에 대한 우려가 담겨 있다. 여성과 성을 상품화하려는 경향에 대한 이러한 우려는 "1927년 서울거리의 모든 간판 그림의 7~80퍼센트가 꽃 아니면 여자라는 현실"[41]을 배경으로 나타났다. 1920년대를 거치면서 여성의 정조관에 변화가 일어나고 성해방의 문제가 사회적 이슈로 등장하면서 1930년대에 들어서면 성에 관한 보편적인 관심이 표면화되어 성교육과 성지식, 동성애에 대한 이야기가 잡지에 실리기도 하고 이에 대한 앙케이트가 조사되기도 하였다.

그리고 상업광고와 영화 · 그림 등에 나타나는 여성의 몸은 동양적인 여성이 아니라 서구적인 체형의 여성들로 변화하기 시작하였다. 신체에 대한 인식의 변화는 미의식의 변화뿐 아니라 시지각과 인간관의 변화를 전제하고 있다. 이런 변화의 배경에는 당시 한국인들 더 구체적으로는 '양풍쟁이' 지식인들의 서구에 대한 동경과 흠모 그리고 자신의 몸과 식민지 조선 문화에 대한 콤플렉스가 있었다.

> 구미 여자는 대체에 있어서 동양 여자에 비하여 색이 희고 키가 크고 코가 높고 눈이 깊으며 그 행동은 분명하고 진취성이 많으며 행동이 많고 상식이 풍부하며 매사에 총명하다. …… 동양 남성은 딱딱하고 거칠은 반대로 서양 남성은 부드럽고 친절하다. 동양 여성은 의지가 박약한 반대로 서양 여성은 의지가 강하다. 동양 남성이나 여성은 몰상식한 반대로 서양 남성이나 여성은 상식이 풍부하다.[42]

이렇듯 시대의 변화는 몸에 대한 태도와 미의식의 변화로 또한 인간에 대한 태도와 삶의 변화로 이어졌다. 1935년부터 세계 순회 공연을 통해

41 김진송, 앞의 책, p. 293.
42 나혜석, 「반도여성에게」, 『삼천리』(1935) 재인용(김진송, 앞의 책, p. 302).

국제적인 인기를 누린 최승희는 서구적 체형을 지닌 이상적인 모델이었다. 각 공연의 전단지에서 그녀는 "조선이 낳은 천사 같은 무희"라 불리었다. 즉 최승희는 서양의 지순미(지극히 순수한 아름다움)의 전형인 천사의 이미지에 적합할 정도로 서구적 미인의 조건을 충족시켰다. 그녀는 비타민·콜롬비아축음기·화장품·초콜릿·학용품 등의 다양한 제품의 광고 모델로 활약하였으며 여러 편의 영화 출연과 레코드 취입까지 할 정도로 인기가 있었다. 그러한 광고에서 최승희는 춤추는 모습을 보여주는 경우도 있었지만 무용가로서의 최승희보다는 에로틱한 포즈에 초점을 맞추는 경우가 많았다(그림 8, 9).

> 당시 재일 한국인들이나 식민지 조선인들에게 최승희는 대단한 자긍심과 구원에 가까운 희망을 안겨 주었으며 그녀는 손기정과 함께 "조선의 자랑스러운 아들, 딸"이었다. 당시 신의 국가라는 일본에서 뒤떨어지고 열등한 민족으로 여겨지던 시대와 상황에서 최승희라는 존재는 얼마나 큰 구원이었는지 모른다. 그녀가 존재한다는 것만으로 세상은 달라 보였다. 한 명의 우수한 예술가를 소유한다는 것은 그 민족의 자질이 달리 보임과 동시에 일종의 긍지이기 때문이다. 현재도 한국 가수가 어떻다, 야구선수가 어떻다는 식으로 많은 말들이 있지만 (최승희의 경우) 심리적인 의지라는 점에서는 그 존재성이 압도적으로 다르다. 어떻게든 희망을 발견하고 싶어하는, 지푸라기라도 잡고 싶어하는 사람들에게 의지처가 될 수 있는 인물은 최승희였다. 아니 그녀 하나로 충분했다.[43]

라고 재일동포 작가 김달수는 1935년 당시의 최승희를 회고한다. 재일

43 김달수, 「나의 역사 속의 최승희」, 『크래피케이션』(1977. 7.) 재인용(김찬정, 앞의 책, p. 148).

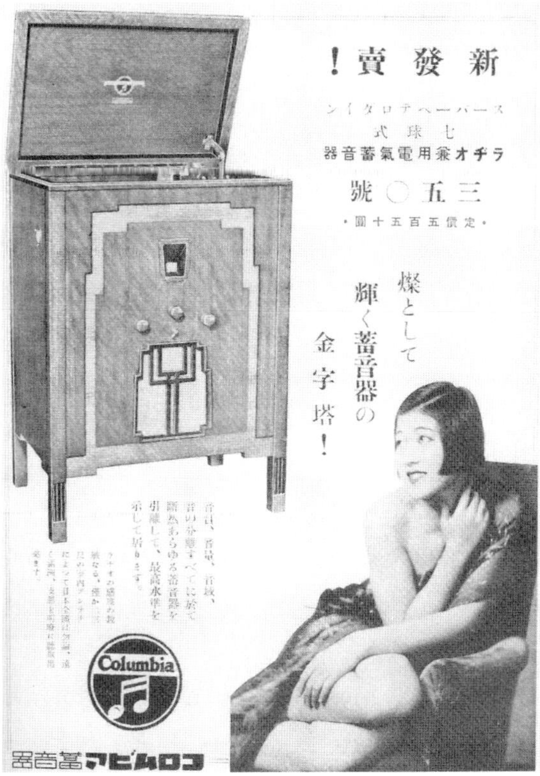

그림 8. 축음기 광고 모델로서의 최승희

그림 9. 에로틱한 포즈의 최승희

조선인들의 희망이었던 최승희 역시 광고 속에서 여성 폄하 내지는 성적 대상으로서 부각되고 인식되는 굴레를 벗어나지 못하였다. 그리고 이러한 광고 매체 속의 여성들은 서구적인 체형과 미모를 지니게 되어 1930년대의 잡지 표지와 삽화에 등장하는 여성들의 차림과 이목구비가 점차 서구화된다.

> 대중적인 여성지였던 『삼천리』(1929년 창간)의 표지에 등장한 초기의 동양적이고 한복을 입은 여성의 모습은 1930년대에 들어오면서 점차 몸매가 길어지고 얼굴이 갸름해지면서 급기야는 완전히 서양인의 모습으로 바뀌게 되었다.[44]

여성들이 성적인 대상으로 부각된다는 것은 이들의 몸을 성적인 욕망의 대상으로 바라본다는 것을 뜻하며 이는 전통적인 유교 사상에 비추어 보면 역겨울 수도 있었지만 누구도 성적 매력을 발산하는 육체나 문화적 코드인 몸을 외면할 수는 없었다. 서구식 체형과 스타일로 치장한 몸은 서구식 멋부리기와 현대적 유행을 나타내는 민감한 나침판으로서, 신식 상품을 광고하는 수단으로서, 그리고 현대적 생활의 지침으로서 예의 주시해야 할 대상이 되었다. 당시 신진물에 빠져든 양풍쟁이가 아닌 일부 보수적인 사람들에게 이런 몸이 기초가 되는 신체문화는 퇴폐적인 문화로 비쳐졌으며 이에 대한 충격과 거부감을 성적이고 기괴하다는 의미에서 '에로, 그로'라고 표현하였다. 에로티시즘과 그로테스크를 줄여 만든 이 말은 당시 조선인들이 감각적이고 감성적인 서양의 신체문화에 대한 인상을 나타내는 말이라 생각한다.

몸의 발견과 함께 당시 20세기 초 조선인들에게 가장 낯설고도 이질적

---

44 김진송, 앞의 책, p. 306.

인 문화적 충격은 바로 서구식 스포츠라는 활동이었을 것이다. 조선조 유교 사상의 기 일원론적 인간관에서는 독립된 몸이라는 개념이 없었을 뿐 아니라 신체 단련이라는 개념조차 부정적인 것이었으며 호흡과 명상을 통해 '기를 다스리고', '마음을 다스리는' 수양법에 열중하였기에 오락과 유희의 대상으로서 개인의 몸이 중심이 되는 활동은 이해하기 힘든 것이었다. 우리의 전통적인 오락 형식은 전통 춤과 마찬가지로 집단적이고 축제적인 성격을 지녀 서양 스포츠의 개인주의적이고 경쟁적인 게임의 개념을 수용하는 데 어려움을 겪었다. 땀을 흘리며 테니스를 하는 외국인들을 보며 그것을 왜 하는지 이해가 되지 않는 조선 양반들에게 그런 신체 활동이 노동에 의한 땀흘리기가 아님에도 교양의 수준으로 간주된다는 사실을 이해시킨다는 것은 불가능했을 것이다. 이런 이유로 몸을 움직여 하는 무용 활동에서 한국인들이 서양 춤을 적극적으로 받아들였던 것만큼 서구식 스포츠의 국내 유입은 즉각적이지 못했다.

우리나라에 스포츠가 처음 들어왔을 때 그것은 계몽적인 성격이 강해서 외국 선교사들에 의해 설립된 학교에서 교육의 일부로서 즉 신체 단련과 함께 교양으로서 가르쳐졌는데 당시 이화학당에서 여학생들이 운동복을 입고 체조나 율동을 한다는 것이 장안의 호기심을 불러일으킬 정도로 큰 사건이었다. 여학생들이 운동장에서 모여 팔다리를 휘저으며 몸을 움직인다는 것도 대단한 구경거리였지만 조선조 선비들의 시화를 통한 인문학적인 소양과는 달리 몸을 움직이는 활동이 소위 지식을 교육하는 학교에서 가르쳐진다는 것도 이해하기가 쉽지 않았다. 그런 상황에서 당시의 신식 교육기관들은 서양의 스포츠를 일반화하고 노동이 아닌 목적을 위해 신체가 쓰일 수 있고 그것이 경기라는 방식으로 즐거움을 제공하는 현대적인 문명의 일부라는 사실을 인식시키는 데 기여하였다.

신체를 단련하거나 즐기기 위해 운동을 한다는 신체문화적 패러다임이 존재하지 않았던 조선에서 새롭게 등장한 스포츠는 그 자체로 커다란 구경거리였다. 1935년 6월 경성 그라운드 특설 링에서 열린 필리핀 대 조선의 국제 권투시합에는 5천여 명의 관중이 몰렸다고 한다. 당시 체조나 테니스·스케이트·야구·축구·권투 등의 스포츠가 우리나라에 소개되고 정착되어 가는 과정은 단지 서구의 현대적인 문화를 수용하는 데 그치는 것이 아니라 이들 스포츠가 근본적으로 지니고 있는 부르주아적 문화의 성격과 바탕을 그대로 들여오는 것이기도 하였다. 그 결과 스포츠를 통한 신체 단련이 지덕체(智德體) 즉 지성과 덕성, 체력을 양성하는 수단으로서 당시 식민지 조선을 강성하게 하기 위한 문명 개조론과 실력 양생론 등의 목적을 위한 개인적 인격 수양의 방편으로 인식되기도 하였지만 동시에 스포츠의 상업화에 대한 비난 역시 있었다. 1930년대 우리나라에서의 체조를 비롯한 스포츠 활동의 전개 양상은 당시 유럽과 미국 대륙에서 일던 활발한 신체문화의 열기와 무관하지 않다.

그리고 이 시기는 한국에서 현대적인 대중문화가 형성되던 시기이기도 했다. 동시대 미국과 유럽에서 유행하던 재즈풍이 강한 대중음악과 레뷰와 보드빌 쇼 같은 대중적인 춤의 유행이 조선에서 대중문화가 형성되는 시기와 일치함에 따라 큰 영향을 미쳤다. 1920년대 말과 1930년대에 걸쳐 재즈풍의 유행과 신민요라고 불리는 전통 민요와 신식 유행가가 절충된 형식의 노래가 만들어지고, 1930년대 중반 음반 발매가 4~5만 장에 이르게 되면서 대중적인 문화가 형성되고 자리잡기 시작한다. 한국 사회에서의 '재즈적 현상'은 단순히 음악적인 변화라기보다는 재즈를 들으면 몸을 들썩이게 만드는 리듬과 흐트러진 행동방식이 강력한 인상을 남겼다. 재즈 리듬의 속성인 몸이 이끄는 대로 혹은 몸이 시키는 대로 흔들고 끌고 당기는 근본적인 춤적인 뿌리가 반신체적 문화 속에서 경직되어 온 조선인들의 몸을 해방시켰다. 그러나 오백여 년 간 반신체적 문화 속에 살아온 당시 조선인들에게 몸을 가볍게 놀리는 춤과 음악은 경박한 짓이 아닐 수 없었고 또한 퇴폐적으로 보였다.

> 누구라도 재즈밴드가 울리는 '농탕권'내에 들어서면 타고난 '멋'기에 마음이 홀쩍 뒤집혀 가지고 기어코 발끝이라도 따라서 놀리게 되고 말며 따라서 젊은 세대에게 폭발적으로 번져 그들의 말과 행동을 이른바 재즈식으로 바꾸어 놓게 되었다. 재즈식은 경박하고 스피드 있으며 과감하고 거침없는 행동을 말한다.[45]

"땐스식 걸음걸이"나 "지저부친 머리에 뾰족구두를 신고 요염한 화장과 야릇한 몸짓을 하는 소위 모던걸"들의 재즈식 몸가짐은 당시의 보수적인 시각에서 보자면 경박한 서구 문화가 지닌 향락적인 '짜스 취미'로 보였으며 세기말의 망조와 같은 참담한 문화 현상이었을 수도 있다. 하지만 이 모든 흐름은 '모던'이라는 이름으로 진행된 시대의 첨단 유행이었다. 그리고 그 근간에 몸과 춤의 기반 위에 성적 매력을 발산하는 신체가 자리하고 있었으며 당시의 대중적인 잡지들과 신문들은 이들의 '에로, 그로' 모습을 글과 스케치로 남기는 데 열중하였다. 자신의 개성적인 신체를 첨단의 유행으로 가꾸고 치장한다는 것은 이를 통해 자신을 타인과 차별짓고 자아를 강조하는 서구적 사고방식이나 신체적 문화 정신이 서구 모더니즘 문화와 함께 자연스럽게 유입된 결과이다.

따라서 자신을 표현하는 대상으로서 몸을 마음으로부터 떼어내어 독립적으로 생각하는 서구의 신체문화의 영향은 우리의 전통적인 심신관과 인간관 그리고 춤에 대한 생각을 근본적으로 흔들어 놓았으며 그 결과 1960년대에 이르러 한국 문화의 정체성에 대한 혼돈이 극을 달하게 된다. 1930년대 조선인들이 자신의 신체와 행동을 현대적인 양풍으로 가꾸고 치장하는 것은 17세기 프랑스 귀족들이 자신의 몸과 자세를 가장 이상적인 귀족사회의 신체 코드로 문명화해 가는 과정과 유사하다. 단지

45 김진송, 앞의 책, p. 167 재인용.

차이가 있다면 1920년과 1930년대 서울 거리의 모던 걸과 모던 보이는 서구의 미의식과 신체 의식의 패러다임에 맞추어 서구식 모더니즘의 옷을 입고 한국에서의 현대화를 실현해 간 것뿐이다.

제3절 근대 한국 사회에서의 춤과 몸

조선시대에 궁정과 서민 사회에서 춤을 담당한 사람들은 기녀와 광대·재인들로 사회적인 천민이었다. 이는 귀족들과 왕이 즐겨 춤추었다는 기록이 풍부하고 귀족 예술가들이 활동하였던 삼국시대나 통일신라 시대와는 대비된다. 물론 조선조의 기록에도 춤을 즐겨 추었을 뿐 아니라 잘 추었으며, 또한 다수의 정재를 창작한 왕들의 기록이 없는 것은 아니다. 하지만 마음의 수양을 몸의 수양보다 우선하는 것으로 생각하는 인문학적인 분위기가 강한 조선조의 반신체적 문화 속에서 귀족들이 자신의 몸을 함부로 놀리는 것은 점잖지 못한 행동으로 생각되었다. 따라서 조선 왕조를 거치는 동안 전통적으로 풍부하던 우리나라의 무용 문화는 크게 위축되었을 뿐 아니라 사회적 비중 역시 약화되었다. 그리고 삼국시대 이후 지속되어 오던 국가적 축제가 사라진 조선조에서는 서민들의 춤인 민속춤은 지식층인 양반들의 무관심과 멸시 속에 광대·재인(才人)·무격(巫覡)들에 의해 이어져 왔다.

1908년 우리나라 최초의 서양식 극장무대인 원각사가 만들어지면서 우리의 전통춤과 민속춤을 무대화한 사람들은 바로 기생이었다. 즉 우리나라가 개화하기 시작하는 1890년대부터 1920년대의 격동하는 정치 사회적 분위기 속에서 본격적인 서양식 예술 무용이 소개되기 전까지 한국춤의 맥을 이어온 자들은 당대 예술가로서 기생들이었다. 그들이 무대화한 춤의 내용은 전통춤과 민속춤의 레퍼토리였으며 거기에 창과 판소리가 곁들여지는 형식이었다. 한일합방 직전에는 각종 무대에서 춤 공연이 빈번하게 이루어졌으며 때로는 당시 신문명의 발명인 활동사진의 상영과 함께 이루어지기도 하였다.

전통적 춤 인식의 근대화

우리나라 사람들의 춤에 대한 인식은 1920년대에 접어들면서 크게 변화하게 된다. 1921년 블라디보스토크의 유학생들로 구성된 조선 학생음악단의 공연은 그때까지 서양 춤을 접해 보지 못한 우리나라 사람들에게 충격 그 자체였다. 그때까지 '남에게 보이기 위해' 춤을 춘다는 것은 재인이니 광대 기생이나 하는 짓으로 경시되었는데 신학문을 배운 유학생들이 춤추는 것은 민족의식과 문화의 차원에서 받아들여졌으며 그 결과 사람들은 춤을 새로운 시각으로 보게 되었다. 당시 『매일신보』와 『동아일보』 · 조선일보』 등 모든 신문들은 이들의 공연 내용에 대한 평과 사진들을 연일 게재할 정도로 대단한 관심을 보였으며 삽시간에 전국에 춤을 유행시켰다. 이들의 공연이 그토록 새롭게 보여진 까닭은 이들이 외국의 민속춤을 처음 선보였으며 학생들의 유희 율동 같이 교육적이고 누구나 출 수 있는 형식이었기 때문이다. 물론 우리나라에도 1900년경 이화학당에 체조실이 만들어져서 무용의 기본 연습이 과외활동으로 행해지고 1908년 초대 메이퀸 선발대회 때 윤무 형식의 집단 무용이 행해지기도 하였지만 학생들의 춤이 공개적으로 무대화되어 일반인들에게 보여진 경우는 없었기 때문이다. 그리고 동시에 서양식 신식 교육을 하는 학교에서 무용이 가르쳐진다는 사실은 사람들의 춤에 대한 인식을 바꾸어 놓는 데 어느 정도 영향을 미쳤다.

1926년 일본인 현대무용가 이시이 바쿠의 국내 공연은 기생춤과 사교무도만을 보아온 당시의 사람들에게 충격 그 자체였으며 그의 공연을 계기로 '신무용'이라는 단어가 처음 쓰여졌다. "석정막 씨의 무용은 참으로 존경할 만한 영혼의 무용이요 누구의 가슴에든지 철학적 관념을 박아주는 신비의 무용이라 누구의 말없이 '빛'과 '힘'과 '열'을 부어 영혼으로써 뛰는 무용"[46]이라는 언론의 평가처럼 그의 춤은 정신적이고 수준 높은 신식 예술 춤으로 평가 받았다. 그의 공연을 보고 그의 문하에서 유학하고 돌아온 최승희와 조택원의 춤 역시 전연 새로운 춤으로서 기생이 아닌 신식 여성과 인테리 부르주아 출신 남성의 엘리트 춤으로 받아들여졌다. 일단 이들은 교육을 잘 받고 부유한 집안 출신이며 멋쟁이였다. 숙명여자고등학교를 우수한 성적으로 졸업한 최승희와 만석꾼의 아들로 휘문고등학교 출신 정구선수였으며 조선상업은행 정구부의 자랑거리였던 플레이 보이 조택원은 이시이의 공연을 보고 일본으로 건너갔다. 이들의 결정은 당대의 인식을 매우 앞선 것으로서 당시 기생이 아니면 춤을 추지 않는 상황에서 직업 예술가로서 무용가의 길을 걷고자 한 소위 '난 사람들'(차범석 선생님의 회고에 따르면)이었으며 "당시 춤추고 노래한다면 멸시해 버리는 우리나라의 오래된 인식이 팽배해 있을 때 시대에 앞서가는 의식이 있었던 아주 특별한 사람들"[47]이었다. 최승희가 일본 유학을 끝내고 돌아와 국내에서 한 공연은 다음과 같은 평가를 받았다.

> 최양의 무용은 특권 계급의 향락의 대상으로서만 그들에게 전유되고 있던 궁정적이고 귀족적인 '과거의 무용'이 아니다. 절대적으로 몽환적, 세기말적, 말초신경의 '에로틱'한 흥분제로서가 아니요 1931년의 우리들

46 「영혼으로 뛰는 석정막의 예술」(『매일신보』, 1927. 10. 15), 김운미, 『한국교육무용사』(한학문화, 1999), p. 81 재인용.

47 차범석, 「한국의 근·현대무용사는 새로 쓰여져야 한다」(『한국무용예술학연구』 제14집), p. 323.

의 생활감정과 우리 민중적 '이데올로기'를 줄기차게 표현하는 '초모던'의 본격적인 '무언의 시'요 '선의 파동'의 '갱생의 힘찬 노래'이다.[48]

즉 그녀의 춤은 전통적인 춤과는 전연 다른 초모던의 시와 노래로서 민중적 사상을 표현하는 민족주의적 감동을 불러일으키는 것이라는 평이다. 최승희의 춤은 일반인들에게 질적으로 향상된 신무용에 대한 인식을 자리잡게 하였으며 그녀의 춤과 그녀 자신은 당시 여러 신문에서 자주 보도된 것처럼 여학생들의 우상이 되었다. 제자로 출발하여 최승희와 동서지간이 되고 해방 이후 한국 신무용을 이끌어 온 김백봉의 회고담을 따르면 "여섯 살 때 아버지가 밤늦게 돌아오셔서 잠자고 있는 나를 깨워 세 장의 사진을 보여주시면서 '이분은 우리나라의 자랑이다. 매우 훌륭한 사람이다. 춤추는 사람이지만 기생처럼 손이나 잡고 노는 게 아니라 극장에서 춤을 추는 무용가'라며 설명을 해주셨다는 것이다. 그것이 김백봉 씨로 하여금 나도 이 사람처럼 훌륭한 무용가가 되고 싶다는 꿈을 심어 주었다"[49]고 한다. 신무용가인 최승희는 남자들이랑 손이나 잡고 노는 기생과 같은 춤꾼이 아니라 '극장에서 춤추는 자랑스럽고 훌륭한 사람'이었던 것이다.

조택원 역시 유학을 다녀온 뒤 당시 『조선중앙일보』(1936. 1. 1.)에 기고한 「나의 무용과 사회」에서 새로운 춤의 건설을 위한 대중적인 보급을 강조하였다.

무용 예술이란 인간에게 필요하다는 것을 깨닫고 이것을 우리 사회에 두 널리 보급시키려고 애써 주어야 할 것이다. 그리하야 가정에서부터 자

48 「최승희 무용대회」(『매일신보』, 1931. 2. 19.), 김운미, 『한국교육무용사』, p. 87 재인용.
49 구희서, 「전통에 뿌리를 둔 창작무용의 개척자」, 『한국예술총집: 연극, 영화, 무용편』(대한민국예술원, 2000), p. 528.

> 녀 중에 무용에 뜻하는 사람이 있거든 상당한 지도자를 택하여 공부시키되 무한한 열성으로 뒤를 보아 주어야 우리 조선에도 무용다운 무용이 생(生)하리라고 생각한다. 조선 춤의 수법을 취재로 새로운 '움직임'과 색채로써 새로운 무용조선을 건설하려면 이것은 무용가와 대중에 밀도가 가까워야 되리라고 단언한다. 하루바삐 이것을 실현시키는 것이 우리들의 사명일까 한다.

그는 이 글에서 일반인들이 춤의 중요성과 가치를 깨닫고 열성으로 노력하면 우리나라에도 '무용다운 무용' 즉 새로운 움직임과 색채의 신무용이 실현될 수 있으리라고 주장하였다. 이러한 주장은 기생집에서나 춤추는 것을 볼 수 있었던 당대의 상황에서 구식 춤에 대한 인식과는 차별된 무용다운 무용으로 신무용을 소개하는 견해들이며 이것은 전통적인 춤보다 정신적이며 질적으로 향상된 수준 높은 춤의 개념이었다. 최승희와 조택원 이후에도 각기 일본과 독일 등지에서 활동한 박외선과 박영인 등이 신무용을 교육하고 보급하게 되는데 이들도 모두 마산여고와 동경문화학원 불문학부 출신 그리고 일본 마쯔에 고등학교와 동경제대 출신의 엘리트들로서 이론적으로나 교육적으로 무장된 지적인 작품 성향을 지녔었다. 이들은 각기 이화여대와 독일 국립무용학교에서 강의하고 무용 교육의 초석을 놓은 사람들이다. 1930년대를 중심으로 활동한 최승희 · 조택원 · 박외선 · 박영인 등의 노력으로 신무용에 대한 인식은 고급화되고 널리 알려지게 되었다.

해방 이후 1946년 6월에 조선문화단체총연맹 산하에서 최승희 · 조택원을 포함하여 모든 무용인을 망라한 조선무용예술협회가 결성되는데 그들의 강령은 "첫째, 민족문화의 일환으로서의 무용 예술의 재건, 둘째, 무용 예술을 민중에게로"였다. 이 조선무용예술협회의 요청을 문교부가 받아들여 미 문부성의 후원으로 1946년 9월 조선교육무용연구소가 설립되는데 이 연구소의 입학 자격은 대학 재학 이상이었다.

> 제1기 연구생으로는 남녀 초·중등 각 학교 교장 추천을 받은 교원과 연희대학, 사범대학, 중앙여자대학 등 남녀 대학생을 포함한 80여 명이 지원했으며 이 가운데 70% 이상이 무용전문가가 되려는 사람이었다. …… 1947년 10월 27일에 졸업한 제2기 연구생은 모두 40명, 다음으로 제3기 연구생은 50명이 모집되었다.[50]

연희전문 학생으로 제1기생으로 들어간 전 예술원 회장 차범석 선생은 "당시 의식을 가지고 무용이 무엇인지 배우려고 간 엘리트들이 그 연구소에 입학했다"고 한다. 이 연구소의 교과과정은 요즘의 대학 무용과 교과과정과 비교해 보아도 크게 떨어지지 않는 전문적인 내용들이었다.

1920년대 말부터 한국 사회에서 전개되는 이런 일련의 무용 문화의 흐름은 당시 양반집 잔치에서나 기생집 그리고 굿판에서 행해지던 춤과는 다른 인식을 형성해 간다. 그 시절 무용에 종사했던 사람들은 소위 신식 교육을 받았다는 양가집 자제들로서 사회적으로 음지에서 행해지던 춤을 사람들 앞에서 공개적으로 보여주는 형태의 무용을 함으로써 양지로 이끌어 냈다. 여기서 중요한 것은 이들이 우리나라에서 전통적으로 기생들이 행하던 '춤'을 춘 것이 아니라 '무용'을 한 것이라는 점이다.

무용이라는 용어가 처음 쓰인 것은 "최승희가 을지로 러시아영사관 옆에 경성무용연구소라는 이름을 썼을 때부터이며 그 이전에는 모두 춤이라 그랬으며 무용이라는 용어는 안 썼다"[51]고 한다. 그러므로 1926년 이시이 바쿠의 공연에서 처음 쓰여진 '신무용'이라는 용어가 일반적으

---

50 『우리신문』(1947. 10. 26.), 김운미, 앞의 책, p. 158 재인용.

51 이매방 선생님 인터뷰(2004. 5. 25.), 「우리 춤은 자연이다」(『무용예술학연구』 제14집), p. 335.

로 춤을 지칭하는 용어로 쓰이게 된 것은 최승희 연구소의 개소 이후라고 보아야 할 것이다. 조선교육무용연구소의 초대소장을 지낸 함귀봉은 「무용교육의 지향」이라는 글에서 "인간의 잠자는 혼을 일깨워 그 즐거움과 슬픔의 모든 감정을 그 육체를 통하여 표현하게 하고 또 그 결과에 있어서 민족의 육체를 아름답게 정제되고 강건하게 하고자" 하는 '무용' 교육의 이상을 피력하고 있다. 차범석 선생의 회고에 따르면 당시 연구소에서 강의를 하던 함귀봉 · 문철민 · 나운영 등은 기생처럼 예쁘게 춤을 추는 것이 아니라 영혼으로 추는 춤을 권장하였으며, 최승희의 춤마저 기생 춤을 무대화한 것 정도의 의미밖에 부여하지 않은 채 그들이 이상적이라고 칭송한 춤은 덩컨과 뷔그만의 춤이었다고 한다. 미래의 춤은 혁신적이고 자생력 있는 군무를 해야 한다고 하는 등 이들의 '무용' 이념은 전통적인 기생 '춤'과는 근본적으로 다른 것이었다. 그리고 1947년 순수한 무용 예술의 발전을 목적으로 전문대학생들이 모여 학구적으로 연구하고자 한 조선학생무용연구회가 창립되는데 이는 이후 대학에 무용과가 개설되는 토대를 마련한 것으로 평가받는다. 그리하여 1940년대 말쯤에는 전통춤과는 다른 새로운 무용에 대한 예술적 인식이 우리나라에 확실하게 자리잡은 것으로 보인다.

이렇듯 근대 한국 사회에서 서구적인 문명화 과정을 겪을 당시에 달라진 춤에 대한 인식은 우리의 전통적인 '춤'이 아닌 서양 예술 개념에 입각한 '무용'이었다는 점이 중요하고 이와 함께 주목의 대상이 된 몸의 발견은 점차 얼굴 중심적 정체성 인식에서 몸 중심적 정체성의 표방으로 나아가는 데 일조하였다.

양풍의 몸의 도입

1920년대 우리나라에서 일어난 코팍 댄스와 사교춤에 대한 열렬한 인기와 1960년대 말까지 진정될 줄 몰랐던 춤바람의 열기의 원인은 당시 개화기 한국인들이 근대화 과정에서 자신의 몸과 맞닥뜨리는 경험을 춤이 제공하였기 때문이다. 조선조의 반신체문화 속에서 노동 이외에 즐거움을 위한 몸의 경험에 전역 노출되지 않았던 한국인들은 춤을 통해 몸을 새롭게 발견하고 신체적으로 움직임으로써 자신의 몸을 감각적으로 탐색하는 계기가 되었다. 이런 육체적 경험은 존재한다는 강렬한 감정과 함께 신체 활동에서 오는 환희를 맛보게 하는 것이었다. 이렇듯 주체적으로 몸을 움직이는 경험을 갖는 것은 그와 동시에 몸에 규정된 근대적, 서구적 규범과 기호를 받아들이고 준수하는 것을 강요하는 일이기도 하였다. 즉 서구의 미의식에 합당한 몸의 패러다임이 우리의 본연의 신체조건을 대신하여 중심적인 몸 문화 코드로 자리잡게 된 것이다.

1930년대 한국 사회에서 일어난 댄스와 재즈·영화·스포츠 등의 시대의 첨단 유행은 서구의 신체문화의 도입 과정이었을 뿐 아니라 한국 문화의 근대화 작업이었고 양풍의 몸이 한국에 자리잡게 되는 과정이었다. 1910년대와 1920년대에 덴가쓰 공연과 이시이 바쿠의 현대 춤 공연, 그리고 사하로프의 발레 공연 등을 통하여 서구적 몸 의식에 세례를 받은 조선 사람들은 재빠르게 그런 몸의 전형을 받아들이고 학습하는 데 주저함이 없었다. 1930년대의 잡지 표지나 삽화에 등장하는 여성들의 차림이나 이목구비가 점차 서구화되었을 뿐 아니라 당시 대표적인 여성지 『삼천리』의 표지에서 한복을 입은 여성의 얼굴마저도 갸름해지고 그 몸매 역시 서양식으로 바뀐 것도 역시 이런 잡지 매체가 일반 대중들에게 양풍의 몸을 교육시키는 매체였음 말해 준다.

1920년대 우리나라에서 러시아 출신의 발레리나의 공연을 처음 보고 나서 그것을 일본 무용가 이시이 바쿠의 춤과 비교하여 "전혀 차원이 다르고 …… 그 차이가 너무나 현격한 데 놀라지 않을 수 없었다" 고 회상하는 김을한 선생의 인상 역시 발레로 다듬어진 탄력있고 근육이 잘 잡힌 가느다란 긴 사지에다 가녀리고 조그만 얼굴의 발레리나의 몸을 처음 접한 충격담인 것이다. 눈은 간사한 것이라서 한번 그런 몸의 라인을 접한 뒤 150센티의 다듬어지지 않은 울퉁불퉁한 짧은 몸의 선은 더 이상 경이로움을 불러일으킬 수 없었다. 단 한 번의 시각 학습은 되돌릴 수 없을 만큼 이상적인 몸의 수준을 서구화시켰다. 그리하여 "참으로 존경할 만한 영혼의 무용이요 …… 철학적 관념을 박아주는 신비의 무용"이라 불리던 이시이 바쿠의 춤은 이후 "그를 비롯한 모든 일본인들의 춤은 사지(四肢)는 짧고 허리는 긴데다가 몸마저 무거워서 어찌 그리 투박한지 도무지 아무 감흥도 일어나지 않게"[52] 되었다. 이런 새로운 신체 인식의 변화는 불과 몇 년 안에 일어난 일이었다. 그 결과 이상적인 서구적 몸에 대한 동경과 아울러 우리의 신체 조건에 대한 열등감이 자리하게 된다. 물론 이런 신체에 대한 인식의 변화는 미의식과 인간관의 변화와 함께 일어났다. 그리고 이런 변화의 배경에는 앞서 언급하였듯이 당시 한국인들 더 구체적으로는 '양풍쟁이' 지식인들의 서구에 대한 동경과 흠모 그리고 자신의 몸과 식민지 조선 문화에 대한 콤플렉스가 깔려 있었다.

현대 사회에서의 몸

서구의 춤과 함께 소개되는 양풍의 몸에 대한 기록들 중 김을한의 인상이 가장 두드러지게 강렬한 이유는 바로 발레의 신체가 서구의 이상적인 몸의 전형을 담고 있기 때문이다. 발레의 포즈와 자세는 르네상스 귀족들이 생각하기에 가장 아름답고 우아한 몸의 선을 압축해 놓은 것이다. 르네상스 시기는 서구인들의 고전적 이상을 정형화시켜 놓은 시기이다. 따라서 가장 이상적인 몸의 자세 속에 이상적인 문화 정신이 함께 녹

---

52 김을한, 「사카로프, 이정선 그리고 배구자의 일들」(『춤』, 1976. 10.), p. 72.

아들어 있는 것이다. 1920년대 우리나라에서 공연된 발레는 서구적인 이상적 몸의 전형을 교육하는 계몽적인 학습 지침이 되어 주었다. 그리고 17, 18세기에 형성된 발레의 고전적인 인체 이미지는 20세기를 맞이하여 현대적인 변하를 겪게 되는데 그것은 몸의 새로운 이미지를 통하여 정의되는 정체성을 지닌 현대 발레였다. 현대 발레가 정의해 놓은 새로운 여성의 몸은 춤이나 여성뿐 아니라 남성과 인간 일반 그리고 패션·영화·디자인 등 다양한 방면으로 그 영향을 파급시키면서 몸으로 대변되는 개인 정체성의 시대를 열었다고 할 수 있다. 이러한 몸에 대한 열렬한 관심은 인간에 대한 기본 개념을 몸 중심적으로 새롭게 형성하게 되었으며 1960년대에 이르게 되면 몸에 관한 새로운 이미지는 절정에 이르게 된다.

1950년대 현대 발레에서 정립된 이상적인 여성의 몸에 대한 규범은 몸에 대한 근대적인 조건들이 형성되어 가는 과정을 보여주는 사례로서 매우 중요하다. 그리고 현대 발레에 나타나는 새로운 몸의 형식의 영향은 당시 최승희 이후 다음 세대에 의한 새로운 신무용의 시대를 열어가던 한국 춤의 전체적인 모습과 몸 이미지에도 큰 영향을 미쳤을 뿐 아니라 20세기 말까지 일반인들의 몸 이미지에도 큰 영향력을 지닌다.

20세기 초에 등장한 해방된 몸을 주제로 삼는 현대 춤의 이상에 크게 영향 받은 발레 역시 20세기 전반기에 현대화의 길을 걷게 되는데 이들은 전통적으로 몸을 규범화하는 관습에 따라 발레리나의 몸을 현대적으로 재규정하는 것으로 현대 발레의 특징을 삼았다. 현대 발레에서 몸이 드러나고 해방되는 방식은 발레의 특징적인 요소였던 화려한 의상이나 장치 그리고 음악과 조명 효과 없이 연습복 차림의 무용수가 관객의 시선을 방해할 아무런 요소가 없는 텅 빈 무대 위에서 집중적인 주목의 대상이 되는 방식이었다. 그들의 몸에 착 달라붙는 레오타드와 타이츠는 몸통을 구부리고 다리를 들어 올릴 때 주름 잡히지 않는 탄력 있는 신체선을 강요하는 것이었고 이제까지 고상하지 못하다고 생각하고 금기시하던 다양한 신체 부위의 움직임을 허용하여 그 결과 신체의 구석구석을 주목하게 하였다.

1950년대 미국의 현대 발레를 완성하고 1960년대 미국을 비롯하여 전 세계적으로 발레 붐을 불러일으킨 조지 발란신은 발레리나에게 아무것도 먹지 말라고 주문하였다. 당시 뉴욕 시민의 사랑을 받은 'Mr. B(발란신의 애칭)의 발레리나'란 자그마하고 단정한 두상에 비해 긴 팔과 다리를 가진 말라깽이 여성을 몸의 전형으로 확립시킨 것이다. 이런 메마른 몸매를 강조하는 여성상의 전형은 당시 미니스커트가 유행하기 전의 패션계와 인접 분야로 파급되면서 오늘날의 일반 여성들에게까지 강요되고 있는 이상적인 기준이 되었다.

발란신의 발레리나들이 사랑받았던 이유는 단지 마른 몸매 때문만은 아니고 젊고 아름답고 건강하고 유연한 몸을 지닌 여성들이었기 때문이다. 따라서 젊고 아름답고 신체적으로 나무랄 데 없는 몸의 이상은 20세기 중반 발레 무대에서나 일상에서 공히 추구되는 근대적인 몸의 모습이 되었으며 누구나 갈구하는 몸의 해방이었다. 1920년대와 1930년대의 한국 사회에서의 몸이 서구식 멋 부리기와 현대적 생활과 유행을 나타내는 나침반이자 신식 문화에 대한 동경을 표현하는 수단이었다면 1960년대의 몸은 문화적으로 형성된 몸의 이상을 실천함으로써 타인과 다른 자신의 정체를 표방하는 신체적 지표가 되었다. 이렇듯 일반인들이 몸의 실천에 나서게 된 배경에는 신체문화가 시작되면서 당시 유럽의 일반인들이 건강하고 매력적인 몸을 만들기 위한 체조와 같은 운동 프로그램의 개발과 육체적 쾌락에 눈뜨면서 육체에 대한 더욱 진정한 이해에 도달하였기 때문이다. 몸에 대한 이해가 깊어지고 인간의 사회적 존재를 결정짓는 몸의 영향과 가치에 대한 재인식은 사람들로 하여금 적극적인 몸의 실천으로 나아가게 하였다. 그 결과 근대적인 몸의 인식이 전 세계적으로 자리잡게 된 것이다.

따라서 현대 발레와 현대 춤에서 보여지는 몸은 몸에 대한 근대적 겉모습의 규범들이 집약적으로 압축되어 있는 대상이다. 근대적인 몸의 규범은 날씬하고 건강하고, 젊고 유연하며 그리고 성적으로 매력적이기를 요구한다. 이는 단지 춤 현상뿐 아니라 문화 일반에서도 다양하게 나타나기 시작하였다. 발레리나의 몸의 전형은 패션 모델과 체조 선수 그리고 슈퍼 모델에 이르기까지 근대화의 과정이 진행되어 갈수록 더욱 강화되는 방향으로 전개되면서 급기야 바비인형과 같은 아이콘이 만들어지게 되었다. 바비인형의 작은 머리와 긴 사지는 발란신의 발레리나의 신체 비례를 강조한 결과이다. 바비인형은 30년간 약 4억5,000만 개나 팔려나가 전 세계의 여성 몸에 대한 미의식을 공식화하는 데 기여했다. 보통 남성들은 "여성의 허리와 엉덩이 둘레의 비(WHR)가 0.7의 비례를 가진 여성을 가장 매력적으로 판단한다"[53]고 한다. 그러나 폐경기 직전의 일반 여성들의 비율은 0.67에서 0.80이고 36-24-34 인치의 모래시계형의 몸매를 지닌 마릴린 몬로가 WHR 0.7의 비례를 가졌다. 그에 비해 바비인형은 36-18-33으로서 WHR이 0.54이다. 즉 가냘픈 개미허리에 풍성한 엉덩이의 대비에 약간의 과장을 더하여 더 좋은 효과를 낳은 것인데 그러한 과장은 인형의 몸에서나 가능한 것이기에 일반 여성들이 그러한 비정상적인 전형을 쫓아가고자 할 때 거식증과 같은 신체를 파괴하는 일이 일어나게 되는 것이다.

1960년대 여성적 성징이 나타나지 않은 바싹 마른 소년과 같은 몸매의 모델 겸 배우인 트위기(Twiggy)로부터 1990년대 영양실조에 걸린 거식증 환자 혹은 저체중자의 모습을 하고 있는 많은 슈퍼 모델들에 이르기까지 이들 여성들은 불가능해 보일 정도로 비현실적인 근대적인 몸

53 낸시 에트코프, 이기문 역, 『미: 가장 예쁜 유전자만 살아 남는다』(살림, 1999), p. 231.

이미지 구현을 통해 개인적 가치 향상과 사회적 성공을 추구하고 있다. 그리고 일반 여성들 역시 미디어와 광고, 스타들의 이상적인 신체 이미지를 내면화하고 이에 맞춰 자신의 몸을 변형시키기 위해 나르시스트적인 육체 관리를 하고 있으며 사회적 인정을 요구하고 있다.

오늘날 대부분의 사람들은 근대적 몸 개념이 규정하고 있는 신체 이미지로부터 자유로울 수 없고 몸은 개인 정체성의 일부이자 토대로서 각 개인의 노력과 각성에 의해 관리되고 있다. 그리고 20세기 초의 다이어트나 운동과 같은 자연적인 몸 관리 방식에 비해 20세기 후반의 몸 관리 프로젝트는 거대한 기술 과학적 첨단 사업이 되고 있다. 더욱 발전된 성형수술과 기계적인 몸매 관리 방법, 각종 노화 방지 의약과 호르몬 요법 등의 기술은 인간의 몸을 소유자의 관리 능력과 의지에 따라 무한하게 변형시킬 수 있는 사이보그로까지 대상화시키는 지경에 이르렀다. 따라서 20세기 초에 새롭게 발견된 몸은 21세기에 접어들면서 일상으로부터 단절된 방식의 해방을 맞아 근대적이고 비현실적인 몸 이미지를 형성하게 되고 이로부터 보편적 미의식으로 자리잡게 되어 그 결과 인간의 몸은 해체되고 재조립되어 간다.

이렇듯 현대 발레로부터 출발한 절제되고 관리된 근대적 몸은 20세기 전반기에 발레의 국내 이식과 함께 한국에 자리잡았으며 이후 발레리나들은 세계의 어느 나라에서나 마찬가지로 발레 테크닉을 익히는 만큼이나 다이어트와 체중 관리에 열심이다. 과체중과 몸매 관리의 실패는 자동적인 해고 사유가 되기 때문에 극심한 다이어트로 발레리나들이 사망하는 일까지 일어난다. 따라서 발레는 전통적으로 장기로 생각된 고난도의 기교를 우아하게 선보이는 것만큼이나 중요하게 근대적인 몸의 이상을 과시하고 일반 관객들에게 교육시키는 기능을 담당하고 있다. 그런 이유로 1960년대 초 국립무용단과 함께 출발하여 10년 뒤에야 독자적인 국립발레단으로 독립한 발레 예술의 인기는 국립무용단보다 훨씬 압도적일뿐 아니라 한국에서 발레 붐을 이루었다고 할 정도로 대단하다. 그 배경에는 근대적 몸의 이상을 전시하는 발레 예술의 특성이 있다고 생각한다.

반면 전통적인 한국 무용의 사정은 그렇지 못하다. 몸을 완전하게 가리고 움직임을 잘 할 수 없도록 하는 전통적인 복식과 춤의 구조는 근대적인 몸을 과시할 기회가 없었다. 따라서 신체문화의 흐름에 발맞추어 적극적으로 몸을 드러내고자 하는 근대적인 개혁이 1960년대 한국 춤에서도 일어나게 된다. 해방 이후 발레단과 함께 국립무용단으로 출발하여 전통적인 우리춤을 서양식 무대에 올리기 시작한 1960년대는 한국 춤의 역사에서 신무용의 시기이다. 신무용이란 명칭은 이시이 바쿠의 현대 춤이 이제까지 보아 온 우리의 '구식' 춤과는 달리 무대에서 추는 신식 예술 춤이라는 이유로 붙여진 것이다. 전통춤을 새롭게 극장무대화하면서 움직임이나 안무 방식뿐 아니라 한국 춤에 나타나는 몸의 이미지 역시 크게 달라졌다. 전통적인 춤 동작과 의상에서 잘 드러나지 않던 신체 선이 노출되었으며 서구적인 몸매의 전형을 과시하게 되었다. 전통춤을 추던 여기들이 치마 저고리 위에 겹겹이 입던 풍성한 당의나 무릎까지 덮는 예복들, 무희들의 상징과도 같았던 화려한 화관도 모습을 감추었다. 전통 한복의 고유한 저고리 선은 사라지고 하늘하늘한 천으로 만든 치마 저고리에 속치마를 벗어버리고 치마폭을 몸통에다 칭칭 감아올려 허리를 묶음으로써 잘록한 허리와 다리를 길게 보이게 하는 효과를 살렸다. 이런 의상의 변화가 전통 한국 춤에서는 없던 힘차고 빠른 역동적 동작들을 구사하기 위해서이기도 하지마는 이와 동시에 커다란 머리를 작게 만들고 허리를 잘록하게 들어가게 하여 신체의 비례가 길어 보이도록 하는 효과를 겨냥한 것이다.

즉 전통적인 한국 의상이 몸을 감추고 복식 그 자체가 지닌 전체적인 선과 형상이 강조되는 디자인 성격을 지녔던 것에 반해 근대화된 신무용

기의 의상은 무용수의 몸이 적극적으로 드러날 수 있도록 소재와 복식선과 장신구의 변화를 통해 몸의 선을 중심으로 신체를 감싸는 개인주의적 디자인으로 변모한 것이다. 다리를 감싸면서 다리의 선을 더 드러나게 만든 서양의 타이츠처럼 전통 한복 의상이 육감적으로 변모한 것이다. 그 결과 무용수의 몸매만 드러난 것이 아니라 몸의 표정까지 달라지게 되었다. 신체를 가리는 데 편리한 특색을 지닌 우리 전통 복식 아래 무표정하게 춤추던 수동적인 몸에서 미소 짓는 무용수들은 서양 춤의 무용수들처럼 적극적으로 유혹하는 관능적인 인상을 자아내게 되었다.

몸매를 드러내어 관객으로 하여금 이를 주목하도록 하는 것은 여기서 그치지 않고 1970년대 말에 이르면 버선을 벗어 던지고 상체를 완전히 드러내는 데까지 발전하였다. 전통적으로 서서 추는 금기도 무너져 맨발로 땅바닥 위를 뒹군다든지 전신을 해체시키는 움직임까지 일어나게 된다. 그런 시도는 전통적인 한국의 춤과 몸의 이미지를 완전히 파괴시켰을 뿐 아니라 그 결과 신체가 잘 드러나지 않거나 더 이상 중요하지 않은 상태를 초래하였다. 이것은 표현적 성향이 부족한 우리의 전통적인 춤의 배경에서 성장한 한국 무용가들이 서양식의 창조적 표현을 강조하는 춤을 추고자 할 때 극심한 고민에 봉착하게 된 결과 급진적인 변화를 시도하면서 일어난 일이었다. 따라서 신무용기의 출발에서는 서구적인 몸에 대한 미의식을 적극적으로 받아들이고 이를 반영하고자 하는 노력을 기울였으나, 근대 이후로 접어들면서 예술적인 문제의식에 빠져들어 근대적인 몸의 전형을 보여주는 데 있어서 발레에 뒤질 수밖에 없게 된 것이다. 이러한 점이 신무용 계통의 한국 창작 무용이 근본적으로 난해하다는 점 이외에 대중적 인기와 호응도에 있어서 발레에 뒤질 수밖에 없는 이유가 된다.

1920년대와 1930년대 서구가 델사르트 체조와 뮤지컬 춤의 열기에 빠져 있을 당시부터 시작된 국내의 사교춤의 유행은 근대화 과정 내내 잡히지 않는 춤바람으로 이어졌다. 1970년대로 접어들면서 한국인들의 몸의 경험은 에어로빅과 디스코 댄스의 열풍으로 보다 범사회적으로 그리고 범국민적인 몸의 실천으로 확산되었다. 델사르트 체조가 우아한 몸의 표현법을 훈련받는 방식이었다면 에어로빅 운동은 19세기 말 서구에서 일어난 신체문화의 전개 과정과 유사하게 유산소 운동을 통한 건강이라는 목표 아래 구체적으로 자신의 몸을 근대적 지표에 맞추어 관리하는 수단이었다. 이러한 에어로빅 운동과 함께 다이어트에 대한 관심도 일어났는데 그 지향점이 바로 현대 춤과 바비인형이 표상하고 있는 젊고 건강하고 유연하며 동시에 유혹적인 몸이다. 문화적으로 형성된 몸에 대한 이미지에 일치하고자 하는 욕망은 결과적으로 몸을 통해 인간에 대한 기본 개념을 형성하는 단계에 이르게 되었다. 따라서 근대 이후 인간은 자신이 무엇인가라는 오래된 철학적 질문을 버리고 자신이 어떠한 존재인가를 몸을 통해 말하고 싶어하게 된 것이다.

육체적 아름다움과 몸을 통해 인간관계에서 호의적이고 유리한 가치를 끌어내고 사회적으로 인정받고 싶어하는 데는 남녀의 구별이 없게 되었다. 아름다운 남자(Mr. Beauty)와 근육질의 여자(Ms. Strong)도 각기 자신의 몸을 강조하고 자신의 개성을 형성하는 과정에서 등장하게 된다. 그리고 이러한 전통적인 성역할을 뛰어넘는 전개는 해방된 몸을 주제로 단계적으로 여권주의적 의식의 발전을 보여주고 있는 현대 춤의 움직임에서 그 전거와 모델을 지적할 수 있다. 여성의 몸을 해방시킨 여전사들인 현대 춤의 선구자를 따라 후기 현대파 후예들은 남녀의 성차를 지워버리는 초기 전략에서, 나아가 남성을 들어 올리고 집어던지는 등 남성을 압도하는 강력한 여성의 모습을 보여 주었다. 이와 병행하여 동성애적인 감성을 지닌 아름다운 남성의 모습도 20세기 이후의 발레와 춤에서 자주 발견될 수 있는 현상이다. 부드러움과 유연함 그리고 아름다움이 더 이상 여성만의 전유물이 아니라 여성보다 더 아름다운 남성이라는 개념이 가능하게 되었고, 강하고 단단한 근육질의 몸 역시 더 이상 남성만의 영역이 아니게 되었다. 사회적으로 규정된 성역할에 따른 몸의 이미지마저도 개인적인 조절 의지와 관리 노력에 따라 조정이 가능하게 된 것이다.

이렇듯 몸의 관리를 통해 미적인 엘리트로 성공하고자 하는 의지를 갖게 된 인간의 모습은 니체가 짜라투스트라를 통해 신의 죽음을 선언하고 몸을 소생시켜 "인간을 육체로 되돌려 그것에 다시 이 세상에서의 의미와 인간적인 의미를 부여하자"[54]고 한 결의에서 출발하였다. 그리고 사르트르가 '존재 그 자체로서의 몸'이 '정해진 형태나 고정된 의미'를 가진 것이 아니라 끊임없이 의미를 부여해야 하는 것으로 간주한 생각에서 그 전거를 찾아볼 수 있다. 그 결과 오늘날의 인간은 몸을 통해 자신의 실존을 생각하게 되고 근대적 몸의 표지를 가질 수 없는 사람들은 자신에 대해 좌절하게 된다. 그러한 고통을 맛보지 않기 위해 인간은 타인의 시선에 포착될 자신의 일관되고 통일된 자아 이미지를 창조하고 유지하기 위해 자신의 몸에 대해 성찰하고 통제하는 노력을 게을리하지 않는다. 그 과정에서 피와 땀으로서의 몸은 소멸하고 정보나 취향으로 조작되는 '공연되는 자아(performing self)'로서의 포스트모던한 몸이 거리에 넘쳐나고 있는 것이다.

---

54 스티븐 컨, 앞의 책, p. 129.

에필로그

17세기 프랑스 귀족들은 궁정 예절의 가치 규범에 따라 몸을 관리하고 통제하여 세련된 몸가짐으로 자신의 사회적, 정치적 정체성을 드러내고자 노력하였다. 귀족 사회의 이상적인 전형에 따라 개인 교사들로부터 춤과 매너를 배웠으며 자신의 신체를 멋진 의상과 가발, 아름다운 포즈와 자세로 가꾸고 다듬는 데 열심이었다. 즉 궁정 예절의 가치 규범에 따라 몸을 관리하고 통제하여 궁정 사회 특유의 행동과 세련된 몸가짐으로 자신의 신체 이미지를 차별화하고 관리하였다. '짐이 국가'라고 한 루이 14세는 그런 선언의 내용이 자신이 취한 스텝의 인상과 의미 그리고 자신이 기획한 춤의 규모와 구성 패턴에서 드러날 수 있도록 총체적인 춤의 코드에서 정치적 이상을 구현하였다.

몸에서 자신의 사회적 정체와 문화적 의미를 드러내는 것은 동양이라고 다를 바가 없었다. 동양의 자아관에서는 '몸은 곧 나'라고 정의되며 동양사상에서 '나'란 신체와 정신이 분리되지 않은 몸 그 자체이다. 유가 전통에서 사람은 몸을 통해 의식을 드러내어 자신의 정체를 형성하는 존재이다. 따라서 유학자의 일거수일투족은 '나는 드러난다, 고로 나는 존재한다'의 틀 위에서 행해진다. 그들의 눈빛이나 낯빛과 같은 몸적 표현들은 권력 관계나 도덕 관계 등의 사회질서와 역학 관계를 나타내주는 약호 체계이다. 이는 말보다는 몸에 더 높은 신뢰와 중요성을 두는 동양의 언어 최소주의적인 커뮤니케이션 사상에서 비롯된다. 유가 사회의 근본 원칙인 예(禮)에 어긋나지 않는 이치를 몸으로 실천하여 사회적 행동 규칙에 충실하고 자연적인 본래의 몸은 사라지고 문화적인 몸으로 완성되게끔 하는 것이 수신(修身)이자 공부였다. 몸은 사람의 안과 밖을 이어주는 매개이며 『예기(禮記)』에 나오는 아홉 가지 몸의 표현법인 '구용(九容)'은 수신의 지침이 되고, 그 몸의 내면[質]과 외면[文]이 고루 빛나는 상태[文質彬彬]에 이르는 공부를 최고의 가치로 여겼다. 그러므로 유가 전통에서는 몸의 표현을 통하여 한 사람의 내면성(덕성·감정·의지)을 읽으려 하였기에 말보다는 몸 즉 행동을 강조하였다고 하겠다.

20세기 초 등장한 현대 춤에서의 몸은 민주주의와 함께 사회적, 테크닉적 규범에서 해방된 모습을 보여주었고 그 결과 일반인들로 하여금 몸에 눈뜨게 하고 그 운동감을 경험하게 하였다. 현대 춤은 몸에 부과된 사회적 의미와 인간적 외형을 새롭게 포장함으로써 '사물 그 자체'를 드러내는 상징으로, 인간의 '철학적 아이디어와 사상'을 제시하는 기호로서 기능하기도 하였다. 그러나 어느 예술 분야보다도 가장 극단적인 후기 현대파적 실험을 거친 이후 무용 예술에서 몸과 춤은 무대와 거리의 경계를 벗어나 훨씬 자유로워졌다. 현대 춤의 선구자 풀러는 19세기의 사회적, 예술적 가치를 제거하고 환상적이고 추상적인 몸의 실제를 보여주기 위해 조명 장치의 발명과 의상과 장치의 개혁을 실행하였다. 그녀가 개척한 극장 테크놀로지의 발명과 비전은 오늘날까지 이어지고 있다.

20세기 중반 미국의 철학자 수잔 랭거(S. K. Langer)는 풀러의 후예들의 춤에서 '가상적(illusionary)'이며 '마법적인(magic)' 힘의 상징을 보았다. 이런 추상적 춤의 전통은 오늘날 무대와 객석을 가득 채우는 압도적인 영상, 첨단 소재의 거대한 기계공학적인 장치 등의 도움으로 춤추는 무용수의 실제보다 더 생생한 몸의 시뮬라시옹(Simulation)을 극장 공간에서 만들어내고 있다. 이런 실정은 비단 무대 위의 춤추는 몸에만 국한된 경향이 아니라 일상의 몸 역시 크게 다르지 않다. 현대 사회의 이상적 전형에 충실한 몸 혹은 훌륭한 사회적 자산으로서의 요건을 충족시키는 몸이 이미지를 구축하기 위한 일반인들의 몸가꾸기 프로젝트 역시 첨단 테크놀로지와 의학 기술의 도움으로 날로 진화하여 사이보그적 인간 외형을 양산해내고 있다. 테크놀로지의 도움으로 무용 무대와 거리의 몸은 동시에 사이보그화되어 가고 가상과 실재의 경계를 무너뜨리고 있다. 테크놀로지와 경쟁하는 듯한 21세기의 무대 안팎의 몸의 모습은 19세기 중반 사진기가 처음 발명되었을 때 화가들이 사진술의 정확한 묘사력과 경쟁하고자 했던 모습과 닮아 있다. 21세기 초 춤이 구현하는 몸의 특징은 기교적으로나 형태적 아름다움의 측면에서 테크놀로지적이고 실재하지 않은 가상적 이미지를 두드러지게 추구한다는 점이다. 이와 같은 21세기 춤의 특징은 20세기 현대 춤에서 이미 정초되고 있었다.

정교하고 완벽한 기교와 아름다운 디자인을 추구하는 오늘날의 춤과 몸은 온갖 종류의 테크놀로지를 섭렵해 가고 있고 그 결과 점차 테크놀로지를 닮아가고 있으며 그 일부가 되기도 한다. 테크놀로지가 발전해 가듯이 춤과 몸이 구현하고자 하는 허상의 기대치도 높아져 천문학적 제작비와 메가톤급 장치와 정교한 컴퓨터 계산 아래 조정되는 극장적 효과는 실제로 빌딩 5층 높이를 날아다니는 무용수와 객석 천장을 떠다니는 무용수의 영상으로 공간과 시간 그리고 인간 존재에 대한 주관적, 객관적 감각의 경계를 없애고 있다. 이런 운동 이미지는 채 1미터도 안 되는 공간에서 숨을 멈추고 단 몇 초간의 정지 상태로 천상으로의 도약을 꿈꾸어 온 발레의 기교에 비하면 비교가 안 되는 스케일이다. 테크놀로지의 활용을 위해 무용수는 지정된 위치와 적절한 타이밍으로 정확하게 움직임으로써 점차 기계에 의해 조작되어 가는가 하면 동시에 여러 장치를 자기 몸에 부착하여 자발적으로 기계화되기도 한다. 나아가 로봇이 춤을 추고 컴퓨터 조작에 의한 안무가 이루어져서 원한다면 극장 천장에 하루 종일 떠 있을 수도 있고 인간 모형의 사이버 무용수가 인간보다도 더 정교하고 빠른 동작으로 춤을 추면서 공간에서 중력의 제한 없이 무제한적으로 움직일 수 있다.

테크놀로지와 유기적인 조화를 이루는 공연이 세계적으로 성공하고 있다. 인체 모형에 컴퓨터 그래픽처리된 아바타 무용수가 첨단 영상과 미디어 예술 장치 속에서 춤추는 디지털한 사이버적 공연을 감상하는 관객들은 이미 테크놀로지의 유전자를 지닌 채 태어나고 있어 이에 열광한다. 현재 세계 무용계에서 가장 아방가르드적인 무용 정신은 테크놀로지와 몸을 결합시키는 작업들에서 발견된다. 그런 작품 경향에서는 가상과 실재, 기계와 인간의 구분이 불필요하다. 실재 무용수와 영상으로 만들어진 무용수 이미지 그리고 무용수 홀로그램 중에 어느 것이 더 생생하고 실재적인지 같은 무대에서 경쟁하는 단계도 이미 초월한 것 같다. 몸은 기꺼이 발전된 극장 테크놀로지와 융합되어 가고 있다. 이런 방향으로의 발전은 앞으로 온라인상에서 삽시간에 전세계의 관객들과 만나고 반응하는 사이버 춤의 시대를 만들어낼 것이다. 그와 동시에 첨단 테크놀로지가 동원되는 공연은 경제 논리에 굴복할 수밖에 없다. 춤추는 몸은 더 이상 무용 예술만의 고유한 매체가 아니다. 모든 제품 디자인과 상품 광고에서 춤추는 몸은 사람의 시선을 사로잡는 최전선에 나선 가두판매자가 되었다. 디지털한 움직임의 몸은 인간적인 흐름을 상실한 채 살로서의 존재감이 두드러져 보이고 원시 제의에서의 신과 교류할 수 있는 영성을 잃어버린 듯하다.

오천년 가무 민족으로서 신과의 영적 교류를 집도한 제사장 단군의 후예인 한국인들은 살로서의 몸에 영성을 불어넣을 수 있는 가장 뛰어난 공연 유전자를 타고난 것이라 생각할 수 있을까? 아니면 꽃의 영상과 함께 그 향기를 컴퓨터로 전달해 주는 것처럼 춤추는 디지털한 몸의 영상과 함께 그 사람의 살내음이나 인간적 기질도 디지털 파동으로 컴퓨터에서 발산되는 일이 일어나게 될까? 앞으로 다가오는 21세기에는 굳이 극장이나 춤의 축제가 벌어지는 외국 도시를 찾아가지 않아도 나를 대신하는 아바타가 온라인상에서 전 세계의 아바타들과 나의 생각과 안무를 뽐내며 춤을 추게 될 날이 올지도 모르겠다. 그렇다면 몸이 지니는 지구적인 존재로서의 신체에 가해지는 지구 중력과 디지털화될 수 없는 영성이야말로 이런 사이버시대를 맞이하여 그와 대적할 수 있는 최후의 보루로서 가장 인간적인 무기일 것 같다.

참고문헌

강우방, 『한국미술, 그 분출하는 생명력』, 월간미술, 2001.
곽신환, 『주역의 이해 — 주역의 자연과 인간관』, 서광사, 1990.
권택영, 『몸과 미학』, 경희대학교출판부, 2004.
김교빈 외, 『기학의 모험』, 들녘, 2004.
김동구 · 황구홍 · 김경수 편, 『處容硏究論叢』, 울산문화, 1989.
김말복, 『무용예술의 이해』, 이화여자대학교출판부, 2003.
김영기, 『한국미의 이해』, 이화여자대학교출판부, 1998.
______, 『한국인의 조형의식』, 창지사, 1991.
김우룡 외, 『비언어적 커뮤니케이션론』, 나남출판, 2004.
김욱동, 『탈춤의 미학』, 현암사, 1994.
김운미, 『한국교육무용사』, 한학문화, 1999.
김의숙, 『韓國民俗祭儀와 陰陽五行』, 집문당, 1993.
김일출, 『조선 민족 탈놀이 연구』(1998년 영인본), 한국문화사, 1958.
김숙현 외, 『한국인과 문화간 커뮤니케이션』, 커뮤니케이션북스, 2001.
김은신, 『한국 최초 101장면』, 가람 기획, 1998.
김정기, 『한국미술의 미의식』, 한국정신문화연구원, 1984.
김정탁, 『禮 & 藝』, 한울아카데미, 2004a.
______, 『노장, 공맹 그리고 맥루한까지』, 월간 NEXT, 2004b.
김진송, 『서울에 딴스 홀을 허하라』, 현실문화연구, 1999.
김찬정,『춤꾼 최승희』, 한국방송출판, 2002.

다비드 르 브르통, 홍성민 역, 『근대성과 육체의 정치학』, 동문선, 2003.
다산학술문화재단, 『다산의 공부와 지식론』, 다산학술문화재단, 2000.
대동문화연구원, 『處容說話의 綜合的 考察』, 대동문화연구원, 1972(미간행물).
대빈호, 임헌규 역, 『노자 철학 연구』, 도서출판 청계, 1999.
대한민국예술원, 『한국예술총집: 연극, 영화, 무용편』, 대한민국예술원, 2000.
리봉옥(편), 『조선고전무용』(1998년 영인본), 한국문화사, 1985.
맥신 쉬츠-존스톤, 김말복 역, 『무용의 현상학』, 예전사, 1994.
모로하시 데츠지, 심우성 역, 『공자 노자 석가』, 도서출판 동아시아, 2003.
모리스 메를로 퐁티, 오병남 역, 『현상학과 예술』, 서광사, 1990.
문일지(편), 『처용연구』, 서울시립무용단, 1987(미간행물).
미우라 구니오, 『주자와 기 그리고 몸』, 예문서원, 2003.
박명석, 『동과 서 ― 그 의식구조의 차이』, 탐구당, 1992.
박석순, 『봄』, 산해, 2001.
박이문, 『문명의 위기와 문화의 전환―생태학적 세계관을 위하여』, 민음사, 1996.
_____, 『자연, 인간, 언어』, 철학과 현실사, 1998.
베르너 융, 장희창 역, 『미메시스에서 시뮬라시옹까지』, 경성대출판부, 2006.
브라이언 터너, 임인숙 역, 『몸과 사회』, 몸과 마음, 2002.
尙虛 안병주교수 정년기념논문집 간행위원회, 『동양철학의 자연과 인간』, 아세아 문화사, 1998.
서복관, 『중국예술 정신』, 동문선, 1990.
서숙, 「댄스와 데모크라시」, 『동아시아의 근대성과 여성: 한·중·일 비교연구』, 이화여자대학교 한국여성연구원, 1999(미간행).
성경린, 『韓國傳統舞踊』, 일지사, 1975.
송석하, 『韓國民俗考』, 일신사, 1960.
스티븐 컨, 이성동 역, 『육체의 문화사』, 의암출판, 1996.
_____, 박성관 역, 『시간과 공간의 문화사』, 휴머니스트, 1983.
신대철, 『우리 음악, 그 맛과 소리깔』, 도서출판 민속원, 2001.
신명호, 『궁중문화』, 돌베개, 2002.
안휘준, 『한국회화의 전통』, 문예출판사, 1988.
양주한, 황갑연 역, 『중용 철학』, 서광사, 1984.

요하네스 휠쉬베르거, 강성위 역, 『서양철학사 상 · 하』, 이문출판사, 1991.
유아사 야스오, 이정배 외 역, 『몸과 우주』, 지식산업사, 2004.
윤광봉, 『韓國의 演戲』, 반도출판사, 1992.
______, 『韓國演戲詩研究』, 박이정, 1997.
윤재근, 『동양의 미학』, 도서출판 둥지, 1993.
윤태림, 『한국인』, 현암사, 1970.
이거룡 외, 『몸』, 한길사, 1999.
이강열, 『韓國演戲史』, 현대미학사, 1999.
이광세, 『동양과 서양 두 지평선의 융합』, 도서출판 길, 1998.
이두현, 『韓國의 탈춤』, 일지사, 1981.
이민홍, 『韓國 民族樂舞와 禮樂思想』, 집문당, 1997.
이상희, 『조선조 사회의 커뮤니케이션 현상연구』, 나남, 1993.
이시다 히데미, 이동철 역, 『기 흐르는 신체』, 열린 책들, 1996.
임법융, 『도덕경 석의』, 여강출판사, 1999.
임어당, 민병산 역, 『공자의 사상』, 현암사, 1990.
이택후, 『회화미학』, 동문선, 1990.
임희섭 외, 『한국의 문화변동과 가치관』, 나남출판, 2002.
장사훈, 『韓國傳統舞踊研究』, 일지사, 1977.
장파, 유중하 외 역, 『동양과 서양, 그리고 미학』, 푸른숲, 1999.
전경욱, 『한국가면극 그 역사와 원리』, 열화당, 1998.
정인재, 「몸」, 이동철 외 편, 『21세기의 동양철학』, 을유문화사, 2005.
정화열, 『몸의 정치』, 민음사, 1999.
조동일, 『탈춤의 역사와 원리』, 기린원, 1988.
조앤 카스, 『역사속의 춤』, 김말복 (역), 이화여자대학교출판부, 1999.
조요한, 『한국미의 조명』, 열화당, 1999.
조용진, 『얼굴 』, 사계절, 1999.
차주환, 『새로 풀이한 논어』, 을유문화사, 1994.
최영진, 『동양과 서양』, 지식산업사, 1993.
최병식, 『동양미술사학』, 도서출판 예서원, 1993.
최봉영, 『한국문화의 성격』, 사계절, 1997.

최영진,『동양과 서양』, 지식산업사, 1993.
크리스 쉴링, 임인숙 역,『몸의 사회학』, 나남출판, 1999.
한국정신문화연구원,『한국 전통 예술의 미의식』, 고려원, 1985.
한국기호학회,『몸짓언어와 기호학』, 문학과 지성사, 2002.
한국주역학회,『주역의 현대적 조명』, 범양사 출판부, 1992.
한옥근,『한국 고전극 연구』, 국학자료원, 1996.
한형조,『왜 동양철학인가』, 문학동네, 2001.
홍기선,『인간커뮤니케이션』, 나남출판, 2002.
황병기,『깊은밤, 그 가야금 소리』, 풀빛, 1994.
황준영,『한국 사상의 이해』, 박영사, 1992.
G. L. 디킨슨, 박만준 외 역,『그리스인의 이상과 현실』, 서광사, 1961.
G. 레이코프, M. 존슨, 임지룡 외 역,『몸의 철학』, 박이정, 2002.
David Best, *Expression in Movement and the Arts*, London: George Allen and Unwin Ltd., 1978.
Edward Hall, *The Hidden Dimension*, New York: Anchor Books, Doubleday, 1966.
Felicia McCarren, *Dance Pathologies*, Stanford: Stanford University Press, 1998.
Francis Sparshott, *Off the Ground*, Princeton University Press, 1988.
______, *A Measured Pace*, University of Toronto Press, 1995.
Paul Edwards(ed.), *The Encyclopedia of Philosophy*, vol. 3, 4, 5, 6, 7, New York: The Macmillan Company & the Free Press, 1975.
Philip P. Wiener(ed.), *Dictionary of the History of Ideas: Studies of Selected Pivotal Ideas*, vol. I~IV, Charles Scribner's sons, 1979.
F.S.C. Northrop(1946), *The Meeting of East and West*, The Macmillan Company.
G. Fancher and G. Myers (ed.), *Philosophical Essays on Dance*, Dance Horizons, 1981.
Graham McFee, *Understanding Dance*, Routledge, 1992.
Jack Anderson, *Ballet and Modern Dance: A Concise History*, New Jersey:

Princeton Book Company, 1992.

Maurice Merleau-Ponty, *Phenomenology of Perception*, trans. Colin Smith, London: Routledge & Kegan Paul, 1962.

_____, *The Structure of Behavior*, trans. Alden L. Fisher, Boston: Beacon Press, 1963.

_____, *Signs*, trans. Richard C. McCleary, Evanston: Noerthwestern University Press, 1964.

_____, *Sense and Non-Sense*, trans. Huber L. Dreyfus and Patricia A. Dreyfus, Evanston: Noerthwestern University Press, 1964.

_____, *Primacy of Perception*, trans. James M. Edie, Evanston: Northwestern University Press, 1964.

_____, *The Visible and the Invisible*, trans. Alphonso Lingis) (Evanston: Northwestern University Press, 1968.

Mary Clarke & Clement Crisp, *The History of Dance*, New York: Crown Publishers Inc, 1981.

Maxine Sheets-Johnstone, *The Phenomenology of Dance*, London: Dance Books Ltd, 1966.

_____(ed.), *Illuminating Dance: Philosophical Essays*, London: Bucknell University Press, 1984.

Ray Billington, *Understanding Eastern Philosophy*, Routledge, 1997.

Roger Copeland and Marshall Cohen(ed.), *What is Dance*, Oxford University Press, 1983.

Ruth Holiday & John Hassard, *Contested Bodies*, London and New York: Routledge, 2001.

Sarah Nettleton and Jonathan Watson, *The body in Everyday Life*, London and New York: Routledge, 1998.

Simon Williams and Gillian Bendelow, *The Lived Body: Sociological Themes, Embodied Issues*, London and New York: Routledge, 1998.

Walter Sorell, *Dance In its Time*, New York: Columbia University Press, 1981.

찾아보기

춤과 몸

펴낸날 | 1판 1쇄 2010년 3월 17일
지은이 | 김말복
펴낸이 | 최민숙
펴낸곳 | 이화여자대학교출판부
주소 | 서울특별시 서대문구 대현동 11-1(우 120-750)
등록 | 1954년 7월 6일 제9-61호
전화 | 02) 3277-2965, 2966(편집기획)
02) 3277-3164, 362-6076(경영지원)
팩스 | 02) 312-4312
전자우편 | press@ewha.ac.kr
인터넷서점 | www.ewhapress.com
편집책임 | 정경임
찍은곳 | 한영문화사

ISBN 978-89-7300-867-4 93680
값 20,000원